2025/26 **최신판**

KB234251

전체무료강의 제공하는 똑똑한은경쌤

손해평가사
2차 이론서

▶ **저자직강
무료강의**
제공

학습효과 극대화

📖 **기초문제
&학습 팁**
수록

이해력 상승

한은경 저자

머리글
PREFACE

국가 공인 자격증인 손해평가사의 2차 시험의 기준서는 '농업정책보험금융원'에서 매해 3~4월에 제공하는 **[농업재해보험 · 손해평가의 이론과 실무]** 입니다.

[농업재해보험 · 손해평가의 이론과 실무]는 [제1권 농작물재해보험 및 가축재해보험의 이론과 실무], [제2권 농작물재해보험 및 가축재해보험 손해평가의 이론과 실무]로 구성되어 있습니다.

(이하, '농작물재해보험 및 가축재해보험' 생략 기술)

[이론과 실무(1권 · 1과목)]는 보험의 이해, 농업재해보험의 특성과 필요성 및 농작물 · 가축재해보험 '계약인수' 관련 내용이며, [손해평가의 이론과 실무(2권 · 2과목)]는 농업재해보험 손해평가의 개관과 농작물 · 가축재해보험에 가입한 농지에 재해가 발생하는 경우의 손해평가 즉, 보험금 산정에 관한 내용입니다. 각 권(과목)은 다시 보장 대상인 품목에 따라 여러 개의 보장 방식(소과목)으로 나뉘어져 있습니다.

대부분의 출간된 교재 또는 자격증 시험 준비 학원에서는 1과목(계약인수)과 2과목(손해평가)으로 교재를 구성하고 강의를 제공하지만, 이 책은 각 보장 방식(소과목)별로 두 과목을 통합하여 한눈에 이해할 수 있도록 구성했습니다. 이를 통해 수험생은 농업재해보험의 큰 틀을 더욱 쉽게 파악할 수 있습니다. 각 과목을 통합하여 PART 1~12로 구성하였으며, 여러 보장 방식에 흩어져 있는 '시설' 내용은 '시설 종합' 편으로 묶어 구성하였습니다.

본 교재는 이론서가 아닌 **수험서**로서, 복잡한 개념을 수험생의 관점에서 알기 쉽게 풀어내고, 이해를 돕는 **기초 문제**와 **학습 팁(포인트)**을 담고 있습니다. 또한, **유튜브 무료 강의**를 통해 학습 효과를 극대화할 수 있도록 구성하였습니다.

본 교재는 2025년 「농업재해보험 · 손해평가의 요령」를 바탕으로 제작되었으며, 더불어 [품목별 약관]을 토대로 합니다.

따라서 [농업재해보험 · 손해평가의 이론과 실무] 및 [약관]과 다른 부분은 본 저자 개인의 의견이며, 법적 근거 및 시험 대비 근거로 [농업재해보험 · 손해평가의 이론과 실무] 및 [약관]에 우선할 수 없습니다.

모든 수험생 여러분들이 좋은 결과를 얻으시기를 기원합니다.

저자 한은경

목차
CONTENTS

손해평가사 2차 이론서

PART 1
적과전 종합위험보장

적과 전 종합위험방식 II 상품
(과수 4종 사과, 배, 단감, 떫은감)

📁 농작물 재해보험의 이론과 실무

📁 농작물 재해보험 손해평가의
   이론과 실무

농작물 재해보험의 이론과 실무

1 보장하는 재해, 보상하지 않는 손해, 보험금 지급 대상 손해

1 핵심 개요

1 적과 종료 이전

구분	계약 24.~적과 종료 시점	
	보통약관	적과 종료 전 특정위험 5종 한정보장 특약 가입한 경우
보장하는 재해	자연재해, 조수해, 화재	태풍(강풍), 화재, 지진, 집중호우, 우박 • 보험료 할인 : 한정특약 할인율
보상하지 않는 손해	🖊**암기팁** 계통원보시계해+녹화전 (수 ×) • ❸ 보상하지 않는 손해 참조 10page	
보험금 지급 대상 손해	평년착과량 대비 착과량의 감소	
	평년착과량 – 적과후착과량	min(평년착과량 – 적과후착과량, 최대인정감소량)

2 적과 종료 이후

구분	적과 종료 시점~수확기 종료 시점
보장하는 재해	특정위험 7종 : 태풍(강풍)·화재·지진·집중호우, 우박·일소, 가을동상해 • 일소, 가을동상해 부보장 특별약관 선택 가능 : 보험료 할인 – 부보장특약 할인율
보상하지 않는 손해	🖊**암기팁** 계수통원보해 (시계 ×)+녹화전+14저육태잎 • ❸ 보상하지 않는 손해 참조 10page
보험금 지급 대상 손해	특정위험 7종으로 인한 과실 손해 • 태풍(강풍), 화재, 지진, 집중호우 : 낙과감수과실수, 낙엽감수과실수, 나무감수과실수 • 우박, 일소 : 낙과감수과실수, 착과감수과실수 • 가을동상해 : 착과감수과실수

3 전 기간 공통 : 손해방지비용(농지당 20만원). 보장하는 재해로 인하여 손해가 발생한 경우 추가로 지급한다. 단, 방제비용, 시설보수비용 등 통상적으로 소요되는 비용은 제외한다.

• 손해방지비용(손해의 방지 또는 경감을 위한 일체의 방법을 강구하기 위하여 지출한 필요 또는 유익 한 비용)

2 보장하는 재해

		종합위험. 자연재해, 조수해, 화재	
적과 종료 이전	보통 약관	\u3000「자연재해의 정의」	
		구분	**정의**
		태풍 피해	기상청 태풍주의보 이상 발령할 때 발령지역의 바람과 비로 인하여 발생하는 피해
		우박 피해	적란운과 봉우리적운 속에서 성장하는 얼음알갱이나 얼음덩이가 내려 발생하는 피해
		동상해	서리 또는 기온의 하강으로 인하여 농작물 등이 얼어서 발생하는 피해
		호우 피해	평균적인 강우량 이상의 많은 양의 비로 인하여 발생하는 피해
		강풍 피해	강한 바람 또는 돌풍으로 인하여 발생하는 피해
		한해 (가뭄 피해)	장기간의 지속적인 강우 부족에 의한 토양수분 부족으로 인하여 발생하는 피해
		냉해	농작물의 성장 기간 중 작물의 생육에 지장을 초래할 정도의 찬기온으로 인하여 발생하는 피해
		조해	태풍이나 비바람 등의 자연현상으로 인하여 연안지대의 경지에 바닷물이 들어와서 발생하는 피해
		설해	눈으로 인하여 발생하는 피해
		폭염	매우 심한 더위로 인하여 발생하는 피해
		기타 자연재해	상기 자연재해에 준하는 자연현상으로 발생하는 피해
		✓ 이후 다른 보장방식에서 종합위험 자연재해의 정의는 생략하기로 한다.	
	특별 약관	특정위험 5종 : 태풍(강풍), 화재, 지진, 집중호우, 우박 • 5종의 담보조건 : 아래 적과 종료 이후의 특정위험과 동일	
적과 종료 이후	1. 태풍(강풍) : 기상청에서 태풍에 대한 기상특보(태풍주의보 또는 태풍경보)를 발령한 때 발령지역 바람과 비를 말하며, 최대순간풍속 14m/sec 이상의 바람을 포함. 바람의 세기는 과수원에서 가장 가까운 3개 기상관측소(기상청 설치 또는 기상청이 인증하고 실시간 관측자료를 확인할 수 있는 관측소)에 나타난 측정자료 중 가장 큰 수치의 자료로 판정 2. 우박 : 적란운과 봉우리적운 속에서 성장하는 얼음알갱이 또는 얼음덩어리가 내리는 현상 3. 집중호우 : 기상청에서 호우에 대한 기상특보(호우주의보 또는 호우경보)를 발령한 때 발령지역의 비 또는 농지에서 가장 가까운 3개소의 기상관측장비(기상청 설치 또는 기상청이 인증하고 실시간 관측자료를 확인할 수 있는 관측소)로 측정한 12시간 누적강수량이 80mm 이상인 강우 상태 4. 화재 : 화재로 인하여 발생하는 피해 5. 지진 : 지구 내부의 급격한 운동으로 지진파가 지표면까지 도달하여 지반이 흔들리는 자연지진을 말하며, 대한민국 기상청에서 규모 5.0 이상의 지진통보를 발표한 때. 지진통보에서 발표된 진앙이 과수원이 위치한 시군 또는 그 시군과 인접한 시군에 위치하는 경우에 피해를 인정 6. 가을동상해 : 서리 또는 기온의 하강으로 인하여 과실 또는 잎이 얼어서 생기는 피해를 말하며, 육안으로 판별 가능한 결빙 증상이 지속적으로 남아 있는 경우에 피해를 인정. 잎 피해는 단감, 떫은감 품목에 한하여 10월 31일까지 발생한 가을동상해로 나무의 전체 잎 중 50% 이상이 고사한 경우에 피해를 인정 7. 일소피해 : 폭염으로 인해 보험의 목적에 일소(日燒)가 발생하여 생긴 피해를 말하며, 일소는 과실이 태양광에 노출되어 과피 또는 과육이 괴사되어 검게 그을리거나 변색되는 현상. 폭염은 대한민국 기상청에서 폭염특보(폭염주의보 또는 폭염경보)를 발령한 때 과수원에서 가장 가까운 3개소의 기상관측장비(기상청 설치 또는 기상청이 인증하고 실시간 관측 자료를 확인할 수 있는 관측소)로 측정한 낮 최고기온이 연속 2일 이상 33℃ 이상으로 관측된 경우를 말하며, 폭염특보가 발령한 때부터 해제 한 날까지 일소가 발생한 보험의 목적에 한하여 보상. 이때 폭염특보는 과수원이 위치한 지역의 폭염특보를 적용		

특정위험

1. 특정한 (담보)조건을 충족해야 인정
2. 예 태풍(강풍): 최대 순간풍속 10m/sec의 강풍=보상하지 않음
3. 특정위험
    ① 적과 종료 전(특약) 5종: 태·화·지·집·우
    ② 적과 종료 후 7종: 태·화·지·집/우·일/가
4. 특정위험 집중호우: 적종 - 12시간, 인삼 - 24시간
5. 특정위험 일소: 폭염. 적종 - 연속 2일 이상 33℃ 이상, 인삼 - 30℃ 이상 7일 이상 지속
6. 특정위험 가을동상해
    ① 사과, 배: 과실의 피해만 인정
    ② 단감, 떫은 감: 잎이 얼어서 발생한 과실 피해도 인정. 단, 10/31 이전 가을동상해 발생, 잎 피해 50% 이상의 경우

3 보상하지 않는 손해

적과 종료 이전	1. 계약자, 피보험자 또는 이들의 법정대리인의 고의 또는 중대한 과실로 인한 손해 2. 제초작업, 시비관리 등 통상적인 영농활동을 하지 않아 발생한 손해 3. 원인의 직·간접을 묻지 않고 병해충으로 발생한 손해 4. 보상하지 않는 재해로 제방, 댐 등이 붕괴되어 발생한 손해 5. 하우스, 부대시설 등의 노후 및 하자로 생긴 손해 6. 계약체결 시점 현재 기상청에서 발령하고 있는 기상특보 발령 지역의 기상특보 관련 재해(태풍, 호우, 홍수, 강풍, 풍랑, 해일, 대설 등)로 인한 손해 7. 보장하는 자연재해로 인하여 발생한 동녹(과실에 발생하는 검은 반점병) 등 간접손해 8. 보장하는 재해에 해당하지 않은 재해로 발생한 손해 9. 식물방역법 제36조(방제명령 등)에 의거 금지 병해충인 과수 화상병 발생에 의한 폐원으로 인한 손해 및 정부 및 공공기관의 매립으로 발생한 손해 10. 전쟁, 혁명, 내란, 사변, 폭동, 소요, 노동쟁의, 기타 이들과 유사한 사태로 생긴 손해
적과 종료 이후	1. 계약자, 피보험자 또는 이들의 법정대리인의 고의 또는 중대한 과실로 인한 손해 2. 수확기에 계약자 또는 피보험자의 고의 또는 중대한 과실로 수확하지 못하여 발생한 손해 3. 제초작업, 시비관리 등 통상적인 영농활동을 하지 않아 발생한 손해 4. 원인의 직·간접을 묻지 않고 병해충으로 발생한 손해 5. 보상하지 않는 재해로 제방, 댐 등이 붕괴되어 발생한 손해 6. 최대순간풍속 14m/sec 미만의 바람으로 발생한 손해 7. 보장하는 자연재해로 인하여 발생한 동녹(과실에 발생하는 검은 반점병) 등 간접손해 8. 보장하는 재해에 해당하지 않은 재해로 발생한 손해 9. 저장한 과실에서 나타나는 손해 10. 저장성 약화, 과실경도 약화 등 육안으로 판별되지 않는 손해 11. 농업인의 부적절한 적엽(잎제거)로 인하여 발생한 손해 12. 병으로 인해 낙엽이 발생하여 태양광에 과실이 노출됨으로써 발생한 손해 13. 식물방역법 제36조(방제명령 등)에 의거 금지 병해충인 과수 화상병 발생에 의한 폐원으로 인한 손해 및 정부 및 공공기관의 매립으로 발생한 손해 14. 전쟁, 혁명, 내란, 사변, 폭동, 소요, 노동쟁의, 기타 이들과 유사한 사태로 생긴 손해

보상하지 않는 손해

1. 기본 9종(계수통원보시계해전)을 기준으로 보장방식에 따라 + 또는 - 하며 암기한다.
   - 기본 9종(계수통원보시계해전): 종합위험 수확감소보장 과수 편 참조
2. 적종: 적과종료 전과 후에 차이가 있다.
   ① 적과종료 전: 계통원보시계해+녹화전. 수확기 아님. (수 ×)
   ② 적과종료 후: 계수통원보해+녹화전+14저육태잎. (시·계 ×)

2 보험기간

1 보통약관 – 과실손해보장

대상 재해		보험의 목적	보험기간	
			보장개시	보장종료
적과 종료 이전	자연재해, 조수해, 화재	사과, 배	계약체결일 24시	적과 종료 시점. 단, 판매개시연도 6월 30일을 초과할 수 없음
		단감, 떫은감	계약체결일 24시	적과 종료 시점. 단, 판매개시연도 7월 31일을 초과할 수 없음
적과 종료 이후	태풍(강풍), 우박, 집중호우, 화재, 지진	사과, 배, 단감, 떫은감	적과 종료 이후	수확기 종료 시점. 단, 판매개시연도 11월 30일을 초과할 수 없음
	가을동상해	사과, 배	판매개시연도 9월 1일	수확기 종료 시점. 단, 판매개시연도 11월 10일을 초과할 수 없음
		단감, 떫은감	판매개시연도 9월 1일	수확기 종료 시점. 단, 판매개시연도 11월 15일을 초과할 수 없음
	일소피해	사과, 배, 단감, 떫은감	적과종료 이후	판매개시연도 9월 30일

2 특별약관 – 나무손해보장

대상 재해	보험의 목적	보험기간	
		보장개시	보장종료
자연재해, 조수해, 화재	사과, 배, 단감, 떫은감	판매개시연도 2월 1일 다만, 2월 1일 이후 보험에 가입하는 경우에는 계약체결일 24시	이듬해 1월 31일

3 보험가입금액, 기준수확량(기준착과수), 보험가입금액 감액

1 보험가입금액 (천원 단위 절사)

과실손해보장	가입수확량(평년착과량 100%)×가입가격(원/kg)
나무손해보장(특약)	가입주수×가입가격(원/주)

2 기준수확량(기준착과수)

✓ 「농업재해보험 · 손해평가의 이론과 실무」에는 2과목의 '보험금 산정 방법 및 지급 기준'에 실려있는 내용이지만, 보험가입금액 감액에 관한 이해를 위해 본 교재에는 1과목에 싣기로 한다.

① 기준착과수: 보험금 지급에 기준이 되는 과실 수이다.

② 기준수확량=기준착과수×가입과중

구분	평년착과수 적과수착과수	적과전 사고 유무	기준착과수
A	① 평착 < 적착 ② 평착 = 적착	무관	기준착과수＝적과후착과수(착과감소과실수 없음) ① 일부보험 → 비례보상(부보비율 조건 충족 시) ✓ 부보비율에 따른 비례보상은 학습 범위에서 제외되었다. ② 전부보험
B	평착 > 적착	무사고	기준착과수＝적과후착과수 → 보험가입금액 감액 초과보험 → 계약사항 변경: 가입수확량 조정 및 보험가입금액 감액
C		유사고	기준착과수＝적과후착과수＋착과감소과실수 → 착과감소과실수＝착과감소보험금 지급 대상 착과감소과실수: 적과 종료 이전 한정 특약에 가입한 경우 및 조수해 · 화재 일부피해 유의 • 최대인정감소과실수를 초과한 착과감소과실수를 인정하지 않음

3 보험가입금액 감액

✓ '보장대상이 아닌 목적물(량, 주수)'을 가입수확량(주수)에서 제외 → 보험가입금액 감액

과실 손해 보장	가입수확량 > 기준수확량 → 초과분 제외 → 보험가입금액 감액
	예 1] • 조건 : 평년착과량 10,000kg, 가입가격 2,000원/kg
	1. 가입수확량 10,000kg. 계약 당시 가입금액 = 10,000 × 2,000 = 2,000만원
	2. (적과 전 무사고) 적과후착과량 6,000kg → 이 과수원의 기준수확량 6,000kg
	3. 초과 가입분 4,000kg 제외 → 가입수확량 6,000kg (기준수확량 = 최종 가입수확량)
	4. 감액 후 가입금액 = 6,000 × 2,000 = 1,200만원. 또는,
	계약당시 가입금액 2,000만원 × $\dfrac{\text{기준수확량 6,000}}{\text{계약당시가입수확량 10,000}}$ = 감액후 가입금액 1,200만원
	• 가입금액 감액비율 = $\dfrac{2,000 - 1,200}{2,000}$ = 40%
나무 손해 보장 (특약)	보험에 가입한 결과주수 > 과수원 내 실제결과주수를 초과 → 보험가입금액 감액
	예 2] • 조건 : 가입주수 100주, 가입가격 10만원/주
	1. 계약 당시 가입금액 = 100 × 10만원 = 1,000만원
	2. 실제결과주수 80주
	3. 감액 후 가입금액 = 80주 × 10만원 = 800만원. 또는,
	계약당시 가입금액 1,000만원 × $\dfrac{\text{실제결과주수 80}}{\text{가입주수 100}}$ = 감액후 가입금액 800만원

4 차액보험료

1 보험가입금액을 감액한 경우에는 다음과 같이 계산한 차액보험료를 환급

2 '차액'보험료 ≠ 환급보험료. 차액보험료를 계산하여 환급

① 보장대상이 아닌 목적물(량, 주수)을 제외: 초과 가입한 가입수확량(주수) 제외해서 가입수확량을 조정한다.

② 위의 **예 1]**

• 가입수확량: 계약 당시 10,000kg → 적과후착과수 조사 후 기준수확량 6,000kg

• 가입금액: 계약 당시 2,000만원 → 감액 후 1,200만원

③ 차액보험료 발생 원리: 계약 당시 가입금액 2,000만원을 기준으로 보험료 산정 → 감액 후 가입금액 1,200만원을 기준으로 보험료 재산정 → 감액분 가입금액 800만원 기준 보험료의 차액 발생 → 계산 및 환급

3 계산

① 계약 당시 납입한 계약자부담보험료 중 가입금액 차액비율(감액비율) 만큼의 보험료(감액분 계약자부담보험료) × 이미 보장받은 기간(차액보험료 발생 시점 = 가입금액 감액 시점까지)을 제외한 남은 기간(미경과기간)의 비율 = 차액보험료

② 차액보험료 = (감액분 계약자부담보험료 × 감액 미경과비율) - 미납입보험료
   - 감액분 계약자부담보험료는 감액한 가입금액에 해당하는 계약자부담보험료

③ 차액보험료 발생 시점: 기준착과수가 확정되어 가입금액 감액 여부가 정해져야 차액보험료 발생 여부 및 금액이 산정될 수 있다. 즉, 차액보험료 발생 시점은 기준착과수가 확정되는 적과후착과수 조사 시점이며, 그 후의 미경과기간에 대해 환급받는다.
   - 감액(시점의) 미경과비율 = 적과후착과수 조사 시점의 미경과비율

＜감액 미경과비율＞

한정특약 ×	착과감소보험금 보장수준		
	50% 형	70% 형	
사과, 배	70	63	✎**암기팁** 70~84년생은 63빌딩에서 만나 친구(79)한다.
단감, 떫은감	84	79	

한정특약 ○	착과감소보험금 보장수준		
	50% 형	70% 형	
사과, 배	83	78	✎**암기팁** 83~90년생은 78세까지 88하다.
단감, 떫은감	90	88	

4 차액보험료 계산 예시

예 3] • 조건: 사과, 평년착과량 5,000kg, 가입가격 3,000원, 한정특약 미가입, 보장수준 50% 형, 계약 당시 계약자부담보험료 30만원, 적과 전 무사고, 적과후착과량 4,000kg, 미납입 보험료 없음

1. 계약 당시 가입금액 = 5,000 × 3,000 = 1,500만원
2. 기준수확량 = 적과후착과량 4,000 + 착과감소량 0 = 4,000kg → 가입수확량 4,000kg으로 조정
3. 감액 후 가입금액 = 계약당시 가입금액 1,500만원 × $\dfrac{\text{기준수확량 } 4,000}{\text{계약당시가입수확량 } 5,000}$ = 감액후 가입금액 1,200만원
4. 감액비율 = $\dfrac{1,500-1,200}{1,500}$ = 20%
5. 감액분 계약자부담보험료 = 계약 당시 계약자부담보험료 30만원 × 감액비율 0.2 = 6만원
6. 감액 미경과비율: 한정특약 미가입 + 사과 + 보장수준 50%형 = 70%
7. 차액보험료 = (감액분 계약자부담보험료 6만원 × 감액 미경과비율 70%) - 미납입 보험료 0 = 42,000원

보험가입금액 감액과 차액보험료의 원리

1. 적종의 특성: 기대되는 착과수로 가입(평년착과수 100%) → 실제 착과수는 적과후착과수 조사 후 알 수 있음 → 실제(적과후착과수)가 기대(평년착과수)보다 적다면?

 ① 재해 발생으로 감소한 경우: 차이만큼 보험금 지급

 ② 무사고였음에도 감소한 경우: 초과 가입한 것이므로 가입수확량을 줄이고(조정) 그만큼 가입금액 감액

2. **예 4]** 평년착과수 1,000개, 적과후착과수 700개

 ① 적과종료 전 유사고: 1,000-700=300 = 착과감소과실수 = 착과감소보험금 지급 대상

 ② 적과종료 전 무사고: 원래 700이 열리는 과수원 → 초과 가입분 300만큼 가입수확량 조정 → 가입수확량 조정만큼 가입금액 감액 → 감액만큼 보험료 차액 발생 → 미경과기간의 차액보험료 환급

✓ 보장대상이 될 수 없는 과실 300에 대해 가입금액을 산정하고 보험료 받을 수 없다.

감액 미경과비율

아래에 해당하는 경우의 감액 미경과비율이 더 크다.

1. 한정특약 가입: 보험자에게 유리(5개 재해만 보장)
2. 보장수준 50% 형: 보험금을 적게 지급
3. 단감, 떫은감: 사과, 배에 비해 손해율이 적음

✓ 암기하지 못하면 차액보험료 계산 불가능하다.

---

5 보험료

1 농작물재해보험 보험료의 구성

✓ 농작물재해보험의 보험료의 구성은 동일하므로 본 적과전 종합위험보장에서만 다루기로 한다.

영업보험료(지역별 영업보험료율)			
순보험료(율)			부가보험료(율)
계약자부담	정부 지원	지자체 지원	정부 지원 100%

① 영업보험료=순보험료+부가보험료

 • 순보험료: 지급보험금의 재원이 되는 보험료

 • 부가보험료: 보험회사의 경비 등으로 사용되는 보험료

② 계약자부담보험료

 =영업보험료-부가보험료-순보험료 중 지원보험료(정부+지자체)

 =순보험료-순보험료 중 지원보험료(정부+지자체)

③ 지원보험료=순보험료 지원보험료(정부+지자체)+부가보험료

예 5] • 조건 : 영업보험료 100만원, 순보험료 90만원, 정부지원율 50%, 지자체 지원율 30%

부가보험료?	10만원
정부 지원보험료?	(순) 90만원×0.5=45만원+부가 10만원=55만원
지자체 지원보험료?	(순) 90만원×0.3=27만원
계약자부담보험료?	90-45-27=18만원 또는, 90만원×(1-0.5-0.3)=18만원 또는, 100-55-27=18만원
총 지원보험료?	55+27=82만원 또는, 100-18=82만원

2 적과 전 종합위험보장 보험료 계산

① (영업)보험료

농작물 기본 보험료 산출식		보험가입금액×지역별 보통약관 영업요율×(1+손해율에 따른 힐인·할증률)
적종	**과실(주)**	기본 산출식×(1+방재시설 할인율)×(1+부보장 및 한정보장 특별약관 할인율) • 가×요×손×방×부
	나무(특)	특약 보험가입금액×지역별 특별약관 영업요율×(1+손해율에 따른 할인·할증률) • 가×요×손 (모든 나무특약의 보험료 계산식은 동일(포도 제외))

② 적과 전 종합위험보장 자기부담비율에 따른 정부 지원율(순보험료 중 지원율)

• 계약자부담보험료 계산에 필요

자기부담비율	10%	15%	20%	30%	40%
정부 지원율	33%	38%	50%	60%	60%

3 손해율 및 가입연수에 따른 할인·할증률(손해율에 따른 할인·할증률)

손해율	평가기간				
	1년	2년	3년	4년	5년
30%미만	-8%	-13%	-18%	-25%	-30%
30%이상 60%미만	-5%	-8%	-13%	-18%	-25%
60%이상 80%미만	-4%	-5%	-8%	-13%	-18%
80%이상 120%미만	-	-	-	-	-
120%이상 150%미만	3%	5%	7%	8%	13%
150%이상 200%미만	5%	7%	8%	13%	17%
200%이상 300%미만	7%	8%	13%	17%	25%
300%이상 400%미만	8%	13%	17%	25%	33%
400%이상 500%미만	13%	17%	25%	33%	42%
500%이상	17%	25%	33%	42%	50%

• 손해율=최근 5개년 보험금 합계÷최근 5개년 순보험료 합계

① 손해율= $\dfrac{\Sigma \text{최근 5개년 보험금}}{\Sigma \text{최근 5개년 순보험료}}$

② 손해율의 쓰임

- 보험료 : ×(1+손해율에 따른 할인·할증률). 5년 기준
- 자기부담비율 : 10%·15% 형, 3년·2년 기준
- 적과전 종합위험보장 착과감소보험금 보장수준 등을 결정. 3년간 누적 적과 전 손해율 기준

착과감소보험금 보장수준

1. 50% 형
- 임의선택 가능
- 최근 3년간 누적 적과전 손해율이 120% 이상인 경우 50% 형만 가입 가능
- 최근 3년간 가입 횟수 관계없이 $\dfrac{\Sigma \text{최근 3개년 착과감소보험금}}{\Sigma \text{최근 3개년 순보험료}}$ 이 120% 이상인 경우 → 50% 형

2. 70% 형 : 기본 보장수준. 신규 가입 과수원도 해당

---

4 적과 전 종합위험보장 방재시설 할인율

방재시설		사과	배	단감, 떫은감
지주 시설	개별지주	-7	-	-5
	트렐리스방식 (2선식, 4·6선식)	-7	-	-
방풍망	방풍림	-5	-5	-5
	측면 전부설치	-10	-10	-5
	측면 일부설치	-5	-5	-3
방충망		-20	-20	-15
방조망		-5	-5	-5
온풍기		-20		
방상팬		-25	-25	-20
서리방지용 미세살수장치		-25	-25	-20
덕 또는 Y자형 시설		-	-7	-

① 2개 이상: 합산하여 적용하되 최대 할인율은 30%를 초과할 수 없다.
② 방조망, 방충망: 과수원의 위와 측면 전체를 덮도록 설치되어야 한다.

5 보험료 계산 예시

> **예 6]** • 조건 : 가입금액 1,000만원. 영업요율 10%, 순보험료율 9%, 한정보장 특약 할인율 5%, 방재시설 할인율 10%, 자기부담비율 20%, 지자체 지원율 30%

연도	2019	2020	2021	2022	2023
보험금	20만원	-	-	40만원	60만원
순보험료	30만원	30만원	-	30만원	30만원

① 손해율 = $\dfrac{120만원}{120만원}$ = 100%, 평가기간 4년

② 계약자부담보험료=가입금액 1,000만원 × 순보험료율 0.09 × (1+손해율에 따른 할인·할증률 0) × (1-방재시설 할인율 0.1)×(1-한정보장특약 할인율 0.05)×(1-정부지원율 0.5-지자체 지원율 0.3)=153,900원

6 보험료의 환급

> ✓ 적과전 종합위험보장, 종합위험 수확감소보장 및 비가림과수 손해보장 과수, 수확 전 종합위험 및 종합위험 과실손해보장, 특정위험보장 인삼, 생산비보장 노지 밭작물의 '보험료의 환급 내용'은 동일하다. 위의 보장방식에서는 반복하지 않는다.

1 보험료 환급 사유 및 환급보험료 계산

환급 사유	1. 계약이 무효, 효력상실 또는 해지된 때 2. 다만, 보험기간 중 보험사고가 발생하고 보험금이 지급되어 보험가입금액이 감액된 경우 : 감액된 보험가입금액을 기준으로 환급금을 계산한다. ✓ 2의 내용 : 적과전 종합위험보장, 종합위험 수확감소보장 및 비가림과수 손해보장 과수, 수확 전 종합위험 및 종합위험 과실손해보장, 특정위험보장 인삼, 생산비보장 노지 밭작물 및 가축재해보험에 해당한다.
	**계약자 · 피보험자의 책임 없는 사유에 의한 경우**
무효	납입한 *계약자부담보험료의 전액
효력상실, 해지	환급보험료 = *계약자부담보험료×미경과비율
	**계약자 · 피보험자의 책임 있는 사유에 의한 경우**
환급	환급보험료 = *계약자부담보험료×미경과비율
예외	계약자 · 피보험자의 고의 또는 중대한 과실로 무효가 된 때에는 환급하지 않음
책임 있는 사유	1. 계약자 또는 피보험자가 임의 해지하는 경우 2. 사기에 의한 계약, **계약의 해지 또는 중대사유로 인한 해지에 따라 계약을 취소 또는 해지하는 경우 • **계약의 해지 : 계약자 또는 피보험자의 고의로 손해가 발생한 경우나, 고지의무 · 통지의무 등을 해태한 경우의 해지 3. 보험료 미납으로 인한 계약의 효력상실

*계약자부담보험료=최종 보험가입금액 기준으로 산출한 보험료 중 계약자가 부담한 금액

2 환급보험료 지급

① 위의 사유로 반환해야 할 보험료가 있을 때에는 계약자는 환급금을 청구하여야 한다.

② 청구일의 다음 날부터 지급일까지의 기간에 대하여 '보험개발원이 공시하는 보험계약대출이율'을 연단위 복리로 계산한 금액을 더하여 지급한다.

3 환급보험료 계산 예시

> **예 7]** • 조건 : 가입금액 1,000만원. 기지급 보험금 100만원, 순보험료율 8%, 정부지원율 50%, 지자체 지원율 40%, 모든 할인·할증률 없음, 임의해지(해당 월 미경과비율 54%)

① 계약자부담보험료 = 900만원 × 0.08 ×(1 + 0)×(1 + 0)×(1 + 0) × (1 - 0.5 - 0.4) = 72,000원

② 환급보험료 = 72,000 × 0.54 = 38,880원 (임의해지 = 책임있는 사유)

√ 수확 종료 후 보험금을 1회 지급하므로 실무상 기지급 보험금이 있을 수 없지만, 착과감소보험금 산정 후 해지하는 경우 발생할 수 있는 예시이다.

7 보험금 – 보통약관, 나무손해보장 특별약관

1 착과감소보험금

① 지급 사유 : 적과종료 이전 보장하는 재해로 인하여 보험의 목적에 피해가 발생하고 착과감소량이 자기부담감수량을 초과하는 경우

② 산정 방법

보험금 =(착과감소량 - 미보상감수량 - 자기부담감수량)×가입가격×보장수준(50% or 70%)	
착과감소량	평년착과량 – 적과후착과량. 보장하는 재해로 발생한 착과감소량
미보상감수량	'착과감소량 중 미보상비율만큼 + 미보상주수'의 과실량 • 보장하는 재해 이외의 원인으로 인하여 감소되었다고 평가되는 부분을 말하며, 계약 당시 이미 발생한 피해, 병해충으로 인한 피해 및 제초상태 불량 등으로 인한 수확감소량으로서 감수량에서 제외
자기부담감수량	기준수확량×자기부담비율
보장수준	1. 50% 형 　-임의선택 가능 　-최근 3년간 누적 적과전 손해율이 120% 이상인 경우 50% 형만 가입 가능 　　• 최근 3년간 가입 횟수 관계없이 $\frac{\Sigma \text{최근 3개년 착과감소보험금}}{\Sigma \text{최근 3개년 순보험료}}$ 이 120% 이상인 　　경우→50% 형 2. 70% 형 : 기본 보장수준. 신규 가입 과수원도 해당

예 8]	• 조건 : 평년착과량 2,000kg, 실제결과주수 100주, 자기부담비율 15%, 보장수준 50%, 가입가격 2,000원, 적과종료 전 보장하는 재해 발생, 적과후착과량 1,000kg, 미보상주수 5주, 미보상비율 10% 1. 착과감소량 = 2,000 - 1,000 = 1,000kg 2. 미보상감수량 = (1,000 × 0.1) + (5 × *20) = 200kg *주당평년착과량 = $\dfrac{평년착과량\ 2,000}{실제결과주수\ 100}$ = 20kg 3. 기준수확량 = 1,000 + 1,000 = 2,000kg 4. 자기부담감수량 = 2,000 × 0.15 = 300kg 5. 착과감소보험금 = (1,000 - 200 - 300) × 2,000 × 0.5 = 500,000원

2 과실손해보험금

① 지급 사유: 보장하는 재해로 인하여 적과 종료 이후 누적감수량이 자기부담감수량을 초과하는 경우

② 산정 방법

보험금 = (누적감수량 - 자기부담감수량) × 가입가격	
누적 감수량	적과 종료 이후 보장종료 시점까지 산출된 감수량을 누적한 값 • 특정 7종으로 발생한 감수과실수의 합계 × 가입과중

자기부담
감수량
	1. 기준수확량 × 자기부담비율. 다만, 착과감소량이 존재하는 경우 과실손해보험금의 자기부담감수량은 (착과감소량 - 미보상감수량)을 제외한 값이며, 0보다 작을 수 없다.
	• 과실손해보험금 자기부담감수량 = 자기부담감수량 - (착과감소량 - 미보상감수량) > 0
	2. 예 9] • 조건 : 자기부담감수량 1,000kg, 착과감소량 500kg, 미보상감수량 100kg
	  → 과실손해보험금 자기부담감수량 1,000 - (500 - 100) = 600kg
	3. 착과감소보험금에서 차감하고 남은 량이 과실손해보험금 자기부담감수량이 된다.
	✓ 위의 예 9] 착과감소보험금 = (500 - 100 - 1,000) × 가입가격 × 보장수준
	                     = -600kg × 가입가격 × 보장수준 = 0원
	• 과실손해보험금에서 자기부담감수량이 있는 경우는 위와 같이 착과감소보험금이 0원인 경우이다. 반대의 경우로 착과감소보험금이 1원이라도 산정된 경우 과실손해보험금의 자기부담감수량은 0kg 이다.

예 10]	• 조건 : 태풍 낙과감수과실수 300개, 우박 착과감수과실수 700개, 과중 300g, 착과감소보험금 자기부담감수량 차감 후 남은 양 100kg, 가격 2,000원 1. 누적감수량 = (300 + 700) × 0.3 = 300kg 2. 자기부담감수량 100kg 3. 과실손해보험금 = (300 - 100) × 2,000 = 400,000원

3 나무손해보험금(특약)

① 지급사유: 보험기간 내에 보장하는 재해로 인한 피해율이 자기부담비율을 초과하는 경우

② 산정 방법

보험가입금액×(피해율-자기부담비율)	
피해율	① 고사주수÷실제결과주수 ② 보장하는 재해(자, 조, 화)로 인한 고사주수 ✓ 과실손해보장의 특정위험과 관계없음에 주의한다.
자기부담비율	5%(고정)
예 11]	• 조건 : 가입금액 1,000만원, 실제결과주수 100주, 고사주수 20주 ① 피해율 = 20÷100 = 20% ② 나무보험금 = 1,000만원×(0.2 - 0.05) = 150만원

---

8 자기부담비율, 특별약관 등

1 **자기부담비율**: 보험금을 계산할 때 피해율에서 차감하는 비율로서, 계약할 때 계약자가 선택한 비율

① 10% 형: 최근 3년 '연속' 가입 과수원+3년간 수령한 보험금이 순보험료의 120% 미만인 경우

② 15% 형: 최근 2년 '연속' 가입 과수원+2년간 수령한 보험금이 순보험료의 120% 미만인 경우

③ 20% 형, 30% 형, 40% 형: 제한 없음

2 10%, 15% 자기부담비율 자격 확인. 예 12]

연도	2019	2020	2021	2022	2023
보험금	20만원	–	40만원	–	60만원
순보험료	30만원	30만원	30만원	–	30만원

• 최근 3년(2년) 연속 가입 과수원이 아니므로 최저 자기부담비율은 20%이다.

> ✓ **포인트**
>
> **자기부담비율**
> 1. 신규 가입 과수원의 경우 최저 자기부담비율은 20%이다.
> 2. 3년(2년)간의 손해율을 통해 10%(15%) 형 자격 여부를 확인할 수 있어야 한다.

3 특별약관

적과 종료 이전	특정위험 5종 한정 보장	태풍(강풍), 화재, 지진, 집중호우, 우박으로 입은 손해만을 보상	보험료 할인
적과 종료 이후	가을동상해 부보장	가을동상해로 인해 입은 손해 보상하지 않음 • 착과감수과실수 산정하지 않음	
	일소피해 부보장	일소피해로 인해 입은 손해 보상하지 않음 • 착과 · 낙과감수과실수 산정하지 않음	
판매연도 2/1~ 이듬해. 1/31	나무손해 보장	보장하는 재해 : 자연재해, 조수해, 화재 **보상하지 않는 손해** ① 계약자, 피보험자 또는 이들의 법정대리인의 고의 또는 중대한 과실로 인한 손해 ② 제초작업, 시비관리 등 통상적인 영농활동을 하지 않아 발생한 손해 ③ 보상하지 않는 재해로 제방, 댐 등이 붕괴되어 발생한 손해 ④ 피해를 입었으나 회생 가능한 나무 손해 ⑤ 토양관리 및 재배기술의 잘못된 적용으로 인해 생기는 나무 손해 ⑥ 병충해 등 간접손해에 의해 생긴 나무 손해 ⑦ 하우스, 부대시설 등의 노후 및 하자로 생긴 손해 ⑧ 계약체결 시점 현재 기상청에서 발령하고 있는 기상특보 발령 지역의 기상특보 관련 재해로 인한 손해 ⑨ 보장하는 재해에 해당하지 않은 재해로 발생한 손해 ⑩ 전쟁, 혁명, 내란, 사변, 폭동, 소요, 노동쟁의, 기타 이들과 유사한 사태로 생긴 손해 ✎암기팁 해시계 계통 전 보병 피토	

> **✓ 포인트**
>
> **나무손해보장 특별약관**
> 1. 보상하는 재해, 보상하지 않는 손해, 보험금 계산에 있어서 모든 품목이 동일하다.
> 2. 다른 품목에서 반복하지 않는다.

9 인수 관련 수확량

1 표준수확량

① 과거의 통계를 바탕으로 품종, 경작형태, 수령, 지역 등을 고려하여 산출한 나무 1주당 예상 수확량이다.

② 산출 기준

  ✓ 「농업재해보험 · 손해평가의 이론과 실무」에는 실려있지 않지만, 평년착과량의 이해를 위해 필요한 내용이다.

  • 사과: 품종, 재배방식(밀식 · 반밀식 · 일반), 수령별로 산출

  • 배: 품종, 재배방식(밀식 · 반밀식 · 소식), 수령별로 산출

  • 단감, 떫은 감: 품종, 수령별로 산출

2 평년착과량

① 정의: 보험가입금액(가입수확량) 산정 및 적과 종료 전 보험사고 발생 시 감수량 산정의 기준이 되는 착과량이다.

② 전제: 평년착과량은 자연재해가 없는 이상적인 상황에서 수확할 수 있는 수확량이 아니라 평년 수준의 재해가 있다는 점을 전제로 한다.

③ 산출 방법

최근 5년 이내 가입 이력이 없는 과수원(과거수확량 자료가 없는 경우)
표준수확량의 100%를 평년착과량으로 결정

	최근 5년 이내 가입 이력이 있는 과수원(과거수확량 자료가 있는 경우)
산출식	$\{A+(B-A)\times(1-Y/5)\}\times C/D$ 1. A(과거 적과후착과량 평균) = Σ과거 5년간 적과후착과량÷Y 2. B(과거 표준수확량 평균) = Σ과거 5년간 표준수확량÷Y 3. Y = 과거 5년간 가입횟수 4. C = 당해연도(가입연도) 기준표준수확량 5. D(과거 기준표준수확량 평균) = Σ과거 5년간 기준표준수확량÷Y ✓ 평년착과량을 계산하기 위해서는 과거 5년간의 적과후착과량, 표준수확량, 기준표준수확량, 평년착과량 및 가입년도의 기준표준수확량이 필요하다.

3 평년착과량 산출 예시

예 13] • 조건: 2024년 보험가입을 위한 평년착과량 산출자료. 품목 사과(2024년 수령 8년생. 밀식재배)

연도		적과후착과량(a)	평년착과량	표준수확량	기준표준수확량
2019	3년생	800	1,000	1,100	? → 600
2020	4년생	900	1,000	1,200	? → 900
2021	5년생	1,000	1,000	1,100	1,200
2022	6년생	-	-	-	-
2023	7년생	300	1,600	1,600	1,000
2024	8년생				1,100

• 과거 5년 = 2019~2023년

A	1. Σ과거 5년간 적과후착과량÷Y → 과거 가입년도의 적과후착과량(a)들의 평균값 2. 21년 적과후착과량부터는 상·하한(해당 연도 평년착과량의 30%~300%) 적용 　① 상한: 가입 당해 포함 과거 5년 중 3년 이상 가입 이력 있는 경우에 한함 　② **예 14]** 평년착과량 1,000kg, 적과후착과량 200kg인 경우 　　　a(적과후착과량) = med(하한 300, 적과후착과량 200, 상한 3,000) = 300kg 3. 위 **예 13]**의 A = $\dfrac{800+900+1,000+480}{4}$ = 795kg
B	1. B = Σ과거 5년간 표준수확량÷Y → 과거 가입년도의 표준수확량(b)들의 평균값 2. 위 **예 13]**의 B = $\dfrac{1,100+1,200+1,100+1,600}{4}$ = 1,250kg

C

1. 가입년도의 기준표준수확량

✓ 기준표준수확량 : 표준수확량의 기준. 과수원별 경작현황이 품종 · 재배방식 · 수령별로 다양함 →
   재배방식에 따라 표준수확량의 기준을 정함→기준이 되는 표준수확량으로 해당 과수원의 평년착과량을
   보정 (× $\frac{C}{D}$)

2. 품목별 기준표준수확량 : 품목별로 아래의 표준수확량표에 의해 산출한 표준수확량(재배방식에 따른
   표준수확량)
   ① 사과 기준표준수확량＝(밀식 · 반밀식 · 일반재배 중) 일반재배방식 표준수확량
   ② 배 기준표준수확량＝(밀식 · 반밀식 · 소식재배 중) 소식재배방식 표준수확량
   ③ 단감, 떫은감 기준표준수확량＝표준수확량 표 표준수확량 (단감, 떫은감은 재배방식에 따라
      표준수확량을 산출하지 않음)

3. 위 **예 13]**의 C＝가입연도 기준표준수확량＝1,100kg＝일반재배 8년생의 표준수확량

✓ 사과, 배의 재배방식이 기준표준수확량에 해당하는 일반재배, 소식재배가 아닌 경우
   • 위의 **예 13]**과 같이 기준표준수확량 아예 제시되거나, 또는
   • 반드시 일반재배, 소식재배의 표준수확량표가 별도로 제시되어 기준표준수확량을 찾게 한다.

D

1. D＝∑과거 5년간 기준표준수확량÷Y → 과거 가입년도의 기준표준수확량(d)들의 평균값

2. 사과 품목의 과거기준표준수확량(D) 적용 비율

✓ 사과 품목 기준표준수확량의 재배방식인 일반재배의 경우 5년생부터 가입할 수 있다. 그러나, 밀식 ·
   반밀식재배의 경우 3 · 4년생부터 가입할 할 수 있으므로, 이 경우 3 · 4년생의 기준표준수확량이 없게 된다.
   따라서 밀식 · 반밀식재배 3 · 4년생의 기준표준수확량은 일반재배 5년생의 표준수확량 값을 아래와 같이
   할인하여 적용하게 된다.
   ① 3년생 : 일반재배방식의 표준수확량 5년생의 50%
   ② 4년생 : 일반재배방식의 표준수확량 5년생의 75%

3. 사과 기준표준수확량(d) 적용 : **예 15]**

일반재배 과수원 : 5년생부터 가입 가능 각 수령의 (표준수확량=기준표준수확량. b＝d)		
수령	표준수확량(b)	기준표준수확량(d)
5년생	900	900
6년생	1,000	1,000
7년생	1,100	1,100

밀식, 반밀식재배 과수원 : 밀식 3년생, 반밀식 4년생부터 가입 가능 각 수령의 (표준수확량≠기준표준수확량. b≠d) 각 수령의 ('일반재배방식' 표준수확량=기준표준수확량)		
수령	표준수확량(b)	기준표준수확량(d)
3년생	500	? → 450
4년생	600	? → 675
		일반재배는 3, 4년생 가입 ×
5년생	700	900(일반재배 5년생의 표준수확량)
6년생	800	1,000(일반재배 6년생의 표준수확량)

   • 3년생＝일반 5년생 표준수확량×50%, 4년생＝일반 5년생 표준수확량×75%

4. 위 **예 13]**의 D＝ $\frac{600+900+1,200+1,000}{4}$ ＝ 925kg

   • 5년생 1,200×50%＝600kg, 1,200×75%＝900kg

10　보험가입지역 및 보험가입기준

1　**보험가입지역**: 과수 4종(사과, 배, 감, 떫은감): 전국

2　**과수 공통**

✓ 적과 전 종합위험보장, 종합위험 수확감소보장 과수, 수확 전 종합위험 및 종합위험 과실손해보장에 공통으로 적용되는 가입기준으로 적과전 종합위험보장에서만 다루기로 한다.

① 보험가입기준: 과수원 단위로 가입하고 개별 과수원당 최저 보험가입금액은 200만원이다. 단, '하나의 리, 동'에 있는 각각 보험가입금액 '200만원 미만의 두 개'의 과수원은 하나의 과수원으로 취급하여 계약 가능하다. (단, 2개 과수원 초과 구성 가입은 불가하다)
   • 2개의 과수원(농지)을 합하여 인수한 경우 1개의 과수원(농지)으로 보고 손해평가

② 과수원 구성 방법
   • 과수원이라 함은 한 덩어리의 토지의 개념으로 필지(지번)와는 관계없이 실제 경작하는 단위이므로 한 덩어리 과수원이 여러 필지로 나누어져 있더라도 하나의 농지로 취급한다.
   • 계약자 1인이 서로 다른 2개 이상 품목을 가입하고자 할 경우에는 별개의 계약으로 각각 가입·처리하며, 개별 과수원을 가입하고자 하는 경우 동일 증권 내 각각의 목적물로 가입·처리한다.
   • 과수원 전체를 벌목하여 새로운 유목을 심은 경우에는 신규 과수원으로 가입·처리한다.
   • 농협은 농협 관할구역에 속한 과수원에 한하여 인수할 수 있으며, 계약자가 동일한 관할구역 내에 여러 개의 과수원을 경작하고 있는 경우에는 하나의 농협에 가입하는 것이 원칙이다.

3　**적과 전 종합위험보장 해당 과수원 구성 방법**: 사과 품목의 경우, 알프스오토메, 루비에스 등 미니사과 품종을 심은 경우에는 별도 과수원으로 가입·처리한다.

✓ 포인트

가입 기준

1. 과수원 단위 가입. 최저 200만원 이상
2. 동일 리(동) 내 '각각' 200만원 미만 두 과수원 → 하나의 과수원으로 가입 가능
3. 예 16] • 조건: 1인의 계약자, 동일 리(동) 내의 과수원 현황

   ① A 200만원, B 300만원 → A 계약, B 계약
   ② A 100만원, B 150만원 → 통합 → 가입금액 250만원 계약
   ③ A 300만원, B 150만원 → A만 가입 가능

4. 사과 알프스오토메, 루비에스 등 미니사과 품종 재배 과수원 → 별도 가입
   예 17] A (홍로) 150만원, B (미니사과) 100만원 → 통합 가입 불가

1 과수 공통

✓ 적과 전 종합위험보장, 종합위험 수확감소보장 과수, 수확 전 종합위험 및 종합위험 과실손해보장에 공통으로 적용되는 가입기준으로 적과전 종합위험보장에서만 다루기로 한다. 공통적인 인수 제한 목적물이지만, 일부 품목에만 기재되어 있는 경우가 많다. 그 이유는 신경쓰지 않는 것이 좋다.

① 보험가입금액이 200만원 미만인 과수원
② 품목이 혼식된 과수원(다만, 주력 품목의 결과주수가 90% 이상인 과수원은 주품목에 한하여 가입 가능)
③ 통상적인 영농활동(병충해방제, 시비관리, 전지·전정, 적과 등)을 하지 않은 과수원
④ 전정, 비배관리 잘못 또는 품종갱신 등의 이유로 수확량이 현저하게 감소할 것이 예상되는 과수원
⑤ 시험연구를 위해 재배되는 과수원
⑥ 하나의 과수원에 식재된 나무 중 일부 나무만 가입하는 과수원 (단, 감귤(만감류, 온주밀감류)의 경우 해거리가 예상되는 나무의 경우 제외)
⑦ 하천부지 및 상습 침수지역에 소재한 과수원
⑧ 판매를 목적으로 경작하지 않는 과수원
⑨ 가식(假植)되어 있는 과수원
⑩ 기타 인수가 부적절한 과수원

2 적과 전 종합위험보장 해당 인수 제한 목적물

① 가입하는 해의 나무 수령(나이)이 다음 기준 미만인 경우
  • 사과: 밀식재배 3년 · 반밀식재배 4년 · 일반재배 5년, 배: 3년, 단감 · 떫은감: 5년
  • 수령(나이)은 나무의 나이를 말하며, 묘목이 가입과수원에 식재된 해를 1년으로 한다.
② 노지재배가 아닌 시설에서 재배하는 과수원
  • 단, 일소피해 부보장 특약을 가입하는 경우 인수 가능
③ **1**공통 ②의 예외조건에도 불구 단감 · 떫은감이 혼식된 과수원
  • 보험가입금액이 200만원 이상인 단감 · 떫은감 품목 중 1개를 선택하여 해당 품목만 가입 가능
  ✓ 단감 · 떫은감: 혼식된 경우 주력 품목이 90% 이상 아니어도 둘 중 한 품목이 200만원 이상이면 가입 가능
④ 시험연구, 체험학습을 위해 재배되는 과수원
  • 단, 200만원 이상 출하증명 가능한 과수원 제외
⑤ 가로수 형태의 과수원
⑥ 보험가입 이전에 자연재해 피해 및 접붙임 등으로 당해년도의 정상적인 결실에 영향이 있는 과수원
⑦ 가입사무소 또는 계약자를 달리하여 중복 가입하는 과수원

⑧ 도서 지역의 경우 연륙교가 설치되어 있지 않고 정기선이 운항하지 않는 등 신속한 손해평가가 불가능한 지역에 소재한 과수원

⑨ 도시계획 등에 편입되어 수확 종료 전에 소유권 변동 또는 과수원 형질변경 등이 예정되어 있는 과수원

⑩ 군사시설보호구역 중 통제보호구역내의 농지(단, 통상적인 영농활동 및 손해평가가 가능하다고 판단되는 농지는 인수 가능)

· 통제보호구역 : 민간인통제선 이북지역 또는 군사기지 및 군사시설의 최외곽 경계선으로부터 300미터 범위 이내의 지역

✓ 포인트

인수 '제한' 목적물

1. 과수 공통: 금혼령이 내려서 통감이 연일 하판서 댁에 가기

금	혼	통	감	연	일	하	판	가	기
2 0 0	품목 혼식 (주품목 90% 이상)	통상적 영농활동 ×	수확량 현저히 감소 예상	연구	일부 나무만	하천부지 상습침수구역	판매 목적 ×	가 식	기 타

2. 적종

① 수령: 다음 수령 미만 시

3년	4년	5년
사과 밀식	사과 반밀식	사과 일반
배		단감, 떫은 감

② 시가 시체

· 시설재배: 일소부보장 특약 가입한 과수원 인수 가능
· 가로수 형태
· 시험연구, 체험학습용 재배: 200만원 이상 출하 증명 과수원 인수 가능

농작물 재해보험 손해평가의 이론과 실무

1 시기별 조사 종류 및 조사 내용

> ✓ 아래의 내용은 「농업재해보험 · 손해평가의 이론과 실무」대로의 내용이 아닌, 이해를 돕기 위해 구성한 내용이다.

1 적과 종료 전

① 종합위험(보통약관)

생육 시기	조사 종류	조사 내용
계약 체결일 ~ 적과 종료 전	1. 피해사실 확인조사	① 보장하는 재해로 인한 피해 발생 여부 : 자연재해, 조수해, 화재
		② 우박 : 수확기 착과피해조사 필요 여부 판단 • 수확기에 '적과 종료 전 우박피해'로 인한 착과피해감수과실수 산정
		③ 조수해, 화재로 인한 일부 나무에 국한된 피해 발생 : 피해 규모 조사 • 나무피해율(최대인정피해율) = $\dfrac{\text{피해주수(고사 + 수확불능 + 일부피해)}}{\text{실제결과주수}}$ • 2회 이상의 사고인 경우 누적하여 계산
적과 종료 시점	2. 적과후 착과수 조사	① 피해와 관계없이 전 과수원 조사 ② 기준착과수 산정 = 적과후착과수 + 착과감소과실수 ③ 착과감소과실수 = 평년착과수 − 적과후착과수 ④ 단, 조수해, 화재로 인한 일부 나무에 국한된 피해 발생 시 : 착과감소과실수 = min(평년착과수 − 적과후착과수, 최대인정감소과실수) • 최대인정감소과실수 = 평년착과수 × 최대인정피해율(나무피해율)

② 적과 종료 전 특정 5종 한정보장(특별약관)

생육 시기	조사 종류	조사 내용
계약 체결일 ~ 적과 종료 전	1. 피해사실 확인조사	① 보장하는 재해로 인한 피해 발생 여부 : 특정위험 5종
		② 우박 : 수확기 착과피해조사 필요 여부 판단 • 수확기에 '적과 종료 전 우박피해'로 인한 착과피해감수과실수 산정 ③ 우박 : 유과(어린과실) 및 꽃(눈)등의 타박비율 • 유과타박률(최대인정피해율) = $\dfrac{\Sigma \text{표본주 피해유과수}}{\Sigma \text{표본주(피해 + 정상)유과수}}$
		④ 태풍(강풍), 화재, 지진, 집중호우 : 단감 · 떫은감. 낙엽피해 정도 조사 • 낙엽률 = $\dfrac{\text{낙엽수}}{\text{낙엽수 + 착엽수}}$ → 낙엽인정피해율(최대인정피해율)

계약 체결일 ~ 적과 종료 전	1. 피해사실 확인조사	⑤ 나무피해조사 : 고사 · 수확불능 여부와 관계없이 나무 상태로만 조사 • 피해주수 : 유실, 매몰, 도복, 절단(1/2), 소실(1/2), 침수 • 나무피해율(최대인정피해율) $= \dfrac{\text{피해주수(유매도절소침)}}{\text{실제결과주수}}$ • 2회 이상의 사고인 경우 누적하여 계산
적과 종료 시점	2. 적과후 착과수 조사	① 피해와 관계없이 전 과수원 조사 ② 기준착과수 = 적과후착과수 + 착과감소과실수 ③ 착과감소과실수 = min(평년착과수 – 적과후착과수, 최대인정감소과실수) • 최대인정감소과실수 = 평년착과수 × 최대인정피해율 • 최대인정피해율 = max(유과타박률, 낙엽인정피해율, 나무피해율)

2 적과 종료 후

생육 시기	조사 종류	조사 내용
적과 종료 후 ~ 수확기 종료	1. 낙과 피해 조사	① 태풍(강풍) · 화재 · 지진 · 집중호우, 우박 · 일소 : 보장하는 재해로 인한 낙과피해과실수 조사 • 전수조사 원칙, 불가능 시 표본조사 • 낙과수조사 → 낙과피해구성율 산정 → 낙과피해감수과실수 산정
		② 태풍(강풍) · 화재 · 지진 · 집중호우 : 단감 · 떫은감. 낙엽피해 정도 조사 • 낙엽률 $= \dfrac{\Sigma \text{ 표본주 낙엽수}}{\Sigma \text{ 표본주(낙엽수 + 착엽수)}}$ → 낙엽인정피해율 산정 → 낙엽피해감수과실수 산정
		③ 태풍(강풍) · 화재 · 지진 · 집중호우 : 나무피해조사 • 고사주수 + 수확불능주수, 일부침수주수 → 나무피해감수과실수 산정
	2. 착과 피해 조사	① 우박 · 일소, 가을동상해 : 보장하는 재해로 인한 착과피해과실수 조사 • 착과수조사 → 착과피해구성율 산정 → 착과피해감수과실수 산정
		② 적과 종료 전 우박으로 인한 수확기 착과피해조사 • 착과수조사 → 착과피해구성율 산정 → 착과피해감수과실수 산정
수확 완료 후 ~ 나무(특) 보험 종기	3. 고사 나무 조사	① 나무손해보장 특별약관 가입 농지 ② 보장하는 재해로 고사 또는 회생이 불가능한 나무수 조사 : 자연재해, 조수해, 화재 • 나무손해보장 피해율 $= \dfrac{\text{피해주수(고사)}}{\text{실제결과주수}}$

✓ 포인트

1. 재해별 감수과실수
   ① 태풍(강풍) · 화재 · 지진 · 집중호우 : 낙과감수과실수, 낙엽감수과실수, 나무감수과실수
   ② 우박 · 일소 : 낙과감수과실수, 착과감수과실수
   ③ 가을동상해 : 착과감수과실수

2. 낙엽인정피해율
   ① 단감 : (1.0115 × 낙엽률) - (0.0014 × 경과일수), 경과일수 : 6월1일부터 낙엽피해 발생일까지 경과된 일수
   ② 떫은감 : (0.9662 × 낙엽률) - 0.0703

2 피해사실 확인조사

적과전 종합위험보장의 피해사실 확인조사
다른 보장방식의 피해사실 확인조사와 달리, 적과종료 전의 과실피해를 산정하기 위한 조사(최대인정피해율을 위한 조사)가 포함된다.

1 개요

① 조사 대상: 적과 종료 이전 대상 재해로 사고접수 과수원 및 조사 필요 과수원

② 대상 재해: 자연재해, 조수해, 화재

③ 조사 시기: 사고접수 직후 실시

2 보장하는 재해로 인한 피해 여부 확인

✓ 본 **2**의 내용은 "피해사실 조사 방법"으로 이후 다른 보장방식에서 반복하지 않는다.

① 기상청 자료 확인 및 현지 방문 등을 통하여 보장하는 재해로 인한 피해가 맞는지 확인한다.

② 이에 대한 근거로 다음의 자료를 확보할 수 있다.

- 재해 입증 자료: 기상청 자료, 농업기술센터 의견서 등
- 피해 장소 촬영 사진: 농지(과수원 등)의 전반적인 피해 상황 및 세부 피해 내용이 확인 가능한 사진

③ 단, 태풍 등과 같이 재해 내용이 명확하거나 사고 접수 후 바로 추가 조사가 필요한 경우 등에는 피해사실확인조사를 생략할 수 있다.

3 나무피해 확인

① 고사나무 확인

- 품종 · 재배방식 · 수령별 고사주수를 조사
- 고사나무 중 과실손해를 보상하지 않는 경우가 있음에 유의
- 보상하지 않는 손해로 고사한 나무: 미보상주수로 조사

② 수확불능나무 확인

- 품종 · 재배방식 · 수령별 수확불능주수를 조사
- 보상하지 않는 손해로 수확불능 상태인 나무: 미보상주수로 조사

③ 유실 · 매몰 · 도복 · 절단(1/2) · 소실(1/2) · 침수로 인한 피해나무 확인: 5종 한정특약 가입건만 해당

- 고사주수 및 수확불능주수에 포함 여부와 상관없이 나무의 상태(유실 · 매몰 · 도복 · 절단(1/2) · 소실(1/2) · 침수)를 기준으로 별도로 조사
- 단, 침수의 경우에는 나무별로 과실침수율을 곱하여 계산

> **침수주수 산정 방법**
> 1. 품종·재배방식·수령별 침수피해를 입은 나무 중 가장 평균적인 나무로 1주 이상 표본주로 선정
> 2. 표본주의 침수된 착과(화)수와 전체 착과(화)수를 조사
> 3. 과실침수율 $= \dfrac{\text{침수된착과(화)수}}{\text{전체착과(화)수}}$
> 4. 전체 착과수 = 침수된 착과(화)수 + 침수되지 않은 착과(화)수
> 5. 침수주수 = 침수피해를 입은 나무수 × 과실침수율

④ 피해규모 확인

- 조수해 및 화재로 전체 나무 중 일부 나무에만 피해가 발생된 경우 실시
- 피해대상주수(고사주수, 수확불능주수, 일부피해주수) 확인

<최대인정피해율의 나무피해율>

과실손해보장의 나무피해율(최대인정피해율)	
특정위험 5종 한정보장 특별약관 + 유실·매몰·도복·절단(1/2)·소실(1/2)·침수 나무 피해	
1. 용도: 특정 5종 재해에 의한 '나무피해로 발생한 과실의 최대인정피해율' 조사 2. 피해주수: 유실·매몰·도복·절단(1/2)·소실(1/2)·침수 　• 침수주수 = 침수피해주수 × 과실침수율 3. 나무피해율(최대인정피해율) $= \dfrac{\text{유매도절소침}}{\text{실제결과주수}}$	**예 1]** • 조건: 실제결과주수 100주, 태풍 도복 고사 10주, 조수해 절단 고사 5주, 태풍 절단(1/2) 5주, 집중호우 침수피해주수 10주, 과실침수율 30% 　• 나무피해율(최대인정피해율) $= \dfrac{10+5+3}{100} = 18\%$ 　(조수해: 특정 5종에 미해당)
종합위험(한정특약 미가입) + 조수해·화재 일부 나무에 국한된 피해	
1. 피해규모 확인 2. 용도: 조수해, 화재에 의한 '일부나무에 국한된 피해로 발생한 과실의 최대인정피해율' 조사 3. 피해주수: 고사, 수확불능, 일부피해주수 4. 나무피해율(최대인정피해율) $= \dfrac{\text{고수일}}{\text{실제결과주수}}$	**예 2]** • 조건: 실제결과주수 100주, 소실(화재) 고사 10주, 조수해 절단(1/2) 수확불능 5주, 조수해 일부 피해주수 5주 　• 나무피해율(최대인정피해율) $= \dfrac{10+5+5}{100} = 20\%$

4 유과타박률 확인. 5종 한정 특약 가입 건의 우박피해 시 및 필요시

① 적과 종료 전의 착과된 유과 및 꽃눈 등에서 우박으로 피해를 입은 유과(꽃눈 등)의 비율을 표본조사한다.

② 조사대상주수를 기준으로 품목별 표본주수표에 따라 표본주수를 선정 후 조사용 리본을 부착한다.

- 표본주: 수령이나 크기, 착과과실수를 감안하여 대표성이 있는 표본주를 선택
- 과수원 내 골고루 분포되도록 함
- 선택된 표본주가 대표성이 없는 경우 그 주변의 나무를 표본주로 대체할 수 있으며 표본주의 수가 더 필요하다고 판단되는 경우 품목별 표본주수표의 표본주수 이상을 선정 가능

③ 선정된 표본주마다 동서남북 4곳의 가지에 가지별로 5개 이상의 유과(꽃눈 등)를 표본으로 추출하여 피해 유과(꽃눈 등)와 정상 유과(꽃눈 등)의 개수를 조사한다.

- 사과, 배: 선택된 과(화)총당 동일한 위치(번호)의 유과(꽃)의 우박피해 여부를 조사

---

1. 유과타박률(최대인정피해율) = $\dfrac{\Sigma \text{표본주 피해유과수}}{\Sigma \text{표본주(피해+정상)유과수}}$

- 용도: 우박에 의한 과실의 최대인정피해율 조사

2. **예 3]** • 조건: 표본주 3주, 가지당 조사 유과수 5개(동일), 조사한 가지의 총 피해유과수 30개

- 유과타박률(최대인정피해율) = $\dfrac{30개}{3주 \times 4가지 \times 5개}$ = 50%

---

5 낙엽률 확인. 단감 · 떫은감, 수확연도 6월 1일 이후 낙엽피해 시, 5종 한정특약 가입 건

① 조사대상주수 기준으로 품목별 표본주수표에 따라 주수를 산정한 후, 표본주 간격에 따라 표본주를 정하고, 선정된 표본주에 조사용 리본을 묶는다.

② 동서남북 4곳의 결과지(신초, 1년생 가지)를 무작위로 정하여 각 가지별로 낙엽수와 착엽수를 조사하여 리본에 기재한 후 낙엽률을 산정한다.

- 낙엽수 조사: 잎이 떨어진 자리를 세는 것

③ 표본주의 낙엽수가 병해충 등 보상하지 않는 손해에 해당하는 경우 착엽수로 구분한다.

---

1. 낙엽률 = $\dfrac{\Sigma \text{표본주 낙엽수}}{\Sigma \text{표본주(낙엽수+착엽수)}}$

- 용도: 낙엽피해가 단감 · 떫은감에 미치는 최대인정피해율(낙엽인정피해율) 조사를 위한 전 단계

2. **예 4]** • 조건: 표본주 3주, 결과지당 잎 수 30개(동일), 조사 결과지 총 낙엽수 90개

- 낙엽률 = $\dfrac{90개}{3주 \times 4결과지 \times 30개}$ = 25%

✓ 포인트

단감, 떫은감과 잎 피해

1. 잎이 과실에 미치는 영향이 매우 큰 품목으로, 잎 피해에 의한 과실피해를 보상한다.
2. 잎 피해의 유형
   ① 태풍(강풍) · 화재 · 지진 · 집중호우로 인한 '낙엽'피해
   - 적과종료 전 발생: 낙엽피해로 인한 착과량의 감소도 착과량의 감소에 포함, 한정특약 가입 시 적과종료 전 착과감 소과실수 산정의 한 기준(최대인정피해율)
   - 적과종료 후 발생: 낙엽감수과실수로 보상
   ② 가을동상해로 인한 '잎 고사' ← 잎 (50% 이상) 고사로 인한 과실의 착과피해를 착과감수과실수의 일정 수를 추가 해서 보상

6 추가 조사 필요 여부 판단

① 재해 종류 및 특별약관 가입 여부에 따라 추가 확인 사항을 조사한다.

② 적과 후 착과수조사 이전 시: 적과 종료 여부를 확인한다.

③ 우박피해 발생 시: 착과피해조사 필요 여부를 확인한다.

> **✓ 포인트**
>
> **적과종료 전의 우박피해**
> 1. 적과종료 전에는 최종 피해의 확인이 어려우므로, 과실의 생장이 끝난 수확기에 착과피해조사를 다시 실시한다. 적과 종료 전 우박으로 인한 수확기 착과피해조사
> 2. 적과종료 전 한정특약 미가입 시
>   ① 우박=자연재해
>   ② 적과종료 전 자연재해로 인한 적과종료 후 착과손해감수과실수를 산정한다. (한정특약 가입 건은 미해당)
> 3. 보상 방법
>   ① 적과종료 전 한정특약 미가입 시: 적과종료 후 착과손해감수과실수+수확기 착과감수과실수
>   ② 적과종료 전 한정특약 가입 시: 수확기 착과감수과실수

7 미보상비율 확인: 보장하는 재해 이외의 원인으로 인해 착과가 감소한 과실의 비율을 조사한다.

---

3 적과후착과수 조사

> **✓ 포인트**
>
> **적과후착과수 조사**
> 1. 의미: 기준착과수(적과후착과수+착과감소과실수), 보험가입금액 감액(가입수확량 > 기준수확량), 착과감소과실수(평년착과수-적과후착과수), 적과 종료 이후의 누적 감수과실수의 한도
> 2. 조사 방법: 나무조사→조사대상주수(실-미고수)→표본주수 산정→표본주 선정→표본주 착과수 조사

1 개요

① 조사 대상 : 사고 여부와 관계없이 농작물재해보험에 가입한 사과, 배, 단감, 떫은감 품목을 재배하는 과수원 전체

② 조사 시기 : 통상적인 적과 및 자연 낙과(떫은감은 1차 생리적 낙과) 종료 시점

 • 과수원이 위치한 지역(시군 등)의 기상여건 등을 감안하여 통상적으로 해당 지역에서 해당 과실의 적과가 종료되거나 자연낙과가 종료되는 시점

2 조사 방법

① 나무 조사
   - 품종별 · 재배방식별 · 수령별 실제결과주수를 확인
   - 품종별 · 재배방식별 · 수령별 고사주수, 미보상주수, 수확불능주수 확인

② 적정표본주수 산정
   - 조사대상주수 계산: 품종별 · 재배방식별 · 수령별 실제결과주수에서 미보상주수, 고사주수, 수확불능주수를 제외
   - 조사대상주수 기준으로 품목별 표본주수표에 따라 과수원별 전체 적정표본주수를 산정
   - 적정표본주수: 품종별 · 재배방식별 · 수령별 조사대상주수에 비례하여 배정, 품종별 · 재배방식별 · 수령별 적정표본주수의 합은 전체 표본주수보다 크거나 같아야 함

$$적정표본주수 = 전체표본주수 \times \frac{품종별조사대상주수}{조사대상주수합} \text{ (소수점 이하 첫째 자리에서 올림)}$$

데 사과품목 품종별 · 재배방식별 · 수령별 적정표본주수 산정

품종	재배방식	수령	실제결과주수	미보상주수	고사주수	수확불능주수	조사대상주수	적정표본주수	적정 표본주수 산정식
스가루	반밀식	10	100	0	0	0	100	3	12 × (100/550)
스가루	반밀식	20	200	0	0	0	200	5	12 × (200/550)
홍로	밀식	10	100	0	0	0	100	3	12 × (100/550)
부사	일반	10	150	0	0	0	150	4	12 × (150/550)
합계			550	0	0	0	550	15	-

- 조사대상주수 550주, 전체표본주수 12주에 대한 적정표본주수 산정 예시
- 조사대상주수 합계 1,144주, 전체 표본주수 17주, A품종 조사대상주수 337주인 경우
  → 17주×(337주÷1,144주) = 5.0078주 → 적정 표본주수 : 6주

③ 표본주 선정 및 리본 부착: 품종별 · 재배방식별 · 수령별 조사대상주수의 특성이 골고루 반영될 수 있도록 표본주를 선정 후 조사용 리본을 부착하고 조사내용 및 조사자를 기재한다.

④ 조사 및 현지조사서 등 기재: 선정된 표본주의 품종, 재배방식, 수령 및 착과수(착과과실수)를 조사하고 현지 조사서 및 리본에 조사 내용을 기재한다.

⑤ 품종별 · 재배방식별 · 수령별 착과수는 다음과 같이 산출한다.

$$< 품종별 · 재배방식별 · 수령별 착과수 >$$
$$= \left[\frac{품종별 · 재배방식별 · 수령별 표본주의 착과수 합계}{품종별 · 재배방식별 · 수령별 표본주 합계} \right] \times 품종별 · 재배방식별 · 수령별 조사대상주수$$

- 품종별 · 재배방식별 · 수령별 착과수의 합계를 과수원별 '적과후착과수'로 함

⑥ 미보상비율 확인: 보장하는 재해 이외의 원인으로 인해 감소한 과실의 비율을 조사한다.

품종별 · 재배방식별 · 수령별 착과수의 합계 = 과수원별 적과후착과수
1. 품종별 · 재배방식별 · 수령별 구분: A, B, C로 가정
2. 위의 방법으로 전체 적정 표본주수 산정 → [전체 적정 표본주수를 A, B, C 각 표본주수로 배분 → 각 표본주 선정 → 각 표본주 착과수 합계 및 주당 착과수 산출 → 각 조사대상주수 × 각 주당 착과수 = 각 적과후 착과수] → A, B, C 적과후 착과수를 합산해서 과수원의 적과후착과수 산출 → 과수원 단위 '착과감소과실수 → 보험금'

3 적과후착과수 산출 예시

예 5] • 조건: 조사대상주수 350주 (품종별 · 재배방식별 · 수령별 구분 (A 150주, B 200주)), 표본주 착과수 합계 A 500개, B 720개

1. 전체 조사대상주수 350주 → 전체 표본주수 10주

2. 품종별 · 재배방식별 · 수령별 표본주수: A= $10 \times \dfrac{150}{350}$ = 5주, B= $10 \times \dfrac{200}{350}$ =6주

3. 표본주당 착과수: A=500÷5=100개, B=720÷6=120개
4. 과수원 적과후착과수 = (150×100)+(200×120)=39,000개

4 낙과피해조사

낙과피해조사
나무피해감수과실수, 낙과피해감수과실수, 낙엽피해감수과실수 산정을 위한 조사

1 개요

① 조사 대상: 적과 종료 이후 낙과사고가 접수된 과수원
② 대상 재해: 태풍(강풍) · 화재 · 지진 · 집중호우, 우박 · 일소
③ 조사 시기: 사고 접수 직후 실시

2 나무 조사

✓ 조사대상주수 계산을 위한 기본조사, 나무피해감수과실수 산정 및 나무손해보장(특)의 고사주수를 위한 조사
① 나무 조사
• 과수원 내 품종·재배방식·수령별 실제결과주수에서 고사주수, 수확불능주수, 미보상주수, 수확완료주수 및 일부침수주수 조사
• 일부침수주수: 금번 침수로 인한 피해주수 중 침수로 인한 고사주수 및 수확불능주수를 제외한 주수

② 조사대상주수(일부침수주수 포함) 계산: 품종·재배방식·수령별 실제결과주수에서 고사주수, 수확불능주수, 미보상주수 및 수확 완료주수를 제외한다.

적과종료 이후의 침수주수

1. 침수피해주수이지만, 침수로 고사 또는 수확불능 상태가 아닌 주수 → 일부침수주수
2. 침수로 고사 → 고사주수, 침수로 수확불능주수→수확불능주수

③ 무피해나무 착과수조사
- 금번 재해로 인한 고사주수, 수확불능주수가 있는 경우에만 실시
- 무피해나무: 고사나무, 수확불능나무, 미보상나무, 수확 완료나무 및 일부침수나무를 제외한 나무
- 무피해나무 착과수: 품종·재배방식·수령별 무피해나무 중 가장 평균적인 나무를 1주 이상 선정하여 무피해나무 1주당 착과수를 계산. 단, 선정한 나무에서 금번 재해로 인한 낙과 과실은 착과수에 포함하여 계산
- 이전 착과수 조사값으로 대체할 수 있는 경우: 이전 실시한 적과후착과수조사(이전 착과피해조사 시 실시한 착과수조사 포함)의 착과수와 금차 조사 시의 착과수가 큰 차이가 없는 경우

④ 일부침수나무 침수착과수조사
- 금번 재해로 인한 일부침수주수가 있는 경우에만 실시
- 일부침수나무 1주당 침수착과수: 품종·재배방식·수령별 일부침수나무 중 가장 평균적인 나무를 1주 이상 선정하여 일부침수나무 1주당 침수착과수를 계산

✓ 포인트

적과종료 이후의 나무피해과실수와 나무피해'감수'과실수. 태풍(강풍) · 화재 · 지진 · 집중호우

1. 나무피해과실수
   ① 고사주수, 수확불능주수가 있는 경우: (고사주수+수확불능주수)×무피해나무 1주당 착과수
   ② 일부침수주수가 있는 경우: 일부침수주수×일부침수나무 1주당 침수착과수
2. 위의 1, 2와 같은 방법으로 산정한 나무피해과실수 중 나무피해감수과실수를 산정하여 적과종료 이후 누적감수과실수에 합산한다.
3. **예 6]** 나무피해감수과실수 산정
   - 조건: 고사 10주, 수확불능 15주, 일부침수 20주, 무피해나무 주당 착과수 100개, 일부침수나무 주당 침수착과수 40개
   ① 나무피해감수과실수={(10+15)×100×1.0}+(20×40×1.0)
   ② 피해구성률: 1.0(-maxA)

3 낙과수조사

✓ 낙과수 조사(전수 또는 표본조사) → 낙과수 중 표본과실수 추출 → 낙과피해구성율 산출 → 낙과피해감수과실수 산정을 위한 조사
- 낙과수조사는 전수조사를 원칙으로 하며 전수조사가 어려운 경우 표본조사를 실시한다.

① 전수조사(조사대상주수의 낙과만 대상)

- 낙과수 조사: 전수조사 시에는 과수원 내 전체 낙과를 조사
- 표본과실 추출 및 피해구성조사: 낙과수 확인이 끝나면 낙과 중 100개 이상을 무작위로 추출하고 '과실 분류에 따른 피해인정계수'에 따라 구분하여 해당 과실수를 조사. 단, 전체 낙과수가 100개 미만일 경우에는 해당 기준 미만으로도 조사 가능

② 표본조사

- 표본주수 산정: 조사대상주수를 기준으로 과수원별 전체 표본주수를 산정하되 품종·재배방식·수령별 표본주수는 품종·재배방식·수령별 조사대상주수에 비례하여 산정
- 거대재해 발생 시 표본조사의 표본주수는 정해진 값의 1/2만으로도 가능
- 낙과수 조사: 조사대상주수의 특성이 골고루 반영될 수 있도록 표본나무를 선정하고, 표본나무별로 수관면적 내에 있는 낙과수를 조사
- 표본과실 추출 및 피해구성조사: 낙과수 확인이 끝나면 낙과 중 100개 이상을 무작위로 추출하고 '과실 분류에 따른 피해인정계수'에 따라 구분하여 해당 과실 개수를 조사. 단, 전체 낙과수가 100개 미만일 경우에는 해당 기준 미만으로도 조사 가능

예 사과 품목 "중생/홍로"에 대한 낙과피해구성 비율 산정
○ 과실 피해 구성 비율(품종 구분 여 ☑ / 부 ☐)

숙기/품종	정상	50% 형	80% 형	100% 형	합계	피해구성비율
중생/홍로	40	30	10	20	100	43%

- 품종 구분을 하지 않는 경우에는 합계 칸에만 피해구성비율을 표시
○ 낙과피해구성률 $= \dfrac{(100\% \times 20) + (80\% \times 10) + (50\% \times 30)}{100} = 43\%$

✓ 포인트

적과종료 이후의 낙과피해감수과실수. 태풍(강풍)·화재·지진·집중호우, 우박·일소
1. 낙과감수과실수=낙과수×낙과피해구성률=(조사대상주수×표본주당 낙과수)×낙과피해구성률
2. 예 7] • 조건: 전수조사 낙과수 1,000개, 낙과피해구성률 30%

  ① 낙과피해감수과실수=1,000×0.3=300개
  ② 피해구성률: 0.3(-maxA)

---

4 낙엽률조사. 단감·떫은감, 우박·일소피해는 제외

✓ 낙엽률조사 → 낙엽인정피해율 산출 → 낙엽피해감수과실수 산정을 위한 조사
① 표본주수 산정: 조사대상주수 기준으로 품목별 표본주수표의 표본주수에 따라 산정한다.
② 낙엽률 산정: 표본주 간격에 따라 표본주를 정하고, 선정된 표본주에 리본을 묶고 동서남북 4곳의 결과지(신초, 1년생 가지)를 무작위로 정하여 각 결과지별로 낙엽수(잎이 떨어진 자리)와 착엽수를 조사하여 리본에 기재한 후 낙엽률을 산정한다.

③ 낙엽피해감수과실수 산정: 사고 당시 착과과실수에 낙엽률에 따른 인정피해율을 곱하여 해당
감수과실수로 산정한다.

적과종료 이후의 낙엽피해감수과실수. 단감 · 떫은감, 태풍(강풍) · 화재 · 지진 · 집중호우

1. 낙엽률 → 낙엽인정피해율 → 낙엽피해감수과실수

2. 낙엽피해감수과실수 = 사고당시착과수 × 낙엽인정피해율

　① 단감: $(1.0115 \times 낙엽률) - (0.0014 \times 경과일수)$. 경과일수 : 6월 1일부터 낙엽피해 발생일까지 경과된 일수

　② 떫은감: $(0.9662 \times 낙엽률) - 0.0703$

3. 예 8] • 조건: 단감, 사고당시착과수 3,000개, 낙엽율 25%, 경과일수 40일

　① 낙엽인정피해율 = $(1.0115 \times 0.25) - (0.0014 \times 40) = 19.69\%$

　② 낙엽피해감수과실수 = $3,000 \times 0.1969 = 591$개

　③ 피해구성률: 0.1969(-maxA)

4. 낙엽피해가 착과된 과실에 끼치는 피해이므로 착과피해이므로 사고당시착과수를 적용한다.

5　착과피해조사

착과피해조사
착과피해감수과실수 산정을 위한 조사

1　개요

① 조사 대상 : 적과 종료 이후 대상 재해로 사고 접수된 과수원 또는 적과 종료 이전 우박피해 과수원
② 대상 재해 : 우박, 일소피해, 가을동상해
③ 조사 시기 : 착과 피해 확인이 가능한 시점
　• 수확 전 대상재해 발생 시 계약자는 수확개시 최소 10일 전에 보험 가입 대리점으로 수확 예정일을
　　통보하고 최초 수확 1일 전에는 조사를 마침

2　조사 방법

① 착과피해조사: 대표품종(적과후착과수 기준 60% 이상 품종)으로 하거나 품종별로 실시할 수 있다.
② 착과수 조사: 이때 확인할 착과수는 적과후착과수 조사와는 별개의 조사를 의미한다.
　• 이전 조사 대체 가능: 이전 실시한 적과후착과수조사(이전 착과피해조사 시 실시한 착과수조사 포함)의
　　착과수와 금차 조사 시의 착과 피해 조사 시점의 착과수가 큰 차이가 없는 경우에는 별도의 착과수 확인
　　없이 이전에 실시한 착과수조사 값으로 대체 가능

③ 표본주수 산정: 착과수 확인은 실제결과주수에서 고사주수, 수확불능주수, 미보상주수 및
수확완료주수를 뺀 조사대상주수를 기준으로 적정 표본주수를 산정하며 이후 조사 방법은 위
'적과후착과수 조사' 방법과 같다.

④ 표본과실 추출: 착과수 확인이 끝나면 수확이 완료되지 않은 품종별로 표본 과실을 추출한다.
- 표본과실수: 품종별 1주 이상, 과수원당 3주 이상
- 피해구성조사: 추출한 표본 과실을 '과실 분류에 따른 피해인정계수'에 따라 품종별로 정상과, 50% 형
피해과, 80% 형 피해과, 100% 형 피해과로 구분하여 해당 과실 개수를 조사
- 거대재해 등 필요시에는 해당 기준 표본수의 1/2만 조사도 가능
- 비용 부담: 조사 시 사용한 과실은 계약자의 비용 부담으로 함 (이하 모든 조사 시 사용한 과실은 계약자
부담으로 함)

⑤ 피해구성조사의 생략: 조사 당시 수확이 완료된 품종이 있거나 피해가 경미하여 피해구성조사로
추가적인 감수가 인정되기 어려울 때에는 품종별로 피해구성조사를 생략할 수 있다.
- 대표 품종만 조사한 경우: 품종별 피해 상태에 따라 대표 품종의 조사 결과를 동일하게 적용할 수 있음

⑥ 일소 피해과: 일소 피해과를 수확기까지 착과시켜 놓을 경우 탄저병 등 병충해가 발생할 수 있으므로
조사의 방법이나 시기는 재해보험사업자의 시행지침에 따라 유동적일 수 있다.

✓ 포인트

적과종료 이후의 착과피해감수과실수. 우박 · 일소, 가을동상해
1. 착과피해감수과실수=착과수×착과피해구성률=(조사대상주수×표본주당 착과수)×착과피해구성률
2. 예 9 · 조건: 조사대상주수 150주, 주당 착과수 140개, 착과피해구성률 30%
   ① 착과피해감수과실수=150×140×0.3=6,300개
   ② 피해구성률: 0.3(-maxA)

6 고사나무 조사

✓ 나무손해보장(특약)의 고사주수 조사

1 개요

① 조사 대상 : 나무손해보장 특약을 가입한 농지 중 사고가 접수된 모든 농지
② 대상 재해 : 자연재해, 조수해, 화재
③ 조사 시기 : 수확 완료 후 나무손해보장 종료 직전

2 조사 방법

① 고사나무조사 필요 여부 확인

- 수확완료 후 고사나무가 있는 경우에만 조사 실시
- 조사의 생략: 계약자 유선 확인 등으로 착과수 조사 및 수확량 조사 등 기조사 시 확인된 고사나무 이외에 추가 고사나무가 없는 경우 생략 가능

② 보장하는 재해로 인한 피해 여부 확인

- 보상하지 않는 손해로 고사한 나무가 있는 경우 미보상 고사주수로 조사한다.
- 미보상 고사주수: 고사나무조사 이전 조사(적과후착과수 조사, 착과피해조사 및 낙과피해조사)에서 보장하는 재해 이외의 원인으로 고사하여 미보상 주수로 조사된 주수를 포함

③ 고사주수 조사

- 품종·재배방식·수령별로 실제결과주수, 수확 완료 전 고사주수, 수확 완료 후 고사주수 및 미보상 고사주수 조사
- 수확 완료 전 고사주수: 고사나무조사 이전 조사(적과후 착과수 조사, 착과피해조사 및 낙과피해조사)에서 보장하는 재해로 고사한 것으로 확인된 주수
- 수확 완료 후 고사주수: 보장하는 재해로 고사한 나무 중 고사나무조사 이전 조사에서 확인되지 않은 주수

✓ 포인트

나무손해보장 특약

1. 피해주수: 자연재해, 조수해, 화재로 인한 고사주수
2. **예 10]** • 조건: 실제결과주수 400주, 태풍 고사 10주, 조수해 수확불능 20주, 화재 고사 30주, 병충해 고사 40주

- 피해율 $= \dfrac{10+30}{400} = 10\%$

---

7 적과전 종합위험방식의 보험금 산정 – 적과종료 전의 착과감소량

✓ 포인트

적과종료 전 착과감소량

1. 착과감소보험금 지급 대상 손해이다.
2. 착과감소량: 아래의 3가지 경우로 나뉜다.
   ① 3-1: 종합위험+자연재해 발생
   ② 3-2: 종합위험+조수해 또는 화재로 인한 일부 나무에 국한된 피해 발생 (자연재해 미발생)
   ③ 3-3: 특정위험 5종 한정보장 특별약관에 가입한 경우

1 적과종료 이전 착과감소량 – 종합위험인 경우

① 보험사고로 인한 피해사실이 확인된 경우: 착과감소과실수를 산출한다.

- 우박으로 인한 착과피해: 수확 전에 착과를 분류하고, 과실 분류에 따른 피해인정계수를 적용하여 감수과실수를 별도로 산출하여 적과 후 보장하는 재해로 발생하는 감수과실수에 합산 (누적감수과실수에 합산)

② 착과감소량: 착과감소과실수×가입과중

③ 피해사실 확인조사에서 모든 사고가 "피해규모가 일부"인 경우: 착과감소량이 최대인정감소량을 초과하는 경우에는 최대인정감소량을 착과감소량으로 한다.

- 최대인정감소량=평년착과량×최대인정피해율(나무피해율)
- 최대인정감소과실수=평년착과수×최대인정피해율(나무피해율)
- 최대인정피해율(나무피해율)= $\dfrac{\text{피해대상주수(고사주수, 수확불능주수, 일부피해주수)}}{\text{실제결과주수}}$
- 해당 사고가 2회 이상 발생한 경우에는 사고별 피해대상주수를 누적하여 계산

2 적과종료이전 최대인정감소량 – 특정위험 5종 한정보장 특별약관에 가입한 경우

① 착과감소량이 최대인정감소량을 초과하는 경우: 최대인정감소량을 착과감소량으로 한다.

- 최대인정감소량=평년착과량×최대인정피해율
- 최대인정감소과실수=평년착과수×최대인정피해율

② 최대인정피해율: 아래와 같이 산정된 값 중 큰 값으로 한다.

- 나무피해: 유실, 매몰, 도복, 절단(1/2), 소실(1/2), 침수주수를 실제결과주수로 나눈 값
  - 침수주수=침수피해를 입은 나무수×과실침수율
- 우박피해에 따른 유과타박률
- 낙엽률에 따른 인정피해율: 단감, 떫은감에 한함, 6월 1일부터 적과 종료 이전까지 태풍(강풍)·화재·지진·집중호우로 인한 낙엽피해가 발생한 경우, 낙엽률을 조사하여 산출한 낙엽률에 따른 인정피해율

✓ 포인트

최대인정피해율

1. 한정보장 특약 미가입+조수해 또는 화재로 인한 일부 나무에 국한된 피해: 최대인정피해율=나무피해율
2. 한정보장 특약 가입: 최대인정피해율=max(유과타박률, 낙엽인정피해율, 나무피해율)
3. 적과종료 전 2회 이상의 사고 발생 시
   ① 유과타박률, 낙엽인정피해: 사고당 계산
   ② 나무피해: 사고별 피해대상주수를 누적하여 계산

3 착과감소량 3-1, 2, 3

1. 보장하는 재해 발생 → 착과량 감소 → 착과감소량 인정 → 착과감소량 = 보험금 지급 대상
2. 보장하는 재해가 아닌 재해 발생 → 착과량 감소 → 착과감소량 인정하지 않음 → 착과감소량 = 계약사항 변경(보험가입금액 감액, 차액보험료 환급 등) 대상

3-1. 적과종료 전 종합위험 + 자연재해 ○

1. 착과감소량 = 착과감소과실수 × 과중 = (평년착과수 − 적과후착과수) × 가입과중
2. **예 11]** • 조건 : 평년착과수 10,000개, 태풍 피해, 적과후착과수 5,000개, 가입과중 250g

   • 착과감소량 = (10,000 − 5,000) × 0.25 = 1,250kg

3-2. 적과종료 전 종합위험 + 조수해 · 화재 일부나무 피해 (자연재해 ×)
3-3. 적과종료 전 특정위험 5종 한정특약

1. 착과감소량 = min(평년착과수 − 적과후착과수, 최대인정감소과실수) × 가입과중
2. 최대인정감소과실수 = 평년착과수 × max(유과타박율, 낙엽인정피해율, 나무피해율)
3. **예 12]** • 조건 : 한정특약 미가입. 평년착과수 10,000개, 실제결과주수 100주, 조수해 일부나무피해, 고사 5주 + 수확불능 5주 + 일부피해 5주, 적과후착과수 7,000개

   ① 최대인정피해율 = 나무피해율 = $\dfrac{5+5+5}{100}$ = 15%

   ② 착과감소량 = min(10,000 − 7,000, 10,000 × 0.15) × 0.25 = 375kg
4. **예 13]** • 조건 : 한정특약 가입. 단감, 평년착과수 10,000개, 실제결과주수 100주, 1차 우박 유과타박율 20%, 2차 태풍 낙엽인정피해율 25% + 절단(1/2) 5주, 3차 집중호우 유실 5주 + 침수피해 10주(과실침수율 40%), 적과후착과수 7,000개

   ① 나무피해율 = $\dfrac{5+5+4}{100}$ = 14%

   ② 최대인정피해율 = max(유과타박률 20, 낙엽인정피해율 25, 나무피해율 14) = 25%

   ③ 착과감소량 = min(10,000 − 7,000, 10,000 × 0.25) × 0.25 = 625kg

---

8 적과전 종합위험방식의 보험금 산정 – 적과종료 이후의 누적감수량

1 적과종료 이전 자연재해로 인한 적과 종료 이후 착과손해감수량

① 적과종료 이전 보장하는 손해 '자연재해'로 인하여 보험의 목적에 피해가 발생하고 착과감소과실수가 존재하는 경우 : 아래와 같이 착과손해감수과실수를 산출한다.

② 적과후착과수가 평년착과수의 60% 미만인 경우

> 감수과실수 = 적과후착과수 × 5%

③ 적과후착과수가 평년착과수의 60% 이상 100% 미만인 경우

$$감수과실수 = 적과후착과수 \times 5\% \times \frac{100\% - 착과율}{40\%}$$

$$착과율 = 적과후착과수 \div 평년착과수$$

④ 적과종료 이전 자연재해로 인한 적과종료 이후 착과손해 감수량=착과손해감수과실수×가입과중
⑤ 본 감수량은 '5종 한정특약'에 가입한 경우에는 인정하지 않는다.

✓ **포인트**

착과손해감수과실수

1. 인정하는 경우
   ① 적과종료 이전 종합위험+자연재해 발생: 조수해 또는 화재로 인한 일부피해 무관하게 자연재해가 발생하면 된다.
   ② 한정특약 가입 건은 인정하지 않는다.
2. 사실상 적과 종료 이후 1st 사고로 간주하고 감수과실수 계산
   ① 자연재해의 발생 시점은 적과종료 이전이므로, 적과종료 이후의 재해 내용에 포함되지 않는다.
   ② 예 14] • 조건: 한정특약 미가입, 적과 종료 전 자연재해 발생, 적과 종료 후 총 2회 사고 발생: 1차 태풍 낙과피해, 2차 가을동상해 착과피해
      • 누적 감수과실수=1st 착과손해감수과실수+2nd 태풍 낙과피해감수과실수+3rd 가을동상해 착과피해감수과실수
3. 착과손해율
   ① 5%, $5\% \times \frac{100\% - 착과율}{40\%}$
   ② 이후 감수과실수 계산 시 maxA로 쓰인다.

2 피해구성율, maxA

① 피해구성율

종류	1. 피해과실수 중 과실손해보험금 지급 대상인 감수과실수를 구하기 위해 산정한다. 2. 종류: 착과피해구성율, 낙과피해구성율, 나무피해로 인한 과실피해(구성)율, 낙엽인정피해율, 착과손해율
예 15]	1. 적과후착과수 6,000개×착과손해율 5%=착과손해감수과실수 300개 2. 낙과피해과실수 1,000개×낙과피해구성율 40%=낙과감수과실수 400개

② maxA

| maxA | 1. 보장하는 재해가 여러 차례 발생 → 이번 사고 조사값 (착과피해구성율, 낙과피해구성율, 나무피해로 인한 과실피해(구성)율, 낙엽인정피해율)에서 기사고 조사값 (착과피해구성율, 낙엽인정피해율, 착과손해율) 중 최고값을 제외하고 감수과실수 산정
2. 기사고 조사값 중 최고값=maxA: 착과손해율, 착과피해구성율, 낙엽인정피해율
　✓「농업재해보험 · 손해평가의 이론과 실무」에는 착과피해구성율, 낙엽인정피해율만 기재되어 있지만, 착과손해율도 maxA로 쓰인다. |

차감 이유	1. 보장하는 재해가 여러 차례 발생 → 착과되어 있는 과실에 피해(율) 누적 2. 착과되어 있는 과실 해당 피해(구성)율 : 착과피해구성율, 낙엽인정피해율(착과손해율) 3. 적과종료 이후의 감수과실수는 사고마다 산정하므로 maxA를 차감하지 않으면 이전 사고의 피해를 　　중복보상하게 된다.
예 16]	• 조건 : 태풍으로 인한 낙과피해 발생, 이전 사고 착과피해구성율 maxA = 30%, 낙과수 총 2,000개 　(전수조사), 낙과피해구성율 40%, • 낙과피해감수과실수 = 2,000 × (0.4 − 0.3) = 200개

3 적과종료 이후 감수량 산출 방법

보험사고가 발생할 때마다 피해사실 확인과 재해별로 아래와 같은 조사를 실시하여 감수과실수를 산출한다.

① 태풍(강풍), 화재, 지진, 집중호우

낙과손해		낙과(피해)감수과실수 = 낙과수 × (낙과피해구성율 − maxA)
나무 피해로 인한 과실 손해	침수손해	일부침수주수의 나무(피해)감수과실수 = 일부침수주수 × 일부침수주수 주당 침수착과수 × (1 − maxA)
	나무의 유실 · 매몰 · 도복 · 절단 손해	유실 · 매몰 · 도복 · 절단으로 인한 (고사 + 수확불능)주수의 나무(피해)감수과실수 = (고사 + 수확불능)주수 × 무피해나무 주당 착과수 × (1 − maxA)
	소실손해	소실(화재)로 인한 (고사 + 수확불능)주수의 나무(피해)감수과실수 = (고사 + 수확불능)주수 × 무피해나무 주당 착과수 × (1 − maxA)
착과손해 (사과, 배에 한함)		1. 낙과감수과실수의 7%를 감수과실수로 한다. 2. 태풍(강풍), 화재, 지진, 집중호우으로 인한 낙과피해 발생 시 낙과감수과실수의 7%를 　사과 · 배의 착과손해로 인정한다. 3. 낙과(피해)감수과실수 = 낙과수 × (낙과피해구성율 − maxA) × 1.07 　√ 착과손해로 되어있지만, 착과감수과실수를 산정하는 것이 아님에 주의한다.
낙엽피해 (단감, 떫은감에 한함)	개요	1. 낙엽피해 인정 기간 : 적과 종료일 이후~당해연도 10/31 2. 조사 : 사고당시착과수, 낙엽률 → 낙엽률에 따른 인정피해율 3. 낙엽(피해)감수과실수 산출 : 낙엽률에 따른 인정피해율에서 기발생 낙엽률에 　따른 인정피해율의 최대값을 차감하고 착과수를 곱하여 감수과실수를 　산출한다. 　√ 「농업재해보험 · 손해평가의 이론과 실무」에는 위와 같이 기술되어 있지만, 　　기발생 낙엽률에 따른 인정피해율 외에 '착과손해율, 착과피해구성율'도 　　포함하여 최대값을 차감한다. 　• maxA : 낙엽률에 따른 인정피해율, 착과손해율, 착과피해구성율 4. 낙엽감수과실수 = 사고당시착과수 × (낙엽인정피해율 − maxA)
	단감	인정피해율 = (1.0115 × 낙엽률) − (0.0014 × 경과일수) • 경과일수 : 6월1일부터 낙엽피해 발생일까지 경과된 일수
	떫은감	인정피해율 = (0.9662 × 낙엽률) − 0.0703

② 우박, 일소피해

착과손해	착과감수과실수 = 사고당시착과수 × (착과피해구성율 − maxA)
낙과손해	낙과(피해)감수과실수 = 낙과수 × (낙과피해구성율 − maxA)

일소피해
소손해면책
	1. 일소피해로 인한 감수과실수 : 보험사고 한 건당 적과후착과수의 6%를 초과하는 경우에만
	감수과실수로 인정한다.
	 • 1사고당 (착과+낙과)감수과실수 > 적착 6%
	2. **예 17]** • 조건 : 적과후착과수 10,000개×0.06=600개
	   ① 일소 1사고의 낙과+착과감수과실수 ≤ 600개 → 누적감수과실수 추가 ×
	   ② 일소 1사고의 낙과+착과감수과실수 > 600개 → 누적감수과실수 추가 ○

③ 가을동상해

착과손해	착과감수과실수 = 사고당시착과수 × (착과피해구성율 − maxA)

잎피해
추가 인정
	1. 단감, 떫은감의 잎 피해가 인정된 경우 : 정상과실의 피해인정계수를 아래와 같이 변경하여
	감수과실수를 산출한다.
	   ① 피해인정계수 = 0.0031 × 잔여일수
	   ② 잔여일수 : 사고발생일부터 가을동상해 보장종료일까지 일자 수 (사고일자~11/15)
	   ✓ 정상과실의 경우 피해가 없지만(피해인정계수 적용하지 않음) 잎 피해가 인정된 경우 위와
	     같이 피해인정계수와 잔여일수에 따라 피해를 추가로 인정하는 것이다.
	   • 잎피해 인정 조건 : 가을동상해의 담보조건 참조
	2. **예 18]** • 조건 : 정상 50개, 50% 20개, 80% 0개, 100% 30개
	   ① 착과피해구성율 = $\dfrac{20 \times 0.5 + 30 \times 1.0}{100}$ = 40%
	
	   ② 단감, 떫은감 ~ 10/31 가을동상해 + 잎 고사 50% 이상 + 잔여일수 15일인 경우 :
	     착과피해구성율 = $\dfrac{20 \times 0.5 + 30 \times 1.0 + 50 \times 0.0031 \times 15}{100}$ = 42.33%

4 사고당시착과수

① 착과감수과실수 = "착과수" × (착피-maxA)의 착과수

② 문제에서 제시되는 유형

1. 표본조사를 실시한 경우	① (사고당시)착과수 = 조사대상주수 × 주당 착과수 ②「농업재해보험·손해평가의 이론과 실무」착과피해 조사 방법 : 가장 먼저 착과수를 확인. 조사 방법은 '적과후착과수 조사' 방법과 같다.
2. 이전 착과수 조사값으로 대체	「농업재해보험·손해평가의 이론과 실무」착과피해 조사 방법 : 이전 (적과후)착과수 조사의 착과수와 큰 차이가 없는 경우 별도의 착과수 확인 없이 이전 착과수 조사값으로 대체
3. 직접 제시	조건에 '착과수' 자체가 제시
4. 계산	「농업재해보험·손해평가의 이론과 실무」별표 9 : [사고당시착과수 = 적과후착과수 − 총 낙과과실수 − 총 적과 종료 후 나무피해과실수 − 총 기수확과실수] 보다 "클 수 없음"

> **참고) 사고당시착과수. 별표 9의 ... 보다 클 수 없음의 적용**
> 위 표의 1~3으로 산출된 착과수와 별표 9의 사고당시착과수 계산값을 비교하여 반드시 별표 9에 따라 계산된 값을
> 한도로 해야 하는지에 관한 논란이 있을 수 있다. 논란이 없도록 출제되어야 할 것이다.

5 적과종료 이후 감수량

① 누적감수량=적과종료 이후 감수과실수×가입과중

 • 일소, 가을동상해로 발생한 감수과실수: 부보장 특별약관을 가입한 경우에는 제외

② 하나의 보험사고로 인해 산정된 감수량은 동시 또는 선·후차적으로 발생한 다른 보험사고의 감수량으로 인정하지 않는다.

③ 보장하는 재해가 여러 차례 발생하는 경우: 금차사고의 조사값(낙엽률에 따른 인정피해율, 착과피해구성률, 낙과피해구성률)에서 기사고의 조사값(낙엽률에 따른 인정피해율, 착과피해구성률) 중 최고값을 제외하고 감수과실수를 산정한다. (maxA 차감)

④ 누적감수과실수(량)는 기준착과수(량)를 한도로 한다.

> **✓ 포인트**
>
> 1. 적과종료 이후 누적감수과실수(량)의 한도: 기준착과수(기준수확량)이 아닌 적과후착과수(량)을 한도로 함이 맞다.
> 2. maxA의 종류: 「농업재해보험·손해평가의 이론과 실무」의 위와 같은 기술에도 불구하고, '낙엽률에 따른 인정피해율·착과피해구성률·착과손해율'이 maxA로 인정된다.

9 착과감소보험금의 계산

1 지급 사유: 적과종료 이전 보장하는 재해로 인하여 보험의 목적에 피해가 발생하고 착과감소량이 자기부담감수량을 초과하는 경우

2 보험금 계산 방법: 보험금=(착과감소량-미보상감수량-자기부담감수량)×가입가격×보장수준(50% or 70%)

착과감소량
착과감소과실수×가입과중＝min(평년착과수 − 적과수착과수, 최대인정감소과실수)×가입과중
✓ 7. 적과전 종합위험방식의 보험금 산정 - 적과종료 이전의 착과감소량 참조

미보상감수량

1. 미보상감수과실수×가입과중＝{(착과감소과실수×미보상비율)＋(미보상주수×주당 평년착과수)}×가입과중

2. 미보상비율

> ① 사고당 미보상비율 중 가장 큰 값 적용 (합산 ×)
> ② 동일한 사고에 미보상비율(미보상사유) 2개 이상인 경우 : 합산 적용
>
> **예 19]** • 조건 : 동일한 사고 : 제초상태로 인한 미보상비율 10%, 병해충상태로 인한 미보상비율 10%
>
> → 미보상비율 20% 적용
> ③ 각 미보상 사유의 '농지분포 비율과 미보상비율'을 구분
> **예 20]** • 조건 : 잡초가 농지 면적의 20% 이상 40% 미만 분포한 경우
>
> → 상태 미흡, 미보상비율 10% 미만

3. 미보상주수 : 보상하는 손해 이외의 원인으로 '수확량(착과량)이 현저하게 감소, 고사 또는 수확불능인' 나무
    ① **예 21]** • 조건 : 적과종료 전 조수해 절단고사→한정특약 가입＝미보상주수, 특약 미가입＝고사주수

4. 미보상감수량 예시
    예 22] • 조건 : 단감, 실제결과주수 250주, 평년착과수 30,000개, 적과후착과수 25,000개, 한정특약 가입, 적과 종료 전 유사고, 가입과중 300g, 우박 유과타박율 15%, 낙엽률 20% (경과일수 15일), 조수해에 의한 절단고사 10주, 미보상비율 20%

    ① 낙엽인정피해율＝(1.0115×0.2)－(0.0014×15)＝18.13%
    ② 최대인정감소과실수＝30,000×max(15%, 18.13%)
        ✓ 조수해 절단고사 : 한정특약에서는 미보상주수이므로 나무피해율을 산정하지 않는다.
    ③ 착과감소과실수＝min(30,000－25,000, 30,000×0.1813)＝5,000개
    ④ 미보상감수량＝(5,000×0.2)＋(10×120)＝2,200개. 2,200×0.3＝660kg

자기부담감수량

1. 자기부담감수과실수×과중＝기준착과수×자기부담비율×과중

2. 자기부담감수량 예시
    예 23] • 조건 : 평년착과수 30,000개, 적과후착과수 24,000개, 적과 종료 전 유사고, 가입과중 300g, 한정특약 가입, 유과타박율 20%, 나무피해율 30%, 2년 연속 가입 및 2년간 손해율 100%

    ① 착과감소과실수＝min(30,000－24,000, 30,000×0.3)＝6,000개
    ② 기준착과수＝24,000＋6,000＝30,000개
    ③ 자기부담감수량＝30,000×0.15×0.3＝1,350kg

10 과실손해보험금의 계산

1 지급 사유: 적과 종료 이후 누적감수량이 자기부담감수량을 초과하는 경우

2 보험금 계산 방법: 보험금=(누적감수량-자기부담감수량)×가입가격

누적감수량
1. 누적 감수과실수×가입과중=(착과손해감수과실수+낙과·나무·낙엽·착과감수과실수)×가입과중

2. 누적 감수과실수 예시

예 24] • 조건 : 떫은 감, 아래, 순차적으로 발생한 사고(가입과중 0.2kg, %는 소수점 둘째 자리에서 반올림, kg 단위로 소수점 첫째 자리 이하 버림)

(1) 착과손해감수과실수 : 평년착과수 10,000개, 한정특약 미가입, 적과종료 전 보장하는 재해 발생(자연재해), 적과후착과수 8,000개

  ① 착과율=8,000÷10,000=80%

  ② $8,000 \times [0.05 \times \frac{1-0.8}{0.4}] = 200$개 (2.5%=maxA)

(2) 낙엽감수과실수 : 떫은 감, 사고당시착과수 7,000개, 낙엽율 22.8%

  ① 낙엽인정피해율=(0.9662×0.228)-0.0703=15% (소수점 첫째 자리에서 반올림)

  ② 7,000×(0.15-0.025)=875개 (15%=maxA)

(3) 낙과감수과실수 : 총 낙과수 1,000개, 낙과피해구성율 25%

  ① 1,000×(0.25-0.15)=100개

  ✓ 주의 : 사과, 배. 태풍(강풍)·화재·지진·집중호우로 인한 낙과감수과실수 : ×1.07

(4) 착과감수과실수 : 조사대상주수 80주, 표본주당 착과수 70개, 착과피해구성율 40% (40%=maxA)

  ① (80×70)×(0.4-0.15)=1,400개

  ✓ 주의 : 일소 1건당 착과+낙과 > 적착 6%

(5) 나무감수과실수 : 고사주수 5+수확불능주수 3, 무피해나무 주당 착과수 70개

  ① (5+3)×70×(1.0-0.4)=336개

(6) 누적 감수량=(200+875+100+1,400+336)×0.2=582.2kg

자기부담감수량
1. 착과감소보험금에서 차감하고 남은 양을 차감

2. 확인 방법 : 자기부담감수량-(착과감소량-미보상감수량) > 0kg

  ✓ 착과감소보험금이 1원이라도 산정된 경우=착과감소보험금에서 이 계약의 자기부담감수량이 모두 차감된 것이다.

3. 과실손해보험금 자기부담감수량 예시

예 25] • 조건 : 기준착과수 15,000개, 가입과중 200g, 자기부담비율 20%, 착과감소량 500kg, 적과 종료 전 미보상감수량 100kg

① 이 계약의 자기부담감수량=15,000×0.2×0.2=600kg

② 과실손해보험 자기부담감수량=600-(500-100)=200kg

PART 2

종합위험 수확감소보장 과수

종합위험 수확감소보장 · 비가림과수 손해보장 과수
(포도, 복숭아, 자두, 감귤(만감류), 밤, 참다래, 대추, 매실, 오미자, 유자, 호두, 살구)

📁 농작물 재해보험의 이론과 실무

📁 농작물 재해보험 손해평가의
　　이론과 실무

CHAPTER 01 농작물 재해보험의 이론과 실무

1 보장하는 재해, 보상하지 않는 손해, 보장방식

1 개요

수확감소 보장	보장하는 재해	자연재해, 조수해, 화재 & 복숭아 세균구멍병	
	보상하지 않는 손해	계수통원보시계해전 + 생 (아래 보상하지 않는 손해 참조) **51page**	
	보장방식	평년수확량 대비 수확량의 감소(평년수확량 – 수확량 – 미보상감수량)를 보상 • 피해율 > 자기부담비율	
비가림과수 손해보장	품목	포도, 대추, 참다래	
	과실	보장하는 재해 및 보장방식	자연재해, 조수해, 화재. 수확감소보장
	과실 · 시설	보상하지 않는 손해	계수통원보계해(시 ×) + 노도령 전생 침지 • (아래 보상하지 않는 손해 참조) **51page**
	비가림시설	보장하는 재해 및 보장방식	자연재해, 조수해, 화재(특약) 비가림시설의 원상복구액을 보장

> **✓ 포인트**
>
> **수확감소보장, 비가림과수 손해보장**
> 1. 보험의 목적인 과실은 전부 수확감소보장이다.
> 2. 비가림과수 손해보장의 경우 과실+비가림시설이 있어 보장방식이 별도로 분류된다.

2 보장하는 재해

✓ 종합위험 자연재해의 정의: 적과전 종합위험보장 참조 **9page**

① 복숭아 외 품목: 자연재해, 조수해, 화재

② 복숭아: 자연재해, 조수해, 화재, 병충해(세균구멍병 1종)

세균구멍병
주로 잎에 발생하며, 가지와 과일에도 발생한다. 봄철 잎에 형성되는 병반은 수침상의 적자색 내지 갈색이며. 이후 죽은 조직이 떨어져 나와 구멍이 생기고 가지에서는 병징이 적자색 내지 암갈색으로 변하고 심하면 가지가 고사된다. 어린 과실의 초기 병징은 황색을 띠고, 차차 흑색으로 변하며, 병반 주위가 녹황색을 띠게 된다.

③ 감귤(만감류) 동상해 담보조건

계약체결일 24시 ~ 12월 20일 이전	서리 또는 기온의 하강으로 인하여 농작물 등이 얼어서 발생하는 피해 • 종합위험의 동상해 담보조건과 동일
12월21일 이후	1. 제주도 : 서리 또는 기온의 하강(영하 3℃ 이하로 6시간 이상 지속)으로 인하여 농작물 등이 얼어서 발생하는 피해, 2. 제주도 외 : 서리 또는 기온의 하강(0℃ 이하로 48시간 이상 지속)으로 인하여 농작물 등이 얼어서 발생하는 피해

④ 전 품목 공통: 손해방지비용. 과수원별 20만원 한도. 보장하는 재해로 인하여 손해가 발생한 경우 추가 지급한다. 방제비용, 시설보수비용 등 통상적으로 소요되는 비용은 제외한다.

3 보상하지 않는 손해

① 비가림과수 외 품목: [암기팁] 계수통원보시계해전+생(기본 9종+생)

• 계약자, 피보험자 또는 이들의 법정대리인의 고의 또는 중대한 과실로 인한 손해

• 수확기에 계약자 또는 피보험자의 고의 또는 중대한 과실로 수확하지 못하여 발생한 손해

• 제초작업, 시비관리 등 통상적인 영농활동을 하지 않아 발생한 손해

• 원인의 직·간접을 묻지 않고 병해충으로 발생한 손해(다만, 복숭아의 세균구멍병으로 인한 손해는 제외)

• 보장하지 않는 재해로 제방, 댐 등이 붕괴되어 발생한 손해

• 하우스, 부대시설 등의 노후 및 하자로 생긴 손해

• 계약체결 시점 현재 기상청에서 발령하고 있는 기상특보 발령 지역의 기상특보 관련 재해로 인한 손해

• 보상하는 재해에 해당하지 않은 재해로 발생한 손해

• 전쟁, 혁명, 내란, 사변, 폭동, 소요, 노동쟁의, 기타 이들과 유사한 사태로 생긴 손해

• 보상하는 손해에 해당하지 않은 재해로 발생한 생리장해

② 비가림과수 품목: [암기팁] 계수통원보계해(시 ×) + 노도령 전생 침지

• 계약자, 피보험자 또는 이들의 법정대리인의 고의 또는 중대한 과실로 인한 손해

• 자연재해, 조수해 발생했을 때 생긴 도난 또는 분실로 생긴 손해

• 보험의 목적의 노후 및 하자로 생긴 손해

• 보장하지 않는 재해로 제방, 댐 등이 붕괴되어 발생한 손해

• 침식활동 및 지하수로 생긴 손해

• 수확기에 계약자 또는 피보험자의 고의 또는 중대한 과실로 수확하지 못하여 발생한 손해

• 제초작업, 시비관리 등 통상적인 영농활동을 하지 않아 발생한 손해

• 원인의 직접, 간접을 묻지 아니하고 병해충으로 발생한 손해

• 계약체결 시점 현재 기상청에서 발령하고 있는 기상특보 발령 지역의 기상특보 관련 재해로 인한 손해

• 전쟁, 혁명, 내란, 사변, 폭동, 소요, 노동쟁의, 기타 이들과 유사한 사태로 생긴 손해

• 보상하는 손해에 해당하지 않은 재해로 발생한 손해

• 보상하는 손해에 해당하지 않은 재해로 발생한 생리장해

• 직접 또는 간접을 묻지 않고 농업용 시설물의 시설, 수리, 철거 등 관계 법령의 집행으로 발생한 손해

• 피보험자가 파손된 보험의 목적의 수리 또는 복구를 지연함으로써 가중된 손해

2 보험기간

1 보통약관 - 수확감소보장

보장 개시	보장 종기 (수확기 종료 시점)	보험의 목적 (수확기 종료 시점 한계일)	
밤, 호두: 발아기~ 대추: 신초발아기~ 참다래: 꽃눈분화기~ 이외 품목: 계약체결일 24시~	2월	만감류: 이듬해 2월 말일	
	7월	• 살구: 이듬해 7월 20일 • 매실: 이듬해 7월 31일	
	9월	• 호두: 판매연도 9월 30일 • 자두: 이듬해 9월 30일	
	10월	• 포도, 복숭아, 오미자: 이듬해 10월 10일 • 밤, 대추: 판매연도 10월 31일 • 이듬해 맺은 유자 과실: 수확 개시 시점. 이듬해 10월 31일	
	11월	이듬해 맺은 참다래 과실: 해당 꽃눈이 성장하여 맺은 과실의 수확기 종료 시점. 이듬해 11월 30일	

- 보장 개시: 발아기, 신초발아기, 꽃눈분화기가 지난 경우에는 계약체결일 24시
- 수확기 종료 시점은 해당 일자(한계일)를 초과할 수 없음

2 특별약관

특별약관	보험의 목적	보장개시	보장 종기
나무손해 보장	참다래, 포도, 복숭아, 자두, 매실, 감귤(만감류), 살구, 유자	참다래, 감귤(만감류) 외: 판매연도 12월 1일	이듬해 11월 30일
		참다래: 판매연도 7월 1일	이듬해 6월 30일
		감귤(만감류): 계약체결일 24시	이듬해 4월 30일
수확량감소 추가보장	포도, 복숭아, 감귤(만감류)	계약체결일 24시	수확기 종료 시점 (아래의 날짜를 초과할 수 없음) • 포도, 복숭아: 이듬해 10월 10일 • 감귤(만감류): 이듬해 2월 말일

- 보장개시: 12월 1일, 7월 1일 이후 보험에 가입하는 경우에는 계약체결일 24시

> ✓ **포인트**
>
> **나무손해보장(특) 가입 품목**
> ① ✎**암기팁** 참! 포복자매만 살유
> ② 적과전 종합위험보장의 보장기간과 다름에 주의한다.

3   보험가입금액 (천원 단위 절사)

① 보통약관(수확감소보장): 가입수확량×가입가격
② 나무손해보장: 가입한 결과주수×1주당 가입가격

4   보험료 및 방재시설 할인율

1   보험료의 구성

① 보험료의 구성: 적과전 종합위험보장 농작물재해보험 보험료의 구성 참조 15page
② 정부지원보험료: 순보험료의 50%, 부가보험료 100%
    √ 과수 4종, 벼 품목 이외의 품목은 정부지원율을 위와 동일하다.
③ 지자체지원보험료: 지자체별로 지원금액(비율)을 결정한다.

2   보험료의 계산

① 보험료

보통 약관	감귤(만감류), 호두, 포도 외 품목	보통약관 보험가입금액×지역별 보통약관 영업요율×(1+손해율에 따른 할인·할증률)×(1+방재시설 할인율) • 밤, 오미자: 방재시설 할인율 미해당
	감귤(만감류), 호두	보통약관 보험가입금액×지역별 보통약관 영업요율×(1+손해율에 따른 할인·할증률)×(1+방재시설 할인율)×(1+부보장 특별약관 할인율) • 호두: 방재시설 할인율 미해당
	포도	보통약관 보험가입금액×지역별 보통약관 영업요율×(1+손해율에 따른 할인·할증률)×(1+방재시설 할인율)×(1+신규 과수원 할인율)
추가 보장 (특)	복숭아, 감귤(만감류)	특별약관 보험가입금액×지역별 특별약관 영업요율×(1+손해율에 따른 할인·할증률)×(1+방재시설 할인율)×(1+부보장 특별약관 할인율) • 복숭아: 부보장 특별약관 할인율 미해당
	포도	특별약관 보험가입금액×지역별 특별약관 영업요율×(1+손해율에 따른 할인·할증률)×(1+방재시설 할인율)×(1+신규 과수원 할인율)
나무 (특)	참다래, 복숭아, 자두, 매실, 감귤(만감류), 살구, 유자	특별약관 보험가입금액×지역별 특별약관 영업요율×(1+손해율에 따른 할인·할증률)
	포도	특별약관 보험가입금액×지역별 특별약관 영업요율×(1+손해율에 따른 할인·할증률)×(1+신규 과수원 할인율)

② 손해율에 따른 할인·할증률: 적과전 종합위험보장 편 참조 16page
    • 계약자 기준
    • 할인·할증폭 -30% ~ +50%로 제한(손해율 80% 미만 할인, 120% 이상 할증)

보험료

1. 보통약관 보험료
   ① 감귤(만감류): 가×요×손×방×부
   ② 호두: 가×요×손×부
   ③ 포도: 가×요×손×방×신
   ④ 이외 품목: 가×요×손×방(밤, 오미자 방재시설 X)

3 종합위험 수확감소보장, 비가림과수 손해보장 방재시설 할인율

방재시설		보험의 목적, 할인율
지주		복숭아 -10%
Y자형 지주		자두 -5%, 복숭아 -15%
방조망		포도, 복숭아, 참다래 -5%
바닥멀칭		포도 -5%
타이벡 멀칭	일부	감귤(만감류) -3%
	전부	감귤(만감류) -5%
방풍림		포도, 복숭아, 참다래, 유자 -5%
방풍망	측면일부	포도·유자 -3%, 복숭아·참다래 -5%
	측면전부	포도·유자 -5%, 복숭아·참다래 -10%
비가림	시설	포도, 대추, 자두 -10%
	바람막이	참다래 -30%
방상팬, 살수장치 (시설별 할인율)		포도, 복숭아, 참다래 -10%
		살구, 자두, 매실 -15%
		감귤(만감류) -20%
방충망		포도, 감귤(만감류) -15%
		복숭아 -20%

① 방조망, 방충망은 과수원의 위와 측면 전체를 덮도록 설치되어야 함
② 2개 이상 합산 적용. 최대 -30%

5 　보험료의 환급

✓ **본 교재 적과전 종합위험보장편 참조** 18page
적과전 종합위험보장, 종합위험 수확감소보장 및 비가림과수 손해보장 과수, 수확 전 종합위험 및 종합위험
과실손해보장, 특정위험보장 인삼, 생산비보장 노지 밭작물의 아래 내용은 동일하다.

① 보험료 환급 사유 및 환급보험료 계산: 적과전 종합위험보장 편 참조 18page

② 환급보험료 지급: 적과전 종합위험보장 편 참조 19page

③ 환급보험료 계산: 적과전 종합위험보장 편 참조 19page

6 　보험금 – 보통약관, 수확량감소 추가보장 · 나무손해보장 특별약관

1 지급 사유: 보장하는 재해로 피해율이 자기부담비율을 초과하는 경우

2 보험금

구분	피해율 및 보험금		
수확감소 보장	보험금 = 보험가입금액 × (피해율-자기부담비율)		
	복숭아 외	피해율 = $\dfrac{평년수확량 - 수확량 - 미보상감수량}{평년수확량}$	
	복숭아	피해율 = $\dfrac{평년수확량 - 수확량 - 미보상감수량 + 병충해감수량}{평년수확량}$	
		• 병충해 감수량 = 병충해 입은 과실의 무게 × 0.5	
수확량감소 추가보장	보험금 = 보험가입금액 × (주계약 피해율 × 10%) • 주계약 피해율 : 상기 종합위험 수확감소보장 (보통약관)에서 산출한 피해율		
나무손해보장	보험금 = 보험가입금액 × (피해율-자기부담비율 5%) 피해율 = $\dfrac{피해주수(고사주수)}{실제결과주수}$		

• 복숭아의 병충해감수량에서 세균구멍병으로 인한 피해과는 50% 형 피해과실로 인정

✓ **포인트**

복숭아 병충해 감수량
1. 「농업재해보험 · 손해평가의 이론과 실무」 '본문'의 계산 방법(위 표의 계산 방법)과 '별표 9'의 계산 방법이 다르다. 수년 동안 수정되지 않고 있는 부분이다.
2. 출제 유형: '병충해 입은 과실의 무게'가 제시된다면 [본문(위 표)]의 방법대로 계산하고, '병충해 피해구성율'을 계산하는 유형으로 출제된다면 [별표 9]에 따라 계산한다. (2과목 참조)

3 보험금 계산 예시 – 수확감소보험금, 수확량감소 추가보장 보험금

> **예 1]** • 조건 : 복숭아. 평년수확량 3,000kg, 가입가격 3,000원, 자기부담비율 20%, (조사)수확량 1,800kg, 미보상비율 10%, 세균구멍병 병충해감수량 100kg
>
> 1. 가입금액 = 3,000 × 3,000 = 9,000,000원
> 2. 미보상감수량 = (3,000 - 1,800) × 0.1 = 120kg
> 3. 피해율 = $\dfrac{3,000 - 1,800 - 120 + 100}{3,000}$ = 39.33%(소수점 둘째 자리까지)
> 4. 수확감소보험금 = 9,000,000 × (0.3933 - 0.2) = 1,739,700원
> 5. 수확량감소 추가보장 보험금 = 9,000,000 × 0.3933 × 0.1 = 353,970원

---

7   자기부담비율, 정부 지원율, 특별약관

1 **자기부담비율**: 보험사고로 인하여 발생한 손해에 대하여 계약자 또는 피보험자가 부담하는 일정 비율로 자기부담비율 이하의 손해는 보험금이 지급되지 않는다.

① 10% 형: 최근 3년 '연속' 가입 과수원+3년간 수령한 보험금이 순보험료의 120% 미만인 경우

② 15% 형: 최근 2년 '연속' 가입 과수원+2년간 수령한 보험금이 순보험료의 120% 미만인 경우

③ 20% 형, 30% 형, 40% 형: 제한 없음

④ 유자, 호두의 경우: 10%, 15% 형 미해당

2 **정부 지원율**: 순보험료의 50%

3 **특별약관**

① 종합위험 나무손해보장: 참다래, 포도, 복숭아, 자두, 매실, 감귤(만감류), 살구, 유자

  ✓ 나무손해보장의 보장하는 재해, 보상하지 않는 손해: 적과전 종합위험보장 참조 **22page**

  • **암기팁** 해시계 계통 전 보병피토+생

  • 적과전 종합위험보장 나무 특약 보상하지 않는 손해에 추가: 보상하는 손해에 해당하지 않은 재해로 발생한 생리장해

② 수확량감소 추가보장: 포도, 복숭아, 감귤(만감류)

③ 조수해 부보장: 호두(아래에 해당하는 경우 자동 가입)

  • 과수원에 조수해 방재를 위한 시설이 없는 경우

  • 과수원에 조수해 방재를 위한 시설이 과수원 전체 둘레 의 80% 미만으로 설치된 경우

  • 과수원의 가입 나무에 조수해 방재를 위한 시설이 80% 미만으로 설치된 경우

  • 방재를 위한 시설: 목책기(전기 목책기, 태양열 목책기 등), 올무, 갓모형, 원통모형

④ 수확개시 이후 동상해 부보장: 감귤(만감류)

⑤ 농작물 부보장: 포도, 대추, 참다래

---

⑥ 비가림시설 부보장: 포도, 대추, 참다래
⑦ 비가림시설 화재위험보장: 포도, 대추, 참다래

8 인수 관련 수확량

1 표준수확량: 과거의 통계를 바탕으로 지역, 수령, 재식밀도, 과수원 조건 등을 고려하여 산출한 예상 수확량이다.

2 평년수확량

① 정의: 농지의 기후가 평년 수준이고 비배관리 등 영농활동을 평년 수준으로 실시하였을 때 기대할 수 있는 수확량이다.

② 전제: 평년수확량은 자연재해가 없는 이상적인 상황에서 수확할 수 있는 수확량이 아니라 평년 수준의 재해가 있다는 점을 전제로 한다.

③ 용도: 보험가입금액의 결정 및 보험사고 발생 시 감수량 산정을 위한 기준이다.

④ 산출 방법: 가입년도 직전 5년 중 보험에 가입한 연도의 실제 수확량과 표준수확량을 가입 횟수에 따라 가중평균 하여 산출한다.

과거수확량 자료가 없는 경우(신규 가입)
1. 살구, 유자 : 표준수확량의 70%를 평년수확량으로 결정 2. 이외 품목 : 표준수확량의 100%를 평년수확량으로 결정

과거수확량 자료가 있는 경우(최근 5년 이내 가입 이력 존재)	
산출식	$\{A+(B-A)\times(1-Y/5)\}\times C/B$ 1. A(과거평균수확량) = Σ과거 5년간 수확량÷Y 2. B(과거평균표준수확량) = Σ과거 5년간 표준수확량÷Y 3. Y = 과거수확량 산출연도 횟수(가입횟수) 4. C = 당해연도(가입연도) 표준수확량 ✓ 과거 5년간의 수확량, 표준수확량, 평년수확량 및 가입년도의 표준수확량이 필요하다.
계산된 평년수확량 한도	평년수확량은 보험가입연도 표준수확량의 130%를 초과할 수 없음 • 단, 복숭아, 밤, 포도, 무화과, 블루베리 제외
유자의 평년 수확량	1. 최근 7년 중 4년 이상 가입이력이 있는 과수원 : ①위 산출식에 따라 계산한 평년수확량과 ②최근 7년간 가입이력 중 최대 • 최소 과거수확량 1개씩을 제외하고 계산한 평년수확량 중 더 큰 값을 적용 　• ② = 최근 7년 과거수확량(a)의 올림픽 평균값 (2과목 참조) 2. min{max(①, ②), 가입년도 표준수확량 130%}

과거수확량 (a) 산출방법	수확량조사 시행한 경우(유사고)	조사수확량 > 평년수확량의 50% → a = 조사수확량	
		평년수확량의 50% ≥ 조사수확량 → a = 평년수확량의 50%	
		✓ a = max(조사수확량, 평년수확량의 50%)	
	수확량조사 시행하지 않은 경우(무사고)	포도, 복숭아, 감귤(만감류)	a = 착과수 조사값×평균과중
		이외 품목	a = max(표준수확량, 평년수확량)×110%

3 평년수확량 계산 예시 예 2]

• 조건 : 자두. 2025년 가입을 위한 평년수확량 산출. 2025년 표준수확량 1,000kg

연도	2020	2021	2022	2023	2024
표준수확량	1,000	1,000	1,000	1,000	1,000
평년수확량	–	900	800	1,000	900
조사수확량	–	500	–	400	600

1. A : 과거평균수확량. 가입한 해의 a(과거수확량)들의 평균값. 과거수확량 ≠ 조사수확량

$$\frac{500 + 1{,}100 + 500 + 600}{4} = 675kg$$

2. B : 과거평균표준수확량. 가입한 해의 b(표준수확량)들의 평균값

$$\frac{1{,}000 + 1{,}000 + 1{,}000 + 1{,}000}{4} = 1{,}000kg$$

3. 2025년도 평년수확량 = $[675 + (1{,}000 - 675) \times (1 - \frac{4}{5})] \times \frac{1{,}000}{1{,}000} = 740kg$

4. 보험가입연도 표준수확량의 130% 한도 : min(740, 1,000×1.3) = 740kg
   ✓ 적과전 종합위험보장의 평년착과량 : 표준수확량 130% 한도로 함을 적용하지 않는다.

4 가입수확량, 가입과중

① 가입수확량: 평년수확량의 50%~100% 사이에서 계약자가 결정한다.

② 가입과중: 가입 시 결정한 과실의 1개당 평균 과실 무게(g)를 말하며, 감귤(만감류, 온주밀감류)의 경우 중과 기준으로 적용한다.

9 보험가입기준

1 과수 공통 보험가입기준: 적과전 종합위험보장 참조 25page

2 종합위험 수확감소보장 및 비가림과수 손해보장 해당 보험가입기준

① 감귤(온주밀감류, 만감류) 품목의 경우, 계약자 1인이 온주밀감류와 만감류를 가입하고자 하는 경우 각각의 과수원 및 해당 상품으로 가입한다.

② 대추 품목의 경우, 사과대추 가입 가능 지역에서 계약자 1인이 재래종과 사과대추를 가입하고자 할 때는 각각의 과수원으로 가입한다.

10 인수 제한 목적물

1 과수 공통 인수 제한 목적물: 적과전 종합위험보장 참조 **26page**

2 종합위험 수확감소보장 및 비가림과수 손해보장 인수 제한 목적물(비가림시설 제외)

포도, 복숭아	가입하는 해의 나무 수령(나이)이 3년 미만인 과수원
자두	1. 가입하는 해의 나무 수령(나이)이 6년 미만인 과수원(수확년도 기준 수령이 7년 미만) 2. 품종이 귀양자두, 서양자두(푸룬, 스텐리 등) 및 플럼코드를 재배하는 과수원
살구	1. 가입연도 나무수령이 5년 미만인 과수원 2. 개살구, 플럼코트류 품종 재배 과수원 3. 관수시설이 없는 과수원
감귤 (만감류)	1. 가입하는 해의 나무 수령(나이)이 4년 미만인 경우 (고접 : 2년) 2. 주요 품종을 제외한 실험용 기타품종을 경작하는 과수원 3. 노지 만감류를 재배하는 과수원 4. 온주밀감과 만감류 혼식 과수원 5. 하나의 과수원에 식재된 나무 중 일부 나무만 가입하는 과수원(단, 해걸이가 예상되는 나무의 경우 제외)
매실	가입하는 해의 나무 수령(나이)이 5년 미만인 경우
유자	가입하는 해의 나무 수령(나이)이 4년 미만인 경우
오미자	1. 삭벌 3년차 이상 과수원 또는 삭벌하지 않는 과수원 중 식묘 4년차 이상인 과수원 2. 가지가 과도하게 번무하여 수관 폭이 두꺼워져 광부족 현상이 일어날 것으로 예상되는 과수원 3. 유인틀의 상태가 적절치 못하여 수확량이 현저하게 낮을 것으로 예상 되는 과수원(유인틀의 붕괴, 매우 낮은 높이의 유인틀) 4. 주간거리가 50cm 이상으로 과도하게 넓은 과수원
참다래	1. 가입하는 해의 나무 수령이 3년 미만인 경우 2. 수령이 혼식된 과수원(다만, 수령의 구분이 가능하며 동일 수령군이 90% 이상인 경우에 한하여 가입 가능)
대추	가입하는 해의 나무 수령이 4년 미만인 경우
밤	가입하는 해의 나무 수령(나이)이 5년 미만인 과수원
호두	1. 통상의 영농방법에 의해 노지에서 청피호두를 경작하는 농지가 아닐 경우 2. 가입하는 해의 나무 수령(나이)이 8년 미만인 경우 3. 시설(비닐하우스, 온실 등)에서 재배

• 수령(나이)은 나무의 나이를 말하며, 묘목이 가입과수원에 식재된 해를 1년으로 한다.

인수 제한 목적물	대상 품목
보험가입 직전연도(이전)에 역병 및 궤양병 등의 병해가 발생하여 보험 가입 시 전체 나무의 20% 이상이 고사하였거나 정상적인 결실을 하지 못할 것으로 판단되는 과수원 • 다만, 고사한 나무가 전체의 20% 미만이더라도 고사된 나무를 제거하지 않거나, 방재조치를 하지 않은 경우에는 인수 제한	포도, 복숭아, 참다래
노지재배가 아닌 시설에서 재배하는 과수원	자두, 살구, 매실, 호두
1주당 재배면적이 1제곱미터 미만인 과수원	자두, 매실

✓ 아래의 항목은 다른 품목에도 적용되지만, 「농업재해보험 • 손해평가의 이론과 실무」에는 오른쪽의 품목의 인수 제한 목적물로 실려있다. 공통 적용 항목으로 이해하면 된다.

인수 제한 목적물	기재되어 있는 품목
보험가입 이전에 자연재해 등의 피해로 인하여 당해연도의 정상적인 결실에 영향이 있는 과수원	자두, 살구, 감귤(만감류), 매실, 밤, 호두, 대추
친환경 재배과수원으로서 일반재배와 결실 차이가 현저히 있다고 판단 되는 과수원	포도, 복숭아, 살구
가입사무소 또는 계약자를 달리하여 중복가입하는 과수원	자두, 살구, 감귤(만감류), 매실, 유자, 참다래, 대추, 밤, 호두
도서 지역의 경우 연륙교가 설치되어 있지 않고 정기선이 운항하지 않는 등 신속한 손해평가가 불가능한 지역에 소재한 과수원	자두, 살구, 매실, 유자, 대추, 밤, 호두
도시계획 등에 편입되어 수확 종료 전에 소유권 변동 또는 과수원 형질변경 등이 예정되어 있는 과수원	자두, 살구, 감귤(만감류), 매실, 유자, 참다래, 대추, 밤, 호두
군사시설보호구역 중 통제보호구역 내의 농지(단, 통상적인 영농활동 및 손해평가가 가능하다고 판단되는 농지는 인수 가능) • 통제보호구역 : 민간인통제선 이북지역 또는 군사기지 및 군사시설의 최외곽 경계선으로부터 300미터 범위 이내의 지역	자두, 살구, 매실, 호두

농작물 재해보험 손해평가의 이론과 실무

CHAPTER 02

1 시기별 조사 종류 및 조사 내용

1 포도, 복숭아, 자두, 감귤(만감류)

구분	조사종류 및 내용			
계약체결일 24 ~ 수확 전	1. 피해사실 확인조사 : 사고접수 후 지체없이 실시 2. 보장하는 재해로 인한 피해 발생 여부 : 자연재해, 조수해, 화재(복숭아 세균구멍병) 조사 3. 수확량조사 필요 여부 조사			
수확 직전	1. 착과수 조사	① 최초 품종 수확기 직전 (만감류 – 적과종료 후) ② 피해와 관계없이 과수원의 총 착과수를 조사	(수확 전) 착과량	수확량 = (수확 전) 착과량 – Σ사고당 감수량
	2. 수확량 조사	보장하는 재해가 발생한 경우 : 수확량조사		
수확 개시 후 ~ 수확 종료 시점	1. 수확량조사 : 사고접수 후 지체없이 실시 2. 사고발생 농지의 수확 중의 수확량 및 감수량의 확인을 통한 수확량조사 • 나무조사, 착과 · 낙과 피해조사 → 나무 · 착과 · 낙과 감수량 산출			

2 기타과수 – 밤, 참다래, 대추, 매실, 오미자, 유자, 호두, 살구

구분	조사종류 및 내용
계약체결일 24 ~ 수확 전	1. 피해사실 확인조사 : 사고접수 후 지체없이 실시 2. 보장하는 재해로 인한 피해 발생 여부 : 자연재해, 조수해, 화재 조사 3. 수확량조사 필요 여부 조사
수확 직전	보장하는 재해가 발생한 경우 : 수확량조사
수확 개시 후 ~ 수확 종료 시점	1. 수확량조사(유자 제외) : 사고접수 후 지체없이 2. 사고발생 농지의 수확 중의 수확량 및 감수량의 확인 • 나무조사, 착과 · 낙과 피해조사 → 수확량, 감수량 산출

3 고사나무조사

수확 완료 후 ~ 보험 종기	1. 나무손해보장 특약 가입 농지 2. 보장하는 재해로 고사되거나 또는 회생이 불가능한 나무 수를 조사 : 수확완료 전 · 후 고사주수, 미보상고사주수 3. 수확완료 후 추가 고사나무가 없는 경우 생략 가능

2   포도, 복숭아, 자두, 감귤(만감류)의 현지조사 방법

1   피해사실 확인조사

① 조사 대상: 자연재해, 조수해, 화재, 병충해(복숭아만 해당)로 사고접수 농지 및 조사 필요 농지

② 조사 시기: 사고접수 직후 실시

③ 보장하는 재해로 인한 피해 여부 확인: 적과전 종합위험보장 "피해사실 조사 방법" 참조 30page

④ 추가 조사(수확량조사) 필요 여부 판단

2   수확량조사 – (수확 전) 착과수조사

① 조사 대상: 사고 여부와 관계없이 보험에 가입한 농지

② 조사 시기: 최초 수확 품종 수확기 직전. 단 감귤(만감류)은 적과종료 후

③ 조사 방법

나무조사 및 조사대상주수 계산	1. 농지내 품종별 · 수령별 실제결과주수, 미보상주수 및 고사나무주수 파악 2. 조사대상주수 계산(실 - 미고)
표본주수 산정	1. 전체 조사대상주수를 기준으로 품목별 표본주수표에 따라 농지별 전체 표본주수 산정 2. 적정 표본주수는 품종별 · 수령별 조사대상주수에 비례하여 산정, 품종별 · 수령별 적정 표본주수의 합은 전체 표본주수보다 크거나 같아야 함
표본주 선정	1. 조사대상주수를 농지별 표본주수로 나눈 표본주 간격에 따라 표본주 선정 2. 동일 '품종 · 수령'의 농지가 아닌 경우에는 품종별 · 수령별 조사대상주수의 특성이 골고루 반영될 수 있도록 표본주 선정
착과수 조사	선정된 표본주별로 착과된 전체 과실수를 세고 표시리본에 기재
미보상비율 확인	품목별 미보상비율 적용표에 따라 미보상비율을 조사

④ (수확 전) 착과수조사를 통한 계산 예시. **예 1]**

• 조건: 포도. A 품종 · 수령, B 품종 · 수령(품종과 수령이 다름)

나무 조사	표본주수	표본주 조사

품 · 수별
실 - 미고 →
	품 · 수별 조사대상주수 비례 → 표본주수 산정, 선정
	
	1. 조사대상주수 : A 120주, B 200주
	2. 조사대상주수 총 320주 → 표본주 10주
	3. 표본주 배분
	  ① A = 10×(120/320) = 4주
	  ② B = 10×(200/320) = 7주
	4. A = 4주, B = 7주의 착과수 조사 → (표본)주당 착과수 →
		품 · 수별 착과수 조사
		
		1. (수확 전) 착과수 = 품 · 수별
		  (조사대상주수×주당 착과수)의 합
		2. 주당 착과수 : A 50개/주, B 60개/주
		3. (수확 전)
		  착과수 = (120×50) + (200×60)
		        = 18,000개

3 과중조사

① 조사 대상: 사고가 접수된 모든 농지

② 조사 시기: 품종별 수확시기에 각각 실시

③ 조사 방법

- 표본과실 추출: 품종별로 착과가 평균적인 3주 이상의 나무에서 크기가 평균적인 과실을 20개 이상(농지당 포도 · 감귤(만감류) 30개, 복숭아 · 자두 40개 이상) 추출
- 표본 과실을 품종별로 과실 개수와 무게 조사
- 미보상비율 조사
  - 품종별로 미보상비율이 다를 경우: 품종별 미보상비율 중 가장 높은 미보상비율을 적용
  - 재조사 또는 검증조사로 미보상비율이 변경된 경우: 재조사 또는 검증조사의 미보상비율을 적용
- 과중 조사 대체
  - 현장에서 과중 조사를 실시하기가 어려운 경우: 품종별 평균과중을 적용(자두, 감귤(만감류) 제외)하거나 증빙자료가 있는 경우에 한하여 농협의 품종별 출하 자료로 과중 조사를 대체 가능
- 수확 전 대상 재해 발생 시: 계약자는 수확 개시 최소 10일 전에 보험 가입 대리점으로 수확 예정일을 통보하고 최초 수확 1일 전에는 조사를 실시
- 수확기 판단: 조기수확 및 수확해태 등으로 수확기에 대한 분쟁이 발생할 경우 지역의 농업기술센터 등 농업 전문기관의 판단에 따름
- 하나의 품종에 대해 여러 차례 과중조사가 실시된 경우: 최초 조사 값 적용
- 재조사 또는 검증조사로 조사 값이 변경된 경우: 재조사 또는 검증조사 값 적용
- 과중조사 시 사용된 표본과실에서 보상하는 재해로 인한 착과피해 여부 확인

④ 과중조사를 통한 계산 예시. **예 2]** 위 **예 1]**에서 이어짐

- 조건: 품목 포도. A 품종 · 수령, B 품종 · 수령(품종과 수령이 다름)

표본주	품종별로 착과가 평균적인 나무 3주 이상 선정 → A, B 각 3주＝6주 (최소 주수)
표본과실 추출	1. 선정된 표본주에서 (품종별로) 크기가 평균적인 과실 20개 이상 추출 2. 농지당 포도 · 만감류 30개, 복숭아 · 자두 40개 이상을 품종별 개수와 동시에 충족해야 함 　→ A 20＋B 20＝40개(품종별 20개 이상, 포도 농지당 30개 이상 충족)
과중 조사 ＝유사고	1. 품종별 개수, 무게 조사 → 과중＝품종별로 조사 2. 조사과중: A 300g, B 400g → (수확 전) 착과'량'＝A＋B → {(120×50×0.3)＋(미보상주수×주당 평년수확량)} ＋ {(200×60×0.4)＋(미보상주수×주당 평년수확량)} • 유사고: 미보상주수의 과실량은 계약자 수확량으로 간주하므로 수확량의 기준인 (수확 전) 착과량에 추가한다.

✓ 포인트

(수확 전) 착과수 의무조사의 이유

1. 무사고: 조사착과수×평균 과중 → 평년수확량의 과거수확량 (a)
2. 유사고: (조사착과수×조사 과중)+(미보상주수×주당 평년수확량) → 피해율 산출을 위한 수확량의 기준
   - 수확량 = 착과량-∑사고당 감수량

4 착과피해조사

① 조사 대상: 착과피해를 유발하는 재해(우박, 호우 등)가 접수된 모든 농지

② 조사 시기: 품종별 수확시기에 각각 실시

③ 조사 방법

- 착과피해를 유발하는 재해가 있을 경우에만 시행하며, 해당 재해 여부는 재해의 종류와 과실의 상태 등을 고려하여 조사자가 판단

- 조사대상주수 계산 및 적정 표본주수 산정: 실제결과주수에서 수확완료주수, 미보상주수 및 고사나무주수를 제외하고 조사대상주수를 계산하고, 적정 표본주수 산정

- 착과수조사: 가장 먼저 착과수를 확인. 수확 전 착과수조사와는 별개의 조사를 의미하지만, 이전 실시한 착과수조사(이전 착과피해조사 시 실시한 착과수조사 포함)의 착과수와 착과피해조사 시점의 착과수가 큰 차이가 없는 경우에는 별도의 착과수 확인 없이 이전에 실시한 착과수조사 값으로 대체 가능

- 품종별 표본과실 선정 및 피해구성조사
  - 착과수 확인이 끝나면 수확이 완료되지 않은 품종별로 표본 과실을 추출
  - 품종별 20개 이상(농지당 포도 · 감귤(만감류) 30개 이상, 복숭아 · 자두 40개 이상)을 품종별 3주 이상의 표본주에서 추출
  - 과실 분류에 따른 피해인정계수에 따라 품종별로 구분하여 해당 과실 개수를 조사

- 피해구성조사 생략: 수확이 완료된 품종이 있거나 피해가 경미하여 피해구성 조사가 의미가 없을 때에는 품종별로 피해구성조사를 생략 가능

④ 착과피해조사를 통한 계산 예시. 예 3]

조사대상 주수 산정		표본주수 산정, 선정		표본주 조사		표본과실 추출		피해구성 조사
실-미고기	→	조사대상주수 비례	→	착과수 조사	→	품종별 '3주 이상+20개 이상' (농지당 포도 · 만감류 30개, 복숭아 · 자두 40개 이상)	→	착과피해 구성율 계산
1. 조사대상주수: A 100주, B 150주 2. 표본주당 착과수: A 40개, B 50개 3. (착과피해 대상) 착과수 = (100×40)+(150×50)						1. 착과피해구성율 : A 25%, B 35% 2. 착과감수량(A 300g, B 400g으로 과중 조사됨) = (100×40×0.3×0.25)+(150×50×0.4×0.35) = 1,350kg		

5 낙과피해조사

① 조사 대상: 착과수조사 이후 낙과피해가 발생한 농지

② 조사 시기: 사고접수 직후 실시

③ 조사 방법

- 보장하는 재해 여부 심사
- 나무조사 및 조사대상주수 계산: 품종·수령별 실제결과주수에서 수확완료주수, 미보상주수 및 고사나무주수를 제외한 조사대상주수를 계산
- 낙과수 조사 방법 결정: 표본조사로 실시하며, 표본조사가 불가할 경우 전수조사를 실시

낙과수 표본조사	1. 표본주 선정: 조사대상주수를 기준으로 농지별 전체 적정표본주수를 산정 (거대재해 발생 시 표본조사의 표본주수는 품목별 표본주수표의 1/2 이하로 산정 가능) 2. 품종별·수령별 표본주수는 품종별·수령별 조사 대상주수에 비례하여 산정 3. 품종별·수령별 조사대상주수의 특성이 골고루 반영될 수 있도록 표본주를 선정 4. 표본주 낙과수 조사: 표본주별로 수관면적 내에 있는 낙과수를 조사 (표본주의 수관면적 내 낙과는 표본주와 품종이 다르더라도 해당 표본주의 낙과로 봄)
낙과수 전수조사	1. 전체 낙과에 대한 품종 구분이 가능할 경우 전체 낙과수를 품종별로 셈 2. 전체 낙과에 대한 품종 구분이 불가능할 경우에는 전체 낙과수를 세고, 낙과 중 임의로 100개 이상을 추출하여 품종별로 해당 개수를 셈

- 품종별 표본과실 선정 및 피해구성조사
  - 낙과수 확인이 끝나면 낙과 중 품종별로 표본 과실을 추출
  - 품종별 20개 (포도·감귤(만감류)-농지당 30개 이상, 복숭아·자두-농지당 60개 이상) 추출
  - 추출한 표본 과실을 과실 분류에 따른 피해 인정계수에 따라 품종별로 구분하여 해당 과실 개수를 조사. 전체 낙과수가 60개 미만일 경우 등에는 해당 기준 미만으로도 조사 가능
- 피해구성 조사 생략: 조사 당시 수확기에 해당하지 않는 품종이 있거나 낙과의 피해정도가 심해 피해구성 조사 의미가 없는 경우 등에는 품종별 피해구성 조사를 생략 가능

④ 낙과피해조사를 통한 계산 예시. **예 4]** 표본조사

조사대상 주수 산정		표본주수 산정, 선정		표본주 조사		표본과실 추출		피해구성 조사
실-미고기	→	조사대상 주수 비례	→	수관면적 내 낙과수조사	→	품종별 20개 이상 (농지당 포도·만감류 30개, 복숭아·자두 60개 이상)	→	낙과피해구성율 계산

1. 조사대상주수: A 90주, B 130주 2. 표본주 낙과수: A 20개, B 40개 3. (낙과피해 대상) 낙과수 = (90×20) + (130×40) 4. 전수조사 시 낙과수 직접 제시 = A 1,800개 + B 5,200개	1. 낙과피해구성율: A 55%, B 65% 2. 낙과감수량 (A 300g, B 400g으로 과중 조사됨) = (1,800×0.3×0.55) + (5,200×0.4×0.65) = 1,649kg

3 　포도, 복숭아, 자두, 감귤(만감류)의 보험금 산정 방법

1 수확감소보험금

① 보험가입금액, 평년수확량, 수확량, 미보상 감수량, 자기부담비율 등은 과수원별로 산정하며, 품종별로 산정하지 않는다.

② 지급 사유: 보장하는 재해로 인하여 피해율이 자기부담비율을 초과하는 경우

③ 보험금=보험가입금액×(피해율-자기부담비율)

④ 복숭아 외 품목: 피해율 = $\dfrac{평년수확량 - 수확량 - 미보상감수량}{평년수확량}$

⑤ 복숭아: 피해율 = $\dfrac{평년수확량 - 수확량 - 미보상감수량 + 병충해 감수량}{평년수확량}$

○ 병충해 감수량=병충해(세균구멍병) 피해 과실의 무게×0.5

• 세균구멍병으로 인한 피해과는 50%형 피해과실로 인정

✓ 복숭아 병충해 감수량: 「농업재해보험 · 손해평가의 이론과 실무」 '본문'의 계산 방법(위의 계산방법)과 '별표 9'의 계산 방법이 다르다.

⑥ 미보상감수량=(평년수확량-수확량)×미보상비율

2 수확감소보험금 계산 순서

1. (수확 전) 착과량 → 사고당 감수량('착과+낙과+고사주수' 감수량) → (복숭아 병충해 감수량)

↓

2-1. 착과수조사 이전 사고의 피해사실이 인정된 경우: 수확량=착과량-Σ사고당 감수량
2-2. 착과수조사 이전 사고의 접수가 없거나, 피해사실이 인정되지 않은 경우:
　　수확량=max(평년수확량, 착과량)-사고당 감수량의 합

↓

3. 피해율= $\dfrac{평 - 수 - 미(+병)}{평}$ → 보험금=가×(피-자)

3 (수확 전) 착과량=품종 · 수령별 착과량의 합

품종 · 수령별 착과량={(품종 · 수령별 착과수×품종별 과중)+(미보상주수×품종 · 수령별 주당 평년수확량)}
✓ 품종 · 수령별 (착과량+미보상주수의 수확량)

예 5] • 조건: A 품종 · 수령, B 품종 · 수령 경작 중

평년수확량 3,000kg	표준수확량 A 1,200kg, B 2,400kg	실제결과주수 : A 100주, B 120주

✓ 품종 · 수령이 2개 이상인 경우 위와 같이 각 표준수확량과 실제결과주수가 제시된다.

1. (수확 전) 착과수조사 → 보장하는 재해 발생 → 모든 품종 · 수령의 과중조사 실시

   ✓ '과중조사 실시=유사고'의 의미

<(수확 전) 착과수조사 및 과중조사>

미보상주수 A 3주, B 0주	조사대상주수 A 80주, B 100주
주당 착과수: A 50개, B 70개	조사과중 A 200g, B 300g

2. 품종 · 수령별 평년수확량 = 평년수확량×$\dfrac{\text{품종 · 수령별 표준수확량}}{\text{표준수확량}}$

   ✓ 미보상주수의 수확량 계산에 필요한 과정이다. 평년수확량을 품종 · 수령별 표준수확량에 따라 비례 배분한다. 미보상주수가 없으면 불필요한 과정이다.

   ① A: 3,000×$\dfrac{1,200}{3,600}$ = 1,000kg , 주당 평년수확량 = 1,000÷100 = 10kg

   ② B: 3,000×$\dfrac{2,400}{3,600}$ =2,000kg, 주당 평년수확량 = 2,000÷120 = 17kg (소수점 첫째 자리에서 반올림)

3. (수확 전) 착과량=품종 · 수령별 착과량의 합=A 착과량+B 착과량

   {(80×50×0.2)+(3×10)}+{(100×70×0.3)+(0×17)}=2,930kg

4. 품종별 과중이 없는 경우(과중조사 전 기수확 품종이 있는 경우): 품종 · 수령별 평년수확량=품종 · 수령별 착과량

   ✓ 조사과중이 없으므로 착과량을 산정할 수 없는 경우이다. 이 경우 해당 품종 · 수령에 올해 기대했던 수확량만큼 착과된 것으로 본다. '기수확=피해 없음'의 의미이다.

   • 품종 · 수령별 평년수확량 = 평년수확량×$\dfrac{\text{품종 · 수령별 표준수확량}}{\text{표준수확량}}$

예 6] • 조건: 위의 **예 5]**에서 A 품종 · 수령의 과중이 없음을 가정(사고 전 수확 완료):

① A 착과량= 3,000×$\dfrac{1,200}{3,600}$ =1,000kg

② (수확 전) 착과량=품종 · 수령별 착과량의 합=A 착과량+B 착과량

   1,000+{(100×70×0.3)+(0×17)}=3,100kg

4 사고당 감수량: 금차 감수량=금차 (착과+낙과+고사주수) 감수량. 사고마다 산정

아래는 동일한 2차 사고에 의한 감수량 산정	
착과감수량=품종·수령별 착과감수량의 합=품종·수령별 착과수×품종별 과중×품종별 (착과피해구성률-maxA)	

예 7] • 조건: A 품종·수령, B 품종·수령 경작 중.	
이전 1차 사고 착과피해구성률 A 25%, B 35%	1차 사고 감수량 합계 300kg
조사과중 A 200g, B 300g	-

1. 금차(2차) : 착과수 A 3,500개, B 6,000개 / 착과피해구성률 A 40%, B 50%
2. 금차(2차) 착과감수량=품종·수령별 착과감수량의 합=A 감수량+B 감수량
$$=\{3,500\times0.2\times(0.4-0.25)\}+\{6,000\times0.3\times(0.5-0.35)\}=375kg$$

✓ **포인트**

maxA
적과전 종합위험보장을 제외한 모든 과수 품목의 maxA는 착과피해구성률이 유일하다.

낙과감수량 = 품종·수령별 낙과수×품종별 과중×(낙과피해구성률-maxA)
✓ **낙과피해구성률: 품종별로 제시되면 품종별로 적용, 그렇지 않은 경우 제시된 낙과피해구성률 적용**

예 8] • 조건: A 품종·수령, B 품종·수령 경작 중	
이전 1차 사고 착과피해구성률 A 25%, B 35%	1차 사고 감수량 합계 300kg
조사과중 A 200g, B 300g	-

1. 금차(2차) : 낙과수 A 500개, B 800개 / 낙과피해구성률 65%
2. 금차(2차) 낙과감수량=$\{500\times0.2\times(0.65-0.25)\}+\{800\times0.3\times(0.65-0.35)\}=112kg$

✓ **포인트**

수확감소보장 과수의 낙과피해구성률
낙과피해구성조사 시 표본과실을 품종별로 산출하므로 피해구성률도 품종별로 계산된다. 그러나, 「농업재해보험·손해평가의 이론과 실무 - 별표 9」에는 '품종별'이 누락되어 있다.

- 고사주수 감수량＝품종·수령별 금차 고사분과실수×품종별 과중 또는,
- 고사주수 감수량＝품종·수령별 금차 고사분과실수×품종별 과중×(1-maxA)
  √ 아래 포인트 참조

예 9] · 조건 : A 품종·수령, B 품종·수령 경작 중.	
이전 1차 사고 착과피해구성률 A 25%, B 35%	1차 사고 감수량 합계 300kg
조사과중 A 200g, B 300g	-

1. 금차(2차) 고사분과실수 : A 216개, B 456개
2. 금차(2차) 고사주수 감수량＝(216×0.2)+(456×0.3)＝180kg 또는,
2-1. 금차(2차) 고사주수 감수량＝{216×0.2×(1-0.25)}+{456×0.3×(1-0.35)}＝121kg

√ 포인트

포도, 복숭아, 자두, 만감류의 고사주수 감수량

1. 2024 「농업재해보험·손해평가의 이론과 실무」에서 다음과 같은 변경이 있었으며, 그대로 유지되고 있다.
   ① 금차 고사주수×(주당 착과수+주당 낙과수) → 금차 고사분과실수
   ② ×(1-maxA) 적용 삭제

2. 금차 고사분과실수 : 정의되거나 계산 방법이 규정되어 있지 않으므로 문제에 개수가 직접 제시 또는, 제시된 방법으로 산출한다.

3. ×(1-maxA)
   ① 적용이 합리적으로 판단되지만, 「농업재해보험·손해평가의 이론과 실무」에 미적용으로 되어있으므로, 미적용하여 풀이해도 오답으로 할 수는 없어 보인다.
   ② 적과전 종합위험보장, 기타과수 등에서는 적용으로 유지되고 있다.

5 복숭아 병충해 감수량=병충해 (착과+낙과) 감수량. 사고마다 산정

√ 이하, [별표 9] 기준

병충해 착과감수량＝품종·수령별 잔여착과수×품종별 병충해 착과피해구성률×품종별 과중
- 품종별 병충해 착과피해구성률 ＝ $\dfrac{\text{병충해 착과피해과실수×0.5}}{\text{표본(착과)과실수}}$

예 10]	• 조건 : A 품종 · 수령, B 품종 · 수령 경작 중.				

조사과중 A 200g, B 300g	1차 사고 감수량 합계 300kg
잔여착과수 A 3,500개, B 2,000개	–

<A 병충해 착과피해조사>

정상	50%	80%	100%	병충해
–	10	–	10	20

<B 병충해 착과피해조사>

정상	50%	80%	100%	병충해
10	10	–	10	10

1. A 병충해 착과피해구성률 = $\dfrac{20 \times 0.5}{40}$ = 25%

2. B 병충해 착과피해구성률 = $\dfrac{10 \times 0.5}{40}$ = 12.5%

3. 병충해 착과감수량 = $(3,500 \times 0.25 \times 0.2) + (2,000 \times 0.125 \times 0.3) = 250kg$

병충해 낙과감수량 = 품종 · 수령별 낙과수 × 품종별 병충해 낙과피해구성률 × 품종별 과중
• 품종별 병충해 낙과피해구성률 = $\dfrac{\text{병충해 낙과피해과실수} \times 0.5}{\text{표본(낙과)과실수}}$
✓ 병충해 낙과감수량 산정방법 : 병충해 착과감수량 산정방법과 동일하다.

✓ **포인트**

복숭아 병충해 감수량

1. 수확량 계산(사고당 감수량의 합)에 적용되는 것이 아닌, 피해율 계산에 적용됨에 주의한다.

2. 2024 [농업재해보험 · 손해평가의 이론과 실무-별표 9]의 복숭아 병충해 감수량

과거와 다르게

① '병충해 감수량=병충해 착과감수량+사고당 병충해 낙과감수량'으로 되어 있다.

② 병충해 착과감수량에 '금차' 표기를 모두 삭제했다. (낙과감수량은 모두 '금차', 즉 사고당 산정)

③ 병충해 착과감수량의 사고당 산정 여부에 관한 논란이 있을 수 있다. 그러나 이에 관한 별도의 내용이 없고 병충해 낙과감수량과 다르게 적용될 이유는 없어 보인다.

6 위 예 5~10]의 수확량 및 피해율

• 조건 : 수확 전 착과수조사 전 피해사실 인정 + 과중조사 전 기수확 품종 없음 + 병충해 낙과피해 없음

1. 수확량 = 착과량 − Σ 사고당 감수량
   = (수확 전) 착과량 2,930 − (1차 사고 감수량 300 + 2차 사고 감수량 667) = 수확량 1,963kg
   ① 2차 사고 감수량 : 착과감수량 375 + 낙과감수량 112 + 고사주수 감수량 180 = 667kg
   ② 고사주수 감수량 : [별표 9]대로 × (1 − maxA) 미적용한 풀이

2. 미보상비율 10%. 미보상감수량 = $(3,000 - 1,963) \times 0.1 = 104kg$ (소수점 첫째 자리에서 반올림)

3. 병충해 착과감수량 = 250kg

4. 피해율 = $\dfrac{3,000 - 1,963 - 104 + 250}{3,000}$ = 39.43%(%로 소수점 둘째 자리까지)

4 포도 · 복숭아 · 감귤(만감류)의 수확량감소 추가보장 보험금 (특별약관)

1 보험금 지급 사유: 보장하는 재해로 피해율이 자기부담비율을 초과하는 경우

2 보험금

① 보험금=보험가입금액×피해율×10%

② 피해율: 주계약 피해율과 동일

5 기타과수 – 현지조사 방법 공통 사항

1 피해사실 확인조사

포도, 복숭아, 자두, 감귤(만감류)의 조사 참조 62page

2 기타과수 공통

① 품종별 수확기가 다른 경우 해당 품종의 수확 시작 전마다 수확량조사를 실시

② 수확 개시 여부 분쟁 시: 농업 전문기관의 판단에 따름

③ 품종별 조사 시기가 다른 경우에는 최초 조사일을 기준으로 함

3 수확량조사

① 수확 개시 전 수확량조사: 조사일을 기준으로 해당 농지의 수확이 시작되기 전에 수확량조사를 실시하는 경우

   ✓ 의미: 수확개시 전의 '수확량 산정'을 위한 조사.

     수확 개시 전 수확량=착과수확량+(밤, 호두 낙과수확량+)미보상주수 수확량

② 수확 개시 후 수확량조사: 조사일을 기준으로 해당 농지의 수확이 시작된 후에 수확량조사를 실시하는 경우. 유자의 경우 수확개시 후의 수확량조사가 없다. (보장종기=수확개시 시점)

   ✓ 의미: 수확개시 후의 '수확량과 감수량 산정'을 위한 조사

   ○ 수확 개시 후 수확량=착과수확량+낙과수확량+미보상주수 수확량

     • 수확개시 후에는 낙과수확량을 인정

   ○ 수확 개시 후 감수량=착과감수량+낙과감수량+고사주수 감수량

6 기타과수 – 밤 · 호두, 참다래, 유자의 현지조사 방법

1 수확개시 전 수확량조사 – 밤 · 호두, 참다래, 유자

1. 보장하는 재해 여부 심사

↓

2. 나무조사 및 조사대상주수 계산 : 품종 · 수령별로 실제결과주수, 미보상주수 및 고사나무주수를 파악하고, 실제결과주수에서 미보상주수 및 고사나무주수를 제외한 조사대상주수를 계산

↓

3. 표본주수 산정 및 선정
   ① 표본주수 산정 : 농지별 전체 조사대상주수를 기준으로 품목별 표본주수표에 따라 농지별 전체 표본주수를 산정하되, 품종 · 수령별 표본주수는 품종 · 수령별 조사대상주수에 비례하여 산정
   ② 표본주 선정 : 조사대상주수를 농지별 표본주수로 나눈 표본주 간격에 따라 선정
   ③ 동일 품종 · 동일 수령의 농지가 아닌 경우에는 품종별 · 수령별 조사대상주수의 특성이 골고루 반영될 수 있도록 표본주를 선정
   ④ 참다래만 해당. 품종 · 수령별 재식간격 조사 : 가입 시 재식간격과 다를 경우 계약변경이 될 수 있음. 현지 조사서에 기재

↓

4. (표본주의) 착과수 및 낙과수 조사 : 과실수의 기준은 밤은 송이, 호두는 청피로 함
   ✓ 수확개시 전 낙과수 및 낙과피해구성 조사 : 밤, 호두 품목만 해당
   ① 착과수 조사 : 표본주별로 착과된 전체 과실수를 조사
   ② 낙과수 조사 : 표본주별로 수관면적 내 낙과된 과실수를 조사
      • 표본주별 낙과수 확인이 불가능한 경우 : 농지 내 전체 낙과수를 품종별로 구분하여 전수조사
      • 전체 낙과에 대하여 품종별 구분이 어려운 경우 : 전체 낙과수를 세고 전체 낙과 중 100개 이상의 표본을 추출하여 해당 표본의 품종을 구분
   ③ 참다래만 해당 : (표본)면적 및 (표본)면적의 착과수조사
      • 표본주별로 해당 표본주 구역의 면적조사를 위해 길이(윗변, 아랫변, 높이 : 윗변과 아랫변의 거리)를 재고 면적을 확인
      • 선정된 해당 구역에 착과된 과실수를 조사

$$표본구간면적 \;=\; \frac{(표본구간윗변길이 + 표본구간아랫변길이) \times 표본구간높이}{2}$$

5. 과중조사
① 표본과실 추출 : 품종별로 착과가 평균적인 가진 3주 이상의 표본주에서 크기가 평균적인 과실을 품종별 20개 이상(농지당 최소 60개 이상) 추출
② 밤 : 품종별 과실(송이) 개수를 파악하고, 과실(송이) 내 과립을 분리하여 지름 길이를 기준으로 정상(30mm 초과)·소과 (30mm 이하)를 구분하여 무게를 조사. 소과(30mm 이하)인 과실은 해당 과실 무게를 실제 무게의 80%로 적용

○ 밤 품종별 개당 과중 = $\dfrac{\text{품종별[정상 표본과실무게 합} + (\text{소과 표본 과실 무게 합} \times 0.8)]}{\text{표본과실수}}$

○ 밤 소과 구분 요령 : 30mm 지름의 원형모양 구멍이 뚫린 규격대를 준비하여 샘플조사 시 해당 구멍을 통과하는 과립은 '소과'로 따로 분류
  • 아래 그림과 같이 과정부를 위로 향하게 하고 밤의 볼록한 부분이 정면을 향하게 하여 밤이 통과하는지 확인
  • 밤의 가장 긴 부분이 보이도록 밤을 넣어야 하며, 세로로 넣는 등 구멍에 통과하기 위하여 밤의 방향을 변경하지 아니함

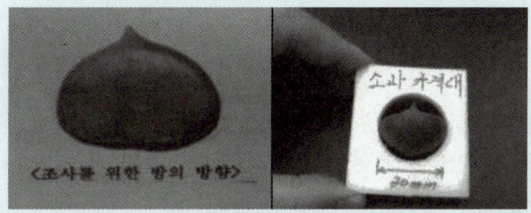

③ 호두 : 품종별 과실(청피) 개수를 파악하고, 무게를 조사
④ 참다래 : 품종별로 과실 개수를 파악하고, 개별 과실 과중이 50g 초과하는 과실과 50g 이하인 과실을 구분하여 무게를 조사. 개별 과실 중량이 50g 이하인 과실은 해당 과실의 무게를 실제 무게의 70%로 적용

참다래 품종별 개당 과중 = $\dfrac{\text{품종별[50g 초과 표본과실무게 합} + (\text{50g 이하 표본 과실 무게 합} \times 0.7)]}{\text{표본과실수}}$

6. 낙과피해 및 착과피해 구성 조사
  ✓ 수확개시 전 낙과수 및 낙과피해구성 조사 : 밤, 호두 품목만 해당
① 낙과피해구성 조사
  • 밤, 호두 표본과실 : 낙과 중 임의의 과실 20개 이상(품종별 20개 이상, 농지당 60개 이상)을 추출
  • 전체 낙과수가 60개 미만일 경우 등 : 해당 기준 미만으로 조사가 가능
② 착과피해구성 조사
  • 착과피해를 유발하는 재해가 있을 경우 시행
  • 밤, 호두 표본과실 : 품종별로 3개 이상의 표본주에서 임의의 과실 20개 이상(품종별 20개 이상, 농지당 60개 이상)을 추출
  • 참다래, 유자 표본과실 : 품종별로 3주 이상의 표본주에서 임의의 과실 100개 이상을 추출
③ 표본과실 추출한 후 과실 분류에 따른 피해인정계수 따라 구분하여 그 개수를 조사
④ 피해구성 조사의 생략 : 조사 당시 착과에 이상이 없는 경우나 낙과의 피해 정도가 심해 피해구성 조사가 의미가 없을 경우 등에는 품종별로 피해구성조사를 생략할 수 있음

7. 미보상비율 확인

✓ 포인트

기타과수 수확량 산정 원리

1. 포도, 복숭아, 자두, 만감류와의 차이점
   ① 의무적으로 수확 전 착과수조사를 하지 않으므로 수확량의 기준이 없다.
   ② 사고 발생 시 수확개시 전, 후 모두 수확량조사를 실시한다.

2. 수확량조사의 의미
   ① 하나의 수확량조사에서는 수확량과 감수량이 모두 산출될 수 있다.

   예 11] • 조건: 피해구성율 40%→ 감수량 40%, 수확량=(1-0.4)=60%
   ② 수확량조사 여러 번 실시하는 경우: (작은) 수확량과 감수량이 여러 개 산출된다.

3. 수확감소보장 피해율= $\dfrac{\text{평년수확량} - \text{*수확량} - \text{미보상감수량}}{\text{평년수확량}}$

   ① 보험금 산정을 위해서는 *(최종) 수확량이 필요하다.
   ② 사고 횟수에 따라 산출된 여러 개의 (작은) 수확량과 감수량을 사고 발생 case에 따라 조합하여 *(최종) 수확량을 산정한다.

4. 기타과수 수확량조사
   ① 수확개시 전 사고 발생: 피해사실 확인조사 → 최종 피해의 확인이 가능한 시기인 수확 직전에 수확량조사를 실시한다. 따라서 수확개시 전 다중사고인 경우에도 수확량조사는 1회가 된다.
   ② 수확개시 후 사고 발생: 사고 횟수만큼 수확량조사를 실시한다.

2 수확개시 후 수확량조사 – 밤 · 호두, 참다래

조사방법: 아래의 차이점 외에는 수확개시 전 수확량조사와 동일하다.

1. 보장하는 재해 여부 심사

↓

2. 나무조사 및 조사대상주수 계산 : 기수확주수가 있다.
   ✓ 기수확량이 존재하며 수확량 산정에 중요한 의미를 갖는다.

↓

3. 표본주수 산정 및 선정, 참다래 품종 · 수령별 재식간격 조사

↓

4. (표본주의) 착과수 및 낙과수 조사, 참다래 (표본)면적 및 (표본)면적의 착과수 및 낙과수 조사
   ✓ 수확개시 후에는 모든 기타과수 품목(유자 제외)의 낙과수를 조사한다. 조사방법은 수확개시 전 수확량조사 밤 · 호두 품목의 낙과수조사와 동일하다.

↓

5. 과중조사

↓

6. 기수확량 조사 : 출하자료 및 계약자 문답 등을 통하여 조사

↓

7. 낙과피해 및 착과피해 구성 조사
　✓ 수확개시 후에는 모든 기타과수 품목(유자 제외)의 낙과피해구성조사를 한다.
　① 낙과피해구성 조사
　　• 밤, 호두 표본과실 : 수확개시 전 조사방법과 동일
　　• 참다래 표본과실 : 품종별로 낙과 중 임의의 과실 100개 이상을 추출
　② 착과피해구성 조사 : 착과피해를 유발하는 재해가 있을 경우 시행
　　• 밤, 호두 표본과실 : 수확개시 전 조사방법과 동일
　　• 참다래 표본과실 : 품종별로 3주 이상의 표본주에서 임의의 과실 100개 이상을 추출
　③ 표본과실 추출한 후 과실 분류에 따른 피해인정계수 따라 구분하여 그 개수를 조사
　④ 피해구성 조사의 생략 : 조사 당시 착과에 이상이 없는 경우나 낙과의 피해 정도가 심해 피해구성 조사가 의미가 없을 경우 등에는 품종별로 피해구성조사를 생략할 수 있음

↓

8. 미보상비율 확인

✓ 포인트

밤 · 호두, 참다래 · 유자의 조사별 표본과실수

1. 과중조사 : 품종별 착과가 평균적인 3주 이상의 표본주+크기가 평균적인 과실 품종별 20개(과수원당 60개) 이상

2. 착과피해조사
　① 밤, 호두 : 품종별 3주 이상의 표본주+품종별 20개(과수원당 60개) 이상
　② 참다래, 유자 : 품종별 3주 이상의 표본주+(품종별) 임의의 과실 100개 이상

3. 낙과피해조사 (유자 미해당)
　① 밤, 호두 : 낙과 중 임의의 과실 품종별 20개(과수원당 60개) 이상
　② 참다래 : 품종별로 낙과 중 임의의 과실 100개 이상

---

3 수확량조사 – 밤 · 호두, 참다래, 유자 조사방법의 수확량 계산에의 적용

예 12] 참다래. 재식간격의 적용 → 의미 : 모든 주수를 m²로 전환한다. ○○주수 → ○○주수면적
• 조건 : 재식간격 5m². 실제결과주수 100주 − (미보상주수 10주 + 고사주수 20주) = 조사대상주수 70주
1. 실제결과주수 면적 = 100×5 = 500m², 미보상주수 면적 = 10×5 = 50m², 고사주수 면적 = 20×5 = 100m²
2. 조사대상주수 면적 = 70×5 = 350m²

예 13] 참다래. 표본면적의 적용. 표본주당 착(낙)과수가 아닌, 표본면적 m²당 착(낙)과수를 조사한다.
• 조건 : 조사대상주수 면적 350m², 표본주 6주, 표본구간 윗변 길이 1m, 아랫변 길이 3m, 표본구간 높이 2m, 표본면적 착과수 합계 600개

1. 표본면적 = $\dfrac{(1+3)\times 2}{2}$ = 4m², 표본면적 m²당 착과수 = $\dfrac{\text{표본면적 착과수 합계 }600}{\text{표본주}6\times\text{표본면적}4}$ = 25개/m²
2. 조사대상주수 면적×표본면적 m²당 착과수 = 350×25 = 8,750개

예 14] 전체 낙과에 대하여 품종별 구분이 어려운 경우 낙과수 구분
• 조건 : 전체 낙과수 5,000개. 임의 100개(이상) 표본 추출해 품종별로 구분 → 품종 A 35개, B 65개
• A 낙과수 = 5,000 × $\dfrac{35}{100}$ = 1,750개 → 1,750개 중 표본과실 추출 → 낙과피해구성률 산출

예 15] 밤, 참다래 조사과중 산출

• 조건: 1품종인 경우의 (최소) 표본주수 및 표본과실수

1. 1품종 × 3주 = 3주, 1품종 × 20개 = 20개 → 농지당 60개

2. 밤 조사 과중 = $\dfrac{30mm(초과무게\ 합\ 3{,}000g\ +\ 이하무게\ 합\ 1{,}800g \times 0.8)}{60송이}$ = 0.074kg / 개(송이)

3. 참다래 조사 과중 = $\dfrac{50g(초과무게\ 합\ 8{,}000g\ +\ 이하무게\ 합\ 4{,}000g \times 0.7)}{60개}$ = 0.18kg / 개

예 16] 수확개시 전 수확량 = 착과수확량(+밤, 호두 낙과수확량) + 미보상주수 수확량

✓ 수확개시 전 수확량 조사방법의 각 순서에 대입해 본다.

조건	• 밤. 평년수확량 2,000kg • 나무조사 및 조사대상주수 계산 : 실제결과주수 100주, 미보상주수 10주, 조사대상주수 90주 • 착과수, 낙과수 조사 : 주당 착과수 150개, 주당 낙과수 50개 • 과중조사 : 조사과중 0.074kg/송이 • 피해구성조사 : 착과피해구성률 30%, 낙과피해구성률 50%
수확개시 전 수확량	착과수확량 {90 × 150 × 0.074 × (1 − 0.3)} + 낙과수확량 (90 × 50 × 0.074 × (1 − 0.5)) + 미보상주수 수확량 (10 × 20) = 1,065.8kg

7 기타과수 – 대추 · 매실 · 살구, 오미자의 현지조사 방법

✓ 대추 품목의 사과대추 품종 : 포도 · 복숭아 · 자두 · 감귤(만감류) 수확량조사 기준을 준용, 과중조사는 반드시 실시→
농업수입안정보장 포도 품목의 수확량 산정 방법과 동일

1 수확개시 전 수확량조사 – 대추 · 매실 · 살구, 오미자

1. 보장하는 재해 여부 심사

↓

2. 나무조사 및 조사대상주수, 유인틀길이 측정 및 조사대상길이 계산
  ① 대추, 매실, 살구 : 품종 · 수령별로 실제결과주수, 미보상주수 및 고사나무주수를 파악하고, 실제결과주수에서
    미보상주수 및 고사나무주수를 제외한 조사대상주수를 계산
  ② 오미자 : 유인틀 형태 및 오미자 수령별로 유인틀의 실제재배길이, 고사길이, 미보상길이를 측정하고,
    실제재배길이에서 고사길이와 미보상길이를 빼서 조사대상길이를 계산

↓

3. 표본주수 · 표본구간수 산정 및 선정

(1) 대추, 매실, 살구

① 표본주수 산정: 농지별 전체 조사대상주수를 기준으로 품목별 표본주수표에 따라 농지별 전체 표본주수를 산정하되, 품종 · 수령별 표본주수는 품종 · 수령별 조사대상주수에 비례하여 산정

② 표본주 선정: 품종 · 수령별 조사대상주수의 특성이 골고루 반영될 수 있도록 선정

(2) 오미자

① 표본구간수 산정: 농지별 전체 조사대상길이를 기준으로 품목별 표본주(구간)표에 따라 농지별 전체 표본구간수를 산정하되, 형태별 · 수령별 표본구간수는 형태별 · 수령별 조사대상길이에 비례하여 산정

② 표본구간 선정: 형태별 · 수령별 조사대상길이의 특성이 골고루 반영될 수 있도록 유인틀 길이 방향 1m로 선정

↓

4. (표본주 · 표본구간의) 착과량 및 과중조사

① 대추, 매실, 살구: 표본주별로 착과된 과실을 전부 수확. 수확한 과실의 무게 조사

<대추, 매실, 살구>

품종 · 수령별 주당 착과 무게 = 품종 · 수령별 (표본주의 착과 무게 ÷ 표본주수)

표본주 착과 무게 = 조사 착과량 × 품종별 비대추정지수(매실) × 2(절반조사 시)

② 오미자: 표본구간별로 표본구간 내 착과된 과실을 전부 수확. 수확한 과실의 무게 조사

③ 매실만 해당. 비대추정지수 조사: 품종별 적정 수확 일자 및 조사 일자, 과실 비대추정지수를 참조하여 품종별로 비대추정지수를 조사

④ 공통: 현장 상황에 따라 표본주 · 표본구간의 착과된 과실 중 절반만을 수확하여 조사할 수 있음

↓

5. 착과피해구성 조사

(1) 착과피해를 유발하는 재해가 있을 경우 시행

(2) 대추, 매실, 살구 표본과실: 각 표본주별로 수확한 과실 중 임의의 과실을 추출

① 개수 조사: 표본주당 표본과실수 100개 이상

② 무게 조사 시: 표본주당 표본과실 중량 1,000g 이상

(3) 오미자 표본과실

① 표본구간에서 수확한 과실 중 임의의 과실 3,000g 이상 추출

② 총 착과 과실 무게가 3,000g 미만인 경우: 해당 과실 전체

(4) 공통

① 표본과실 추출한 후 과실 분류에 따른 피해인정계수 따라 구분하여 그 개수 또는 무게를 조사

② 피해구성 조사의 생략: 조사 당시 착과에 이상이 없는 경우 등에는 피해구성조사를 생략할 수 있음

↓

6. 미보상비율 확인

2 수확개시 후 수확량조사 – 대추 · 매실 · 살구, 오미자

조사방법: 아래의 차이점 외에는 수확개시 전 수확량조사와 동일하다.

1. 보장하는 재해 여부 심사

↓

2. 나무조사 및 조사대상주수, 유인틀길이 측정 및 조사대상길이 계산 : 기수확주수, 기수확길이 조사
✓ 기수확량이 존재하며 수확량 산정에 중요한 의미를 갖는다.

↓

3. 표본주수 · 표본구간수 산정 및 선정

↓

4. 과중조사
(1) 대추, 매실, 살구
① 표본주별로 착과된 과실을 전부 수확하여 무게 조사, 표본주별로 수관면적 내 낙과된 과실의 무게 조사
② 낙과량 표본조사가 불가능한 경우 : 낙과량 전수조사를 실시. 농지 내 전체 낙과를 품종별로 구분하여 조사한다.
전체 낙과에 대하여 품종별 구분이 어려운 경우에는 전체 낙과 무게를 재고 전체 낙과 중 1,000g 이상의 표본을
추출하여 해당 표본의 품종을 구분하는 방법을 사용

$$품종별낙과량 = 전체\ 낙과량 \times \frac{품종별표본과실수(무게)}{표본과실수(무게)}$$

③ 현장 상황에 따라 표본주별로 착과 및 낙과된 과실 중 절반만을 수확하여 조사할 수 있음
④ 매실만 해당. 비대추정지수 조사
(2) 오미자
① 표본구간별로 표본구간 내 착과된 과실과 낙과된 과실의 무게 조사
② 현장 상황에 따라 표본구간별로 착과된 과실 중 절반만을 수확하여 조사
③ 낙과량 표본조사가 불가능한 경우 : 낙과량 전수조사를 실시. 전수조사 시에는 농지 내 전체 낙과에 대하여
무게를 조사

↓

5. 기수확량 조사 : 출하자료 및 계약자 문답 등을 통하여 조사

↓

6. 낙과피해 및 착과피해 구성 조사
✓ 수확개시 후에는 모든 기타과수 품목(유자 제외)의 낙과피해구성조사를 한다.
(1) 낙과피해구성 조사
① 대추, 매실, 살구 표본과실 : 품종별 낙과 중 임의의 과실 100개 또는 1,000g 이상을 추출
② 오미자 표본과실 : 표본구간의 낙과(전수조사 시에는 전체 낙과) 중 임의의 과실 3,000g 이상을 추출
• 조사한 총 낙과과실 무게가 3,000g 미만인 경우 : 해당 과실 전체
(2) 착과피해구성 조사 : 착과피해를 유발하는 재해가 있을 경우 시행
① 대추, 매실, 살구 표본과실 : 표본주별로 수확한 착과 중 임의의 과실 100개 또는 1,000g 이상을 추출
② 오미자 표본과실 : 표본구간에서 수확한 과실 중 임의의 과실 3,000g 이상을 추출
• 조사한 총 착과 과실 무게가 3,000g 미만인 경우에는 해당 과실 전체
(3) 공통
① 표본과실 추출한 후 과실 분류에 따른 피해인정계수에 따른 개수 또는 무게를 조사
② 피해구성 조사의 생략 : 조사 당시 착과에 이상이 없는 경우나 낙과의 피해 정도가 심해 피해구성 조사가 의미가
없을 경우 등에는 피해구성조사를 생략할 수 있음

↓

6. 미보상비율 확인

3 수확량조사 – 대추 · 매실 · 살구, 오미자 조사방법의 수확량 계산에의 적용

> **예 17]** 대추, 매실, 살구 착과피해조사 표본과실수 : 표본주 7주. 700개 또는 7,000g 이상

> **예 18]** 대추, 매실, 살구 품종 · 수령별 주당 착과량
> • 조건 : 매실, 표본주 10주, 조사착과량 20kg, 절반조사, 비대추정지수 2.0
>
> $$품종\ 수령별\ 주당\ 착과량 = \frac{조사착과량20 \times 비대추정지수2.0 \times 절반조사2}{표본주수10} = 8kg$$

> **예 19]** 수확 개시 전 수확량
> • 조건 : 매실. 수확 개시 전 수확량조사. 평년수확량 1,000kg, 실제결과주수 100주, 미보상주수 6주, 조사대상주수 90주, 주당 착과량 8kg, 착과피해구성률 35%
> • 수확 개시 전 수확량 = 착과수확량 {(90×8×(1-0.35))} + 미보상주수 수확량 (6×10) = 528kg

✓ 포인트

대추 · 매실 · 살구, 오미자의 조사별 표본과실수

1. 착과피해조사
   ① 대추 · 매실 · 살구 : 표본주별 100개 또는 1,000g 이상
   ② 오미자 : 표본구간 수확한 과실 중 3,000g 이상

2. 낙과피해조사
   ① 대추 · 매실 · 살구 : 품종별 100개 또는 1,000g 이상
   ② 오미자 : 표본구간의 낙과 · 전수조사 시는 전체 낙과 중 3,000g 이상

8 기타과수의 보험금 산정 방법

1 피해율 및 수확감소보험금

① 보험가입금액, 평년수확량, 수확량, 미보상 감수량, 자기부담비율 등은 과수원별로 산정하며, 품종별로 산정하지 않는다.

② 지급 사유 : 보장하는 재해로 인하여 피해율이 자기부담비율을 초과하는 경우

③ 보험금 = 보험가입금액 × (피해율 – 자기부담비율)

④ 유자 외 피해율 = $\dfrac{평년수확량 - 수확량 - 미보상감수량}{평년수확량}$

⑤ 유자의 평년수확량 값 적용 : 평년수확량보다 최근 7년간 과거 수확량의 올림픽 평균값이 더 클 경우 올림픽 평균값을 적용한다. max(평년수확량, 최근 7년간 과거 수확량의 올림픽 평균값)

유자 피해율 = $\dfrac{max(평년수확량, 최근 7년간 과거 수확량의 올림픽 평균값) - 수확량 - 미보상감수량}{max(평년수확량, 최근 7년간 과거 수확량의 올림픽 평균값)}$

⑥ 미보상감수량 = (평년수확량 - 수확량) × 미보상비율

1 (최종) 수확량 산출 방법

① 수확량의 명칭을 피해율에 적용되는 (최종) 수확량과 각 사고의 수확량조사에 의해 산출되는 (작은) 수확량으로 구별해야 한다. 수확감소보장방식이므로 역시 (최종) 수확량 산출이 핵심이다.

② 포도 · 복숭아 · 자두 · 감귤(만감류)과 다르게 (최종) 수확량 산출이 여러 경우의 수에 따라 나뉜다. 나뉘는 기준은 수확 개시 전 · 후 각각의 사고 발생 여부와 횟수이다.

③ 모든 경우의 수에 따른 (최종) 수확량 산출식을 무조건 암기하면 더 혼란스러우므로, 아래의 (최종) 수확량 기본 산출식을 이해한 후, 경우의 수에 따라 ±를 적용한다.

기타 과수	포도 · 복숭아 · 자두 · 감귤(만감류)
① 사고 여부에 상관없이 실시되는 '수확 전 착과수 조사' 없음 ② 수확 개시 전 · 후에 각각 '수확량조사' 실시 → 사고마다 (작은) 수확량이 산출됨 ③ 최초사고의 발생 시점 및 총 사고 횟수에 따라 (최종) 수확량 산출식이 나뉨. 아래 9. (4) A, B, C, D	① 사고 여부에 상관없이 실시되는 '수확 전 착과수 조사' 실시 ② 수확 개시 후 보장하는 재해가 발생한 경우 '수확량조사' 실시해서 감수량 산출 → 착과량을 기준으로 감수량을 차감 → 수확량 산출. 산출되는 '수확량'이 1개

9 기타과수의 (최종) 수확량 산출

✓ 먼저 아래의 내용을 이해하고 「농업재해보험 · 손해평가의 이론과 실무 – 별표 9」의 기타과수 수확량 산출식을 기준으로 학습한다.
1. 별표 9의 기타과수 수확량 산출식이 매우 난해하게 실려있으므로, 그를 이해하기 위한 용어를 사용하여 구성한 내용이며 정식 용어가 아님에 주의한다.
2. 계산식의 단순화를 위해 '품종 · 수령별'을 생략하였으며, 「농업재해보험 · 손해평가의 이론과 실무 – 별표 9」에서 확인한다.
3. 기타과수 중 밤 · 호두의 품목을 기준으로 하며 이외 품목은 「농업재해보험 · 손해평가의 이론과 실무 – 별표 9」에서 확인한다.

1 순서

① 각 수확량조사에서 (작은) 수확량과 감수량을 산출 → (작은) 수확량과 감수량을 최초사고 발생 시점과 사고 횟수에 따라 조합 → (최종) 수확량 산출

② 기본 원리: 최초사고에서의 (작은) 수확량이 (최종) 수확량의 기준이 되고, 그 이후의 사고에서의 감수량을 차감하며, 기수확량이 인정되는 경우 추가한다.

2 (작은) 수확량, 감수량 산출식

① (작은) 수확량 산출식: 피해율에 적용되는 (최종) 수확량이 아닌, 각 사고의 수확량조사당 산출되는 (작은)
수확량

{착과수×(1-금차 착과피해구성률)×과중}+{낙과수×(1-금차 낙과피해구성률)×과중}+(미보상주수×주당 평년수확량)

1. 손해 본 것을 제외(×(1-피해구성율))한, 착과수 중 수확할 수 있는 양+낙과수 중 수확할 수 있는 양+계약자의
   수확으로 간주하는 나무의 과실량=착과수확량+낙과수확량+미보상주수 수확량

2. 수확개시 전 사고: 낙과수확량은 밤, 호두 품목만 인정

3. 금차 피해구성률=피해구성률-max A
   ① max A: 금차 사고 전 기조사된 착과피해구성률 중 최댓값
   ② 수확개시 전 최초사고 발생 시 maxA는 없으며(0 적용), 수확개시 후 다중사고 시에만 적용된다.

아래는 위의 공통 계산식의 품목별 계산식으로 별표 9에 실려있다.

• 별표 9 계산식: 밤, 호두
1. 수확 개시 전 수확량={품종별(·수령별) 조사대상주수×품종별(·수령별) 주당 착과수×(1-착과피해구성률)×품종별
   과중}+{품종별(·수령별) 조사대상주수×품종별(·수령별) 주당 낙과수×(1-낙과피해구성률)×품종별
   과중}+(품종별(·수령별) 주당 평년수확량×품종별(·수령별) 미보상주수)

2. 수확개시 후 각 사고의 수확량=금차 수확량={품종별(·수령별) 조사대상주수×품종별(·수령별)주당
   착과수×품종별 개당 과중×(1-금차 착과피해구성률)}+{품종별(·수령별) 조사대상주수×품종별(·수령별) 주당
   낙과수×품종별 개당 과중×(1-금차 낙과피해구성률)}+(품종별(·수령별) 주당 평년수확량×품종별(·수령별)
   미보상주수)

• 별표 9 계산식: 참다래
1. 수확 개시 전 수확량=(품종·수령별 착과수×품종별 과중×(1-피해구성률))+(품종·수령별 면적(㎡)당
   평년수확량×품종·수령별 미보상주수×품종·수령별 재식면적)

2. 수확개시 후 각 사고의 수확량=금차 수확량={품종·수령별 착과수×품종별 개당 과중×(1-금차
   착과피해구성률)}+{품종·수령별 낙과수×품종별 개당 과중×(1-금차 낙과피해구성률)}+{품종·수령별 ㎡당
   평년수확량×미보상주수×품종·수령별 재식면적}

• 별표 9 계산식: 대추, 매실, 살구
1. 수확 개시 전 수확량={품종·수령별 조사대상주수×품종·수령별 주당 착과량×(1-착과피해구성률)}
   +(품종·수령별 주당 평년수확량×품종·수령별 미보상주수)

2. 수확개시 후 각 사고의 수확량=금차 수확량={품종·수령별 조사대상주수×품종·수령별 주당 착과량×(1-금차
   착과피해구성률)}+{품종·수령별 조사대상주수×품종별(·수령별) 주당 낙과량×(1-금차
   낙과피해구성률)}+(품종별 주당 평년수확량×품종별 미보상주수)

• 별표 9 계산식: 오미자
1. 수확 개시 전 수확량={형태·수령별 조사대상길이×형태·수령별 m당 착과량×(1-착과피해구성률)}
   +(형태·수령별 m당 평년수확량×형태·수령별 미보상 길이)

2. 수확개시 후 각 사고의 수확량=금차 수확량={형태·수령별 조사대상길이×형태·수령별 m당 착과량×(1-금차
   착과피해구성률)}+{형태·수령별 조사대상길이×형태·수령별 m당 낙과량×(1-금차
   낙과피해구성률)}+(형태·수령별 m당 평년수확량×형태별수령별 미보상 길이)

② 감수량 산출식: 감수량은 수확개시 전 사고에서는 계산하지 않고, 2차 이후의 사고에서만 계산한다.

{착과수×(착과피해구성률-maxA)×과중}+{낙과수×(낙과피해구성률-maxA)×과중}+{고사주수×(주당 착과수 +낙과수)×과중×(1-maxA)}=착과감수량+낙과감수량+고사주수 감수량

• 참다래: 고사주수 감수량=고사주수면적×㎡당 평년수확량×(1-maxA)

1. 이전 사고 없는 경우: maxA=0

2. 이번 사고에서 보험회사가 인정하는 손해량=착과수 중 손해량+낙과수 중 손해량+나무피해로 인한 과실 손해량

3. 금차 피해구성률=피해구성률-max A

아래는 위의 공통 계산식의 품목별 계산식으로 별표 9에 실려있다.

• 별표 9 계산식: 밤, 호두

감수량=(품종별 조사대상주수×품종별 주당 착과수×금차 착과피해구성률×품종별 개당 과중)+(품종별 조사대상주수×품종별 주당 낙과수×금차 낙과피해구성률×품종별 개당 과중)+(품종별 금차 고사주수×(품종별 주당 착과수+품종별 주당 낙과수)×품종별 개당 과중×(1-max A))

• 별표 9 계산식: 참다래

금차 감수량={품종·수령별 착과수×품종별 과중×금차 착과피해구성률}+{품종·수령별 낙과수×품종별 과중×금차 낙과피해구성률}+{품종·수령별 ㎡당 평년수확량×금차 고사주수×(1-max A))×품종·수령별 재식면적}

• 별표 9 계산식: 대추, 매실, 살구

금차 감수량=(품종·수령별 조사대상주수×품종·수령별 주당 착과량×금차 착과피해구성률)+(품종·수령별 조사대상주수×품종별(·수령별) 주당 낙과량×금차 낙과피해구성률)+{품종·수령별 금차 고사주수×(품종·수령별 주당 착과량+품종별(·수령별) 주당 낙과량)×(1-max A)}

• 별표 9 계산식: 오미자

금차 감수량=(형태·수령별 조사대상길이×형태·수령별 m당 착과량×금차 착과피해구성률)+(형태·수령별 조사대상길이×형태·수령별 m당 낙과량×금차 낙과피해구성률)+(형태·수령별 금차 고사 길이×(형태·수령별 m당 착과량+형태·수령별 m당 낙과량)×(1-max A))

③ (작은) 수확량과 감수량 산출 예시

예 20] 다음 수확량조사에서의 (작은) 수확량과 감수량을 구하시오. (중량 및 개수는 소수점 첫째 자리에서 반올림)

• 조건 : 품목 밤, 평년수확량 2,000kg, 이전 사고 없음

  – 실제결과주수 100주, 미보상주수 5주, 고사주수 5주
  – 착과수 15,000개, 착과피해구성율 30%
  – 낙과수 5,000개, 낙과피해구성율 40%
  – 조사과중 80g/송이

1. 조사대상주수=100-5-5=90주, 주당 평년수확량=2,000÷100=20kg

2. (작은) 수확량=착과수확량 {15,000×(1-0.3)×0.08}+낙과수확량 {5,000×(1-0.4)×0.08}+미보상주수 수확량 (5×20)=1,180kg

3. 감수량=착과감수량 {15,000×(0.3-0)×0.08}+낙과감수량 {(5,000×(0.4-0)×0.08)+고사주수 감수량 {5×(167+56)×0.08×(1.0-0)}=609kg

  • 주당 착과수=15,000÷90=167개, 주당 낙과수=5,000÷90=56개 (소수점 첫째 자리에서 반올림)

3 (최종) 수확량 산출식. 피해율에 적용되는 수확량

① (최종) 수확량 기본 산출식의 이해

> **기본 (최종) 수확량=최초사고 수확량+(최초사고 전) 기수확량-2차 이후 사고 감수량**
>
> 수확량=최고사고에서 계약자가 거둔 양+'최초사고 이전'의 기수확량(없는 경우 0)-최초사고 후에 발생한 사고의 감수량(없는 경우 0)
>   → 최초사고에서는 계약자가 거둔 양(최초사고 수확량)을 산출=(최종) 수확량의 기준
>   → 그 후의 사고(2차 이후의 사고)에서는 손해량(2차 이후 사고의 감수량)을 산출해 차감
>   → 최초사고 전에 기수확한 양이 있다면 추가. 단, 최초사고가 수확 개시 전이라면 기수확량은 있을 수 없다.
>
> > ✓ 이 기본 산출식을 기준으로 아래 [4. 기타과수의 최초사고 발생 시점 및 총 사고횟수에 따른 수확량 산출식]에 대입하여 수확량을 산출한다.

② (최종) 수확량 기본 산출 예시

> **예 21]** • 조건 : 9/01 수확 개시, 8/20 최초사고 발생-수확량 1,000kg 조사, 9/15 2차 사고 발생-감수량 200kg, 9/17 3차 사고 발생-감수량 100kg
>
> ① (최종) 수확량=1,000+0-(200+100)=700kg
> ② 최초사고 발생 시점=수확개시 전
>
> **예 22]** • 조건 : 9/01 수확 개시, 9/05 최초사고 발생-수확량 900kg, 기수확량 100kg, 9/15 2차 사고 발생-감수량 200kg
>
> ① (최종) 수확량=900+100-200=800kg
> ② 최초사고 발생 시점=수확개시 후=기수확량 인정

✓ 포인트

기타과수 수확량

1. 최초사고 수확량: 최초사고 발생 시 수확량조사에 의해 산출된 (작은) 수확량
   ① 최초사고: 수확 개시 전·후에 최초로 발생한 사고(1차 사고)
   ②[별표 9] 공식 용어
      • 수확 개시 전 최초사고 발생: (수확 개시 전) 수확량
      • 수확 개시 후 최초사고 발생: (최초 조사) 금차 수확량

 2. 최초사고 수확량의 중요성
   ① 여러 차례 사고가 발생한 경우 어떤 사고에서 수확량을, 어떤 사고에서 감수량을 구해야 하는지 파악해야 한다.
   ② 발생 시점이 수확 개시 전·후인지에 따라 기수확량 발생 여부 및 (최종) 수확량 계산 시에 적용 여부가 결정된다.

 3. (작은) 수확량과 (최종) 수확량
 (1) 1 사고당 수확량: 기타과수의 수확량 산출 방법
   ① 사고 발생 경우의 수에 따라 수확량조사가 여러 차례 실시될 수 있다.
      • 사고마다 해당 사고의 수확량과 감수량이 산출된다. (아래 ②, ③ 참조)
      • 수확량조사가 여러 차례 실시된 경우 각 사고의 수확량과 감수량이 있다.
      • 각 사고의 수확량을 피해율에 적용되는 (최종) 수확량과 구별하기 위해 (작은) 수확량으로 이해한다.

② 1 사고당 (작은) 수확량과 감수량 산출

  - 착과피해조사: 착과수 및 착과피해구성률 산출

    • 착과수확량=착과수×(1-금차 착과피해구성률)×과중

    • 착과감수량=착과수×금차 착과피해구성률×과중

    • 금차 착과피해구성률=착과피해구성률-maxA

③ **예 23]** • 조건: 착과수 1,000개, 조사과중 70g, 착과피해구성률 30%, 이전 사고 없음(maxA=0)

    • 착과수확량=1,000×(1-0.3)×0.07, 착과감수량=1,000×0.3×0.07

    • 70% 정상(=수확량), 30% 손해(=감수량)

④ 낙과피해조사를 통한 낙과수확량 및 낙과감수량 역시 동일하다.

⑤ 이렇게 산출된 '각 사고의 (작은) 수확량과 감수량'을 사고 발생 경우의 수에 따라 조합해서 피해율에 적용되는 (최종) 수확량을 산출한다.

4. 포도 · 복숭아 · 자두 · 감귤(만감류)과 기타과수의 수확량 산출 방법의 비교

(1) 포도 · 복숭아 · 자두 · 감귤(만감류)

① 전체 계약기간에서 '계약자가 거둘 수 있었던 것' - '손해 본 것'

    • 수확량=착과량(또는 평년수확량)-사고당 감수량의 합

② 수확 직전의 착과량을 의무 조사해서 전체 계약기간의 '수확량의 기준'을 세우고, 이후 발생한 사고의 감수량 합계를 차감하여 피해율에 적용되는 (최종) 수확량을 산출한다.

    • 수확 전 착과수 조사 이전 무사고인 경우 수확량의 기준=max(평년수확량, 착과량)

③ 수확 직전에는 착과량만, 수확 개시 후의 사고에서는 감수량만을 산출한다.

(2) 기타과수

① 사고마다 '계약자가 거둘 수 있었던 것'과 '손해 본 것'을 산출한다.

② 피해율에 적용되는 수확량의 기준: 최초사고 수확량이다.

5. 기타 과수 금차 수확량 및 금차 피해구성률에 관한 논란

(1) 기타과수의 (최종) 수확량

사고마다 수확량조사를 실시해 해당 사고의 (작은) 수확량과 감수량을 산출하고, 이를 조합하여 피해율에 적용되는 (최종) 수확량을 계산한다.

(2) (최종) 수확량 산출을 위해 필요한 (작은) 수확량=최초사고에서의 수확량

① 최초사고 이후(2차 이후)의 사고에서는 수확량을 산출할 필요가 없고, 감수량만 산출하면 된다.

    • 수확량 기본 산출식=최초사고 수확량+(최초사고 전) 기수확량-2차 이후 사고 감수량

② 2차 이후의 사고는 무조건 수확 개시 후=2차 이후의 사고의 수확량=수확개시 후 사고의 수확량=금차 수확량(명칭)

    • 수확 개시 전 최초사고 → 2차 사고 발생 시점: 수확 개시 후

    • 수확 개시 후 최초사고 → 2차 사고 발생 시점: 수확 개시 후

③ 2차 이후 사고의 각 수확량(금차 수확량)이 필요한 경우는 오류 수정을 위해서일 뿐, 피해율 계산을 위해서는 필요하지 않다. 즉, 피해율 계산을 위해서는 2차 이후의 사고에서는 감수량만 계산하면 된다.

(3) [별표 9]의 금차 수확량(2차 이후 사고의 각 수확량) 산출식

① 금차 수확량={품종별(· 수령별) 조사대상 주수×품종별(· 수령별)주당 착과수×품종별 개당 과중×(1-금차 착과피해구성률)}+{품종별(· 수령별)조사대상주수×품종별(· 수령별) 주당 낙과수×품종별 개당 과중×(1-금차 낙과피해구성률)}+(품종별(· 수령별) 주당 평년수확량×품종별(· 수령별) 미보상주수)

② 금차 피해구성율=피해구성률-maxA

(4) [별표 9] 금차 수확량에서 금차 피해구성율 적용에 관한 논란
 ① 기타과수 수확량의 의미: 각 사고에서 거둘 수 있는 것이다. (1-피해구성율)
 ② **예 24]** • 조건: 1차 사고 착과피해구성율 20%, 2차 사고 착과피해구성율 40%
  • 2차 사고의 수확량은 ×(1-0.4)=60%이다.
  • 그러나 [별표 9]와 같이 금차 피해구성율을 적용하면 ×{1-(0.4-0.2)}=80%가 된다.
 ③ 감수량은 중복 보상 방지를 위해 금차 피해구성율(피해구성율-maxA) 적용하는 것이 옳으나, 수확량에 금차 피해구성율을 적용하면 위의 예시와 같이 추가 사고가 있었음에도 수확량이 증가하게 된다.
 ④ 피해율에 적용되는 (최종) 수확량에는 2차 이후 사고의 금차 수확량이 적용되지 않으며, 금차 수확량의 계산이 필요한 오류 수정 역시 오류 여부를 확인하는 방법은 있지만, 수정하는 방법은 제시되어 있지 않다. 출제된다면 [별표 9]의 공식대로 풀이해야 하겠지만 많은 논란이 예상된다. 이에 관한 논쟁에서 벗어나는 것이 좋다.

4 기타과수의 최초사고 발생 시점 및 사고 횟수에 따른 수확량 산출식

A 개시 전 사고 ○ + 개시 후 사고 ×
1. 수확량＝최초사고 수확량
2. 최초사고가 수확 개시 전이므로 수확량조사는 1회이며, (최초사고 전) 기수확량은 없다. 이후 사고 없으므로 차감할 감수량도 없다.
• 별표 9 계산식 1. 위 '2. (작은) 수확량, 감수량 산출식 – ①(작은) 수확량 산출식 표 – 1. 수확 개시 전 수확량' 참조 2. 밤, 호두 제외한 품목 : 수확 개시 전 사고에서는 낙과수확량은 산출하지 않는다.

B 개시 전 사고 ○ + 개시 후 사고 ○
1. 수확량＝최초사고 수확량-2차 이후 사고 감수량
2. 최초사고가 수확 개시 전이므로 수확량조사는 수확개시 전 1회＋개시 후 사고횟수이며, (최초사고 전) 기수확량은 없다. 이후 사고 있으므로 감수량을 산출해 차감한다.
• 별표 9 계산식 1. 수확량＝수확 개시 전 수확량－사고당 감수량의 합 2. 최초사고는 수확개시 전이며, 감수량은 수확개시 후에만 산출하므로 사고당 감수량의 합은 2차 이후 사고 감수량의 합을 의미한다.

C 개시 전 사고 × + 개시 후 사고 ○
• [최초사고 수확량＋기수확량＋최초사고 감수량 ≥ 평년수확량] 인 경우 1. 수확량＝최초사고 수확량＋(최초사고 전) 기수확량-2차 이후 사고 감수량 2. 최초사고에서 조사된 과실 총량이 평년수확량 보다 크거나 같은 경우 (최종) 수확량 기본 산출식대로 한다.
• 별표 9 계산식 : [금차 수확량＋금차 감수량＋기수확량 ≥ 평년수확량] 인 경우 1. 개시 후 1회 사고 ① 수확량＝금차 수확량＋기수확량 ② 미보상감수량＝{평년수확량－(금차 수확량＋기수확량)}×미보상비율 2. 개시 후 2회 이상 사고 ① 수확량＝최초 조사 금차 수확량＋최초 조사 기수확량-2차 이후 사고당 감수량의 합 ② 미보상감수량＝{평년수확량－(최초 조사 금차 수확량＋최초 조사 기수확량)＋2차 이후 사고당 감수량의 합}×미보상비율

D 개시 전 사고 × + 개시 후 사고 ○
• [최초사고 수확량+기수확량+최초사고 감수량 < 평년수확량] 인 경우
1. 수확량=평년수확량-최초사고 감수량-2차 이후 사고 감수량=평년수확량-Σ 모든 사고 감수량
2. 미보상감수량=Σ 모든 사고 감수량×미보상비율
3. 최초사고에서 조사된 과실 총량이 평년수확량 보다 적은 경우 (최종) 수확량 기본 산출식이 아닌, 평년수확량에서 모든 감수량을 차감한다.
• 별표 9 계산식 : [금차 수확량+금차 감수량+기수확량 < 평년수확량] 인 경우
1. 개시 후 1회 사고 ① 수확량=평년수확량-금차 감수량 ② 미보상감수량=금차 감수량×미보상비율
2. 개시 후 2회 이상 사고 ① 수확량=평년수확량-사고당 감수량의 합 ② 미보상감수량=사고당 감수량의 합×미보상비율

10 오류 수정

1 기타과수의 수확량조사 오류 확인

① 수확량조사가 여러 차례 있을 수 있으므로, 금차 조사와 이전 조사를 비교하여 오류가 없는지 확인하는 것이다.

② 금차 조사의 총량(금차 수확량+금차 감수량+기수확량)은 이전 조사의 수확량(수확 개시 전 수확량조사 수확량 또는, 이전 조사 금차 수확량+이전 조사 기수확량)에서 갈라져 나온 것이다.

③ 따라서, 금차 조사에서 계산된 총량이 이전 조사에서 계산된 수확량보다 클 수 없다는 의미이다.

2 오류 확인

① 수확 개시 전 수확량조사가 있는 경우 (이전 수확량조사에 수확 개시 전 수확량조사가 포함된 경우)

•금차 수확량+금차 감수량+기수확량 > 수확 개시 전 수확량조사 수확량 → 오류 수정 필요

•금차 수확량+금차 감수량+기수확량 > 이전 조사 금차 수확량+이전 조사 기수확량 → 오류 수정 필요

② 수확 개시 후 수확량조사만 있는 경우(이전 수확량조사가 모두 수확 개시 후 수확량조사인 경우)

•금차 수확량+금차 감수량+기수확량 > 이전 조사 금차 수확량+이전 조사 기수확량 → 오류 수정 필요

3 오류 수정

① 오류임을 확인하는 방법만 있고, 수정하는 방법은 「농업재해보험·손해평가의 이론과 실무」에 실려있지 않다. 따라서, 확인하는 방법을 이해하는 정도면 된다.

② 다만, 금차 피해구성률 및 금차 수확량에 관한 논란이 있으므로, 오류 확인 방법 역시 맞는지 의문이다.

11 종합위험 수확감소보장 나무손해보장(특약)

1 대상품목

포도, 복숭아, 자두, 감귤(만감류), 매실, 유자, 참다래, 살구

2 고사나무조사: 적과전 종합위험보장 참조 39page

① 포도, 복숭아, 자두, 감귤(만감류), 매실, 유자, 살구: 품종 · 수령별로 실제결과주수, 수확 완료 전 · 후 고사주수 및 미보상 고사주수를 조사

② 참다래: 품종 · 수령별로 실제결과주수와 고사주수, 미보상 고사주수를 조사

3 피해율 및 보험금

적과전 종합위험보장 참조 21page

손해평가사 2차 이론서

PART 3

종합위험 및 수확 전
종합위험 과실손해보장

(감귤·오디·두릅·블루베리, 복분자·무화과)

📁 농작물 재해보험의 이론과 실무

📁 농작물 재해보험 손해평가의
   이론과 실무

01 CHAPTER 농작물 재해보험의 이론과 실무

1 보험기간 및 보험기간에 따른 보장하는 재해, 보상하지 않는 손해

✓ 종합위험 자연재해의 정의 : 적과전 종합위험보장 편 참조 **9page**
✓ 보상하지 않는 손해 기본 9종 : 종합위험 수확감소보장 과수 편 참조 **51page**

1 종합위험 과실손해보장방식 – 오디, 감귤(온주밀감류), 두릅, 블루베리

① 보험기간 및 보험기간에 따른 보장하는 재해

품목		보험기간	보장하는 재해
오디	과실손해보장	계약체결일 24시~결실 완료 시점 다만, 이듬해 5월 31일 초과 불가	종합위험 자연재해, 조수해, 화재
두릅		계약체결일 24시~수확기 종료 시점 이듬해 5월 15일 초과 불가	
블루베리		계약체결일 24시~수확기 종료 시점 이듬해 9월 15일 초과 불가	
감귤 (온주밀감류)	과실손해보장	계약체결일 24시~수확기 종료 시점 다만, 판매연도 12월 20일 초과 불가	
	수확개시 후 동상해 보장(특)	판매연도 12월 21일~이듬해 2월 말일	동상해
	과실손해 추가보장(특)	보통약관과 동일	종합위험 자연재해, 조수해, 화재
	나무손해 보장(특)	계약체결일 24시~이듬해 4월 30일	

② 감귤(온주밀감류) 수확개시 후 동상해 보장(특약) 동상해 담보조건
  ✓ 만감류의 수확개시 후 동상해 담보조건과 동일하다.
  • 제주도 : 서리 또는 기온의 하강(영하 3℃ 이하로 6시간 이상 지속)으로 인하여 농작물 등이 얼어서 발생하는 피해
  • 제주도 외 : 서리 또는 기온의 하강(0℃ 이하로 48시간 이상 지속)으로 인하여 농작물 등이 얼어서 발생하는 피해
③ 보상하지 않는 손해
  • 오디, 온주밀감류, 두릅, 블루베리 과실손해보장 : 🖊암기팁 계수통원보시계해전+생(기본 9종+생)

  ✓ 보상하지 않는 손해 기본 9종 : 종합위험 수확감소보장 과수 편 참조 **51page**
  ✓ 온주밀감류 나무손해보장(특) : 적과전 종합위험보장 편 참조 **22page**

• '적과전 종합위험보장 나무 특약 보상하지 않는 손해'에 추가: 보상하는 손해에 해당하지 않은 재해로 발생한 생리장해 ✎**암기팁** 해시계 계통 전 보병피토+생

2 수확전 종합위험 손해보장방식 – 복분자, 무화과

✓ 종합위험 자연재해의 정의 및 특정위험 태풍(강풍), 우박의 담보조건: 적과전 종합위험보장 참조 **9page**

① 보험기간 및 보험기간에 따른 보장하는 재해

품목	보험기간			보장하는 재해
복분자	경작불능보장		계약체결일 24시~수확 개시 시점 다만, 이듬해 5월 31일 초과 불가	종합위험 자연재해, 조수해, 화재
	과실 손해 보장	수확 개시 전	계약체결일 24시~이듬해 5월 31일	
		수확 개시 후	이듬해 6월 1일~이듬해 수확기 종료 시점 다만, 이듬해 6월 20일 초과 불가	특정위험 태풍(강풍), 우박
무화과	과실 손해 보장	수확 개시 전	계약체결일 24시~이듬해 7월 31일	종합위험 자연재해, 조수해, 화재
		수확 개시 후	이듬해 8월 1일~이듬해 수확기 종료 시점 다만, 이듬해 10월 31일 초과 불가	특정위험 태풍(강풍), 우박
	나무손해보장		판매개시연도 12월 1일~이듬해 11월 30일	종합위험 자연재해, 조수해, 화재

② 보상하지 않는 손해: 보통약관

수확 개시 전	1. 계약자, 피보험자 또는 이들의 법정대리인의 고의 또는 중대한 과실로 인한 손해 2. 제초작업, 시비관리 등 통상적인 영농활동을 하지 않아 발생한 손해 3. 원인의 직·간접을 묻지 않고 병해충으로 발생한 손해 4. 보상하지 않는 재해로 제방, 댐 등이 붕괴되어 발생한 손해 5. 하우스, 부대시설 등의 노후 및 하자로 생긴 손해 6. 계약체결 시점 현재 기상청에서 발령하고 있는 기상특보 발령 지역의 기상특보 관련 재해로 인한 손해 7. 보상하는 손해에 해당하지 않은 재해로 발생한 손해 8. 전쟁, 혁명, 내란, 사변, 폭동, 소요, 노동쟁의, 기타 이들과 유사한 사태로 생긴 손해 9. 보상하는 손해에 해당하지 않은 재해로 발생한 생리장해 ✎**암기팁** 계통원보시계해전(수×)+생
수확 개시 후	1. 계약자, 피보험자 또는 이들의 법정대리인의 고의 또는 중대한 과실로 인한 손해 2. 수확기에 계약자 또는 피보험자의 고의 또는 중대한 과실로 수확하지 못하여 발생한 손해 3. 제초작업, 시비관리 등 통상적인 영농활동을 하지 않아 발생한 손해 4. 원인의 직·간접을 묻지 않고 병해충으로 발생한 손해 5. 보상하지 않는 재해로 제방, 댐 등이 붕괴되어 발생한 손해 6. 최대순간풍속 14m/sec 미만의 바람으로 발생한 손해 7. 보장하는 재해에 해당하지 않은 재해로 발생한 손해 8. 저장한 과실에서 나타나는 손해 9. 저장성 약화, 과실경도 약화 등 육안으로 판별되지 않는 손해 10. 전쟁, 혁명, 내란, 사변, 폭동, 소요, 노동쟁의, 기타 이들과 유사한 사태로 생긴 손해 11. 보상하는 손해에 해당하지 않은 재해로 발생한 생리장해 ✎**암기팁** 계수통원보해전(시·계X)+생+14저육

③ 무화과 나무손해보장(특약) 보상하지 않는 손해: 적과전 종합위험보장 편 참조 **22page**

• '적과전 종합위험보장 나무 특약 보상하지 않는 손해'에 추가: 보상하는 손해에 해당하지 않은 재해로 발생한 생리장해 🔖**암기팁** 해시계 계통 전 보병피토+생

3 오디, 온주밀감류, 두릅, 블루베리, 복분자, 무화과. 전 품목 공통: 손해방지비용. 과수원별 20만원 한도. 보장하는 재해로 인하여 손해가 발생한 경우 추가로 지급한다. 단, 방제비용, 시설보수비용 등 통상적으로 소요되는 비용은 제외한다.

> ✓ **포인트**
>
> 1. 오디: 수확 개시 후~. 보장 기간 아님
> 2. 감귤 '수확개시 이후' 동상해
>   ① 수확감소보장 만감류: 보통약관으로 보장. 특별약관으로 부보장(부보장 특약)
>   ② 과실손해보장 온주밀감류: 특별약관으로 보장(보장 특약)
>   ③ 수확개시 이후 동상해 담보조건은 동일

2 보험가입금액 (천원 단위 절사)

1 오디

① 보험가입금액=표준수확량×표준가격×(평년결실수÷표준결실수)
② 가입 비율=50~100% 범위 내 10% 단위로 계약자 선택

2 복분자

① 보험가입금액=표준수확량×표준가격×(평년결과모지수÷표준결과모지수)
  • 표준수확량=포기당 표준수확량×포기수
  • 포기당 표준수확량: 조건에 제시됨. 포기수=(실제경작면적÷1주당 식재면적)-고사포기수
② 가입 비율=50~100% 범위 내 10% 단위로 계약자 선택

3 무화과, 감귤(온주밀감류), 두릅, 블루베리

① 보험가입금액 = 평년수확량 × 표준가격
  • '가입수확량(평년수확량의 50~100% 범위 내 10% 단위로 계약자 선택)×가입가격'과 동일

4 나무손해보장(특별약관): 무화과, 감귤(온주밀감류)만 해당

① 보험가입금액=가입주수×1주당 가입가격

3 보험료 및 방재시설 할인율

1 보험료의 구성

① 보험료의 구성: 적과전 종합위험보장 5. (1) 농작물재해보험 보험료의 구성 참조 **15page**

② 정부지원 보험료: 순보험료의 50%, 부가보험료 100%

  ✓ 과수 4종, 벼 품목 이외의 품목은 정부지원율을 위와 동일하다.

③ 지자체지원 보험료: 지자체별로 지원금액(비율)을 결정한다.

2 보험료의 계산

① 보통약관 보험료

오디, 두릅, 블루베리 복분자, 무화과	보통약관 보험가입금액×지역별 보통약관 영업요율×(1+손해율에 따른 할인·할증률)
온주밀감류	보통약관 보험가입금액×지역별 보통약관 영업요율×(1+손해율에 따른 할인·할증률) ×(1+방재시설할인율)

② 특별약관 보험료

  • 무화과, 온주밀감류 나무손해보장: 특별약관 보험가입금액×지역별 특별약관 영업요율×(1+손해율에 따른 할인·할증률)

  • 온주밀감류 수확개시 이후 동상해보장 및 과실손해 추가보장: 특별약관 보험가입금액×지역별 특별약관 영업요율×(1+손해율에 따른 할인·할증률)×(1+방재시설할인율)

③ 손해율에 따른 할인·할증률: 적과전 종합위험보장 편 참조 **16page**

  • 계약자 기준

  • 할인·할증폭 –30% ~ +50%로 제한(손해율 80% 미만 할인, 120% 이상 할증)

3 방재시설 할인율 – 감귤(온주밀감류)만 적용

방재시설		할인율(%)	방재시설		할인율
방풍망	측면 일부	–3	타이벡 멀칭	일부	–3
	측면 전부	–10		전부	–5
방조망		–5	방상팬		–20
방충망		–15	서리방지용 미세살수장치		–20

① 방조망, 방충망은 과수원의 위와 측면 전체를 덮도록 설치되어야 함

② 방상팬, 서리방지용 미세살수장치: 동상해 특약 가입 시 동상해특약 보험료 산출에만 적용 가능

③ 2개 이상 합산 적용. 최대 –30%

4 온주밀감류 보험료 계산 예시

> **예 1]** • 조건: 보험가입금액: 20,000,000원, 과실손해추가보장 및 수확기 동상해보장 가입, 지역별 보통약관
> 영업요율 10%, 과실손해추가보장(특) 영업요율 5%, 수확기 동상해보장(특) 영업요율 7%, 손해율 90%(평가기간 5년),
> 타이벡 멀칭 전부 설치 및 방상팬 설치 확인, 보통약관과 특별약관의 보험가입금액은 동일
>
> 1. 보통약관 보험료 = 20,000,000 × 0.1 × (1 + 0) × (1 − 0.05) = 1,900,000원
>   ① 손해율 90%(평가기간 5년): 손해율에 따른 할인·할증률 0%
>   ② 타이벡 멀칭 전부 설치: 방재시설 할인률 5%
> 2. 과실손해 추가보장 보험료 = 20,000,000 × 0.05 × (1 + 0) × (1 − 0.05) = 950,000원
> 3. 수확기 동상해 보장 보험료 = 20,000,000 × 0.07 × (1 + 0) × (1 − 0.2) = 1,120,000원
>   ① 방상팬 설치: 방재시설 할인률 20%

---

4 보험료의 환급

> **본 교재 적과전 종합위험보장 편 참조**
> 적과전 종합위험보장, 종합위험 수확감소보장 및 비가림과수 손해보장 과수, 수확 전 종합위험 및 종합위험
> 과실손해보장, 특정위험보장 인삼, 생산비보장 노지 밭작물의 아래 내용은 동일하다.

① 보험료 환급 사유 및 환급보험료 계산: 적과전 종합위험보장 편 참조 **18page**

② 환급보험료 지급: 적과전 종합위험보장 편 참조 **19page**

③ 환급보험료 계산: 적과전 종합위험보장 편 참조 **19page**

---

5 보험금

> ✓「농업재해보험·손해평가의 이론과 실무」의 보험금 내용은 1과목과 2과목에서 중복되므로 상세 내용은 2과목에서
> 학습한다. 다만, 온주밀감류의 경우 2과목 내용이 많으므로 기본단계까지는 1과목에서 학습하는 것이 좋다.

1 오디 과실손해보험금. (상세 내용은 2과목에서 학습)

① 보장하는 재해로 피해율이 자기부담비율을 초과하는 경우

② 보험금 = 보험가입금액 × (피해율 − 자기부담비율)

③ 피해율 = $\dfrac{\text{평년결실수} - \text{조사결실수} - \text{미보상감수결실수}}{\text{평년결실수}}$

2 감귤(온주밀감류). (상세 내용은 2과목에서 학습)

<table>
<tr><td colspan="5" align="center">**과실손해보험금(보통약관(주계약))**
보장하는 재해로 인해 자기부담금을 초과하는 손해가 발생한 경우</td></tr>
<tr><td colspan="5">1. 보험금 = 손해액 − 자기부담금</td></tr>
</table>

2. 손해액 = 보험가입금액 × 피해율

(1) 피해율 = $\dfrac{\text{등급 내 피해과실수} + \text{등급 외 피해과실수} \times 0.5}{\text{기준과실수}} \times (1 - \text{미보상비율})$

(2) 과실 분류에 따른 피해인정계수

구분	정상 과실	피해과실			
		30% 형	50% 형	80% 형	100% 형
피해인정계수	0	0.3	0.5	0.8	1

① 출하등급 내 : 정상과실, 30%형 피해과실, 50%형 피해과실, 80%형 피해과실, 100%형 피해과실
② 출하등급 외 : 30%형 피해과실, 50%형 피해과실, 80%형 피해과실, 100%형 피해과실

(3) **예 2]** • 조건 : 가입금액 1,000만원, 미보상비율 5%

분류	정상	30% 형	50% 형	80% 형	100% 형
등급 내	10개	20개	–	–	30개
등급 외	–	10개	30개	–	–

① 피해율 = $\dfrac{(20 \times 0.3 + 30 \times 1.0) + (10 \times 0.3 + 30 \times 0.5) \times 0.5}{100} \times (1 - 0.05)$ = 42.75%

② 손해액 = 1,000만원 × 0.4275 = 4,275,000원

✓ '× (1 − 미보상비율)' 반영 전 피해율 = 45% ← $\dfrac{0.4275}{1 - 0.05}$. 아래 동상해 보험금 손해액 계산에 필요하다.

예 5] 기사고 피해율 참조

3. 자기부담금 = 보험가입금액 × 자기부담비율
• **예 3]** 자기부담비율 20% : 자기부담금 = 10,000,000 × 0.2 = 2,000,000원

4. 보험금 = 손해액 4,275,000 − 자기부담금 2,000,000 = 2,275,000원
✓ 자기부담금 2,000,000원을 주계약 보험금에서 모두 소진하여 잔여 자기부담금이 없다. 동상해 특약 보험금에서 차감할 자기부담금이 없다.

<table>
<tr><td colspan="3" align="center">**동상해 과실손해보장 보험금(특별약관)**
동상해로 인해 자기부담금을 초과하는 손해가 발생한 경우</td></tr>
</table>

1. 보험금 = 손해액 − 자기부담금

2. 손해액 = {보험가입금액 − (보험가입금액 × 기사고 피해율)} × 수확기 잔존비율 × 동상해 피해율 × (1 − 미보상비율)

(1) 기사고 피해율 = 미보상비율 반영 전 주계약 피해율 + 이전 동상해 피해율

(2) 수확기 잔존비율
① 잔존비율

사고 발생 월	잔존비율	힌트
12월	(100 − 37) − (0.9 × 사고일자)	37% 수확 진행 후 12월 29% 할당. 29 ÷ 31 = 0.9
1월	(100 − 66) − (0.8 × 사고일자)	1월 26% 할당. 26 ÷ 31 = 0.8
2월	(100 − 92) − (0.3 × 사고일자)	2월 8% 할당. 8 ÷ 28 = 0.3

② **예 4]** • 조건 : 사고일자 1/20 : 수확기 잔존비율 = (100 - 66) - (0.8 × 20) = 18%

(3) 동상해피해율 = $\dfrac{\text{동상해 } 80\% \times 0.8 \;+\; \text{동상해 } 100\%\text{형} \times 1.0}{\text{기준과실수}}$

✓ 동상해 피해율 계산 시 '×(1 - 미보상비율)'은 적용하지 않고, 손해액 공식에서 적용한다.

(4) **예 5]** • 조건 : 가입금액 1,000만원, 동상해 피해율 50%, 미보상비율 10%

① 손해액 = {1,000만원 - (1,000만원 × 기사고 피해율 0.45)} × 수확기 잔존비율 0.18 × 동상해 피해율 0.5 × (1 - 0.1)
 = 445,500원

② 0.45 = 기사고 피해율 : 위 **예 2]**의 '×(1 - 미보상비율) 반영 전' 주계약 피해율

3. 자기부담금 = 절대값 |보험가입금액 × min(주계약 피해율 - 자기부담비율, 0)|

(1) 주계약 피해율 = '×(1 - 미보상비율) 반영된' 주계약 피해율

(2) **예 6]** 자기부담비율 20% : |1,000만원 × min(0.4275 - 0.2, 0)| = 0원

✓ 주계약에서 자기부담금이 모두 차감되어 동상해 특약에서는 차감하지 않는다.
 '주계약 피해율 < 자기부담비율'의 경우에만 동상해(특약)의 자기부담금이 발생한다.

과실손해추가보장 보험금(특별약관) 보장하는 재해로 인해 자기부담금을 초과하는 손해가 발생한 경우
1. 보험금 = 보험가입금액 × 주계약 피해율 × 10% 2. 주계약 피해율 = $\dfrac{\text{등급 내 피해과실수 + 등급 외 피해과실수} \times 0.5}{\text{기준과실수}} \times (1 - \text{미보상비율})$
• 주계약 피해율 : 과실손해보장(보통약관)에서 산출한 피해율을 말함

3 두릅. (상세 내용은 2과목에서 학습)

과실손해보험금 보장하는 재해로 피해율이 자기부담비율을 초과하는 경우
1. 보험금 = 보험가입금액 × (피해율 - 자기부담비율)
2. 피해율 = $\dfrac{\text{피해정아지수}}{\text{총정아지수}} \times (1 - \text{미보상비율})$
• 정아지 : 정아가 달리는 가지, 가입 이전 전정한 가지 제외
예 7] • 조건 : 피해정아지 수 합계 30개, 총정아지수 합계 60개, 미보상비율 10% 피해율 = $\dfrac{30}{60} \times (1 - 0.1) = 45\%$

4 블루베리. (상세 내용은 2과목에서 학습)

과실손해보험금 보장하는 재해로 피해율이 자기부담비율을 초과하는 경우
1. 보험금 = 보험가입금액 × (피해율 - 자기부담비율)

2. 피해율

① 꽃 피해조사 미실시: 피해율 = [2]과실손해피해율 × (1 - 미보상비율)

• [2]과실손해피해율 = $\dfrac{\Sigma\,재배종별(표본가지)\,피해과실수 \times [1]재배종별\,잔여수확량비율}{\Sigma\,재배종별(표본가지)\,전체과실수}$

• 재배종: 하이부시 계통과 래빗아이 계통으로 나뉨

• 피해과실수: 보장하지 않은 재해로 인한 부분 및 이미 수확한 과실은 피해과실수에서 제외

[1]잔여수확량비율	
수확개시 이전 = 1	수확개시 이후 = $\max\left(1 - \dfrac{사고일자 - 수확개시일자}{표준수확일수\ 30일},\ 0\right)$

② 꽃 피해조사 실시: 피해율 = [4]최종 꽃 피해율 + {(1 - [4]최종 꽃 피해율) × [2]과실손해피해율 × (1 - 미보상비율)}

순서	⇩	꽃눈고사율 = $\dfrac{(표본가지)\,피해\,꽃눈\,수}{(표본가지)\,전체\,꽃눈\,수}$
		꽃 고사율 = $\dfrac{(표본가지)\,피해\,꽃\,수}{(표본가지)\,전체\,꽃\,수}$
		[3]최종 꽃 고사율 = 꽃눈 고사율 + (1 - 꽃눈 고사율) × 꽃 고사율
		[4]최종 꽃 피해율 = [3]최종 꽃 고사율 × 가중치

[3]'최종 꽃 고사율' 범위에 따른 가중치						
최종꽃 고사율	0~20% 미만	20~35% 미만	35~50% 미만	50~65% 미만	65~80% 미만	80~95% 미만	95~100%
가중치	0	0.5	0.6	0.7	0.8	0.9	1

✓ 꽃 피해조사를 실시한 경우의 피해율에서 미보상비율 차감 범위에 의문이 있지만, 「농업재해보험·손해평가의 요령」대로 하기로 한다.

3. **예 8]** • 조건: 표본가지 피해과실수 50개, 표본가지 전체과실수 100개, 수확개시 후 사고, 수확개시일자 6/15, 사고일자 6/30, 미보상비율 10%, 꽃 피해조사 실시하지 않음

① 잔여수확량비율 = $\max\left(1 - \dfrac{30-15}{30},\ 0\right) = 50\%$

② 피해율 = $\dfrac{50 \times 0.5}{100} \times (1-0.1) = 22.5\%$

5 **복분자.** (상세 내용은 2과목에서 학습)

경작불능보험금 보장하는 재해로 식물체 피해율이 65% 이상이고, 계약자가 경작불능보험금을 신청한 경우
1. 보험목적물이 산지폐기 된 것을 확인 후 지급되며, 지급 후 보험계약은 소멸
2. 식물체 피해율 = $\dfrac{\text{고사면적}}{\text{보험가입면적}}$ 3. 보험금 = 보험가입금액 × 자기부담비율에 따른 일정 비율   ✓ 자기부담비율에 따른 일정 비율 : (100% − 자기부담비율) ÷ 2, 자기부담비율 15% 주의! 42.5% → 42%

과실손해보험금 보장하는 재해로 피해율이 자기부담비율을 초과하는 경우
1. 보험금 = 보험가입금액 × (피해율 − 자기부담비율)
2. 피해율 = $\dfrac{(\text{수확개시 전 + 후}) \text{ 고사결과모지수}}{\text{평년결과모지수}}$

3. 수확 개시 전 고사결과모지수 = 평년결과모지수 − (살아있는 결과모지수 − 수정불량환산 고사결과모지수) − 미보상 고사결과모지수
  ✓ 계산 순서 : 살아있는 → 수정불량환산계수 → 수정불량환산 → 미보상
  ✓ 수확 개시 전의 미보상비율 적용을 적용한다.

4. 수확 개시 후 고사결과모지수 = (누적) 수확감소환산 고사결과모지수 − 미보상 고사결과모지수
  ✓ 계산 순서 : 잔여수확량 비율 → 결실률 → 수확감소환산계수 → 수확감소환산 → 미보상
  ✓ 수확 개시 후 미보상비율 최대값 적용을 적용한다.

5. **예 9]** • 조건 : 평년결과모지수 7개, 고사결과모지수 = 수확 전 3개, 수확 개시 후 0.3개 • 피해율 = (3 + 0.3) ÷ 7 = 47.14% (소수점 셋째 자리에서 버림)

6 **무화과.** (상세 내용은 2과목에서 학습)

과실손해보험금 보장하는 재해로 피해율이 자기부담비율을 초과하는 경우
1. 보험금 = 보험가입금액 × (피해율 − 자기부담비율)
2. 피해율 = (수확 개시 전 + 후) 피해율
3. 수확개시 전 피해율 = $\dfrac{\text{평년수확량 − 수확량 − 미보상감수량}}{\text{평년수확량}}$ → 수확감소보장
예 10] • 조건 : 평년수확량 1,000kg, 수확량 600kg, 미보상감수량 40kg
• 수확 개시 전 피해율 = (1,000 − 600 − 40) ÷ 1,000 = 36%
4. 수확 개시 후 : (1 − 수확 전 사고 피해율) × 잔여수확량 비율 × 결과지 피해율 → 과실손해보장   ✓ 계산 순서 : 잔여수확량 비율 → 결과지피해율 → 피해율
예 11] • 조건 : 잔여수확량 비율 50.05%, 결과지 피해율 53.33%
• 수확 개시 후 피해율 = (1 − 0.36) × 0.5005 × 0.5333 = 17.08% (소수점 셋째 자리에서 버림)
5. **예 12]** (최종) 피해율 = 36 + 17.08 = 53.08% (소수점 셋째 자리에서 버림)

7 **감귤(온주밀감류), 무화과 나무손해보장(특약) 보험금:** 적과전 종합위험보장 편 참조 **21page**

6 자기부담비율, 정부 지원율, 특별약관

1 자기부담비율

① 10% 형: 최근 3년 '연속' 가입 과수원+3년간 수령한 보험금이 순보험료의 120% 미만인 경우

② 15% 형: 최근 2년 '연속' 가입 과수원+2년간 수령한 보험금이 순보험료의 120% 미만인 경우

③ 20% 형, 30% 형, 40% 형: 제한 없음

④ 두릅, 블루베리의 경우: 10%, 15% 형 미해당

2 정부 지원율: 순보험료의 50%

3 특별약관

① 종합위험 나무손해보장: 감귤(온주밀감류), 무화과

② 과실손해 추가보장: 감귤(온주밀감류)

③ 수확개시 이후 동상해 보장: 감귤(온주밀감류))

④ 수확기 부보장: 복분자

7 인수 관련 수확량

1 표준수확량: 종합위험 수확감소보장 과수 편 참조 57page

2 평년수확량

① 정의, 전제, 용도: 종합위험 수확감소보장 과수 편 참조 57page

② 산출 방법: 가입년도 직전 5년 중 보험에 가입한 연도의 실제 수확량과 표준수확량을 가입 횟수에 따라 가중평균 하여 산출한다.

오디 평년결실수, 복분자 평년결과모지수	
산출식	$(A \times Y/5) + \{B \times (1 - Y/5)\}$ 1. A 　① 오디: 과거평균결실수 = Σ과거 5개년 결실수 ÷ Y 　② 복분자: 과거결과모지수 평균 = Σ과거 5개년 포기당 평균결과모지수 ÷ Y 2. B 　① 오디: 평균표준결실수 = Σ과거 5개년 표준결실수 ÷ Y 　② 복분자: 표준결과모지수. 수령 2년~4년 = 포기당 5개, 5년~11년 = 포기당 4개 3. Y = 최근 5년간 가입 횟수

계산된 평년결실수, 평년결과모지수 한도	1. 오디 : 보험가입연도 표준결실수의 130% 2. 복분자 : 보험가입연도 표준결과모지수의 50~130%

과거결실수,
과거결과모지수
(a)
산출 방법
	1. 오디
	(1) 무사고 시 : max(평년결실수, 표준결실수)×110%
	(2) 유사고 시 : max(조사결실수, 평년결실수 50%)
	  ① 조사결실수 > 평년결실수 50% → 조사결실수 적용
	  ② 평년결실수 50% ≥ 조사결실수 → 평년결실수 50% 적용
	2. 복분자
	(1) 무사고 시 : max(평년결과모지수, 표준결과모지수)×110%
	(2) 유사고 시 : max(실제 결과모지수, 평년결과모지수 50%)
	  ① 실제 결과모지수 > 평년결과모지수 50% → 실제 결과모지수 적용
	  ② 평년결과모지수 50% ≥ 실제결과모지수 → 평년결과모지수 50% 적용

무화과, 감귤(온주밀감류), 블루베리 평년수확량

과거수확량 자료가 없는 경우(신규 가입)

표준수확량의 100%를 평년수확량으로 결정

과거수확량 자료가 있는 경우(최근 5년 이내 가입 이력 존재)

산출식	$\{A+(B-A)\times(1-Y/5)\}\times C/B$ 1. A = 과거평균수확량 = Σ과거 5년간 수확량÷Y 2. B = 과거평균표준수확량 = Σ과거 5년간 표준수확량÷Y 3. C = 가입년도 표준수확량 4. Y = 과거수확량 산출연도 횟수(가입횟수) • 과거 5년간의 수확량, 표준수확량, 평년수확량 및 가입년도의 표준수확량 필요
계산된 평년수확량 한도	1. 온주밀감류 : 평년수확량은 보험가입연도 표준수확량의 130% 2. 무화과, 블루베리 : 한도 없음

과거수확량
(a)
산출방법
무화과
	1. 무사고 시 : max(표준수확량, 평년수확량)×110%
	2. 유사고 시 : max(조사수확량, 평년수확량 50%)
	  ① 조사수확량 > 평년수확량 50% → 조사수확량 적용
	  ② 평년수확량 50% ≥ 조사수확량 → 평년수확량 50% 적용

과거수확량 (a) 산출방법 온주밀감류, 블루베리	1. 무사고 시 : max(표준수확량, 평년수확량)×110% 2. 유사고 시 med{평년수확량, 평년수확량×(1 - *피해율), 평년수확량 50%} 또는, max(평년수확량×(1 - *피해율), 평년수확량 50%) ① 평년수확량×(1 - *피해율) ≥ 평년수확량 50% → 평년수확량×(1 - *피해율) ② 평년수확량 50% > 평년수확량×(1 - *피해율) → 평년수확량 50%		
	온주 밀감류	*피해율 = min[보통약관 피해율 + (동상해 피해율×수확기 잔존비율), 100%]	
		예 13] • 조건 : 평년수확량 1,000kg, 보통약관 피해율 20%, 동상해 피해율 50%, 잔존비율 50%	
		① 피해율 = 0.2 + (0.5×0.5) = 45%	
		② 과거수확량 a = max{1,000×(1 - 0.45), 1,000×0.5} = 550kg	
	블루 베리	*피해율 = min(보통약관 피해율, 100%)	
		예 14] • 조건 : 평년수확량 1,000kg, 보통약관 피해율 40%	
		① 과거수확량 a = max{1,000×(1 - 0.4), 1,000×0.5} = 600kg	

✓ **포인트**

1. 복분자, 오디의 평년결과모지수, 평년결실수 산출식

   ① 평년수확량과 다르게 ×C/B 보정이 없다.

   ② B값과 C값에 각각 적용되는 (수령별) 표준결과모지수·(품종별) 표준결실수는 같은 값이기 때문이다. (B=C)

   • **예** 복분자 가입년도 수령 3년: B=5개, C=5개

✓ 오디의 B값: 과거 재해보험사업자의 자료에는 (품종별) 표준결실수로 고정값이지만, 「농업재해보험·손해평가의 요령」에는 평균표준결실수로 실려있다. 평년결실수 산출식에서 '×C/B 보정'이 없는 것을 이해하고, 문제 풀이에서는 제시된 b값들이 다르다면 평균을 적용한다. 여러 품종을 경작하는 경우를 가정할 수 있지만, 관련 내용을 확인할 수 없다.

2. 감귤(온주밀감류), 블루베리의 평년수확량: 수확량조사를 하지 않고 피해율만 조사하므로 조사수확량이 산출될 수 없다. 따라서 조사수확량 대신 평년수확량에서 피해율만큼을 차감하는 '평년수확량×(1-피해율)'을 조사수확량에 대응하는 개념으로 사용한다.

3 가입수확량, 가입과중

① 가입수확량: 평년수확량의 50%~100% 사이에서 계약자가 결정한다.

② 가입과중: 가입 시 결정한 과실의 1개당 평균 과실무게(g)를 말하며, 감귤(만감류, 온주밀감류)의 경우 중과 기준으로 적용한다.

---

8 보험가입기준

1 과수 공통 보험가입기준: 적과전 종합위험보장 참조 **25page**

2 종합위험 및 수확전 종합위험 과실손해보장 해당 보험가입기준

① 감귤(온주밀감류, 만감류) 품목의 경우, 계약자 1인이 온주밀감류와 만감류를 가입하고자 하는 경우 각각의 과수원 및 해당 상품으로 가입한다.

9 인수 제한 목적물

1 과수 공통 인수 제한 목적물: 적과전 종합위험보장 참조 **26page**

2 종합위험 및 수확전 종합위험 과실손해보장 해당 인수 제한 목적물

오디	1. 가입연도 기준 3년 미만(수확연도 기준 수령이 4년 미만)인 뽕나무 2. 흰 오디 계통(터키-D, 백옹왕 등) 3. 보험가입 이전에 균핵병 등의 병해가 발생하여 과거 보험 가입 시 전체 나무의 20% 이상이 고사하였거나 정상적인 결실을 하지 못할 것으로 예상되는 과수원
감귤 (온주밀감류)	1. 가입하는 해의 나무수령이 4년 미만인 경우 2. 주요 품종을 제외한 실험용 기타품종을 경작하는 과수원 3. 온주밀감과 만감류 혼식 과수원 4. 하나의 과수원에 식재된 나무 중 일부 나무만 가입하는 과수원(단, 해거리가 예상되는 나무의 경우 제외)
복분자	1. 가입연도 기준, 수령이 1년 이하 또는 11년 이상인 포기로만 구성된 과수원 2. 계약인수 시까지 구결과모지(올해 복분자 과실이 열렸던 가지)의 전정 활동(통상적인 영농활동)을 하지 않은 과수원 3. 1주당 재식면적이 0.3㎡ 이하인 과수원
무화과	1. 가입하는 해의 나무수령이 4년 미만인 과수원 • 나무손해보장(특약): 가입하는 해의 나무수령이 4년~9년 이내의 나무만 가입 가능 2. 관수시설이 미설치된 과수원 3. 1주당 재식면적 1㎡ 미만인 과수원
두릅	1. 가입하는 해의 나무 수령이 2년 미만인 경우 • 1년생 나무의 경우 가입연도 봄에 식재한 경우에만 가입 가능 2. 1주당 재배면적이 3.3㎡ 초과인 과수원
블루베리	1. 가입시점 기준 나무 수령이 2년 미만인 블루베리 나무로만 구성된 과수원 2. 관수시설이 미설치된 과수원 (물호스는 관수시설 인정 제외) 3. 방조망 미설치 과수원 4. 1,000㎡당 100주 미만인 과수원, 1,000㎡당 1,200주 초과인 과수원

과실손해보장 공통 적용 인수 제한 목적물

1. 보험가입 이전에 자연재해 및 (접붙임) 등의 피해로 인하여 당해연도의 정상적인 결실에 영향이 있는 과수원: 전 품목
2. 가입사무소 또는 계약자를 달리하여 중복가입하는 과수원: 전 품목
3. 도시계획 등에 편입되어 수확 종료 전에 소유권 변동 또는 과수원 형질변경 등이 예정되어 있는 과수원: 전 품목
4. 적정한 비배관리를 하지 않는 조방재배 과수원: 오디, 복분자
  • 조방재배: 일정한 토지면적에 대하여 자본과 노력을 적게 들이고 자연력의 작용을 주(主)로 하여 경작하는 방법
5. 노지재배가 아닌 시설에서 재배하는 과수원: 오디, 복분자, 무화과, 두릅, 블루베리
6. 도서 지역의 경우 연륙교가 설치되어 있지 않고 정기선이 운항하지 않는 등 신속한 손해평가가 불가능한 지역에 소재한 과수원: 오디, 복분자, 두릅, 블루베리
7. 군사시설보호구역 중 통제보호구역내의 농지(단, 통상적인 영농활동 및 손해평가가 가능하다고 판단되는 농지는 인수 가능): 오디, 복분자, 두릅, 블루베리
  • 통제보호구역: 민간인통제선 이북지역 또는 군사기지 및 군사시설의 최외곽 경계선으로부터 300미터 범위 이내의 지역

02 CHAPTER 농작물 재해보험 손해평가의 이론과 실무

1 시기별 조사 종류 및 조사 내용

1 오디, 감귤(온주밀감류), 두릅, 블루베리

구분	조사종류 및 내용		
계약체결일 24 ~ 수확 전	1. 피해사실 확인조사 ① 사고접수 후 지체없이 실시 ② 보장하는 재해로 인한 피해 발생 여부 : 자연재해, 조수해, 화재		
	2. 수확전 과실손해조사 : 감귤(온주밀감류)만 해당 ① 사고접수 후 지체없이 실시 ② 표본주의 과실 구분		
수확 직전	과실 손해 조사	1. 오디 : 결실완료 후. 결실수 조사	
		2. 두릅 : 정아발아 후, 정아지 수 조사	
		3. 블루베리 : 개화 후. 꽃 피해조사	
		4. 감귤(온주밀감류) : 수확 직전. 사고 발생 농지의 과실피해조사	
수확 개시 후 ~ 수확 종료 시점	1. 동상해 과실손해조사 : 감귤(온주밀감류)만 해당 ① 사고접수 후 지체없이 실시, 표본주의 착과피해 조사 ② 12월 21일~익년 2월 말일 사고 건에 한함		

2 복분자, 무화과

구분	조사종류 및 내용
계약체결일 24 ~ 수확 전	1. 피해사실 확인조사 ① 사고접수 후 지체없이 실시 ② 보장하는 재해로 인한 피해 발생 여부 : 자연재해, 조수해, 화재
	2. 경작불능조사 : 복분자만 해당 ① 사고접수 후 지체없이 실시 ② 피해면적비율 또는 보험목적인 식물체 피해율 조사
	3. 과실손해조사 : 복분자만 해당 ① 수정완료 후 ② 살아있는 결과모지수, 수정불량(송이)피해율 조사
수확 직전	과실손해조사 : 무화과만 해당. 수확 직전. 사고발생 농지의 과실피해조사

수확 개시 후 ~ 수확 종료 시점	과실 손해 조사 태풍 (강풍), 우박	1. 복분자 ① 사고접수 후 지체없이 실시 ② 전체 열매수(전체 개화수), 수확 가능 열매수 조사 ③ 6월 1일~6월 20일 사고 건에 한함
		2. 무화과 ① 사고접수 후 지체없이 실시 ② 표본주의 고사 및 정상 결과지수 조사

2 오디의 현지조사 방법

1 피해사실 확인조사

① 조사 대상: 자연재해, 조수해, 화재로 사고접수 농지 및 조사 필요 농지

② 조사 시기: 사고접수 직후 실시

③ 보장하는 재해로 인한 피해 여부 확인: 적과전 종합위험보장 "피해사실 조사 방법" 참조 **30page**

④ 추가 조사(과실손해조사) 필요 여부 판단

2 과실손해조사

① 조사 대상: 피해사실확인조사 시 과실손해조사가 필요하다고 판단된 과수원, 가입 이듬해 5월 31일 이전 사고가 접수된 모든 농지

② 조사 시기: 결실 완료 직후~최초 수확 전

나무조사 및 조사대상주수 계산	1. 보장하는 재해로 인한 피해 여부 심사 2. 품종별·수령별로 실제결과주수, 고사(결실불능)주수, 미보상주수 확인 　① 품종별·수령별 고사(결실불능)주수 : 보장하는 재해로 인하여 고사(결실불능)한 주수 　② 품종별·수령별 미보상주수 : 보장하는 재해 이외의 원인으로 결실이 이루어지지 않는 주수 3. 조사대상주수 계산(실 - 미고)
표본주수 산정 및 선정	1. 전체 조사대상주수를 기준으로 품목별 표본주수표에 따라 농지별 전체 표본주수 산정 2. 적정 표본주수는 품종별·수령별 조사대상주수에 비례하여 산정 3. 품종별·수령별 조사대상주수의 특성이 골고루 반영될 수 있도록 표본주를 선정
표본주 조사	1. 표본가지 선정 : 표본주에서 가장 긴 결과모지 3개를 표본가지로 선정 　• 결과모지 : 결과지보다 1년 더 묵은 가지 2. 길이 및 결실수 조사 : 표본가지별로 가지의 길이 및 결실수를 조사
미보상비율 확인	품목별 미보상비율 적용표에 따라 미보상비율을 조사 ✓ 과실손해조사의 미보상비율 확인은 「농업재해보험·손해평가의 이론과 실무」에서 누락되어 있다.

③ 과실손해조사를 통한 계산 예시

1. 품종수령별 환산결실수(주. m) = $\dfrac{\Sigma \text{ 품종수령별 표본가지 결실수}}{\Sigma \text{ 품종수령별 표본가지 길이}}$

2. **예 1]** • 조건: 조사대상주수＝A 품종·수령(수원뽕 5년) 60주＋B 품종·수령(익수뽕 4년) 40주＝총 100주

(1) 전체 적정 표본주수 8주: A = $8 \times \dfrac{60}{100}$ = 5주, B = $8 \times \dfrac{40}{100}$ = 4주

(2) 품종·수령별 환산결실수(주.m)

① A 품종·수령: 표본주수 5주의 표본가지 길이 합계 30m, 결실수 합계 3,000개

환산결실수 = $\dfrac{3,000\text{개}}{30\text{m}}$ = 100개/m

② B 품종·수령: 표본주수 4주의 표본가지 길이 합계 14m, 결실수 합계 1,260개

환산결실수 = $\dfrac{1,260\text{개}}{14\text{m}}$ = 90개/m

3 오디의 보험금 산정 방법

1 과실손해보험금

① 보험가입금액×(피해율-자기부담비율)

② 피해율 = $\dfrac{\text{평년결실수 - 조사결실수 - 미보상감수결실수}}{\text{평년결실수}}$

2 피해율 항목

① 조사결실수

= $\dfrac{\Sigma[(\text{품종수령별 조사대상주수}\times\text{품종수령별 환산결실수})+(\text{품종수령별 미보상주수}\times\text{품종별 주당 평년결실수})]}{\text{전체 실제결과주수}}$

② 품종수령별 환산결실수(주.m) = $\dfrac{\Sigma \text{ 품종수령별 표본가지 결실수}}{\Sigma \text{ 품종수령별 표본가지 길이}}$ (위 **예 1**))

✓ 오디의 실제 주당 결실수는 매우 많아서 1m의 결실수=주당 결실수로 한다. 즉, 모든 결실수의 단위는 m당 결실수이며 이를 주당으로 환산하여 환산결실수라고 한다.

③ 품종별 평년결실수

= (평년결실수 × 전체 실제결과주수) × $\dfrac{(\text{대상품종 표준결실수} \times \text{대상품종 실제결과주수})}{\Sigma\ (\text{품종별 표준결실수} \times \text{품종별 실제결과주수})}$

• 품종별 표준결실수: 품종별 표본 결과모지에 적용되는 결실수로 사전에 정해진 값

• 품종별 주당 평년결실수=품종별 평년결실수÷품종별 실제결과주수

✓ 단일 품종이 아닌 경우, 품종별 평년결실수는 다른 품목과 다르게 표준수확량이 아닌 표준결실수로 비례배분 한다.

예 2] • 조건 : 평년결실수 120개, 전체 실제결과주수 100주(A 40 + B 60), 품종별 표준결실수 A 125개, B 128개
• 품종별 주당 평년결실수 (소수점 첫째 자리에서 버림)

1. A = $[(120 \times 100) \times \dfrac{40 \times 125}{(40 \times 125) + (60 \times 128)}] \div 40 = 118$개

2. B = $[(120 \times 100) \times \dfrac{60 \times 128}{(40 \times 125) + (60 \times 128)}] \div 60 = 121$개

④ 미보상감수결실수=(평년결실수-조사결실수)×미보상비율

예 3] • 조건 : 단일 품종. 평년결실수 130개, 실제결과주수 100주, 미보상주수 4주, 결실불능주수 0주
• 과실손해조사 : 표본가지 길이 합계 10m, 표본가지 결실수 합계 700개, 미보상비율 10%

1. 조사대상주수 = 96주
2. 환산결실수 = 700 ÷ 10 = 70개/주(m)
3. 조사결실수 = $\dfrac{(96 \times 70) + (4 \times 130)}{100}$ = 72.4개
4. 미보상감수결실수 = (130 - 72.4) × 0.1 = 5.76개
5. 피해율 = $\dfrac{130 - 72.4 - 5.76}{130}$ = 39.87%(%로 소수점 셋째 자리에서 버림)

---

4 감귤(온주밀감류)의 현지조사 방법

1 피해사실 확인조사

오디의 현지조사 방법 참조 104page

2 수확 전 과실손해조사

① 조사 대상: 수확 전 사고가 발생 과수원

② 조사 시기: 사고접수 후 즉시

표본주수 산정 및 선정	1. 보장하는 재해로 인한 피해 여부 심사 2. 가입면적을 기준으로 품목별 표본주수표에 따라 표본주수 산정 3. 필요하다고 인정되는 경우 표본주수를 줄일 수도 있으나 최소 3주 이상 선정
표본주 조사	1. 표본주 수관면적 내 피해(100% 형), 정상 과실로 구분 조사 2. 표본주의 (착과된) 과실을 100%형 피해 과실과 정상 과실로 구분 3. 100% 형 피해 과실 : 착과수 중 100% 피해 과실, 보장하는 재해로 낙과된 과실 4. 보상하지 않는 손해(병충해, 생리적 낙과 포함)에 해당하는 과실과 부분 착과피해 과실 : 정상 과실로 구분
미보상비율 확인	품목별 미보상비율 적용표에 따라 미보상비율을 조사
-	수확 전 사고조사 농지 : 추후 (수확기) 과실손해조사 실시

③ 수확 전 과실손해조사를 통한 계산 예시

1. 수확 전 과실손해피해율 = $\dfrac{100\%형\ 피해과실수}{기준과실수(정상+100\%형)} \times (1-미보상비율)$

2. 최종 수확 전 과실손해피해율 = $\dfrac{이전\ 100\%형\ 피해과실수\ +\ 금차\ 100\%\ 형\ 피해과실수}{기준과실수(정상+100\%형)} \times (1-미보상비율)$

3. **예 4]** • 조건 : 수확 전 과실손해조사, 미보상비율 5%

태풍 낙과	병충해	50% 형	100% 형	정상
10	20	30	40	50

• 수확 전 과실손해피해율 = $\dfrac{(10+40)}{150} \times (1-0.05) = 31.66\%$ (%로 소수점 셋째 자리에서 버림)

3 (수확기) 과실손해조사

① 조사 대상: 피해사실확인조사 시 과실손해조사 필요 판단된 과수원 및 보장종료일 이전 사고 접수된 모든 농지

② 조사 시기: 주 품종 수확시기

표본주수 산정 및 선정	1. 보장하는 재해로 인한 피해 여부 심사 2. 가입면적을 기준으로 품목별 표본주수표에 따라 표본주수 산정 3. 필요하다고 인정되는 경우 표본주수를 줄일 수도 있으나 최소 2주 이상 선정
표본주 조사	1. 표본주 주지별(원가지) 아주지(버금가지) 1~3개 수확 2. 수확한 과실은 정상 과실과 피해 과실(등급 내·외)로 구분 3. 등급 내 과실 : 정상 과실, 30% 형·50% 형·80% 형·100% 형 피해 과실로 구분해 등급 내 과실피해율을 산정 4. 등급 외 과실 : 30% 형·50% 형·80% 형·100% 형 피해 과실로 구분 후, 인정 비율 50% 적용하여 등급 외 과실피해율을 산정 • 등급 외 피해 과실×0.5 5. 보상하지 않는 손해(병충해 등)에 해당하는 과실, 기수확한 과실 : 정상과실로 구분
미보상비율 확인	품목별 미보상비율 적용표에 따라 미보상비율을 조사 ✓ (수확기) 과실손해조사의 미보상비율 확인은 「농업재해보험·손해평가의 이론과 실무」에서 누락되어 있다.
-	주 품종 최초 수확 이후 사고가 발생한 경우 추가로 과실손해조사를 진행 가능

③ (수확기) 과실손해조사를 통한 계산 예시

1. (수확기) 과실손해피해율 = $\dfrac{등급\ 내\ 피해과실수\ +\ 등급\ 외\ 피해과실수\ \times\ 0.5}{기준과실수(모든\ 과실수\ 합계)} \times (1-미보상비율)$

2. **예 5]** • 조건 : (수확기) 과실손해피해율, 미보상비율 10%

	정상	30% 형	50% 형	80% 형	100% 형
등급 내	10	20	-	-	30
등급 외	-	-	20	20	-

• (수확기) 과실손해피해율 = $\dfrac{(20\times0.3+30\times1.0)\ +\ (20\times0.5+20\times0.8)\times0.5}{100} \times (1-0.1) = 44.1\%$

4 동상해 과실손해조사

① 조사 대상: 수확기 동상해로 사고 접수된 농지

② 조사 시기: 사고접수 즉시

표본주수 산정 및 선정	1. 보장하는 재해로 인한 피해 여부 심사 2. 가입면적을 기준으로 품목별 표본주수표에 따라 표본주수 산정 3. 필요하다고 인정되는 경우 표본주수를 줄일 수도 있으나 최소 2주 이상 선정
표본주 조사	1. 표본주별 동서남북 4가지의 기수확한 과실수 조사 2. 4가지에 착과된 과실수 수확 3. 수확한 과실을 정상과실, 80% 형·100% 형 피해과실로 구분해 동상해 피해 과실수 산정 (필요 　시 절반 조사 가능) 4. 보상하지 않는 손해(병충해 등)에 해당하는 과실 : 정상 과실로 구분 5. 기수확 과실비율이 수확기 경과비율(1 − 수확기 잔존비율)보다 '현저히' 큰 경우 그 차이에 　해당하는 과실수 : 정상 과실로 구분
미보상비율 확인	품목별 미보상비율 적용표에 따라 미보상비율을 조사 ✓ 동상해 과실손해조사의 미보상비율 확인은 「농업재해보험·손해평가의 이론과 실무」에서 　누락되어 있다.

③ 동상해 과실손해조사를 통한 계산 예시

1. 동상해 과실손해피해율 $= \dfrac{80\% \text{ 형 피해과실수} \times 0.8 + 100\% \text{ 형 피해과실수} \times 1.0}{\text{기준과실수(정상} + 80\% \text{ 형} + 100\% \text{ 형})}$

2. **예 6]** • 조건: 동서남북 4가지 과실수 : 기수확 40개 + 착과 60개 = 총 과실수 100개

(1) 착과과실수(기준과실수) 60개 분류

정상	80% 형	100% 형
10	20	30

• 동상해 과실손해피해율 $= \dfrac{20 \times 0.8 + 30 \times 1.0}{10 + 20 + 30} = 76.66\%$

(2) 기수확비율 > 수확기 경과비율 (실제 잔존비율은 아래와 같은 수치 불가능으로 본 내용의 이해를 위한
　비율(%)이다.)

① 기수확비율 $= \dfrac{40}{100} = 40\%$, 수확기 잔존비율 90%인 경우

② 수확기 경과비율 = (1 − 수확기 잔존비율) = 10%

③ 40% > 10%. 기수확비율이 '현저히' 큼 → '총 과실수'의 30%를 정상 과실로 추가 → 100 × 0.3 = 30개 = 정상 →
　동상해 피해율 분모에 추가

④ 동상해 과실손해피해율 $= \dfrac{20 \times 0.8 + 30 \times 1.0}{(10 + 30) + 20 + 30} = 51.11\%$(%로 소수점 셋째 자리에서 버림)

✓ 동상해 과실손해피해율 : ×(1 − 미보상비율)을 적용하지 않는다. (손해액 계산 시 적용)
　'현저히'의 기준은 정해져 있지 않으므로 문제에서 제시되어야 한다.

5 감귤(온주밀감류)의 보험금 산정 방법

1 과실손해보험금(보통약관. 주계약)

✓ [농업재해보험·손해평가의 이론과 실무] 2과목 [본문]과 [별표 9]의 감귤(온주밀감류)의 주계약 피해율 산출식이 다르다. [본문]의 주계약 피해율은 수확 전 사고 없는 경우의 피해율이며, [별표 9]의 주계약 피해율은 수확 전 사고가 발생한 경우도 포함하고 있다. 본 교재와 강의는 [별표 9]의 내용을 기준으로 한다.

① 보험금=손해액-자기부담금

② 손해액=보험가입금액×피해율

③ 자기부담금=보험가입금액×자기부담비율

주계약 피해율
수확 전 조사만 실시한 경우

1회 사고	1. 피해율 = $\dfrac{100\%\text{ 형 피해과실수}}{\text{기준과실수(정상}+100\%\text{ 형)}} \times (1-\text{미보상비율})$ 2. 조사피해율 = $\dfrac{100\%\text{ 형 피해과실수}}{\text{기준과실수(정상}+100\%\text{ 형)}}$ (미보상비율 반영 전 피해율)
2회 이상 사고	1. 피해율 = $\dfrac{\text{이전 }100\%\text{ 형 피해과실수 + 금차 }100\%\text{ 형 피해과실수}}{\text{기준과실수(정상}+100\%\text{ 형)}} \times (1-\text{미보상비율})$ 2. 조사피해율 = $\dfrac{\text{이전 }100\%\text{ 형 피해과실수 + 금차 }100\%\text{ 형 피해과실수}}{\text{기준과실수(정상}+100\%\text{ 형)}}$ (미보상비율 반영 전 피해율)

수확기 조사만 실시한 경우
1. 피해율 = $\dfrac{\text{등급 내 피해과실수 + 등급 외 피해과실수} \times 0.5}{\text{기준과실수(모든 과실수 합계)}} \times (1-\text{미보상비율})$ 2. 조사피해율 = $\dfrac{\text{등급 내 피해과실수 + 등급 외 피해과실수} \times 0.5}{\text{기준과실수(모든 과실수 합계)}}$ (미보상비율 반영 전 피해율)

수확 전, 수확기 모두 조사한 경우
{최종 수확 전 조사피해율+(1-최종 수확 전 조사피해율)×수확기 조사피해율}×(1-max미보상비율) →   [A+(1-A)×B]×(1-미)   ✓ 수확 전, 수확기 모두 미보상비율 반영 전의 피해율이 필요하다. 위의 공식으로 이해하고, 수확 전 또는 수확기에 사고가 발생하지 않은 경우에는 해당 조사피해율에 0을 대입한다.

예 7] • 조건: 보험가입금액 2,000만원, 자기부담비율 10%. (%로 소수점 셋째 자리에서 버림)
• 수확 전, 수확기 모두 과실손해조사 실시
• 수확 전: 과실손해피해율 31.66%, 미보상비율 5%
• 수확기: 과실손해피해율 44.1%, 미보상비율 10%

  1. 수확 전 조사피해율 = 0.3166 ÷ (1 − 0.05) = 33.32%
  2. 수확기 조사피해율 = 0.441 ÷ (1 − 0.1) = 49%
  3. 주계약 피해율 = {0.3332 + (1 − 0.3332) × 0.49} × (1 − 0.1) = 59.39%
  4. 손해액 = 20,000,000 × 0.5939 = 11,878,000원
  5. 자기부담금 = 20,000,000 × 0.1 = 2,000,000원
  6. 주계약 보험금 = 11,878,000 − 2,000,000 = 9,878,000원
✓ 미보상비율 반영 전의 피해율이 제시되어 있지 않은 경우 위와 같이 구할 수 있다.

2 동상해 과실손해보험금(특별약관)

① 보험금 = 손해액 − 자기부담금

② 손해액 = {보험가입금액 − (보험가입금액 × 기사고 피해율)} × 수확기 잔존비율 × 동상해 피해율 × (1 − 미보상비율)

• 기사고 피해율 = (미보상비율 반영 전) 주계약 피해율 + 이전 사고 동상해 과실손해피해율
• 수확기 잔존비율: 조건에 제시된 산출식에 사고 발생 일자를 대입

사고 발생 월	잔존비율	힌트
12월	(100 − 37) − (0.9 × 사고일자)	37% 수확 진행 후 12월 29% 할당. 29 ÷ 31 = 0.9
1월	(100 − 66) − (0.8 × 사고일자)	1월 26% 할당. 26 ÷ 31 = 0.8
2월	(100 − 92) − (0.3 × 사고일자)	2월 8% 할당. 8 ÷ 28 = 0.3

• 동상해 과실손해피해율 = $\dfrac{80\% \text{ 형} \times 0.8 + 100\% \text{ 형} \times 1.0}{\text{기준(정상 + 피해)}}$

③ 자기부담금 = 절대값 |보험가입금액 × min(주계약 피해율 − 자기부담비율, 0)|

예 8] • 조건: 동상해 사고접수. 보험가입금액 1,000만원, 자기부담비율 20% / 주계약 과실손해조사: 피해율 59.39%, 미보상비율 10% / 동상해 과실손해조사: 이전 동상해 사고 없음, 사고일자 1/10, 동상해 피해율 50%, 미보상비율 10%

1. 기사고 피해율 = $\dfrac{0.5939}{1 − 0.1}$ = 65.98%(%로 소수점 셋째 자리에서 버림)

2. 수확기 잔존비율 = (100 − 66) − (0.8 × 10) = 26%

3. 손해액 = {10,000,000 − (10,000,000 × 0.6598)} × 0.26 × 0.5 × (1 − 0.1) = 398,034원

4. 자기부담금 = | 10,000,000 × min(0.5939 − 0.2, 0) | = 0원

5. 보험금 = 398,034 − 0 = 398,034원

6 두릅의 현지조사 방법

✓ 두릅의 과실손해조사 방법에는 조사 대상 농지 및 조사 시기가 누락되어 있다.

1 피해사실 확인조사

오디의 현지조사 방법 참조 **104page**

2 과실손해조사

표본구간 수 산정 및 표본주 선정	1. 보장하는 재해로 인한 피해 여부 심사 2. 실제경작면적 확인 (보험가입면적 대비 10% 이상 차이가 날 경우 : 계약 사항 변경) 3. 실제경작면적에 따라 표본구간 수 산정 및 표본주 선정
표본구간 조사	1. 선정된 표본주를 중심으로 가로·세로(각 최소 1m) 길이를 구획 2. 표본구간 내 식재된 총 정아지 수와 보장하는 재해로 인한 피해 정아지의 수 조사
미보상비율 확인	품목별 미보상비율 적용표에 따라 미보상비율을 조사 ✓ 과실손해조사의 미보상비율 확인은 「농업재해보험·손해평가의 이론과 실무」에서 누락되어 있다.

3 과실손해조사를 통한 계산 예시

1. 피해율 $= \dfrac{\text{피해 정아지 수}}{\text{총 정아지 수}} \times (1 - \text{미보상비율})$

2. **예 9]** • 조건 : 실제경작면적 2,500㎡, 표본구간 수 4, 표본구간 내 총 정아지 수 40개, 피해정아지 수 20개, 미보상비율 10%

   피해율 $= \dfrac{20}{40} \times (1 - 0.1) = 45\%$

4 두릅의 보험금 산정 방법

① 피해율 $= \dfrac{\text{피해 정아지 수}}{\text{총 정아지 수}} \times (1 - \text{미보상비율})$

② 보험금 = 보험가입금액 × (피해율 - 자기부담비율)

1 피해사실 확인조사

오디의 현지조사 방법 참조 **104page**

2 과실손해조사 - 꽃(눈) 피해조사

① 조사 대상: 사고접수 농지

② 조사 시기: 피해사실 확인조사 직후 또는 사고접수 후 직후

나무조사 및 조사대상주수 계산	1. 보장하는 재해 여부 확인 2. 품종별 실제결과주수, 미보상주수, 고사주수 확인 3. 조사대상주수 계산(실 - 미고)
표본주수 산정 및 선정	1. 전체 조사대상주수를 기준으로 품목별 표본주수표에 따라 농지별 전체 표본주수 산정 2. 품종별 표본주수는 품종별 조사대상주수에 비례하여 산정 3. 품종별 조사대상주수의 특성이 골고루 반영될 수 있도록 표본주를 선정
표본가지 선정 및 꽃(눈) 피해율 조사	1. 표본주에서 가장 긴 결과지 1개를 표본가지로 선정 2. 표본가지 전체 눈 수(전체 꽃 수) 및 피해 눈 수(피해 꽃 수) 조사
미보상비율 확인	품목별 미보상비율 적용표에 따라 미보상비율을 조사 · ✓ 과실손해조사의 미보상비율 확인은 「농업재해보험 · 손해평가의 이론과 실무」에서 누락되어 있다.

✓ 블루베리 과실손해조사에서는 과실손해피해율 계산을 위한 조사가 누락되어 있다.

• 재배종별 피해과실수 · 전체과실수, 잔여수확량비율

3 과실손해조사 - 꽃(눈) 피해조사를 통한 계산 예시

① 최종 꽃 고사율

1. ① 꽃눈 고사율 $= \dfrac{\text{피해 꽃눈 수}}{\text{조사 꽃눈 수}}$ ② 꽃 고사율 $= \dfrac{\text{피해 꽃 수}}{\text{조사 꽃 수}}$

2. 최종 꽃 고사율 = 꽃눈 고사율 + (1 - 꽃눈 고사율) × 꽃 고사율

3. **예 10]** • 조건 : 표본가지 6개 조사, 피해 눈 수 4개, 전체 눈 수 15개, 피해 꽃 수 28개, 전체 꽃 수 88개 (%로 소수점 셋째 자리에서 반올림)

   ① 꽃눈 고사율 $= \dfrac{4}{15}$ = 26.67%   ② 꽃 고사율 $= \dfrac{28}{88}$ = 31.82%

   ③ 최종 꽃 고사율 = 0.2667 + (1 - 0.2667) × 0.3182 = 50%

② 최종 꽃 피해율=최종 꽃 고사율×가중치

최종 꽃 고사율 범위에 따른 가중치							
최종꽃 고사율	0~20% 미만	20~35% 미만	35~50% 미만	50~65% 미만	65~80% 미만	80~95% 미만	95~100%
가중치	0	0.5	0.6	0.7	0.8	0.9	1

[예 11] 위 **[예 10]**의 최종 꽃 피해율

1. 최종 꽃 고사율=50% → 가중치 0.7
2. 최종 꽃 피해율=0.5×0.7=35%

8 블루베리의 보험금 산정 방법

1 과실손해보험금

① 보험가입금액×(피해율-자기부담비율)

② 피해율

		[1]잔여수확량비율	
꽃 피해조사 미실시	순서 ⇩	수확개시 이전=1	수확개시 이후 = $\max(1-\dfrac{\text{사고일자 - 수확개시일자}}{\text{표준수확일수 30일}}, 0)$
		[2]과실손해피해율 = $\dfrac{\Sigma \text{재배종별(표본가지)피해과실수} \times {}^1\text{잔여수확량비율}}{\Sigma \text{재배종별(표본가지)전체과실수}}$	
		✓ 과실손해피해율 = $\dfrac{\Sigma \text{피해과실수} \times \text{잔여수확량비율}}{\Sigma \text{전체과실수}}$ = 과실피해율×잔여수확량비율	
		피해율 = [2]과실손해피해율×(1 - 미보상비율)	
꽃 피해조사 실시	순서 ⇩	꽃눈 고사율 = $\dfrac{\text{(표본가지)피해 꽃눈 수}}{\text{(표본가지)조사 꽃눈 수}}$	
		꽃 고사율 = $\dfrac{\text{(표본가지)피해 꽃 수}}{\text{(표본가지)조사 꽃 수}}$	
		[3]최종 꽃 고사율=꽃눈 고사율+(1-꽃눈 고사율)×꽃 고사율	
		[4]최종 꽃 피해율=[3]최종 꽃 고사율×가중치	
		피해율=[4]최종 꽃 피해율+{(1-[4]최종 꽃 피해율)×[2]과실손해피해율×(1-미보상비율)}	

✓ 1과목 : 표본가지 전체 꽃(눈) 수, 2과목 및 별표 9 : 조사 꽃(눈) 수
꽃 피해조사를 실시한 경우의 미보상비율 차감 범위가 의문이지만, 「농업재해보험·손해평가의 요령」대로 한다.

2 블루베리 보험금 산정 예시

예 12] • 조건 : 보험가입금액 10,000,000만원, 자기부담비율 20%
- 과실손해조사 : 꽃 피해조사 및 과실피해조사 실시. 수확개시 후 10일 차에 사고, 미보상비율 없음 (%는 소수점 셋째 자리에서 반올림)
- 표본가지 피해꽃눈 수 5개, 조사꽃눈 수 14개
- 표본가지 피해꽃 수 25개, 조사꽃 수 72개
- 피해과실수 25개, 전체과실수 72개

1. 꽃눈 고사율 = $\dfrac{5}{14}$ = 35.71%

2. 꽃 고사율 = $\dfrac{25}{72}$ = 34.72%

3. 최종 꽃 고사율 = 0.3571 + (1 − 0.3571) × 0.3472 = 58.03%

4. 최종 꽃 피해율 = 최종 꽃 고사율 0.5803 × 가중치 0.7 = 40.62%

5. 잔여수확량비율 = $\max(1 - \dfrac{(\text{사고일자} - \text{수확개시일자})10}{(\text{표준수확일수}) \, 30일}, \, 0)$ = 66.67%

6. 과실손해피해율 = $\dfrac{25 \times 0.6667}{72}$ = 23.15%

7. 피해율 = 0.4062 + {(1 − 0.4062) × 0.2315} × (1 − 0) = 54.37%

8. 보험금 = 10,000,000 × (0.5437 − 0.2) = 3,437,000원

9 복분자의 현지조사 방법

1 피해사실 확인조사

오디의 현지조사 방법 참조 104page

2 경작불능조사

① 조사 대상: 피해사실확인조사 시 경작불능조사 필요 판단된 농지, 또는 이에 준하는 피해가 예상되는 농지

② 조사 시기: 피해사실확인조사 직후 또는 사고접수 직후 실시

보험기간 확인	1. 계약체결일 24시~수확 개시 시점(가입 이듬해 5월 31일을 초과 불가) 기간 내 사고인지 확인 2. 보장하는 재해 여부 심사 3. 실제경작면적 및 재식면적 확인 　① 실제경작면적이 보험가입면적 대비 10% 이상 차이(혹은 1,000㎡ 초과)가 날 경우 : 계약 사항 변경 　② 재식면적 = 주간 길이 × 이랑 폭

경작불능 여부 확인	1. 식물체 피해율 65% 이상 여부 확인 2. 계약자의 경작불능보험금 신청 여부 확인			

구분		계약자의 보험금 신청	
		신청	미신청
식물체 피해율	65% 이상	경작불능조사	(종합위험) 과실손해조사
	65% 미만	(종합위험) 과실손해조사	(종합위험) 과실손해조사

3. 보장하는 재해로 식물체 피해율이 65% 이상이고 계약자가 경작불능보험금을 신청한 농지 : 산지폐기 여부 확인(경작불능 후 조사)

√ 포인트

경작불능조사와 보험금
1. 경작불능 해당 품목의 경우 조사방법과 보험금 계산방법은 모두 동일하다. (조사료용 벼, 사료용 옥수수 제외)
2. 식물체 피해율 65% 이상 여부 조사 (벼, 분질미 제외)
3. 65% 이상 : 경작불능보험금 지급 후 계약 소멸 또는 경작 지속하여 과실손해(수확감소)보험금 신청(벼, 콩, 팥 제외)
4. 65% 미만 : 피해가 있으므로 과실손해(수확량) 조사하여 해당 보험금 지급 가능

3 종합위험 과실손해조사

① 조사 대상 : 계약체결일 24시~이듬해 5월 31일 이전까지의 사고로 피해사실 확인조사 시 추가조사가 필요하다고 판단된 농지 또는 경작불능조사 결과 종합위험 과실손해조사가 필요할 것으로 결정된 농지
  • 경작불능보험금 지급 농지 제외
② 조사 시기 : 수정 완료 직후부터 최초 수확 전까지

면적확인	1. 보장하는 재해 여부 심사
	2. 실제경작면적 및 재식면적 확인
	  ① 실제경작면적이 보험가입면적 대비 10% 이상 차이(혹은 1,000㎡ 초과)가 날 경우 : 계약 사항 변경
	  ② 재식면적 = 주간 길이 × 이랑 폭

기준일자 확인	기준일자 : 사고일자

표본조사	1. 가입 포기수 기준으로 표본포기수 산정 및 표본포기 선정
	2. 표본구간 선정 : 표본포기 전후 2포기씩 추가. 총 5포기 = 1표본구간
	  • 가입 전 고사한 포기 및 보장하는 재해 이외의 원인으로 피해를 입은 포기가 표본구간에 포함될 경우 : 해당 포기를 표본구간에서 제외하고 이웃한 포기를 표본구간으로 선정하거나 표본포기를 변경
	3. 표본구간별 살아있는 결과모지수 합계 조사
	4. 수정불량(송이)피해율 조사 : 각 표본포기에서 임의의 6송이 선정해 1송이당 전체 열매수와 피해(수정불량) 열매수 조사
	  • 현장 사정에 따라 조사할 송이 수는 가감할 수 있음

미보상비율 확인	품목별 미보상비율 적용표에 따라 미보상비율을 조사

③ 종합위험 과실손해조사를 통한 계산 예시. 모든 결과모지수 및 비율은 %로 소수점 셋째 자리에서 버림

1. (기준) 살아있는 결과모지수 = $\dfrac{\Sigma\,\text{표본구간 살아있는 결과모지수}}{\text{표본포기수}\times 5}$

2. 수정불량피해율(환산계수) = $\dfrac{\text{수정불량 결실수}}{\text{전체 결실수}}$ - 자연수정불량율 15%

3. 수정불량환산 고사결과모지수 = 표본구간 살아있는 결과모지수 × 수정불량환산계수

예 13] • 조건: 표본포기수 10, 표본구간 살아있는 결과모지수 합 175개, 표본포기조사: 수정불량 열매수 합계 200개, 전체 열매수 합계 600개

1. (기준) 살아있는 결과모지수 = $\dfrac{\text{살아있는 결과모지수 175개}}{\text{표본포기 10}\times 5(\text{1표본구간 = 5포기})}$ = 3.5개

2. 수정불량 환산계수 = $\dfrac{\text{수정불량 결실 200개}}{\text{전체 결실 600개}}$ - 0.15 = 18.33%(%로 소수점 셋째 자리에서 버림)

3. 수정불량환산 고사결과모지수 = 3.5 × 0.1833 = 0.64개 (소수점 셋째 자리에서 버림)

4 특정위험 과실손해조사

① 조사 대상: 특정위험 보험기간 (이듬해 6/1 ~ 수확기 종료 시점(6/20 초과 불가)) 내 사고 농지

② 조사 시기: 사고접수 직후

면적확인	종합위험 과실손해조사와 동일	
기준일자 확인	1. 기준일자 : 사고일자. 농지의 상태 및 수확 정도 등에 따라 조사자가 수정할 수 있음 2. 기준일자에 따른 잔여수확량 비율 확인	
	사고 일자	**잔여수확량비율(%)**
	6/1 ~ 7	98 - 사고발생일자
	6/8 ~ 20	$\dfrac{\text{사고발생일자}^2 - 43\times\text{사고발생일자} + 460}{2}$
표본조사	1. 가입 포기수 기준으로 표본포기수 산정 및 표본포기 선정 2. 표본송이 조사 : 각 표본포기에서 임의의 6송이 선정해 1송이당 전체 열매수(전체 개화수)와 수확 가능한 열매수(전체 결실수)조사 • 현장 사정에 따라 조사할 송이 수는 가감할 수 있음	
미보상비율 확인	✓ 특정위험 과실손해조사의 미보상비율 확인은 「농업재해보험·손해평가의 이론과 실무」에서 누락되어 있다.	

③ 특정위험 과실손해조사를 통한 계산 예시. 모든 결과모지수 및 비율은 %로 소수점 셋째 자리에서 버림

1. 결실률 $= \dfrac{\text{전체 결실수}}{\text{전체 개화수}} = \dfrac{\text{표본송이 수확가능 열매수}}{\text{표본송이 총 열매수}}$

2. 수확감소환산계수 = 잔여수확량비율 - 결실률

3. 수확감소환산 고사결과모지수
   ① (살아있는 - 수정불량) × (누적) 수확감소환산계수
   ② (수확 전 무사고인 경우) 평년결과모지수 × (누적) 수확감소환산계수

예 14] • 조건 : 종합위험 과실손해조사. 기준 살아있는 결과모지수 4개, 수정불량환산계수 20% / 특정위험 과실손해조사. 사고일자 6/3, 전체 결실수 400개, 전체 개화수 600개. (모든 비율(%) 및 결과모지수는 소수점 셋째 자리에서 버림)

1. 수정불량환산 고사결과모지수 = 4 × 0.2 = 0.8개
2. 잔여수확량비율 = 98 - 3 = 95%
3. 결실률 = 400 ÷ 600 = 66.66%
4. 수확감소환산계수 = 95 - 66.66 = 28.34%
5. 수확감소환산 고사결과모지수 = (4 - 0.8) × 0.2834 = 0.90개

10 복분자의 보험금 산정 방법

1 경작불능보험금(보통약관)

① 보험금 = 보험가입금액 × 자기부담비율에 따른 일정 비율

② 자기부담비율에 따른 일정 비율 : (100% - 자기부담비율) ÷ 2. 자기부담비율 15% 형 → 42% 적용

③ 경작불능보험금 지급한 경우 그 손해보상의 원인이 생긴 때로부터 해당 농지의 계약 소멸

2 과실손해보험금(보통약관)

① 보험금 = 보험가입금액 × (피해율 - 자기부담비율)

② 피해율 = 고사결과모지수 ÷ 평년결과모지수. 고사결과모지수 = 수확 개시 전 + 수확 개시 후

종합위험 고사결과모지수. 수확 개시 전(계약 24. ~이듬해 5/31)의 사고
1. 종합위험 고사결과모지수 = (평년결과모지수 - 살아있는 결과모지수) + 수정불량환산 고사결과모지수 - 미보상 고사결과모지수
2. (기준) 살아있는 결과모지수 $= \dfrac{\Sigma \text{표본구간 살아있는 결과모지수}}{\text{표본포기수} \times 5}$ • 기준 = 포기당
3. 수정불량피해율(환산계수) $= \dfrac{\text{수정불량 결실수}}{\text{전체 결실수}}$ - 자연수정불량율 15%
4. 수정불량환산 고사결과모지수 = 표본구간 살아있는 결과모지수 × 수정불량환산계수
5. 미보상 고사결과모지수 = {평년결과모지수 - (살아있는 결과모지수 - 수정불량환산 고사결과모지수)} × 최대값 (수확 개시 전) 미보상비율

예 15] • 조건 : 평년결과모지수 8개, 기준 살아있는 결과모지수 5개, 수정불량환산 고사결과모지수 1개, 미보상비율 10%

1. 미보상 고사결과모지수 = {8 - (5 - 1)} × 0.1 = 0.4개
2. 종합위험 고사결과모지수 = 8 - (5 - 1) - 0.4 = 3.6개

특정위험 고사결과모지수. 수확 개시 후(이듬해 6/1 ~ 수확기 종료 시점. 6/20 초과 불가)의 사고

1. 특정위험 고사결과모지수 = 수확감소환산 고사결과모지수 - 미보상 고사결과모지수

2. 수확감소환산 고사결과모지수
　① 수확 개시 전 고사결과모지수 있는 경우(종합위험 과실손해조사 실시한 경우) : ((기준) 살아있는 결과모지수 - 수정불량환산 고사결과모지수) × 누적 수확감소환산계수
　② 수확 개시 전 고사결과모지수 없는 경우(종합위험 과실손해조사 실시하지 않은 경우) : 평년결과모지수 × 누적 수확감소환산계수
　③ 누적 수확감소환산계수 = 특정위험 과실손해조사별 수확감소환산계수의 합
　④ 수확감소환산계수 = 수확일자별 잔여수확량비율 - 결실율
　⑤ 수확일자별 잔여수확량비율 : 기준일자 = 사고 일자

사고 일자	잔여수확량비율(%)
6/1 ~ 7	98 - 사고발생일자
6/8 ~ 20	$\dfrac{\text{사고발생일자}^2 - 43 \times \text{사고발생일자} + 460}{2}$

　⑥ 결실률 = $\dfrac{\text{전체 결실수}}{\text{전체 개화수}}$ = $\dfrac{\text{표본송이 수확가능 열매수}}{\text{표본송이 총 열매수}}$

3. 미보상 고사결과모지수 = 수확감소환산 고사결과모지수 × 최대값 (수확 개시 후) 미보상비율

예 16] • 조건 : 위 **예 15]**에서 이어짐. 수확감소환산계수 30%, 미보상비율 20%

1. 종합위험 과실손해조사 실시한 경우
　① 수확감소환산 고사결과모지수 = (5 - 1) × 0.3 = 1.2개
　② 미보상 고사결과모지수 = 1.2 × 0.2 = 0.24개
　③ 고사결과모지수 = 1.2 - 0.24 = 0.96개
2. 종합위험 과실손해조사 실시하지 않은 경우
　① 수확감소환산 고사결과모지수 = 8 × 0.3 = 2.4개
　② 미보상 고사결과모지수 = 2.4 × 0.2 = 0.48개
　② 고사결과모지수 = 2.4 - 0.48 = 1.92개

예 17] 최종 피해율. 위 **예 15]**에서 이어짐

1. 종합위험 과실손해조사 실시한 경우 : 피해율 = (3.6 + 0.96) ÷ 8 = 57%
2. 종합위험 과실손해조사 실시하지 않은 경우 : 피해율 = (0 + 1.92) ÷ 8 = 24%
3. 특정위험 과실손해조사 실시하지 않은 경우 : 피해율 = (3.6 + 0) ÷ 8 = 45%

11 무화과의 현지조사 방법

1 피해사실 확인조사

오디의 현지조사 방법 참조 **104page**

2 종합위험 과실손해조사

✓ 과실손해조사로되어 있지만, 수확 개시 전에는 수확량의 감소를 보장하므로 사실상 수확량조사이다.

① 조사 대상: 계약체결일 24시~이듬해 7월 31일 이전까지의 사고로 피해사실 확인조사 시 추가조사가 필요하다고 판단된 농지

② 조사 시기: 최초 수확 품종 수확기 이전

나무조사 및 조사대상주수 계산	1. 보장하는 재해로 인한 피해 여부 심사 2. 품종별·수령별로 실제결과주수, 미보상주수, 고사주수 확인 3. 조사대상주수 계산(실 − 미고)
표본주수 산정 및 선정	1. 전체 조사대상주수를 기준으로 품목별 표본주수표에 따라 농지별 전체 표본주수 산정 2. 적정 표본주수는 품종별·수령별 조사대상주수에 비례하여 산정 3. 표본주 선정 　① 조사대상주수를 농지별 표본주수로 나눈 표본주 간격에 따라 선정 　② 동일품종·동일수령의 농지가 아닌 경우: 품종별·수령별 조사대상주수의 특성이 골고루 　　반영될 수 있도록 선정
착과수 조사	선정된 표본주마다 착과된 전체 과실수 조사
착과피해조사	1. 착과피해 유발 재해 있을 경우 조사 　• 해당 재해 여부: 재해의 종류와 과실의 상태 등을 고려하여 조사자가 판단 2. 표본과실 추출: 품종별 3주 이상의 표본주에서 임의의 과실 100개 이상 추출 3. 착과피해구성율 산출: 피해구성구분에 따라 구분하고 개수 조사 4. 착과에 이상이 없는 경우 등에는 품종별로 피해구성조사를 생략 가능
미보상비율 조사	품목별 미보상비율 적용표에 따라 조사

③ 종합위험 과실손해조사를 통한 계산 예시. 모든 결과모지수 및 비율은 %로 소수점 셋째 자리에서 버림

수확량 = {품종·수령별 조사대상주수 × 품종·수령별 주당 착과수 × 표준과중 × (1 − 착과피해구성률)} + (미보상주수 × 품종·수령별 주당 평년수확량)

• 무화과 과중: 표준과중 적용(조건에 제시됨)

예 18] • 조건: 평년수확량 1,000kg, 실제결과주수 100주, 미보상주수 5주, 고사주수 5주 / 과실손해조사. 표본주당 착과수 80개, 표준과중 100g/개, 착과피해구성율 25%

1. 주당 평년수확량 = 1,000 ÷ 100 = 10kg, 조사대상주수 = 90주
2. 수확량 = {90 × 80 × 0.1 × (1 − 0.25)} + (5 × 10) = 590kg

3 특정위험 과실손해조사

① 조사 대상: 특정위험 보험기간 (이듬해 8/1 ~ 수확기 종료 시점(10/31 초과 불가)) 내 사고 농지
② 조사 시기: 사고접수 직후

나무조사 및 조사대상주수 계산	1. 보장하는 재해로 인한 피해 여부 심사 2. 「농업재해보험·손해평가의 이론과 실무」 　① 품종별·수령별로 실제결과주수, 미보상주수, 고사주수, 기수확주수, 수확불능주수 확인 　② 조사대상주수 계산(실 - 미고기수) ✓ 무화과는 수확불능주수를 조사하지 않지만, 「농업재해보험·손해평가의 이론과 실무」 　특정위험 기간 무화과 조사방법에는 수확불능주수 확인이 기재되어 있다. 또한 　조사대상주수 확인에는 기수확주수와 수확불능주수 모두 기재되어 있지 않다. 　'나무조사＝실, 미, 고, 기→조사대상주수＝실 - 미고기' 로 이해한다.
기준일자 확인	1. 기준일자＝사고 일자. 농지 상태 및 수확 정도에 따라 조사자 수정 가능 2. 기준일자에 따른 잔여수확량 비율

사고 발생 월	잔여수확량 (%)
8월	100-(1.06×사고 발생 일자)
9월	(100-33)-(1.13×사고 발생 일자)
10월	(100-67)-(0.84×사고 발생 일자)

표본조사	1. 표본포기수 산정 2. 결과지 조사 : 3주 이상의 표본주의 결과지 조사. 고사, 미고사, 미보상 고사결과지수로 　구분해 조사

③ 특정위험 과실손해조사를 통한 계산 예시. (모든 결과모지수 및 비율은 %로 소수점 셋째 자리에서 버림)

1. 결과지 피해율 ＝ $\dfrac{\text{고사결과지수 + 미고사결과지수×착과피해율 - 미보상 고사결과지수}}{\text{기준결과지수(고사+미고사)}}$

　＝ $\dfrac{\text{보상고사결과지수 + 미고사결과지수×착과피해율}}{\text{기준결과지수(고사+미고사)}}$

2. 고사결과지수＝보상 고사＋미보상 고사, 기준결과지수＝고사＋미고사

예 19] • 조건 : 사고일자 9/25, 결과지조사 : 고사 10(보상 4＋미보상 6), 미고사 15, 착과피해율 20%

1. 잔여수확량 비율＝(100-33)-(1.13×25)＝38.75%
2. 결과지 피해율 ＝ $\dfrac{4+15\times0.2}{25}$ ＝ 28%

✓「농업재해보험·손해평가의 이론과 실무」에는 결과지 피해율에 적용되는 착과피해율에 관한 내용이 없으므로
　문제에 제시되는 대로 적용한다.

12 무화과의 보험금 산정 방법

1 과실손해보험금(보통약관)

① 보험금=보험가입금액×(피해율-자기부담비율)

② 피해율=수확 개시 전 피해율+수확 개시 후 피해율

종합위험 피해율. 수확 개시 전(계약 24. ~이듬해 7/31)의 사고

1. 종합위험 피해율 $= \dfrac{\text{평년수확량} - \text{수확량} - \text{미보상감수량}}{\text{평년수확량}}$

2. 수확량={품종·수령별 조사대상주수×품종·수령별 주당 착과수×표준과중×(1-착과피해구성률)}+
　　　　(미보상주수×품종·수령별 주당 평년수확량)
　• 무화과 과중 : 표준과중 적용(조건에 제시됨)
　✓ 일반적인 분류 기준
　• 수와 관련된 것=품종·수령별 : 나무, 착과수, 낙과수 등
　• 과중, 피해구성율=품종별

예 20] • 조건 : 평년수확량 2,000kg, 수확량 1,400kg, 미보상비율 5%

1. 미보상감수량=(2,000-1,400)×0.05=30kg

2. 종합위험 피해율 $= \dfrac{2,000 - 1,400 - 30}{2,000} = 28.5\%$

특정위험 피해율. 수확 개시 후(이듬해 8/1 ~ 수확기 종료 시점. 10/31 초과 불가)의 사고

1. 피해율=(1-수확 전 사고 피해율)×잔여수확량비율×결과지 피해율

2. 기준일자별 잔여수확량비율

사고 발생 월	잔여수확량 (%)
8월	100-(1.06×사고 발생 일자)
9월	(100-33)-(1.13×사고 발생 일자)
10월	(100-67)-(0.84×사고 발생 일자)

3. 결과지 피해율 $= \dfrac{\text{고사결과지수} + \text{미고사결과지수} \times \text{착과피해율} - \text{미보상 고사결과지수}}{\text{기준결과지수(고사+미고사)}}$

　$= \dfrac{\text{보상고사결과지수} + \text{미고사결과지수} \times \text{착과피해율}}{\text{기준결과지수(고사+미고사)}}$

　① 고사결과지수=보상 고사결과지수+미보상 고사결과지수
　② 기준결과지수=고사결과지수+미고사결과지수

4. 결과지 피해율의 maxA 차감
　① 하나의 보험사고로 인해 산정된 결과지 피해율은 동시 또는 선·후차적으로 발생한 다른 보험사고의 결과지
　　피해율로 인정하지 않는다.
　② 8/1 이후 사고가 중복 발생할 경우 금차 피해율에서 전차 피해율을 차감하고 산정한다.

• 조건 : 수확 전 피해율 28.5%, 사고일자 10/1, 고사결과지수 10(미보상 고사결과지수 5개 포함), 미고사 결과지수 12, 착과피해율 30% (%로 소수점 셋째 자리에서 버림)

1. 잔여수확량비율 = $(100 - 67) - (0.84 \times 1) = 32.16\%$

2. 결과지 피해율 = $\dfrac{5 + 12 \times 0.3}{22}$ = 39.09%

3. 특정위험 피해율 = $(1 - 0.285) \times 0.3216 \times 0.3909 = 8.98\%$

예 22] • 조건 : 수확 전 피해율 28.5%, **예 20]**의 사고 후 다시 사고 발생(특정위험 기간 사고 2회 이상인 경우)

1. 특정위험 기간 1차 사고 피해율 : 8.98%(결과지 피해율 39.09%)

2. 특정위험 기간 2차 사고 : 잔여수확량 비율 20%, 결과지 피해율 50%
   • 피해율 = $(1 - 0.285) \times 0.2 \times (0.5 - 0.3909) = 1.56\%$ (%로 소수점 셋째 자리에서 버림)

3. 최종 피해율 = 종합위험 28.5 + 특정위험 1차 8.98 + 특정위험 2차 1.56 = 39.04%

13 고사나무조사 방법 및 나무손해보장보험금 – 감귤(온주밀감류), 무화과만 해당

1 조사방법

① 나무손해보장 특약 가입 농지 중 사고 접수된 농지

② 수확 완료 시점 이후에 실시하되, 나무손해보장 특약 종료 시점을 고려하여 결정

③ 고사나무조사 필요 여부 확인
   • 수확 완료 후 고사나무가 있는 경우에만 조사 실시
   • 기조사(착과수조사 및 수확량조사 등)시 확인된 고사나무 이외에 추가 고사나무가 없는 경우에는 조사 생략 가능

④ 보장하는 재해 여부 심사

⑤ 품종·수령별로 추가 고사주수 확인, 보장하는 재해 이외의 원인으로 고사한 나무는 미보상 고사주수로 조사

2 나무손해보장보험금

적과전 종합위험보장 편 참조 21page

손해평가사 2차 이론서

PART 4
종합위험
수확감소보장 논작물

벼(벼(조곡) · 조사료용 벼), 맥류(밀 · 보리 · 귀리)

📁 농작물 재해보험의 이론과 실무
📁 농작물 재해보험 손해평가의
　　이론과 실무

01 CHAPTER 농작물 재해보험의 이론과 실무

1 보험의 목적

① 벼(조곡: 일반 벼 · 분질미), 조사료용 벼
- 조사료용 벼: 실질적으로 생산비보장방식이나 종합위험 수확감소보장 보험약관에 포함되어 그 적용을 받고 있음

② 맥류: 밀, 보리, 귀리

2 보장하는 재해, 보상하지 않는 손해

1 보장하는 재해

✓ 종합위험 자연재해의 정의: 적과전 종합위험보장 참조 **9page**

① 종합위험. 자연재해, 조수해, 화재

② 병충해 7종: 벼(조곡)만 해당. 특별약관으로 보장
- 흰잎마름병, 줄무늬 잎마름병, 벼멸구, 도열병, 먹노린재, 세균성 벼알마름병, 깨씨무늬병

2 보상하지 않는 손해

① 🖊️암기팁 계수통원보시계해전+생(기본 9종+생)

✓ 보상하지 않는 손해 기본 9종: 종합위험 수확감소보장 과수 편 참조 **51page**

② 기본 9종 중 '원인의 직접 · 간접을 묻지 않고 병해충으로 발생한 손해': 벼(조곡) 병해충 특약 가입 시 제외. 일부 병해충(7종) 피해보상

3 보험기간

1 벼(조곡-일반 벼 · 분질미), 조사료용 벼

		보통약관 - 종합위험		
벼(조곡)	이앙 · 직파불능보장	계약체결일 24시~판매연도 7월 31일 (이앙한계일)		
	재이앙 · 재직파보장	이앙(직파)완료일 24시 (경과 시 계약 24시)~판매연도 7월 31일		
벼(조곡) · 조사료용벼	경작불능보장	• 벼(조곡): 이앙(직파)완료일 24시 (경과 시 계약 24시)~출수기 전 • 조사료용 벼: 이앙(직파)완료일 24시 (경과 시 계약 24시)~ 판매연도 8월 31일		
벼(조곡)	수확불능보장	수확감소보장과 동일		
	수확감소보장	이앙(직파)완료일 24시 (경과 시 계약 24시)~수확기 종료 시점 (판매연도 11월 30일 초과 불가)		
		특별약관 - 병해충 7종		
벼(조곡)	재이앙 · 재직파보장	보통약관 기간과 동일		
	경작불능보장			
	수확불능보장			
	수확감소보장			

2 밀, 보리, 귀리

경작불능보장	계약체결일 24시~수확 개시 시점
수확감소보장	계약체결일 24시~수확기 종료 시점 (이듬해. 6월 30일 초과 불가)

4 보험가입금액 (천원 단위 절사)

1 수확감소보장 보험가입금액

① 벼(조곡), 밀 · 보리 · 귀리 보험가입금액=가입수확량×가입(표준)가격
- 가입수확량=평년수확량의 50%~100% 계약자 선택
- 벼의 표준가격: 보험 가입연도 직전 5개년의 시 · 군별 농협 RPC 계약재배 수매가 최근 5년 평균값에 민간 RPC 지수를 반영하여 산출

② 조사료용 벼 보험가입금액=가입면적×보장생산비

2 벼 보험가입금액 계산. 8회 기출

> **예 1]** • 조건 : 2022년 가입수확량: 4,500kg, 민간 RPC(양곡처리장) 지수 : 1.2, 계산 시 민간 RPC
> 계약재배 수매가에 곱하여 산출할 것
>
> < 농협 RPC 계약재배 수매가 (원/kg) >
>
> | 연도 | 수매가 | 연도 | 수매가 | 연도 | 수매가 |
> |------|--------|------|--------|------|--------|
> | 2016 | 1,300 | 2018 | 1,600 | 2020 | 2,000 |
> | 2017 | 1,400 | 2019 | 1,800 | 2021 | 2,200 |
>
> 1. 가입(표준)가격
>   ① 가입(표준)가격 : $(1,400+1,600+1,800+2,000+2,200)\div 5 = 1,800$원
>   ② $1,800 \times 1.2 = 2,160$원
> 2. 보험가입금액 : $4,500 \times 2,160 = 9,720,000$원

5 | 보험료

1 보험료의 구성

① 보험료의 구성: 적과전 종합위험보장 5. (1) 농작물재해보험 보험료의 구성 참조 **15page**
② 종합위험 수확감소보장 논작물 자기부담비율에 따른 정부 지원율(순보험료 중 지원율)
   • 계약자부담보험료 계산에 필요

자기부담비율	10%	15%	20%	30%	40%
벼 품목 정부지원율	35%	38%	50%	55%	60%
조사료용 벼, 밀 · 보리 · 귀리 정부지원율	50%				

   • 귀리 자기부담비율 10%, 15% 없음
③ 지자체지원 보험료: 지자체별로 지원금액(비율)을 결정한다.

2 보험료의 계산

① 보통약관 보험료

벼 품목	보통약관 보험가입금액×지역별 보통약관 영업요율×(1+손해율에 따른 할인 · 할증률) ×(1+친환경재배 시 할증률)×(1+직파재배 농지 할증률)
벼 품목 외	보통약관 보험가입금액×지역별 보통약관 영업요율×(1+손해율에 따른 할인 · 할증률)

② 병해충보장 특별약관 보험료(벼 품목)

특별약관 보험가입금액×지역별 특별약관 영업요율×(1+손해율에 따른 할인 · 할증률)×(1+친환경재배 시
할증률)×(1+직파재배 농지 할증률)

③ 손해율에 따른 할인 · 할증률: 적과전 종합위험보장 편 참조 **16page**

 • 계약자 기준

 • 할인 · 할증폭 −30% ~ +50%로 제한(손해율 80% 미만 할인, 120% 이상 할증)

3 벼 보험료 계산 예시

> **예2]** • 조건 : 보험가입금액 9,720,000원, 지역별 보통약관 영업요율 10%, 순보험료율 8%, 손해율에 따른 할인 · 할증률 : 최대 할인율, 직파재배 할증률 5%, 친환경 재배 할증률 5%, 자기부담비율 10%, 지자체 지원율 40%
>
> • 계약자부담보험료 = $9,720,000 \times 0.08 \times (1-0.3) \times (1+0.05) \times (1+0.05) \times (1-0.35-0.4) = 150,028.2$원

6 보험료의 환급

✓ 아래의 내용은 종합위험 수확감소보장 논작물 및 밭작물, 농업수입(안정)보장의 보험료의 환급 내용과 동일하므로 본 종합위험 수확감소보장 논작물에서만 다루기로 한다.

1 보험료 환급 사유 및 환급보험료 계산

환급 사유	계약이 무효, 효력상실 또는 해지된 때
계약자 · 피보험자의 책임 없는 사유에 의한 경우	
무효	납입한 *계약자부담보험료의 전액
효력상실, 해지	환급보험료 = *계약자부담보험료 × 미경과비율
계약자 · 피보험자의 책임 있는 사유에 의한 경우	
환급	환급보험료 = *계약자부담보험료 × 미경과비율
예외	계약자 · 피보험자의 고의 또는 중대한 과실로 무효가 된 때에는 환급하지 않음
책임 있는 사유	1. 계약자 또는 피보험자가 임의 해지하는 경우 2. 사기에 의한 계약, **계약의 해지 또는 중대사유로 인한 해지에 따라 계약을 취소 또는 해지하는 경우 3. 보험료 미납으로 인한 계약의 효력상실

• *계약자부담보험료=최종 보험가입금액 기준으로 산출한 보험료 중 계약자가 부담한 금액

• **계약의 해지: 계약자 또는 피보험자의 고의로 손해가 발생한 경우나, 고지의무 · 통지의무 등을 해태한 경우의 해지

2 환급보험료 지급

① 위의 사유로 반환해야 할 보험료가 있을 때에는 계약자는 환급금을 청구하여야 한다.

② 청구일의 다음 날부터 지급일까지의 기간에 대하여 '보험개발원이 공시하는 보험계약대출이율'을 연단위 복리로 계산한 금액을 더하여 지급한다.

7   보험금

1   이앙 · 직파불능 보험금 – 벼만 해당

① 지급 사유: 보험기간 내에 보장하는 재해로 농지 전체를 이앙 · 직파하지 못한 경우 지급

② 보험금=보험가입금액×15%

③ 보험금을 지급한 때에는 그 손해보상의 원인이 생긴 때로부터 해당 농지에 대한 보험계약은 소멸한다.

2   재이앙 · 재직파 보험금 – 벼만 해당

① 지급 사유: 보험기간 내에 보장하는 재해로 면적피해율이 10%를 초과하고, 재이앙 · 재직파한 경우 1회 지급

② 보험금=보험가입금액×25%×면적피해율

- 면적피해율=피해면적÷보험가입면적

③ 재이앙 · 재직파 보험금 계산 예시

> **예 3]** · 조건 : 보험가입금액 1,000만원, 가입면적 2,000㎡, 피해면적 600㎡, 재이앙 면적 400㎡
> 1. 면적피해율 = 400÷2,000 = 20% (10% 초과)
> 2. 보험금 = 10,000,000 × 0.25 × 0.2 = 500,000원

3   경작불능보험금

① 지급 사유: 보험기간 내에 보장하는 재해로 식물체 피해율이 65% 이상(분질미 60% 이상)이고, 계약자가 경작불능보험금을 신청한 경우

② 벼, 밀 · 보리 · 귀리 보험금=보험가입금액×자기부담비율에 따른 일정 비율 (45%, 42%, 40%, 35%, 30%)

- 식물체 피해율=고사면적(식물체 수)÷보험가입면적(식물체 수)
- 귀리: 자기부담비율 10%, 15%에 미해당이므로 45%, 42%에도 미해당

③ 조사료용 벼 보험금=보험가입금액×보장비율×경과비율

보장비율	경과비율
1. 경작불능보험금 산정에 기초가 되는 비율로 보험가입을 할 때 계약자가 선택한 비율 2. 45%, 42%, 40%, 35%, 30% 　· 45%형 자격 : 3년 연속 가입 및 3년간 수령보험금이 순보험료의 120% 미만 　· 42%형 자격 : 2년 연속 가입 및 2년간 수령보험금이 순보험료의 120% 미만	1. 사고발생일이 속한 월에 따른 경과비율 2. 5월 80%, 6월 85%, 7월 90%, 8월 100%

④ 산지폐기 된 것을 확인 후 지급

⑤ 보험금을 지급한 때에는 그 손해보상의 원인이 생긴 때로부터 해당 농지에 대한 보험계약은 소멸한다.

⑥ 벼: 경작불능보험금의 보험기간 내 발생한 재해로 인해 식물체 피해율이 65% 이상(분질미 60%)인 경우 수확불능보험금과 수확감소보험금은 지급이 불가능하다.

4 수확불능보험금 – 벼만 해당

① 지급 사유: 보험기간 내에 보장하는 재해로 벼의 제현율이 일반 벼 65% 미만, 분질미 70% 미만으로 떨어져, 정상 벼로서 출하가 불가능하고, 계약자가 수확불능보험금을 신청한 경우

② 보험금=보험가입금액×자기부담비율에 따른 일정 비율 (60%, 57%, 55%, 50%, 45%)

③ 보험금을 지급한 때에는 그 손해보상의 원인이 생긴 때로부터 해당 농지에 대한 보험계약은 소멸한다.

5 수확감소보험금 - 벼, 밀 · 보리 · 귀리만 해당

① 지급 사유: 보장하는 재해로 피해율이 자기부담비율을 초과하는 경우

② 보험금=보험가입금액×(피해율-자기부담비율)

- 피해율 = $\dfrac{\text{평년수확량 - 수확량 - 미보상감수량}}{\text{평년수확량}}$

✓ 포인트

1. 자기부담비율에 따른 일정 비율
   ① 경작불능보험금: (100%-자기부담비율)÷2
   ② 수확불능보험금: 경작불능보험금+15%
   ③ 자기부담비율 15% 주의: 42.5%(+15%) 아닌 42%(+15%) 적용

2. 일반 벼와 분질미
   ① 경작불능보험금:식물체 피해율 64%인 경우, 일반벼 (및 조사료용 벼·맥류)는 보험금 지급 대상이 아니며, 분질미는 보험금 지급 대상이다.
   ② 수확불능보험금: 제현율 69%인 경우, 일반벼는 보험금 지급 대상이 아니며, 분질미는 보험금 지급 대상이다.

3. 벼(조곡)의 경작불능보험금 지급 대상인 경우
   ① 경작불능보험금 보장 기간에 식물체 피해율이 일반 벼 65% · 분질미 60% 이상인 경우: 계약자는 경작불능보험금을 신청하고 지급 받아야 한다.
   ② '미신청 → 경작 지속 → 수확량조사 → 수확감소 · 수확불능보험금 신청'을 선택할 수 없다.

8 자기부담비율, 특별약관

1 자기부담비율: 보험사고로 인하여 발생한 손해에 대하여 계약자 또는 피보험자가 부담하는 일정 비율로 자기부담비율 이하의 손해는 보험금이 지급되지 않는다.

① 10%, 15%, 20%, 30%, 40%

② 10%, 15%: 벼(조곡), 밀, 보리만 적용(귀리 미해당)

③ 10%, 15% 형 가입 자격

- 10% 형: 최근 3년 연속 가입 계약자+3년간 수령보험금이 순보험료의 120% 미만
- 15% 형: 최근 2년 연속 가입 계약자+2년간 수령보험금이 순보험료의 120% 미만

2 특별약관

① 이앙 · 직파불능 부보장: 보장하는 재해로 이앙 · 직파하지 못해 생긴 손해를 부보장

② 병해충보장: 보상하는 병해충

병해	충해
흰잎마름병, 줄무늬잎마름병, 도열병, 깨씨무늬병, 세균성벼알마름병	벼멸구, 먹노린재

③ 병해충 증상

병해충명	증상
흰잎마름병	• 주로 엽신 · 엽초 또는 벼알에 증상 • 병징: 잎이 황색으로 변하고, 선단부터 하얗게 건조되어 급속하게 잎이 말라 죽음 • 발병기: 출수기 전후. 상습 발생지에서는 초기에도 발병. 드물게 묘판에서도 발병
줄무늬잎마름병	• 매개충인 애멸구에 의하여 전염되는 바이러스병(종자, 접촉, 토양에 의하지 않음) • 병징: 넓은 황색줄무늬 혹은 황화 증상, 잎의 도장과 함께 뒤틀림 · 처짐 • 분얼경 및 출수의 감소 또는 불완전 · 기형 출수
깨씨무늬병	• 병징 - 잎: 암갈색 타원형 괴사부가 생기며 시간이 지나며 원형의 대형 병반으로 윤문 발생 • 병징 - 줄기: 흑갈색 미세 무늬로 시작해 줄기 전체가 담갈색으로. • 병징 - 이삭줄기: 전체가 흑갈색으로. • 병징 - 벼알: 암갈색 반점에서 시작해 회백색 붕괴부 형성
도열병	• 병원균: 진균 중 자낭균(곰팡이) • 종자 · 감염된 잔재물(1차 전염원) → 형성된 포자가 공기로 전파(2차 전염원) • 잎, 이삭, 이삭가지 도열병이 흔함 • 병징 - 잎: 방추형 병반, 포기 전체 붉은 빛 • 병징 - 이삭목 · 이삭가지: 옅은 갈색으로 말라 죽음, 표면에 잿빛 곰팡이
세균성 벼알 마름병	• 주로 벼알 또는 엽초에 병징 • 병징 - 벼알: 황백색으로 변색 및 확대되어 전체가 변색, 배의 발육이 정지되고 쭉정이가 됨 • 병징 - 이삭: 전체 옅은 붉은색, 고개를 숙이지 못하고 꼿꼿하게 됨 • 감염된 종자 파종 → 발아하지 못하거나 부패, 감염 정도가 경미한 경우 → 발아해도 모의 생장이 불량하여 고사됨

벼멸구	• 병징 – 벼멸구 흡즙으로 인한 전형적인 피해 양상은 논 군데군데 둥글게 집중 고사 현상 • 병징 – 심복 백미(쌀에 흰 반점이 생기는 것)와 표면이 우윳빛처럼 불투명한 유백미(내부는 불투명하고 표층부가 투명) 또는 과피에 엽록소가 남아있는 청미 발생
먹노린재	• 비가 적은 해에 발생이 많음 • 벼 포기 속 아랫부분에 모여 있음 • 벼의 줄기에 구침을 박고 흡즙 하여 피해 일으킴 • 흡즙 부위에서 자란 잎은 피해를 받은 부분부터 윗부분이 마르고 피해가 심하면 새로 나온 잎이 전개하기 전에 말라 죽음 • 주로 논 가장자리에 피해 • 병징 – 생육 초기 피해 : 초장이 짧아지고 이삭 출수 감소 • 병징 – 출수 전후 피해 : 이삭이 꼿꼿이 서서 말라 죽음

9 인수 관련 수확량

1 표준수확량

과거의 통계를 바탕으로 지역별 기준수량에 농지별 경작 요소를 고려하여 산출한 예상 수확량이다.

2 평년수확량

① 정의: 최근 5년 이내 보험가입실적 수확량 자료와 미가입 연수에 대한 표준수확량을 가중 평균하여 산출한 해당 농지에 기대되는 수확량이다.

② 전제: 자연재해가 없는 이상적인 상황에서 수확할 수 있는 수확량이 아니라 평년 수준의 재해가 있다는 점을 전제로 한다.

③ 용도: 보험가입금액의 결정 및 보험금 지급 시 감수량 산정의 기준이다.

④ 산출 방법: 농지 단위로 산출. 최근 5개년의 수확량 및 표준수확량을 가입횟수에 따라 가중평균하여 산출한다.

과거수확량 자료가 없는 경우(신규 가입)	
표준수확량의 100%를 평년수확량으로 결정	
과거수확량 자료가 있는 경우(최근 5년 이내 가입 이력 존재)	
산출식 벼 품목	$\{A+(B \times D - A) \times (1 - Y/5)\} \times C/D$ 1. A = 과거평균수확량 = Σ 과거 5년간 수확량 ÷ Y 2. B = 가입년도 지역별 기준수(확)량 3. C = 가입년도 보정계수. 　• 가입년도의 품종별 보정계수 × 이앙일자별 보정계수 × 재배방식별 보정계수 　• 가재배방식 : 일반재배, 유기재배, 무농약재배 4. D = 과거평균보정계수 = Σ 과거 5년간 보정계수 ÷ Y 5. Y = 과거수확량 산출연도 횟수(가입횟수)

산출식 밀, 보리, 귀리 품목	{A + (B−A)×(1−Y/5)}×C/B 1. A = 과거평균수확량 = Σ과거 5년간 수확량÷Y 2. B = 과거평균표준수확량 = Σ과거 5년간 표준수확량÷Y 3. C = 가입년도 표준수확량 4. Y = 과거수확량 산출연도 횟수(가입횟수)
계산된 평년수확량 한도	평년수확량은 보험가입연도 표준수확량의 130%를 초과할 수 없다.
과거수확량 (a) 산출방법	1. 무사고 시 : max(표준수확량, 평년수확량)×110% 2. 유사고 시 : max(조사수확량, 평년수확량 50%) 　① 조사수확량 > 평년수확량 50% → 조사수확량 적용 　② 조사수확량 ≤ 평년수확량 50% → 평년수확량 50% 적용

⑤ 벼의 평년수확량 계산

예 4] • 조건 : 2025년도 지역별 기준수(확)량 10,000kg

	2020	2021	2022	2023	2024	2025
표준수확량	11,000	10,000		10,000	8,000	6,900
평년수확량	12,000	11,000		10,000	9,000	
조사수확량	10,000	5,000	미가입	무사고	8,000	
보정계수	1.0	0.9		1.1	0.9	1.0

1. {A+(B×D−A)×(1−Y/5)}×(C/D)
　① A = (10,000+5,500+11,000+8,000)÷4 = 8,625kg
　② B = 10,000kg
　③ C = 1.0
　④ D = (1.0+0.9+1.1+0.9)÷4 = 0.975
2. 평년수확량 = {8,625+(10,000×0.975−8,625)×(1−4/5)}×(1.0÷0.975) = 9,076kg (소수점 첫째 자리에서 버림)
3. 최종 평년수확량 : min(6,900×1.3, 9,076) = 8,970kg
　• 가입연도 표준수확량의 130% 한도

3 가입수확량

① 평년수확량의 50~100% 범위에서 계약자가 결정한다.
② 벼 : 5% 단위로 리(동)별로 선정 가능하다.

1 벼(조곡), 밀 · 보리 · 귀리

① 농지 단위로 가입하고, 농지당 가입금액은 최저 50만원이다.

② 벼: 각각 50만원 미만의 농지라도 인접 농지와 합하여 50만원 이상이 되면 통합하여 하나의 농지로 가입 수 있다.

③ 밀, 보리, 귀리: 같은 리(동)에 위치한 '가입조건 미만의 두 농지'는 하나의 농지로 취급하여 50만원 이상을 충족할 경우 가입 가능하며, 이 경우 두 농지를 하나의 농지로 본다.

2 조사료용 벼

① 농지 단위로 가입하고, 개별 농지당 최저 가입 면적은 1,000㎡이다.

② 각각 가입면적 1,000㎡ 미만의 농지라도 인접 농지의 면적과 합하여 1,000㎡ 이상이 되면 통합하여 하나의 농지로 가입할 수 있다.

3 통합 농지 개수

① 벼(조곡), 밀 · 보리 · 귀리: 통합하는 농지는 2개까지만 가능하며, 가입 후 분리할 수 없다.

② 조사료용 벼: 통합하는 농지는 개수 제한 없으며, 가입 후 분리할 수 없다.

③ 1인이 경작하는 다수의 농지가 있는 경우, 그 농지의 전체를 하나의 증권으로 보험계약을 체결한다.

④ 읍 · 면 · 동을 달리하는 농지를 가입하는 경우와 기타 보험사업 관리 기관이 필요하다고 인정하는 경우는 예외로 한다.

4 농지 구성 방법

① 리(동) 단위로 가입한다.

② 동일 리(동) 내 여러 농지를 묶어 하나의 경지번호 부여한다.

③ 가입농지가 여러 리(동)에 있는 경우 각 리(동)마다 경지를 구성하고 여러 경지를 묶어 하나의 계약으로 가입한다.

5 가입 기준 예시

① 공통

<'각각' 가입금액 미만 농지 2개를 구성하여 보험가입금액 50만원 이상으로 설계 ⇨ "가입가능">

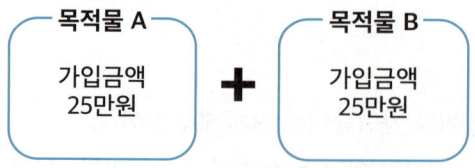

<"가입불가" 예시>
① 가입금액 미만 농지 3개 이상을 구성하여 보험가입금액 50만원 이상으로 설계 ⇨ "가입불가"

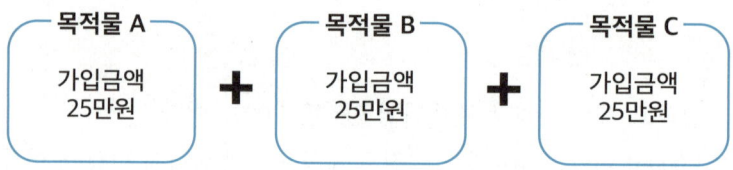

② 가입금액 이상 농지 1개에 가입금액 미만 농지 1개(또는 여러개)를 구성하여 보험가입금액 50만원 이상으로 설계 ⇨ "가입불가"

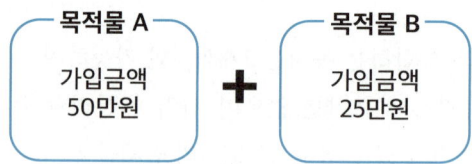

② **예 5]** 벼

- 조건 : 모든 농지는 인접

1. A 농지 30만원, B 농지 40만원 → 하나의 농지로 통합. 보험가입금액 70만원

   ① 피해율 30%, 자기부담비율 10%

   ② 보험금 = 70만원 × (0.3 − 0.1) = 14만원

2. A 농지 25만원, B 농지 25만원, C 농지 25만원 → A+B+C 통합 불가, A+B, A+C, B+C 통합 가능

3. A 농지 50만원, B 농지 25만원 → 하나의 농지로 통합 불가능 → B 가입 불가, A 가입 가능

③ **예 6]** 밀, 보리, 귀리

- 조건 : A, B 농지는 동일 리(동)에 위치

1. A 농지 70만원, B 농지 30만원
   ① 피해율 30%, 자기부담비율 10% → 하나의 농지로 통합 불가능. B 농지 가입 불가
   ② A 농지 보험금 = 70만원 × (0.3 − 0.1) = 14만원

2. A 농지 30만원, B 농지 30만원 → 하나의 농지로 통합. 보험가입금액 60만원
   ① 피해율 30%, 자기부담비율 10%
   ② 보험금 = 60만원 × (0.3 − 0.1) = 12만원

④ **예 7]** 농지 구성

• 조건: 동일 계약자
A 리(동): ㄱ + ㄴ + ㄷ 농지 → 1번 경지
B 리(동): ㄹ + ㅁ 농지 → 2번 경지
1번 경지 + 2번 경지 → 하나의 계약

✓ **포인트**

논작물 보험가입기준
1. 벼: 각각 50만원 미만+인접 농지+2개까지
2. 밀, 보리, 귀리: 각각 50만원 미만+하나의 리(동) 내+2개 ← 가입 조건 미만의 두 농지
3. 조사료용 벼: 각각 1,000㎡ 미만+인접 농지+개수 제한 없음

11 인수 제한 목적물

1 논작물 공통

① 최저 보험가입금액 50만원 미만인 농지(조사료용 벼 제외)

② 하천부지 및 3년 연속 침수피해 농지 (기상특보에 의한 피해 제외)

③ 오염 · 훼손 등의 피해를 입어 완전히 복구되지 않은 농지

④ 보험 가입 전 농작물의 피해가 확인된 농지

⑤ 통상적인 재배 및 영농활동을 하지 않는다고 판단되는 농지

⑥ 보험목적물을 수확해 판매를 목적으로 경작하지 않는 농지(채종농지 등)

⑦ 농업용지가 다른 용도로 전용되어 수용 예정 농지로 결정된 농지

⑧ 전환지, 휴경지 등 농지로 변경하여 경작한지 3년 이내인 농지

• 전환지: 개간, 복토 등을 통해 논으로 변경한 농지

⑨ 최근 5년 이내에 간척된 농지

⑩ 신속한 손해평가가 불가능한 지역에 소재한 농지(예: 도서 지역의 경우 연륙교가 설치되어 있지 않고 정기선이 운항하지 않음 등)

• 단, 벼 · 조사료용 벼 품목의 경우 연륙교가 설치되어 있거나, 농작물재해보험 위탁계약을 체결한 지역 농 · 축협 또는 품목농협(지소 포함)이 소재하고 있고 손해평가인 구성이 가능한 지역은 보험 가입 가능

⑪ 기타 인수가 부적절한 농지

2 벼(조곡), 조사료용 벼

① 밭벼 재배 농지

② 군사시설보호구역 중 통제보호구역 내의 농지(단, 통상적인 영농활동 및 손해평가가 가능하다고 판단되는 농지는 인수 가능)

- 통제보호구역: 민간인 통제선 이북 지역 또는 군사기지 및 군사시설의 최외곽 경계선으로부터 300미터 범위 이내의 지역

③ 조사료용 벼: 광역시·도를 달리하는 농지(단, 본부 승인심사를 통해 인수 가능)

3 밀, 보리, 귀리

① 파종을 11/20 이후에 실시한 농지

② 춘파재배 방식에 의한 봄파종을 실시한 농지

③ 출현율 80% 미만인 농지

④ 밀: 다른 작물과 혼식되어 있는 농지(단, 밀 식재면적 90% 이상인 경우 인수 가능)

⑤ 보리: 시설(비닐하우스, 온실 등)재배 농지, 재식주수가 30,000주/10a 미만인 농지

⑥ 귀리: 겉귀리 전 품종, 다른 작물과 혼식되어 있는 농지(단, 귀리 식재면적 90% 이상인 경우 인수 가능), 시설(비닐하우스, 온실 등)재배 농지

> ✓ **포인트**
>
> **맥류 인수 제한 목적물**
> 1. 혼식 농지이지만, 90% 이상 식재한 경우 인수 가능: 밀, 귀리
> 2. 시설재배 농지 인수 제한: 보리, 귀리

농작물 재해보험 손해평가의 이론과 실무

1 시기별 조사 종류 및 조사 내용

조사 종류		해당 품목		조사 시기	조사 내용
계약 24시 ~ 수확 전	피해사실 확인조사	전 품목		사고접수 후 지체없이	보장하는 재해로 인한 피해발생 여부
	이앙·직파 불능 조사	벼(조곡)		이앙한계일 (7월 31일) 이후	이앙(직파)불능 상태 및 통상적인 영농 활동 실시 여부
	재이앙·재직파 조사	벼(조곡)		사고접수 후 지체없이 (~ 재이앙 직후)	보장하는 재해로 인하여 재이앙(재직파)이 필요한 면적 또는 면적비율
	경작불능조사	전 품목		사고접수 후 지체없이	피해면적비율 또는 식물체 피해율
수확 직전	수확량조사	수량요소	벼(조곡)	수확 전 14일 전후	수확량
수확 개시 후~ 수확기 종료		표본	벼, 밀, 보리, 귀리	알곡이 여물어 수확이 가능한 시기	
		전수	벼, 밀, 보리, 귀리	수확 시	
	수확불능 확인 조사	벼(조곡)		조사 가능일(수확 포기가 확인되는 시점)	제현율 및 정상 출하 불가 확인

2 현지조사 및 보험금 산정 방법

1 피해사실 확인조사

① 조사 대상: 자연재해, 조수해, 화재 및 병해충 7종으로 사고접수 농지 및 조사 필요 농지

　• 병해충 7종은 벼 해당 특약 가입 시만 해당

② 조사 시기: 사고접수 직후 실시

③ 보장하는 재해로 인한 피해 여부 확인: 적과전 종합위험보장 "피해사실 조사 방법" 참조 30page

④ 추가 조사 필요 여부 판단

- 이앙 · 직파불능 조사(농지 전체 이앙 · 직파불능 시), 재이앙 · 재직파 조사(면적피해율 10% 초과), 경작불능조사(식물체피해율 65% 이상), 수확량조사(자기부담비율 초과)

2 이앙 · 직파불능조사 및 보험금 – 벼(조곡)

조사 방법	1. 조사 대상: 피해사실 확인조사 시 이앙 · 직파불능조사 필요 판단된 농지에 보장하는 재해 여부 및 이앙 · 직파불능 여부를 조사 2. 조사 시기: 이앙한계일(7월 31일) 이후 3. 이앙 · 직파불능보험금 지급 대상 여부 조사 ① 보장하는 재해 여부 심사 및 실제경작면적 확인(가입면적 대비 10% 이상 차이 시 계약사항 변경) ② 이앙 · 직파불능 판정 기준: 보상하는 손해로 이앙한계일(7월 31일)까지 해당 농지 전체를 이앙 · 직파하지 못한 경우 ③ 통상적 영농활동 이행 여부 확인(논둑 정리, 논갈이, 비료시비, 제초제 살포 등)
지급 사유	보험기간 내 보장하는 재해로 농지 전체를 이앙 · 직파하지 못한 경우
지급 거절 사유	이앙 전의 통상적인 영농활동(논둑 정리, 논갈이, 비료시비, 제초제 살포 등)을 하지 않은 농지는 보험금을 지급하지 않음
보험금	보험가입금액×15%
계약의 소멸	1. 보험금 지급 시 그 손해보상의 원인이 생긴 때로부터 해당 농지의 계약은 소멸 2. 환급보험료는 발생하지 않음

3 재이앙 · 재직파조사 및 보험금 – 벼(조곡)

조사
방법
	1. 조사 대상: 피해사실 확인조사 시 재이앙 · 재직파조사 필요 판단된 농지에 보장하는 재해 여부 및 피해면적 조사
	2. 조사 시기: 사고접수 직후
	3. 재이앙 · 재직파 보험금 지급 대상 여부 조사 (1차 조사. 전조사)
	① 보장하는 재해 여부 심사 및 실제경작면적 확인(가입면적 대비 10% 이상 차이 시 계약사항 변경)
	② 피해면적 확인
	③ 피해면적 판정 기준
	  • 묘가 본답 바닥의 흙과 분리되어 물 위에 뜬 면적
	  • 묘가 토양에 의해 묻히거나 잎이 흙에 덮여져 햇빛이 차단된 면적
	  • 묘는 살아있으나 수확이 불가능할 것으로 판단된 면적
	4. 재이앙 · 재직파 이행완료 여부 조사 (2차 조사. 후조사)
	① 재이앙 · 재직파 완료 여부 조사
	② 완료되지 않은 면적은 피해면적에서 제외
	5. 전조사가 어려운 경우 최초 이앙에 대한 증빙자료를 확보해 최초 이앙 시기와 피해 사실에 대한 확인

지급 사유	보험기간 내 보장하는 재해로 면적피해율이 10%를 초과하고, 재이앙 · 재직파한 경우 1회 지급
보험금	1. 보험가입금액×25%×면적피해율 2. 면적피해율=피해면적÷보험가입면적

4 경작불능조사 및 보험금 – 벼ㆍ조사료용 벼, 밀ㆍ보리ㆍ귀리

조사 방법	1. 조사 대상 : 피해사실 확인조사 시 필요하다고 판단된 농지 또는 사고접수 시 이에 준하는 피해가 예상되는 농지 2. 조사 시기 : 사고 접수 후 지체없이 3. 경작불능보험금 지급 대상 여부 조사 (전조사) 　① 보장하는 재해 여부 심사 및 실제경작면적 확인(가입면적 대비 10% 이상 차이 시 계약사항 변경) 　② 식물체 피해율 조사 　　• 목측 조사, 보장하는 재해로 인한 식물체 피해율 아래 기준 이상 여부 조사<hr>　일반 벼, 조사료용 벼, 밀, 보리, 귀리 : 65% 이상 　　　　　 분질미 : 60% 이상<hr>　③ 계약자의 경작불능보험금 신청 여부 확인 : 식물체 피해율 65%(분질미는 60%) 이상인 경우 　　계약자에게 경작불능보험금 신청 여부 확인 　④ 수확량조사 대상 확인(조사료용 벼 제외) 　　• 벼 : 식물체 피해율 일반 벼 65% 미만, 분질미 60% 미만인 경우 　　• 밀, 보리, 귀리 : 식물체 피해율 65% 미만이거나, 65% 이상이지만 계약자가 경작불능보험금을 　　　신청하지 않은 경우<hr>　✓ 경작불능보장기간 내 식물체 피해율 65%(60%) 이상인 경우 　　1. 벼 : 일반 벼 65%, 분질미 60% 이상 → 수확감소, 수확불능보험금 지급 불가 → 경작불능보험금 　　　신청 여부 및 수확량조사 대상 확인 불필요(경작불능보험금 지급으로 계약 소멸) 　　2. 밀, 보리, 귀리 : 65% 이상 → 경작불능보험금 신청 여부 확인, 계약자가 경작불능보험금 미신청한 　　　경우 → 수확량조사 대상 농지(수확감소보험금 지급) 　　3. 조사료용 벼 : 경작불능보험금만 지급하는 품목<hr>4. 경작불능 후조사 : 경작불능보험금 지급 농지에 산지 폐기 여부 확인
지급 사유	보험기간 내 보장하는 재해로 식물체 피해율이 65% 이상(분질미 60% 이상)이고, 계약자가 경작불능보험금을 신청한 경우
지급 거절 사유	산지 폐기 등으로 목적물 모두가 시장에 유통되지 않음이 확인되지 않은 농지는 보험금을 지급하지 않음
보험금	1. 벼, 밀ㆍ보리ㆍ귀리 : 보험가입금액×자기부담비율에 따른 일정 비율 　• 일정 비율 : 45%, 42%, 40%, 35%, 30%(귀리 : 40%, 35%, 30%만 해당) 　✓ ×{(1−자기부담비율)÷2}로 계산. 42.5% 아닌 42%임에 주의 2. 조사료용 벼 : 보험가입금액×보장비율×경과비율 　① 보장비율 : 45%, 42%, 40%, 35%, 30% 　② 경과비율 : 사고발생일이 속한 월에 따라 아래와 같이 계산 	5월	6월	7월	8월 | 　|---|---|---|---| 	80%	85%	90%	100%	
계약 소멸	1. 보험금을 지급한 경우 그 손해보상의 원인이 생긴 때로부터 해당 농지의 계약은 소멸 2. 환급보험료는 발생하지 않음

5 수확량조사 및 수확감소보험금 – 벼(조곡), 밀 · 보리 · 귀리

① 조사 방법

수확량조사 방법
1. 조사 대상 : 피해사실 확인조사 시 수확량조사가 필요하다고 판단된 농지
2. 조사 방법 : 수량요소조사(벼만 해당), 표본조사, 전수조사. 현장 상황에 따라 선택
3. 거대재해 발생 시 : 대표 농지를 선정하여 각 수확량조사의 조사 결과 값(조사수확비율, 단위면적당 조사수확량 등)을 대표농지의 인접 농지(동일 '리' 등 생육환경이 유사한 인근 농지)에 적용 할 수 있음
4. 동일 농지에 대해 복수의 조사 방법을 실시한 경우 : 피해율 산정의 우선 순위는 전수 → 표본 → 수량요소조사 순으로 적용
5. 조사 대상에 따른 조사 방법, 조사 시기 　① 수량요소조사 : 벼만 해당. 수확 전 14일 전후 　② 표본조사 : 벼, 밀 · 보리 · 귀리. 알곡이 여물어 수확이 가능한 시기 　③ 전수조사 : 벼, 밀 · 보리 · 귀리. 수확 시
6. 손해평가 절차 　① 보장하는 재해 여부 심사 　② 경작불능보험금 대상 여부 확인 : 식물체 피해율이 65%(분질미는 60%) 이상인 경작불능보험금 대상인지 확인 　③ 면적 확인 및 순서 : 실제경작면적, 수확불능(고사)면적, 타작물 및 미보상면적 면적, 기수확면적 확인 → 조사대상면적 확인 → 수확불능 대상 여부 확인 → 조사 방법 결정 → 조사 실시 　　• 조사대상면적＝실－수타미기 　④ 수확불능 대상 여부 확인(벼만 해당) : 벼의 제현율이 일반 벼 65% 미만, 분질미 70% 미만으로 정상적 출하가 불가능한지 확인 　　• 경작불능보험금 대상인 경우에는 수확불능에서 제외 　⑤ 조사 방법 결정 : 수량요소(벼만 해당), 표본, 전수조사 중 결정

수량요소조사 (벼만 해당)

1. 순서 : 표본포기 선정 → 표본포기 조사 → 수확비율 산정 → 피해면적 보정계수 산정 → 병해충 단독사고 여부 및 미보상비율 확인
2. 표본포기
   ① 가입면적과 무관하게 4포기를 재배 방법 및 품종 등을 감안해 선정
   ② 선정한 포기가 표본으로 부적합한 경우(해당 포기의 수확량이 현저히 많거나 적어서 표본으로 대표성을 가지기 어려운 경우 등) : 가까운 위치의 다른 포기를 표본으로 선정
3. 표본포기 조사
   ① 표본포기별 이삭 상태 및 완전 낟알상태 점수 조사 (4포기)
   ② 이삭상태 점수 조사 : 표본포기별로 포기당 이삭수에 따라 아래 이삭상태 점수표를 참고하여 점수를 부여

포기당 이삭수	점수
16 미만	1
16 이상	2

   ③ 완전낟알상태 점수 조사 : 표본포기별로 평균적인 이삭 1개를 선정하여, 선정한 이삭별로 이삭당 완전낟알수에 따라 아래 완전낟알상태 점수표를 참고하여 점수를 부여

이삭당 완전낟알수	점수
51개 미만	1
51개 이상 61개 미만	2
61개 이상 71개 미만	3
71개 이상 81개 미만	4
81개 이상	5

4. (조사)수확비율 산정
   ① 표본포기별 이삭상태 점수(4개) 및 완전낟알상태 점수(4개)를 합산
   ② 아래 조사수확비율 환산표에서 수확비율 구간 확인 및 농지 상황 감안해 수확비율 산정

점수 합계	조사수확비율(%)	점수 합계	조사수확비율(%)
10점 미만	0% ~ 20%	16점 ~ 18점	61% ~ 70%
10점 ~ 11점	21% ~ 40%	19점 ~ 21점	71% ~ 80%
12점 ~ 13점	41% ~ 50%	22점 ~ 23점	81% ~ 90%
14점 ~ 15점	51% ~ 60%	24점 이상	91% ~ 100%

5. 피해면적 보정계수 산정
   ① 매우 경미 : 피해면적비율 10% 미만, 보정계수 1.2
   ② 경미 : 피해면적비율 10% 이상~30% 미만, 보정계수 1.1
   ③ 보통 : 피해면적비율 30% 이상, 보정계수 1
6. 병해충 단독사고 여부
   ① 자연재해, 조수해, 화재와 상관없이 보상하는 병해충만으로 발생한 병해충 단독사고 여부 확인
   ② 단독사고로 판단된 경우 가장 주된 병해충명 조사

표본조사
1. 순서: 표본구간수 산정 → 표본구간 선정 → 표본구간 면적, 작물 중량 및 함수율 조사 → 병해충 단독사고 여부 및 미보상비율 확인

2. 표본구간수 산정 및 표본구간 선정
  ① 표본구간수 산정: 조사대상면적 기준에 따라 품목별 표본주(구간)수 이상 산정
  ② 계약변경 대상 농지: 가입면적과 실제경작면적이 10% 이상 차이나는 경우 실제경작면적을 기준으로
     표본구간수 산정
  ③ 표본구간 선정: 재배 방법 및 품종 등을 감안하여 조사대상면적에 동일한 간격으로 골고루 배치될 수 있도록
     선정
3. 표본구간 면적 및 수량 조사
(1) 표본구간 면적

벼	밀, 보리, 귀리 (점파)	밀, 보리, 귀리 산파. 또는, 이랑 구분이 명확하지 않은 경우
표본구간마다 4포기의 길이와 포기당 간격 조사		규격의 테(50cm×50cm)를 사용

  • 농지 및 조사 상황 등을 고려하여 4포기를 2포기로 줄일 수 있음
(2) 작물 중량 및 함수율 조사
  ① 표본구간 작물 수확해 중량 측정
  ② 수확한 작물의 함수율(3회 이상 실시) 평균값 산출
4. 병해충 단독사고 여부(벼만 확인) 및 미보상비율 확인

전수조사

1. 순서: 전수조사 대상 농지 확인 → 조곡의 중량 및 함수율 조사 → 병해충 단독사고 여부 및 미보상비율 확인
2. 전수조사 대상 농지: 기계수확(탈곡 포함) 농지
3. 농지에서 수확한 전체 조곡의 중량 조사 및 함수율 평균값 조사 (3회 이상 실시)
4. 병해충 단독사고 여부(벼만 확인) 및 미보상비율 확인

② 수확감소보험금

지급 사유	보험기간 내 보장하는 재해로 피해율이 자기부담비율을 초과하는 경우

지급 거절
사유
	1. 경작불능보험금, 수확불능보험금을 지급하여 계약이 소멸된 경우 수확감소보험금을 지급하지 않음
	2. 벼: 경작불능보험금 기간 내 발생한 재해로 식물체 피해율이 65% 이상인 경우 수확감소보험금을
	   지급하지 않음
	✓ 일반 벼(65%)와 분질미(60%) 기준이지만, 「농업재해보험·손해평가의 이론과 실무」에는 위와 같이
	   구분 없이 기재되어 있다. (경작불능조사의 수확량조사 대상 확인 참조)

보험금
산정
	1. 보험가입금액×(피해율-자기부담비율)
	2. 피해율 = $\dfrac{\text{평년수확량} - \text{수확량} - \text{미보상감수량}}{\text{평년수확량}}$
	
	① 병해충보장 특별약관 가입 및 보상하는 병해충 단독사고 시 피해율 적용
	  • 최대인정피해율 70% (다른 재해와 함께 발생한 사고 시 해당 없음)
	② 7종 보상하는 병해충으로 인해 발생한 피해는 미보상감수량을 적용하지 않음
	✓ 2025 [약관] '보상하는 병해충'으로 인하여 발생한 피해는 벼 수확감소보험금 미보상감수량 산정 시
	   제외합니다.

③ 조사 방법에 따른 수확량 산출 방법

수량요소조사 (벼만 해당)

1. 수확량 = 표준수확량 × 조사수확비율 × 피해면적 보정계수

2. 수량요소조사 수확량 계산

예 1] • 조건 : 표준수확량 1,000kg, 실제경작면적 1,000㎡, 고사면적 200㎡, 이삭상태 점수 6점(4포기), 완전낟알상태 점수 10점(4포기), 조사수확비율 구간 내 최저비율

① 이삭 + 낟알 점수 합산 = 16점 → 조사수확비율 61% (표. 구간 내 최저)
② 피해면적비율 = 200 ÷ 1,000 = 20% → 피해면적 보정계수 = 1.1(경미)
③ 수확량 = 1,000 × 0.61 × 1.1 = 671kg

표본조사

1. 수확량 = (표본구간 ㎡당 유효중량 × 조사대상면적) + {㎡당 평년수확량 × (타작물 및 미보상면적 + 기수확면적)}

2. 표본구간 ㎡당 유효중량 = 표본구간 유효중량 ÷ 표본구간 면적

① 표본구간 유효 중량 = 표본구간작물 중량 합계 × (1 - loss율) × $\dfrac{1-함수율}{1-기준함수율}$

② loss율 7%
③ 기준함수율 : 메벼 15%, 분질미 14%(콩 · 팥 14%), 찰벼 · 밀 · 보리 · 귀리 13%
④ 표본구간 면적 = 4포기 길이 × 포기당 간격 × 표본구간 수
 • 밀, 보리, 귀리 산파재배 또는 이랑 구분 불명확한 경우 : 50cm × 50cm 테 사용

3. 표본조사 수확량 계산

예 2] • 조건 : 메벼, 평년수확량 0.6kg/㎡, 조사대상면적 1,000㎡, 기타미 면적 200㎡, 표본구간 작물 중량 4kg, 표본구간 면적 합계 10㎡, 함수율 20%

① 표본구간 ㎡당 유효중량 =

$$\dfrac{표본구간작물\ 4kg \times loss율\ 차감\ 0.93 \times (조사함수율차감\ 0.8 \div 기준함수율차감\ 0.85)}{표본면적\ 합계\ 10}$$

 = 0.35kg(소수점 둘째 자리까지)
② 수확량 = (1,000 × 0.35) + (200 × 0.6) = 470kg

전수조사

1. 수확량 = [작물 중량 × {(1 - 함수율) ÷ (1 - 기준함수율)}] + {㎡당 평년수확량 × (타작물 및 미보상면적 + 기수확면적)}

2. 전수조사 수확량 계산

예 3] • 조건 : 찰벼, 평년수확량 0.6kg/㎡, 기타미 면적 200㎡, 작물 중량 1,000kg, 함수율 18%

• 수확량 = {1,000 × (0.82 ÷ 0.87)} + (200 × 0.6) = 1,062kg (소수점 첫째 자리 이하 버림)

6 수확불능확인조사 및 수확불능보험금 – 벼(조곡)

조사 방법	1. 조사 대상 : 수확량조사 시 수확불능 대상으로 확인된 농지. 제현율이 일반벼 65% 미만, 분질미 70% 미만
	2. 조사 시기 : 수확 포기가 확인되는 시점에 실시
	3. 수확불능보험금 지급 대상 여부 조사
	  ① 보장하는 재해 여부 심사
	  ② 실제경작면적 확인
	  ③ 수확 불능 대상 여부 확인 : 벼 제현율이 일반 벼 65% 미만, 분질미 70% 미만으로 정상 출하 불가능한지 확인
	  ④ 수확 포기 여부 확인
	   • 당해연도 11월 30일까지 수확하지 않은 경우
	   • 목적물을 수확하지 않고 갈아엎은 경우(로터리 작업 등)
	   • 대상 농지 수확물 모두가 시장으로 유통되지 않은 것이 확인된 경우
	4. 미보상비율 확인

지급 사유	보험기간 내 보장하는 재해로 벼의 제현율이 일반 벼 65% 미만, 분질미 70% 미만으로 떨어져 정상 출하가 불가능하며, 계약자가 수확불능보험금을 신청한 경우 지급
지급 거절 사유	1. 경작불능보험금의 보험기간 내에 발생한 재해로 인해 식물체 피해율이 65%(분질미 60%) 이상인 경우에는 수확불능보험금 지급하지 않음 2. 산지 폐기 등으로 시장에 유통되지 않음이 확인되지 않은 경우 수확불능보험금 지급하지 않음
보험금	보험가입금액×자기부담비율에 따른 일정 비율 (60%, 57%, 55%, 50%, 45%) ✓ 가입금액×{(1 - 자기부담비율)÷2 + 15%}
계약 소멸	1. 보험금을 지급한 때에는 그 손해보상의 원인이 생긴 때로부터 해당 농지에 대한 보험계약은 소멸 2. 환급보험료는 발생하지 않음

PART 5
특정위험보장

인삼(작물)

📁 농작물 재해보험의 이론과 실무

📁 농작물 재해보험 손해평가의
   이론과 실무

농작물 재해보험의 이론과 실무

1 보험의 목적, 보장하는 재해, 보상하지 않는 손해, 보험기간

1 보험의 목적

✓ 아래 내용은 [농업재해보험 · 손해평가의 이론과 실무]에는 기재되어 있지 않은 내용이지만 인수 제한 목적물 등과 연계되는 내용이므로 암기하는 것이 좋다.

① 인삼 재배시설: 보험료 납입일이 속하는 해에 설치하거나 이미 설치되어 있는 인삼재배시설. 단, 인삼의 수확을 종료한 인삼재배시설은 보험의 목적에서 제외

② 인삼: 인삼재배시설을 설치하여 재배하는 2년근 이상의 인삼으로 관할 농협에 경작 신고된 인삼. 단, 6년근(미수확분)은 인수 불가이며, 직전년도 인삼 1형 상품에 5년근으로 가입한 농지에 한해 6년근 가입 가능. 보험기간에 따라 1형과 2형으로 구분

2 보장하는 재해, 보상하지 않는 손해

① 보장하는 재해: 🖊암기팁 강태우집 조폭 침화 폭냉

인삼 - 특정위험 8종 + 조수해	
태풍 (강풍)	기상청에서 태풍에 대한 특보(태풍주의보, 태풍경보)를 발령한 때 해당 지역의 바람과 비 또는 최대순간풍속 14m/s 이상 강풍. 이때 강풍은 해당 지역에서 가장 가까운 3개 기상관측소(기상청 설치 또는 기상청이 인증하고 실시간 관측 자료를 확인할 수 있는 관측소)에 나타난 측정자료 중 가장 큰 수치의 자료로 판정
우박	적란운과 봉우리 적운 속에서 성장하는 얼음알갱이나 얼음덩이가 내려 발생하는 피해
집중 호우	기상청에서 호우에 대한 특보(호우주의보, 호우경보)를 발령한 때 해당 지역의 비 또는 해당 지역에서 가장 가까운 3개소의 기상관측장비(기상청 설치 또는 기상청이 인증하고 실시간 관측 자료를 확인할 수 있는 관측소)로 측정한 24시간 누적강수량이 80mm 이상인 강우 상태
폭염	해당 지역에 최고기온 30℃ 이상이 7일 이상 지속되는 상태를 말하며, 잎에 육안으로 판별 가능한 타들어간 증상이 50% 이상 있는 경우에 인정
침수	태풍, 집중호우 등으로 인하여 인삼 농지에 다량의 물(고랑 바닥으로부터 침수 높이가 최소 15cm 이상)이 유입되어 상면에 물이 잠긴 상태
화재	화재로 인하여 발생하는 피해
폭설	기상청에서 대설에 대한 특보(대설주의보, 대설경보)를 발령한 때 해당 지역의 눈 또는 24시간 신적설이 해당 지역에서 가장 가까운 3개 기상관측소(기상청 설치 또는 기상청이 인증하고 실시간 관측 자료를 확인할 수 있는 관측소)에 나타난 측정자료 중 가장 큰 수치의 자료가 5cm 이상인 상태
냉해	출아 및 전엽기(4~5월) 중에 해당 지역에서 가장 가까운 3개소의 기상관측장비(기상청 설치 또는 기상청이 인증하고 실시간 관측 자료를 확인할 수 있는 관측소)에서 측정한 최저기온 0.5℃ 이하의 찬 기온으로 인하여 발생하는 피해를 말하며, 육안으로 판별 가능한 냉해 증상이 있는 경우에 피해를 인정
조수해	새나 짐승으로 인하여 발생하는 피해

② 보상하지 않는 손해: 계수통원보시계해전+생생(기본 9종+생생)

    √ 보상하지 않는 손해 기본 9종: 종합위험 수확감소보장 과수 편 참조 **51page**

- 추가된 항목: 연작장해, 염류장해 등 생육 장해로 인한 손해
- 보장하지 않는 재해로 재해로 발생한 생리장해

✓ 포인트

특정위험 담보조건
1. 집중호우: 적종-12시간 누적 강수량, 인삼-24시간 누적 강수량
2. 폭염: 적종 일소-연속 2일 이상 33℃ 이상, 인삼-최고기온 30℃ 이상이 7일 이상 지속
3. 냉해: 인삼 특정위험 냉해-최저기온 0.5℃ 이하의 찬 기온으로 인하여, 종합위험 냉해-작물의 생육에 지장을 초래할 정도의 찬 기온으로 인하여

---

3 보험기간

1형	**인삼**	판매개시연도 5월 1일~이듬해 4월 30일 24시 (5월 1일 이후 가입 시 계약체결일 24시~) 단, 6년근은 판매개시연도 10월 31일 초과 불가
	해가림시설	상동
2형	**인삼**	판매개시연도 11월 1일~이듬해 10월 31일 24시 (11월 1일 이후 가입 시 계약체결일 24시~)
	해가림시설	상동

---

2   보험가입금액 (천원 단위 절사)

1 인삼 보험가입금액=연근별 (보상)가액×재배면적

2 연근별 (보상)가액

① 농협 통계 및 농촌진흥청 자료를 기초로 연근별 투입되는 평균 누적 생산비를 고려해 연근별로 차등 설정
② 연근별 (보상)가액: 1형=가입연도 연근, 2형=가입연도 연근 +1년

구분	2년근	3년근	4년근	5년근	6년근
인삼	10,200원	11,600원	13,400원	15,000원	17,600원

3 보험료, 방재시설, 종별요율, 보험료의 환급

1 보험료의 구성

① 보험료의 구성: 적과전 종합위험보장 5. (1) 농작물재해보험 보험료의 구성 참조 **15page**
② 정부지원 보험료: 순보험료의 50%, 부가보험료 100%
    ✓ 과수 4종, 벼 품목 이외의 품목은 정부지원율을 위와 동일하다.
③ 지자체지원 보험료: 지자체별로 지원금액(비율)을 결정한다.

2 인삼 보험료의 계산

① 보통약관 보험가입금액×지역별 보통약관 영업요율×(1+손해율에 따른 할인 · 할증률)×(1+방재시설 할인율)
② 방재시설 할인율: 관수시설(스프링클러 등) 설치 시 5%
③ 손해율에 따른 할인 · 할증률: 적과전 종합위험보장 편 참조 **16page**
    • 계약자 기준
    • 할인 · 할증폭 –30% ~ +50%로 제한(손해율 80% 미만 할인, 120% 이상 할증)

3 종별 보험요율

종	상세	요율
2종	허용적설심 · 허용풍속: 지역별 내재해형 설계기준 120% 이상인 인삼재배시설	0.9
3종	허용적설심 · 허용풍속: 지역별 내재해형 설계기준 100% 이상 120% 미만인 인삼재배시설	1.0
4종	허용적설심 · 허용풍속이 지역별 내재해형 설계기준 100% 미만이면서, 허용적설심 7.9cm 이상이고, 허용풍속 10.5m/s 이상인 인삼재배시설	1.1
5종	허용적설심 7.9cm 미만이거나, 허용풍속 10.5m/s 미만인 인삼재배시설	1.2

✓ 종별 보험요율
1. 인삼과 해가림시설 보험료 산출식에 기재되어 있지 않고 다만, '종별 보험료율 차등 적용'이 기재되어 있다.
2. 적용되는 경우 인삼과 해가림시설 모두에 적용 여부도 불분명하다.
    이에 비해 원예시설 · 버섯 손해보장의 경우, 농업용 시설물과 시설작물 · 버섯의 보험료 산출식 모두에 '지역별 · 종별요율'로 되어 있어 시설과 작물에 모두 적용함을 알 수 있다. 따라서, 인삼과 해가림시설의 경우 조건에 분명하게 제시되어야 할 것으로 보인다.
3. 보험료 산출 문제에서의 종별 보험요율 적용하는 경우 보험료 계산 예시.
예 1] • 조건: 지역별 보통약관 영업요율 10%, 3종, 관수시설 설치
→ 보험가입금액×보통약관 영업요율 0.1×종별요율 1.0×(1+손해율에 따른 할인 · 할증률)×(1−0.05)

4 보험료의 환급

> ✓ 본 교재 적과전 종합위험보장 편 참조 **18page**
> 적과전 종합위험보장, 종합위험 수확감소보장 및 비가림과수 손해보장 과수, 수확 전 종합위험 및 종합위험
> 과실손해보장, 특정위험보장 인삼, 생산비보장 노지 밭작물의 아래 내용은 동일하다.

① 보험료 환급 사유 및 환급보험료 계산: 적과전 종합위험보장 편 참조 **18page**

② 환급보험료 지급: 적과전 종합위험보장 편 참조 **19page**

③ 환급보험료 계산: 적과전 종합위험보장 편 참조 **19page**

5 인삼 보험료의 계산 예시.

① 보험료

예 2]

- 조건: 2형, 재배면적 1,000㎡, 가입 당시 4년근, 영업요율 7%, 스프링클러 설치, 손해율에 따른 할인율 13%, 3종 해가림시설

- (영업)보험료 = (재배면적 1,000㎡ × 5년근 가액 15,000원) × 영업요율 0.07 × 3종 1.0 × (1 - 0.13) × (1 - 0.05) = 867,825원

② 환급보험료: 계약자부담보험료×해당 월 미경과비율

- **예 3]**

- 조건: 보험가입금액 1억원, 순보험료율 9%, 임의해지(9월), 1형 9월 미경과비율 15%, (3종, 손해율에 따른 할인할증 0, 방재시설 없음, 지자체 지원 없음)

- 기지급 보험금 없는 경우:

  환급보험료 = {보험가입금액 1억원 × 순보험료율 0.09 × 종별요율 1.0 × (1 + 0) × (1 + 0) × (1 - 0.5 - 0)} × 해당 월 미경과비율 0.15 = 675,000원

- 기지급 보험금 1,500만원이 있는 경우:

  환급보험료={기지급차감 후 보험가입금액 8,500만원 × 순보험료율 0.09 × 종별요율 1.0 × (1 + 0) × (1 + 0) × (1 - 0.5 - 0)} × 해당 월 미경과비율 0.15 = 573,750원. 또는,

  $675,000 × \dfrac{85}{100} = 573,750$원

> ✓ 보험료의 환급 내용이 동일한 '적과전 종합위험보장, 종합위험 수확감소보장 및 비가림과수 손해보장 과수, 수확 전 종합위험 및 종합위험 과실손해보장, 특정위험보장 인삼, 생산비보장 노지 밭작물'
> - 사실상 '보험기간 중 작물에 보험사고가 발생하고 보험금이 지급되어 보험가입액이 감액된 경우에는 '감액된 보험가입금액'을 기준으로 환급금을 계산'하는 것은 사고 당 보험금을 지급하는 인삼과 생산비보장 노지 밭작물 중 고추 · 브로콜리 품목에 해당한다.
> - 위 **예 3]**과 같이 기지급 보험금이 제시된 경우 환급보험료 계산에 주의한다.
> - 위의 경우 '감액된 보험가입금액' 보다는 '(기지급 차감 후) 보험가입금액'이 더 어울리는 표현이다.
> [약관] 보험기간 중 인삼(작물)에 보험사고가 발생하고 보험금이 지급된 경우에는 기가입한 보험가입금액에서 기지급 보험금 총액을 차감한 금액을 기준으로 환급금을 계산

4 보험금

① 보험금

지급 사유	보장하는 재해로 피해율이 자기부담비율을 초과하는 경우
산출식	1. 보험가입금액×(피해율−자기부담비율) 2. 피해율 = $[1 - \dfrac{수확량}{연근별\ 기준수확량}] × \dfrac{피해면적}{재배면적}$

- 농지별로 피해율 산정
- 2회 이상 사고인 경우 계산한 보험금에서 기지급보험금 차감

② 보험금 계산 예시

예 4] • 조건: 보험가입금액 1억원, 재배면적 1,000㎡, 연근별 기준수확량 4년근 표준 0.71kg/㎡, 피해면적 400㎡, 조사수확량 0.4kg/㎡, 미보상비율 10%, 자기부담비율 10%

1. 미보상감수량 = (0.71−0.4)×0.1 = 0.031kg/㎡
2. 수확량 = 0.4+0.031 = 0.431kg/㎡
3. 피해율 = $[1 - \dfrac{0.431}{0.71}] × \dfrac{400}{1,000}$ = 15.71% (%로 소수점 둘째 자리까지)
4. 보험금 = 100,000,000×(0.1571−0.1) = 5,710,000원
✓ 인삼에서의 수확량은 '조사수확량＋미보상감수량'을 의미한다.

5 자기부담비율

① 10% 형 가입자격: 최근 3년 연속 가입 계약자+3년간 수령한 보험금이 순보험료의 120% 미만
② 15% 형 가입자격: 최근 2년 연속 가입 계약자+2년간 수령한 보험금이 순보험료의 120% 미만
③ 20, 30, 40% 형: 제한 없음

6 보험가입기준

① 계약 인수는 농지 단위로 가입하고 개별 농지당 최저 보험가입금액은 200만원이다.
② 단, 하나의 리, 동에 있는 각각 보험가입금액 200만원 미만의 두 개의 농지는 하나의 농지로 취급하여 계약 가능하다.

7 인수 제한 목적물

① 보험가입금액이 200만원 미만인 농지

② 2년근 미만 또는 6년근 이상인 인삼. 단, 직전년도 인삼 1형 상품에 5년근으로 가입한 농지에 한해 6년근 가입 가능

③ 산양삼(장뇌삼), 묘삼, 수경재배 인삼

④ 식재년도 기준 과거 10년 이내(논은 6년 이내)에 인삼을 재배했던 농지. 단, 채굴 후 8년 이상 경과되고 올해 성토(60cm 이상)된 농지의 경우 인수 가능

⑤ 두둑 높이가 15cm 미만인 농지

⑥ 보험 가입 이전에 피해가 이미 발생한 농지. 단, 자기부담비율 미만의 피해가 발생 또는, 피해 발생 부분을 수확한 경우에는 농지의 남은 부분에 한해 인수 가능

⑦ 통상적인 재배 및 영농활동을 하지 않는다고 판단되는 농지

⑧ 하천부지, 상습침수 지역에 소재한 농지

⑨ 판매를 목적으로 경작하지 않는 농지

⑩ 군사시설보호구역 중 통제보호구역내의 농지(단, 통상적인 영농활동 및 손해평가가 가능하다고 판단되는 농지는 인수 가능)

  • 통제보호구역 : 민간인통제선 이북지역 또는 군사기지 및 군사시설의 최외곽 경계선으로부터 300미터 범위 이내의 지역

⑪ 연륙교가 설치되어 있지 않고 정기선이 운항하지 않는 등 신속한 손해평가가 불가능한 도서 지역 농지

⑫ 기타 인수가 부적절한 농지

✓ 포인트

자기부담비율 미만의 피해, 피해 발생 부분을 수확한 경우 → 인수 제한이 아닌, 남은 부분에 한해 인수 가능에 주의한다.

02 CHAPTER 농작물 재해보험 손해평가의 이론과 실무

1 인삼의 보장방식

① 연근별로 사전에 설정된 수확량(기준수확량)에 대한 실제 수확량의 감소에 면적 피해를 적용해 보상한다.

② 인삼 피해율

$$\frac{연근별\ 기준수확량 - 조사수확량 - 미보상감수량}{연근별\ 기준수확량} \times \frac{피해면적}{재배면적}$$

$$= [1 - \frac{수확량(조사+미보상)}{연근별\ 기준수확량}] \times \frac{피해면적}{재배면적} = 인삼손해비율 \times 면적피해율$$

③ 보장방식: 수확감소보장방식이다. 수확감소보장방식의 피해율과 같은 같은 원리의 피해율(인삼 손해비율)에 면적피해율을 곱한 것이다.

④ 인삼 수확량=조사수확량+미보상감수량

2 연근별 기준수확량

✓ 아래는 [농업재해보험·손해평가의 이론과 실무]에는 실리지 않은 내용으로 이해를 돕기 위한 내용이다.

1 **정의**: 인삼 피해율 산정의 기준이 되는 단위면적당 수확량으로 연근별로 사전에 설정된 양

2 **산출 방법**

① 농협중앙회 인삼특작부 통계자료와 인삼연구소 논문의 자료를 가중평균하여 산출 (7:3)

② 매년 연근별 수확량 자료가 집계되면 기준수확량 자료를 업데이트. 단, 변동 폭이 없거나 미미한 경우 전년도 값을 적용할 수 있다.

③ 인삼 피해율은 "표준"을 기준으로 산출하되, 점검 결과 우수 또는 불량으로 판정되는 경우에는 해당 기준수확량 기준으로 피해율을 산출

가입 당시 연근 기준. kg/㎡

연근	2년근	3년근	4년근	5년근
불량	0.45	0.57	0.64	0.66
표준	0.50	0.64	0.71	0.73
우수	0.55	0.70	0.78	0.81

3 인삼의 현지조사 및 보험금 산정 방법

✓ [농업재해보험·손해평가의 이론과 실무 - 본문]에는 서술형으로 전수조사에 따른 수확량 산출을 설명하고 있고, 표본조사의 내용은 없다. [별표 9]에는 표본조사의 경우도 실려있다. 아래의 내용은 [별표 9]를 기준으로 한다.

1 최초 가입 조사

① 최초 가입한 농지에 가입 직후 실시
  - 최초 가입 농지: 해가림시설 단독 가입 건 제외하고, '연속하여 가입하지 않은' 농지
② 인삼 재배상태 조사: 실제경작면적, 기고사면적 확인 및 인삼 생육 상태 점검
  - 기고사면적: 보장하는 재해로 작물이 수확될 수 없는 면적
  - 생육 상태 점검: 인삼의 줄기, 잎 점검. 확인할 수 없는 경우 계약자의 동의를 얻어 표본조사 실시 가능
③ 해가림시설 상태 조사
  - 계약원장 및 현지 조사표를 확인하여 소재지 및 구조체 구입시기, 유형 등 확인
  - 구조체 및 차광막 등이 정상적으로 설치되어 있는지 확인

2 피해사실 확인조사

① 조사 대상: 대상 재해(특정위험 8종+조수해)로 사고접수 농지 및 조사 필요 농지
② 조사 시기: 사고접수 직후 실시
③ 보장하는 재해로 인한 피해 여부 확인: 적과전 종합위험보장 "피해사실 조사 방법" 참조 30page
④ 추가 조사(수확량조사) 필요 여부 판단

3 수확량조사

대상 농지	피해사실확인조사 시 수확량조사가 필요하다고 판단된 농지
조사 시기	수확량 확인이 가능한 시기
조사 방법	1. 보장하는 재해 여부 심사 2. 수확량조사 적기 판단 및 시기 결정 3. 전체 칸수 및 칸 넓이 조사 ✓ 피해율 산출 시 면적피해율이 반영되므로 인삼 작물의 피해면적과 재배면적을 조사해야 한다. 인삼 작물의 면적은 해가림시설 칸수를 통해 확인할 수 있다. 　피해면적: 전수조사＝금차 수확칸수, 표본조사＝피해칸수 　① 전체 칸수:　전체 경작 칸수를 직접 세거나 (경작면적÷칸 넓이)로 파악 　② 칸 넓이 : 지주목간격, 두둑 폭 및 고랑 폭을 조사. 지주목 간격×(두둑 폭+고랑 폭) 4. 수확량 확인: 전수조사 또는 표본조사. 아래 (3) 참조 5. 미보상비율 조사

4 수확량조사 – 전수조사. 수확 칸 기준

✓ 전수조사: 피해면적(금차 수확칸수)의 인삼을 수확하여 수확량감소 비율을 산정한다.

인삼의 경우 기준수확량, 조사수확량, 미보상감수량 모두 ㎡당으로 산출한다.

조사 방법	1. 칸수조사: 금차 수확칸수, 미수확칸수, 기수확칸수 확인 2. 실 수확량 확인: 수확한 인삼 무게 측정
지급 사유	보험기간 내에 보장하는 재해로 피해율이 자기부담비율을 초과하는 경우
보험금	보험가입금액×(피해율－자기부담비율)
피해율	1. 피해율 = $[1 - \dfrac{\text{수확량}}{\text{연근별 기준수확량}}] \times \dfrac{\text{피해면적}}{\text{재배면적}}$ = (수확 칸) 인삼 손해비율×면적피해율 ① (수확 칸) 인삼 손해비율 = 피해면적(금차 수확칸수)의 인삼 손해(수확량감소)비율 ② 면적피해율: 피해면적 = 금차 수확칸수, 재배면적 = 실제경작칸수 2. 수확량 = ㎡당 (조사수확량＋미보상감수량) ✓ 인삼에 있어서의 수확량은 다른 보장방식과 다르게 미보상감수량을 포함한 의미이다. 3. ㎡당 조사수확량 = 총 조사수확량÷금차 수확면적 ① 총 조사수확량: 금차 수확칸수에서 수확한 인삼 무게 ② 금차 수확면적: 금차 수확칸수×칸 넓이 4. ㎡당 미보상감수량 = ㎡당 (기준수확량－조사수확량)×미보상비율 5. 전수조사 수확량 계산 예시 **예 1]** • 조건: 칸 넓이 2㎡, 금차 수확칸수 100칸, 수확 인삼 무게 50kg • 조사수확량 = 50÷(100×2) = 0.25kg/㎡

✓ 포인트

1. 미보상감수량
   ① 회사가 책임지지 않는 사유에 의한 감수량으로 계약자의 수확량으로 간주한다.
   ② 다른 보장방식은 수확량 = 조사수확량으로 보고, 수확량과 미보상감수량을 별개로 산출하지만, 인삼에서의 수확량은 조사수확량과 미보상감수량을 합한 의미이다.
   ③ 인삼: 수확량≠조사수확량. 수확량 = 조사수확량＋미보상감수량

2. 기준수확량-수확량(조사수확량+미보상감수량): 수확감소보장방식의 '수확감소량 = 평년수확량-수확량-미보상감수량'과 같은 개념이다.

5 수확량조사 – 표본조사. 피해 칸 기준

✓ 표본조사: 피해면적(피해칸수) 중 표본면적(표본칸수)의 인삼을 수확하여 수확량감소 비율을 산정한다.

인삼의 경우 기준수확량, 조사수확량, 미보상감수량 모두 ㎡당으로 산출한다.

조사 방법	1. 칸수조사 : 정상칸수, 피해칸수 확인 2. 표본칸 : 피해칸수에 따라 적정 표본칸수 산정 및 표본칸 선정 3. 표본칸의 인삼을 모두 수확하여 무게 측정
지급 사유	보험기간 내에 보장하는 재해로 피해율이 자기부담비율을 초과하는 경우
보험금	보험가입금액×(피해율 – 자기부담비율)
피해율	1. 피해율 = $[1 - \dfrac{수확량}{연근별\ 기준수확량}] \times \dfrac{피해면적}{재배면적}$ 　　　 = 피해 칸 손해비율×면적피해율 　① (피해 칸) 인삼 손해비율=피해면적(피해칸수)의 인삼 손해(수확량감소)비율 　② 면적피해율 : 피해면적=피해칸수, 재배면적=실제경작칸수 2. 수확량=㎡당 (조사수확량+미보상감수량) ✓ 인삼에 있어서의 수확량은 다른 보장방식과 다르게 미보상감수량을 포함한 의미이다. 3. ㎡당 조사수확량=표본칸 수확량 합계÷표본칸 면적 　① 표본칸 수확량 합계 : 표본칸수에서 수확한 인삼 무게 　② 표본칸 면적 : 표본칸수×칸 넓이 4. ㎡당 미보상감수량=㎡당 (기준수확량 – 조사수확량)×미보상비율 5. 표본조사 수확량 계산 예시 **예 2]** • 조건 : 칸 넓이 2㎡, 피해칸수 500칸, 표본칸수 5칸, 표본칸 인삼 무게 3kg 　• 조사수확량=3÷(5×2)=0.3kg/㎡

4 │ 2회 이상의 사고 시 인삼 보험금 산정 방법

1 2회 이상의 보험사고인 경우: 계산한 보험금에서 기지급 보험금을 차감하여 계산한다.

2 순서

① 1차 사고 보험금 산출 및 지급 (=기지급보험금)

② 2차 사고

- 보상한도 확인: 보상한도=보험가입금액-기지급보험금 총액-자기부담금

- 가입 당시 보험가입금액 기준으로 2차 사고 보험금 산출.

  (기지급보험금 차감 전)보험가입금액×(피해율-자기부담비율)

- 계산된 2차 사고 보험금-기지급 1차 사고 보험금=2차 지급보험금

③ 보상한도 초과 시: 손해보상의 원인이 생긴 때로부터 계약은 소멸하고 환급보험료 발생 하지 않는다.

> ✓ 2회 이상의 사고 시 피해율 및 보험금 계산에 논란이 있다. 전수조사 또는 표본조사, 피해면적의 인삼을 수확 또는 미수확, 수확하는 경우 즉시 수확 또는 수확기 수확, 전부 수확 또는 일부 수확 등에 의해 피해율이 각각 달라야 하지만, 현재의 계산식은 모두 담지 못하고 있다. 너무 깊게 생각하지 않는 것이 시험 준비에 도움이 된다.

3 피해율 및 보험금 계산 예시

> **예 3]** • 조건 : 보험가입금액 1억원, 재배면적 3,000㎡, 연근별 기준수확량 0.71kg/㎡, 자기부담비율 10%
>
> - 1차 사고 : 피해면적 1,200㎡, 조사수확량 0.44kg/㎡, 미보상감수량 0.03kg/㎡
>
> - 2차 사고 피해율 : 30%
>
> 1. 1차 사고 피해율 $= \dfrac{0.71 - 0.44 - 0.03}{0.71} \times \dfrac{1,200}{3,000} = 13.52\%$ (%로 소수점 둘째 자리까지)
>
> 2. 1차 사고 보험금 = 1억원×(0.1352-0.1)=3,520,000원
>
> 3. 2차 사고 보상한도 = 1억원-기지급 보험금 352만원-자기부담금 1천만원=86,480,000원
>
> 4. 2차 사고 보험금 = {1억원×(0.3-0.1)}-3,520,000=16,480,000원

PART 6
종합위험
수확감소보장 밭작물

01 CHAPTER 농작물 재해보험의 이론과 실무

1 보험의 목적, 보장하는 재해, 보상하지 않는 손해

1 보험의 목적: 마늘, 양파, 감자(고랭지재배, 봄재배, 가을재배), 고구마, 옥수수(사료용 옥수수), 양배추, 콩, 팥, 차, 수박(노지)

2 보장하는 재해

✓ 종합위험 자연재해의 정의: 적과전 종합위험보장 편 참조 **9page**

① 감자 이외 품목: 종합위험. 자연재해, 조수해, 화재

② 감자(봄재배 · 가을재배 · 고랭지재배): 종합위험. 자연재해, 조수해, 화재, 병충해

구분	감자 보장하는 병충해
병해	역병, 갈쭉병, 모자이크병, 무름병, 둘레썩음병, 가루더뎅이병, 잎말림병, 홍색부패병, 시들음병, 마른썩음병, 풋마름병, 줄기검은병, 더뎅이병, 균핵병, 검은무늬썩음병, 줄기기부썩음병, 반쪽시들음병, 흰비단병, 잿빛곰팡이병, 탄저병, 겹둥근무늬병, 기타
충해	감자뿔나방, 진딧물류, 아메리카잎굴파리, 방아벌레류, 오이총채벌레, 뿌리혹선충, 파밤나방, 큰28점박이무당벌레, 기타

3 보상하지 않는 손해

① 🖊암기팁 계수통원보시계해전+저생 (기본 9종+저생)

✓ 보상하지 않는 손해 기본 9종: 종합위험 수확감소보장 과수 편 참조 **51page**

② 기본 9종 중 '원인의 직접 · 간접을 묻지 않고 병해충으로 발생한 손해': 감자 품목 제외

③ 저: 저장성 약화 또는 저장, 건조 및 유통 과정 중에 나타나거나 확인된 손해

④ 생: 보상하는 손해에 해당하지 않은 재해로 발생한 생리장해

2 보험기간

양배추	1. 재정식보장 : 정식완료일 24시(경과 시 계약체결일 24시)~재정식 완료일 (판매연도 10월 15일 초과 불가) • 정식완료일 판매연도 9월 30일 초과 불가 : 이하 공통
	2. 경작불능보장 : 정식완료일 24시(경과 시 계약체결일 24시)~수확 개시 시점
	3. 수확감소보장 : 정식완료일 24시(경과 시 계약체결일 24시)~수확기 종료 시점(아래의 날짜 초과 불가) • 극조생, 조생종 : 이듬해 2월 말일 • 중생종 : 이듬해 3월 15일 • 만생종 : 이듬해 3월 31일
차	수확감소보장 : 계약체결일 24시~햇차 수확 종료 시점 (이듬해. 5월 10일 초과 불가)
양파, 마늘	1. 마늘 재파종보장(보통약관) : 계약체결일 24시~판매연도 10월 31일 • 조기파종보장 특약 가입 시 : 해당 특약 보장종료 시점~판매연도 10월 31일
	2. 경작불능보장(보통약관) : 계약체결일 24시~수확 개시 시점 • 마늘 조기파종보장 특약 가입 시 : 해당 특약 보장종료 시점~수확 개시 시점
	3. 수확감소보장 : 계약체결일 24시~수확기 종료 시점 (이듬해. 6월 30일 초과 불가) • 마늘 조기파종보장 특약 가입 시 : 해당 특약 보장종료 시점~수확기 종료 시점 (이듬해. 6월 30일 초과 불가)
	4. 마늘 조기파종보장 특약 : 계약체결일 24시~한지형 마늘 보험상품 최초 판매개시일 24시
감자 (봄재배)	1. 경작불능보장 : 파종완료일 24시(경과 시 계약체결일 24시)~수확 개시 시점
	2. 수확감소보장 : 파종완료일 24시(경과 시 계약체결일 24시)~수확기 종료 시점 (판매연도 7월 31일 초과 불가)
수박	1. 경작불능보장 : 정식완료일 24시(경과 시 계약체결일 24시)~수확 개시 시점 • 정식완료일 판매연도 5월 31일 초과 불가 : 이하 공통
	2. 수확감소보장 : 정식완료일 24시(경과 시 계약체결일 24시)~수확기 개시 시점 (판매연도 8월 10일 초과 불가)
옥수수, 사료용 옥수수	1. 경작불능보장 : 계약체결일 24시~수확 개시 시점 (사료용 옥수수. 판매연도 8월 31일 초과 불가)
	2. 수확감소보장 : 계약체결일 24시~수확기 종료 시점 (판매연도 9월 30일 초과 불가) • 사료용 옥수수 해당 없음 (경작불능보장만 해당)
고구마	1. 경작불능보장 : 계약체결일 24시~수확 개시 시점
	2. 수확감소보장 : 계약체결일 24시~수확기 종료 시점 (판매연도 10월 31일 초과 불가)
감자 (고랭지재배)	1. 경작불능보장 : 계약체결일 24시~수확 개시 시점
	2. 수확감소보장 : 계약체결일 24시~수확기 종료 시점 (판매연도 10월 31일 초과 불가)
콩, 팥	1. 경작불능 : 계약체결일 24시~종실비대기 전
	2. 수확감소보장 : 계약체결일 24시~수확기 종료 시점 (아래의 날짜 초과 불가) • 콩 판매연도 11월 30일, 팥 판매연도 11월 13일 초과 불가
감자 (가을재배)	1. 경작불능보장 : 파종완료일 24시(경과 시 계약체결일 24시)~수확 개시 시점
	2. 수확감소보장 : 파종완료일 24시(경과 시 계약체결일 24시)~수확기 종료 시점(아래의 날짜 초과 불가) • 제주 외 판매연도 11월 30일, 제주 판매연도 12월 15일

3 보험가입금액 (천원 단위 절사)

① 보험가입금액=가입수확량×가입가격
② 가입수확량
- 평년수확량의 50~100% 범위 내에서 계약자 선택(10% 단위)
- 옥수수 가입수확량=표준수확량의 80%~130% 계약자 선택
③ 사료용 옥수수 보험가입금액=보장생산비×가입면적

4 보험료, 방재시설 할인율, 보험료의 환급

1 보험료의 구성

① 보험료의 구성: 적과전 종합위험보장 5. (1) 농작물재해보험 보험료의 구성 참조 **15page**
② 정부지원 보험료: 순보험료의 50%, 부가보험료 100%
- ✓ 과수 4종, 벼 품목 이외의 품목은 정부지원율을 위와 동일하다.
③ 지자체지원 보험료: 지자체별로 지원금액(비율)을 결정한다.

2 보험료의 계산

① 보험료 = 보통약관 보험가입금액×지역별 보통약관 영업요율×(1+손해율에 따른 할인 · 할증률)
　　　　　　×(1+방재시설 할인율)
② 차, 팥, 고구마, 고랭지 감자: 방재시설 할인율 미적용
- ✓ 수박: 방재시설 할인율 미적용 품목에 기재되어 있지 않지만, 밭작물의 방재시설 할인율 표에는 수박에 해당하는 방재시설 할인율이 없다.
③ 손해율에 따른 할인 · 할증률: 적과전 종합위험보장 편 참조 **16page**
- 계약자 기준
- 할인 · 할증폭 –30% ~ +50%로 제한(손해율 80% 미만 할인, 120% 이상 할증)

3 방재시설 할인율

관수시설 5%	양배추, 양파, 마늘, 감자(봄·가을), 콩 • 고랭지 감자 미해당
전기시설물 5% (철책, 울타리 등)	옥수수, 사료용 옥수수, 콩, 양배추
방조망, 경음기 각 5%	양배추
배수시설(암거배수시설, 배수개선사업) 5%	콩 • 암거배수시설과 배수개선사업이 중복될 경우 5%의 할인율 적용

4 보험료의 환급

① 보험료 환급 사유 및 환급보험료 계산: 종합위험 수확감소보장 논작물 편 참조 127page

② 환급보험료 지급: 종합위험 수확감소보장 논작물 편 참조 127page

③ 환급보험료 계산: 종합위험 수확감소보장 논작물 편 참조 127page

5 보험금

✓ [농업재해보험·손해평가의 이론과 실무]의 종합위험보장 밭작물 1과목에는 2과목 수준의 보험금 산정식이 수록되어 있다. 2과목 내용과 중복되므로 보다 상세한 보험금 산정식은 2과목에서 다루기로 하며, 1과목에는 보험금 산정을 위한 기본 항목까지만 수록한다.

1 마늘 재파종 보험금 (보통약관)

지급 사유	보험기간 내 보장하는 재해로 10a당 식물체의 주수가 30,000주보다 적어지고, 10a당 30,000주 이상으로 재파종한 경우
보험금	보험가입금액×35%×표준피해율 표준 피해율(10a) $= \dfrac{30,000 - \text{식물체주수}}{30,000} = \dfrac{\text{감소한주수}}{30,000}$

2 양배추 재정식 보험금

지급 사유	보장하는 재해로 면적피해율이 자기부담비율을 초과하고 재정식한 경우 1회에 한해 지급
보험금	보험가입금액×20%×면적피해율 • 면적피해율＝피해면적÷보험가입면적

3 경작불능보험금

해당 품목	양배추, 양파, 고구마, 마늘, 감자(봄, 고랭지, 가을재배), 옥수수, 사료용 옥수수, 콩, 팥, 수박
	✓ 차 제외한 전 품목
지급 사유	1. 보장하는 재해로 식물체 피해율이 65% 이상이고, 계약자가 경작불능보험금을 신청한 경우
	2. 산지 폐기 등으로 시장에 유통되지 않음이 확인된 후 지급
계약 소멸	1. 보험금을 지급한 경우 손해보상의 원인이 생긴 때로부터 해당 농지의 계약 소멸
	2. 환급보험료는 발생하지 않음

보험금

1. 사료용 옥수수 외 품목 : 보험가입금액×자기부담비율에 따른 일정 비율
   - 일정 비율 : 45%, 42%, 40%, 35%, 30%
   - ✓ ×{(1 − 자기부담비율)÷2}로 계산 (수박 자기부담비율 10%, 15% 형 미해당)
2. 사료용 옥수수 : 보험가입금액×보장비율×경과비율
   - 보장비율 : 보험가입을 할 때 계약자가 선택한 비율. 45%, 42%, 40%, 35%, 30%
   - 경과비율 : 사고 발생 월에 따름

월별	5월	6월	7월	8월
경과비율	80%	80%	90%	100%

✓ 조사료용 벼 6월 경과비율 85% 외 동일

경작불능보험금 계산 예시

예 1] • 조건 : 보험가입금액 1,000만원, 자기부담비율 15%, 식물체 피해율 70%

1. 콩, 팥 이외 품목
   ① 경작불능보험금 신청 : 보험금 = 10,000,000×0.42 = 4,200,000원 → 지급 후 계약 소멸
   ② 경작불능보험금 신청하지 않음 → 수확량조사 → 수확감소보험금
2. 콩, 팥 경작불능보험 : 4,200,000원 지급 후 계약 소멸
3. 사료용 옥수수
   - 조건 : 보험가입금액 1,000만원, 보장비율 42%, 7월 사고
     보험금 = 10,000,000×0.42×0.9 = 3,780,000원

4 수확감소보험금 (사료용 옥수수 외 전 품목)

지급 사유	1. (옥수수 외 전 품목) 보장하는 재해로 피해율이 자기부담비율을 초과하는 경우
	2. 옥수수 : 보장하는 재해로 손해액이 자기부담금을 초과하는 경우

옥수수 외 전 품목 보험금

1. 보험금 = 보험가입금액×(피해율 − 자기부담비율)
2. 피해율 = $\dfrac{평년수확량 - 수확량 - 미보상감수량}{평년수확량}$

① 감자 피해율 = $\dfrac{평년수확량 - 수확량 - 미보상감수량 + 병충해감수량}{평년수확량}$

② 감자 병충해 감수량 = 병충해 괴경(작물) 무게×손해정도비율×병충해 등급별 인정비율

<감자 병충해 등급별 인정 비율 - 봄, 고랭지, 가을감자 동일>

1급	갈쭉병, 감자뿔나방, 잎말림병, 무름병, 둘레썩음병, 가루더뎅이병, 역병, 모자이크병	90%
2급	홍색부패병, 시들음병, 마른썩음병, 풋마름병, 줄기검은병, 더뎅이병, 균핵병, 검은무늬썩음병, 줄기기부썩음병, 진딧물류, 아메리카잎굴파리, 방아벌레류	70%
3급	반쪽시들음병, 흰비단병, 잿빛곰팡이병, 탄저병, 겹둥근무늬병, 오이총채벌레, 뿌리혹선충, 파밤나방, 큰28점박이무당벌레, 기타	50%

옥수수
보험금
	1. 보험금 = min(보험가입금액, 손해액) - 자기부담금
	2. 손해액 = (피해수확량 - 미보상감수량) × 가입가격
	  ① 피해수확량 = 피해주수 × 표준중량 × 재식시기지수 × 재식밀도지수
	    • 재식시기 지수 : 지역별 및 재식시기별 0.85 ~ 1.03의 값으로 피해수확량에 곱하는 가중치
	    • 재식밀도 지수 : 지역별 및 10a당 재식주수별 0.73 ~ 1.09의 값으로 피해수확량에 곱하는 가중치
	  ② 미보상감수량 = 피해수확량 × 미보상비율
	  √「농업재해보험 · 손해평가의 요령」의 옥수수의 피해수확량, 미보상감수량
	    • 「본문」의 피해수확량 : 약관상 기재된 표현으로서 미보상감수량을 제외하여 산정한 값
	    • [별표 9]의 피해수확량 = (표본구간 m²당 피해수확량 × 조사대상면적) + (m²당 표준수확량 × 고사면적)
	    • [별표 9]에는 '피해수확량 = .'으로 되어 있으므로, 이 계산식으로는 미보상감수량을 반영할 수가
	      없다. 다만, 본문에 미보상감수량을 제외한 값이라고 되어 있으므로, 미보상비율이 제시된 경우
	      '피해수확량 = 피해수확량 - 미보상감수량'으로 하는 것이 합리적으로 보인다.
	  √1과목과 2과목의 피해수확량
	    • 1과목 : 피해주수 × 표준중량 × 재식시기지수 × 재식밀도지수
	    • 2과목 : 표본구간 m²당 피해수확량 → 조사대상면적의 피해수확량
	      - 표본구간 m²당 피해수확량 = [{표본구간별 "하"품 이하 옥수수 개수 + ("중"품 옥수수 개수 × 0.5)}
	        × 표준중량 × 재식시기지수 × 재식밀도지수] ÷ 표본구간 면적
	      - 즉, 조사대상면적의 옥수수를 상 · 중 · 하품으로 계산한 결과값이 1과목의 '피해주수'의 개념으로
	        이해하면 된다.
	3. 자기부담금 = 보험가입금액 × 자기부담비율

	4. 옥수수 보험금 계산 예시 **예 2]** • 조건 : 보험가입금액 1,000만원, 가입가격 2,000원, 자기부담비율 10%, 피해주수 5,000주, 표준중량 190g, 재식시기지수 0.9, 재식밀도지수 1.0, 미보상비율 10% ① 피해수확량 = 5,000 × 0.19 × 0.9 × 1.0 = 855kg ② 미보상감수량 = 855 × 0.1 = 85kg (소수점 첫째 자리에서 버림) ③ 손해액 = (855 - 85) × 2,000 = 1,540,000원 ④ 자기부담금 = 10,000,000 × 0.1 = 1,000,000원 ⑤ 보험금 = 1,540,000 - 1,000,000 = 540,000원

5 마늘 품목 조기파종보장 특별약관

① 대상 품종: 제주지역 남도종 마늘

② 보험기간: 계약체결일 24시~한지형 마늘 보험상품 최초 판매개시일 24시, 특별약관 보장종료 이후
보통약관 보장이 개시

③ 조기파종 보험금

재파종
보험금
	1. 한지형 마늘 보험상품 최초 판매개시일 24시 이전
	2. 보장하는 재해로 10a당 식물체 주수가 30,000주 보다 적어지고, 10월 31일 이전 10a당 30,000주
	  이상으로 재파종한 경우
	3. 보험금 = 보험가입금액 × 25% × 표준피해율
	  • 표준 피해율(10a) = $\dfrac{30,000 - 식물체주수}{30,000}$

경작불능 보험금	1. 한지형 마늘 보험상품 최초 판매개시일 24시 이전 2. 보장하는 재해로 식물체피해율이 65% 이상 발생한 경우 경작불능보험금의 신청 시기와 관계없이 　아래와 같이 계산해 지급 3. 보험가입금액×자기부담비율에 따른 일정 비율 　• 일정 비율: 32%, 30%, 28%, 25%, 25%

✓ **포인트**

마늘 조기파종특약 보험금

1. 보통약관 보험금의 '약 70%' 지급
   ① 조기파종 재파종보험금: 보통약관 35%×70%=24.5 → 25%
   ② 조기파종 경작불능보험금: 보통약관의 ×{(1−자기부담비율)÷2}×70% 후 반올림
      • 자기부담비율 40% 형 제외
2. 조기파종보장 특별약관의 보장기간 내 발생할 수 있는 보험금은 재파종 및 경작불능보험금이다.

6 마늘 보통약관, 조기파종 특별약관 보험금 계산 예시

예 3] • 조건: 마늘(제주지역 남도종). 보험가입금액 2,000만원, 자기부담비율 15%
• 재파종조사: 식물체 주수 27,000주, 재파종주수 32,000주
• 경작불능조사: 식물체 피해율 66%

1. 보통약관
(1) 재파종보험금
   ① 표준피해율 = 3,000 ÷ 30,000 = 10%
   ② 보험금 = 20,000,000 × 0.35 × 0.1 = 700,000원
(2) 경작불능보험금 = 20,000,000 × 0.42 = 8,400,000원

2. 조기파종(특): 한지형 마늘 최초 판매개시일 24시 이전 재해
   ① 재파종보험금 = 20,000,000 × 0.25 × 0.1 = 500,000원
   ② 경작불능보험금 = 20,000,000 × 0.3 = 6,000,000원

3. 조기파종 특약 가입 농지에 다음과 같이 재해가 발생한 경우
   • 10/01 보상하는 재해 발생 → 재파종 보험금 신청 → 한지형 마늘 최초 판매개시일 10/15 → 보상하는 재해 발생
   　→ 경작불능보험금 신청
   ① 조기파종(특) 재파종보험금 = 20,000,000 × 0.25 × 0.1 = 500,000원
   ② 보통약관 경작불능보험금 = 20,000,000 × 0.42 = 8,400,000원

6 자기부담비율

① 10%, 15%, 20%, 30%, 40% 형
② 10% 형 가입 자격: 최근 3년 연속 가입 계약자+3년간 수령보험금이 순보험료의 120% 미만
③ 15% 형 가입 자격: 최근 2년 연속 가입 계약자+2년간 수령보험금이 순보험료의 120% 미만
④ 20%, 30%, 40% 형: 제한 없음
⑤ 수박: 10%, 15% 형 미해당

7 인수 관련 수확량

1 표준수확량: 과거의 통계를 바탕으로 지역별 기준수량에 농지별 경작요소를 고려하여 산출한 예상 수확량이다.

2 평년수확량 (옥수수, 사료용 옥수수 제외)

① 정의: 농지의 기후가 평년 수준이고 비배관리 등 영농활동을 평년수준 으로 실시하였을 때 기대할 수 있는 수확량이다.

② 전제: 평년수확량은 자연재해가 없는 이상적인 상황에서 수확할 수 있는 수확량이 아니라 평년 수준의 재해가 있다는 점을 전제로 한다.

③ 용도: 보험가입금액의 결정 및 보험금 지급 시 감수량 산정의 기준이다.

④ 산출 방법: 농지 단위로 산출. 직전 5년 중 보험에 가입한 연도의 실제 수확량과 표준수확량을 가입 횟수에 따라 가중평균하여 산출한다.

과거수확량 자료가 없는 경우(신규 가입)	
1. 팥 품목 : 표준수확량의 70%를 평년수확량으로 결정한다. 2. 팥 품목 외 : 표준수확량의 100%를 평년수확량으로 결정한다.	
과거수확량 자료가 있는 경우(최근 5년 이내 가입 이력 존재)	
차 품목 외 산출식	$\{A + (B-A) \times (1 - Y/5)\} \times C/B$ 1. A = 과거평균수확량 = Σ 과거 5년간 수확량 ÷ Y 2. B = 과거평균표준수확량 = Σ 과거 5년간 표준수확량 ÷ Y 3. C = 가입년도 표준수확량 4. Y = 과거수확량 산출연도 횟수(가입횟수)
차 품목 산출식	1. 상기 식에 따라 구한 기준평년수확량에 수확면적률을 곱한 값을 평년수확량으로 한다. 　① $\{A + (B-A) \times (1 - Y/5)\} \times C/B$ = 기준평년수확량 　② 기준평년수확량 × 수확면적률 = 평년수확량 2. 수확면적률: 포장면적 대비 수확면적 비율로 산출하며, 차(茶)를 재배하지 않는 면적(고랑, 차 　미식재면적 등)의 비율을 제외한 가입면적 대비 실제 수확면적의 비율 　• 실제 수확면적 ÷ 전체 가입면적 3. A, B, C, Y : 차 품목 외 산출식과 동일
계산된 평년수확량 한도	평년수확량은 보험가입연도 표준수확량의 130%를 초과할 수 없다.
차 품목 외 과거수확량 (a) 산출방법	1. 무사고 시 : max(표준수확량, 평년수확량) × 110% 2. 유사고 시 : max(조사수확량, 평년수확량 50%) 　① 조사수확량 > 평년수확량 50% → 조사수확량 적용 　② 조사수확량 ≤ 평년수확량 50% → 평년수확량 50% 적용
차 품목 과거수확량 (a) 산출방법	1. 무사고 시 : max(표준수확량, 기준평년수확량) × 110% 2. 유사고 시 : max(환산조사수확량, 기준평년수확량 50%) 　① 환산조사수확량 > 기준평년수확량 50% → 환산조사수확량 적용 　② 환산조사수확량 ≤ 기준평년수확량 50% → 기준평년수확량 50% 적용 　• 환산조사수확량 = 조사수확량 ÷ 수확면적률

차 평년수확량 산출

1. 피해율 계산 시 수확면적률이 조사수확량에는 반영되고, 평년수확량에는 반영되지 않아 문제가 되어오던 것을 해결하기 위해 2024년부터 위의 기준평년수확량과 환산조사수확량 개념을 도입했다.

2. 다음과 같이 정리할 수 있다.
   ① 평년수확량, 조사수확량: 수확면적률 반영 후의 값
   ② 기준평년수확량, 환산조사수확량: 수확면적률 반영 전의 값
   ③ 평년수확량 산출에 필요한 값은 '표준수확량, 기준평년수확량, 환산조사수확량'이며, 피해율 계산 시 필요한 값은 '평년수확량, 조사수확량'이므로, 제시되는 자료가 '기준평년수확량과 환산조사수확량'인지 또는 '평년수확량과 조사수확량'인지를 잘 구분해야 한다.

3. 다음에 익숙해진다.
   ① 평년수확량=기준평년수확량×수확면적률 ⇔ 기준평년수확량=평년수확량÷수확면적률
   ① 조사수확량=환산조사수확량×수확면적률 ⇔ 환산조사수확량=조사수확량÷수확면적

3 가입수확량

① 옥수수 외 품목: 보험에 가입한 수확량. 평년수확량의 50~100% 사이에서 계약자가 결정한다.

② 옥수수: 표준수확량의 80~130%에서 계약자가 결정한다.

8 보험가입기준

1 차 보험가입기준

① 농지단위로 가입하고 개별 농지당 최저 보험가입면적 1,000㎡ 이상이다.

② 단, 하나의 리·동에 있는 각각 1,000㎡ 미만의 두 개의 농지는 하나의 농지로 취급하여 계약 가능하다.

③ 보험가입대상은 7년생 이상의 차나무에서 익년에 수확하는 햇차

2 콩, 팥, 옥수수 보험가입기준

① 농지단위로 가입하고 개별 농지당 최저 보험가입금액 100만원 이상이다.

② 단, 하나의 리·동에 있는 각각 100만원 미만의 두 개의 농지는 하나의 농지로 취급하여 계약 가능하다.

3 차, 콩, 팥, 옥수수 외 나머지 품목 보험가입기준

① 농지단위로 가입하고 개별 농지당 최저 보험가입금액 200만원 이상이다.

② 단, 하나의 리·동에 있는 각각 200만원 미만의 두 개의 농지는 하나의 농지로 취급하여 계약 가능하다.

4 사료용 옥수수 보험가입기준

① 농지단위로 가입하고 개별 농지당 최저 보험가입면적 1,000㎡ 이상이다.

② 각각 1,000㎡ 미만의 농지라도 인접 농지 면적과 합하여 1,000㎡ 이상이 되면 통합하여 하나의 농지로 가입 가능하다.

③ 통합하는 농지는 2개까지만 가능하며 가입 후 농지를 분리할 수 없다.

> **✓ 포인트**
>
> **면적을 기준으로 가입하는 경우 통합할 수 있는 농지**
> 1. 차: 각각 1,000㎡ 미만+두 개의 농지+하나의 리·동+합하여 1,000㎡ 이상이 되면 통합
> 2. 사료용 옥수수: 각각 1,000㎡ 미만+두 개의 농지+인접 농지+합하여 1,000㎡ 이상이 되면 통합
> 3. 조사료용 벼: 각각 1,000㎡ 미만+통합 개수 제한 없음+인접 농지+합하여 1,000㎡ 이상이 되면 통합

9 인수 제한 목적물

1 밭작물 공통(수확감소, 수입감소보장) 인수 제한 목적물

① 보험가입금액이 200만원 미만인 농지(사료용 옥수수는 제외)
- 옥수수, 콩, 팥은 100만원 미만인 농지

② 통상적인 재배 및 영농 활동을 하지 않는 농지

③ 다른 작물과 혼식되어 있는 농지

④ 시설재배 농지

⑤ 하천부지 및 상습 침수지역에 소재한 농지

⑥ 판매를 목적으로 경작하지 않는 농지

⑦ 도서 지역의 경우 연륙교가 설치되어 있지 않고 정기선이 운항하지 않는 등 신속한 손해평가가 불가능한 지역에 소재한 농지
- 감자(가을재배), 감자(고랭지재배), 콩 품목의 경우 연륙교가 설치되어 있거나, 농작물재해보험 위탁계약을 체결한 지역 농·축협 또는 품목농협(지소 포함)이 소재하고 있고 손해평가인 구성이 가능한 지역은 보험 가입 가능
- 감자(봄재배) 품목은 미해당

⑧ 군사시설보호구역 중 통제보호구역내의 농지. 단, 통상적인 영농활동 및 손해평가가 가능하다고 판단되는 농지는 인수가능
- 통제보호구역: 민간인통제선 이북지역 또는 군사기지 및 군사시설의 최외곽 경계선으로부터 300미터 범위 이내의 지역
- 감자(봄재배), 감자(가을재배) 품목은 미해당

⑨ 기타 인수가 부적절한 농지

> ✓ 미해당 품목
> 1. ⑦도서 지역의 경우... : 감자(봄재배) 품목은 미해당
>   무엇이 미해당인지에 관한 의문이 있다. ⑦의 주 항목인 내용이 미해당이라면 감자(봄재배)는 신속한 손해평가가
>   불가능한 지역에 소재한 농지라 해도 인수 가능하다는 의미가 되므로, '감자(가을재배), 감자(고랭지재배), 콩
>   품목' 관련 내용에 미해당으로 유추할 수 있다.
> 2. ⑧군사시설보호구역 중... : 감자(봄재배), 감자(가을재배) 품목은 미해당
>   이 역시 ⑧의 주 항목 내용 또는 '단, –' 이하의 단서 중 어느 내용에 미해당인지 불분명하게 기술되어 있지만, 주
>   항목 내용에 미해당이라면 통제보호구역 내에 위치한 농지라 해도 인수 가능하다는 의미가 되므로, '단, –'의 단서
>   내용에 미해당으로 유추할 수 있다.

2 마늘

① 난지형의 경우 남도 및 대서 품종, 한지형의 경우는 의성 품종, 홍산 품종이 아닌 마늘

② 난지형은 8월 31일, 한지형은 10월 10일 이전 파종한 농지

③ 재식밀도가 30,000주/10a 미만인 농지(=30,000주/1,000㎡)

④ 마늘 파종 후 익년 4월 15일 이전에 수확하는 농지

⑤ 액상멀칭 또는 무멀칭농지

⑥ 코끼리 마늘, 주아재배 마늘. 단, 주아재배의 경우 2년차 이상부터 가입가능

⑦ 시설재배 농지, 자가채종 농지

3 양파

① 극조생종, 조생종, 중만생종을 혼식한 농지

② 재식밀도가 23,000주/10a 미만, 40,000주/10a 초과인 농지

③ 9월 30일 이전 정식한 농지

④ 양파 식물체가 똑바로 정식되지 않은 농지(70° 이하로 정식된 농지)

⑤ 부적절한 품종을 재배하는 농지

   (예 고랭지 봄파종 재배 적응 품종 → 게투린, 고떼이황, 고랭지 여름, 덴신, 마운틴1호, 스프링골드,
       사포로기, 울프, 장생대고, 장일황, 하루히구마 등)

⑥ 무멀칭농지

⑦ 시설재배 농지

4 감자(봄, 가을, 고랭지재배)

① 봄: 2년 이상 자가 채종 재배한 농지, 가을: 2년 이상 갱신하지 않는 씨감자를 파종한 농지

② 봄, 가을: 씨감자 수확을 목적으로 재배하는 농지

③ 파종: 봄-3월 1일, 고랭지-4월 10일 이전에 실시 농지

④ 봄, 가을, 고랭지: 출현율이 80% 미만인 농지(보험가입 당시 출현 후 고사된 싹은 출현이 안 된 것으로 판단)

⑤ 재식밀도: 봄·가을-4,000주/10a, 고랭지-3,500주/10a 미만인 농지

⑥ 봄, 가을: 전작으로 유채를 재배한 농지

⑦ 가을: 목장 용지 농지

⑧ 가을: 가을재배에 부적합 품종(수미, 남작, 조풍, 신남작, 세풍 등)이 파종된 농지

⑨ 고랭지: 재배 용도가 다른 것을 혼식 재배하는 농지

5 고구마

① '수' 품종 재배 농지

② 채소, 나물용 목적으로 재배하는 농지

③ 재식밀도가 4,000주/10a 미만인 농지

④ 무멀칭 농지

⑤ 도시계획 등에 편입되어 수확 종료 전에 소유권 변동 또는 농지 형질변경 등이 예정되어 있는 농지

6 양배추

① 관수시설 미설치 농지(물호스는 관수시설 인정 제외)

② 9월 30일 이후에 정식한 농지(단, 재정식은 10월 15일 이내 정식)

③ 재식밀도가 평당 8구 미만인 농지

④ 소구형 양배추(방울양배추 등), 적채 양배추를 재배하는 농지

⑤ 목초지, 목야지 등 지목이 목인 농지

⑥ 시설(비닐하우스, 온실 등)에서 양배추를 재배하는 농지

7 옥수수, 사료용 옥수수

① 옥수수: 보험가입금액이 100만원 미만인 농지, 사료용 옥수수: 보험가입면적이 1,000㎡ 미만인 농지

② 옥수수, 사료용 옥수수: 자가 채종을 이용해 재배하는 농지

③ 옥수수, 사료용 옥수수: 3월 1일 이전 파종한 농지

④ 옥수수, 사료용 옥수수: 출현율이 80% 미만인 농지(보험가입 당시 출현 후 고사된 싹은 출현이 안 된 것으로 판단함)

⑤ 옥수수, 사료용 옥수수: 도시계획 등에 편입되어 수확 종료 전에 소유권 변동 또는 농지 형질변경 등이 예정되어 있는 농지

⑥ 옥수수: 1주 1개로 수확하지 않는 농지

⑦ 옥수수: 통상적인 재식 간격의 범위를 벗어나 재배하는 농지
   • 1주 재배: 1,000㎡당 정식주수가 3,500주 미만 5,000주 초과인 농지 (단, 전남 · 전북 · 광주 · 제주는 1,000㎡당 정식주수가 3,000주 미만 5,000주 초과인 농지)
   • 2주 재배: 1,000㎡당 정식주수가 4,000주 미만 6,000주 초과인 농지

8 콩, 팥

① 콩, 팥: 보험가입금액이 100만원 미만인 농지
② 콩: 장류 및 두부용, 나물용, 밥밑용 콩 이외의 콩이 식재된 농지
③ 콩: 적정 출현 개체수 미만인 농지(10개체/㎡), 제주지역 재배방식이 산파인 경우 15개체/㎡
④ 콩: 담배, 옥수수, 브로콜리 등 후작으로 인수 시점 기준으로 타 작물과 혼식되어 있는 경우
⑤ 콩: 논두렁에 재배하는 경우
⑥ 콩: 시험연구를 위해 재배하는 경우
⑦ 콩: 다른 작물과 간작 또는 혼작으로 다른 농작물이 재배 주체가 된 경우의 농지
⑧ 콩: 도시계획 등에 편입되어 수확 종료 전에 소유권 변동 또는 농지 형질변경 등이 예정되어 있는 농지
⑨ 콩: 시설재배 농지, 팥: 시설(비닐하우스, 온실 등)에서 재배하는 농지
⑩ 콩, 팥: 출현율 80% 미만인 농지(보험가입 당시 출현 후 고사된 싹은 출현이 안 된 것으로 판단)
⑪ 팥: 6월 1일 이전에 정식(파종)한 농지

9 차

① 보험가입면적이 1,000㎡ 미만인 농지
② 가입하는 해의 나무 수령이 7년 미만인 차나무
   • 수령(나이)은 나무의 나이를 말하며, 묘목이 가입농지에 식재된 해를 1년으로 한다.
③ 깊은 전지로 인해 차나무의 높이가 지면으로부터 30cm 이하인 경우 가입면적에서 제외
④ 통상적인 영농활동을 하지 않는 농지
⑤ 말차 재배를 목적으로 하는 농지
⑥ 보험계약 시 피해가 확인된 농지
⑦ 시설(비닐하우스, 온실 등)에서 촉성재배 하는 농지
⑧ 판매를 목적으로 경작하지 않는 농지
⑨ 다른 작물과 혼식되어 있는 농지
⑩ 하천부지, 상습침수 지역에 소재한 농지
⑪ 군사시설보호구역 중 통제보호구역내의 농지(단, 통상적인 영농활동 및 손해평가가 가능하다고 판단되는 농지는 인수 가능)
   • 통제보호구역 : 민간인통제선 이북지역 또는 군사기지 및 군사시설의 최외곽 경계선으로부터 300미터 범위 이내의 지역
⑫ 기타 인수가 부적절한 농지

10 수박

① 5월 31일을 초과하여 정식한 농지

② 소과(미니 애플수박 등)를 경작하는 농지

③ 보험계약 시 피해가 확인된 농지

④ 시험연구를 위해 재배되는 농지

⑤ 오염 및 훼손 등의 피해를 입어 복구가 완전히 이루어지지 않은 농지

✓ 포인트

밭작물 (수확감소보장, 생산비보장 노지), 논작물

1. 출현율, 재식밀도(10a): 미만 시 인수 제한. 가입 당시 출현 후 고사된 싹은 출현하지 않은 것으로 판단

출현율		재식밀도(양배추, 콩 이외 10a 기준)	
80%	콩, 팥 감자(봄 · 고랭지 · 가을), 옥수수 사료용 옥수수 무(고랭지 · 가을 · 월동) 밀, 보리, 귀리	8구/평 미만	양배추
		10개체/㎡ 미만	콩 (제주 산파 15)
		3,500주 미만	고랭지 감자
		3,500주 미만, 5,000주 초과	옥수수 1주 재배(전남북, 광주, 제주 3,000주 미만, 5,000주 초과)
50%	당근	4,000주 미만	고구마, 봄 · 가을 감자
		4,000주 미만, 6,000주 초과	옥수수 2주 재배
		23,000주 미만, 40,000주 초과	양파
		30,000주 미만	마늘

2. 날짜: 아래 날짜 이전 파종(정식) 시 인수 제한

3/1	4/10	6/1	7/31	8/31	9/30	10/10	10/15
봄감자, 옥수수, 사.옥수수	고랭지감자	팥	가을 감자	전) 난지형마늘, 후) 가을감자	전) 양파, 후) 양배추	한지형 마늘	후) 양배추 재정식

02 농작물 재해보험 손해평가의 이론과 실무

CHAPTER

1 시기별 조사 종류 및 조사 내용

조사종류		조사 시기	조사 내용
계약 24시 ~ 수확 전	피해사실 확인조사	사고접수 후 지체없이	1. 보장하는 재해로 인한 피해발생 여부 2. 추가조사 (재정식, 재파종, 경작불능, 수확량조사) 필요 여부 판단
	마늘 재파종 조사	사고접수 후 지체없이 (~ 재파종 이후)	1. 전조사 : 지급 대상 여부. 식물체 주수 조사(8주(또는 1m) 해당 이랑 길이×이랑 폭) 2. 후조사 : 재파종 이행 완료 여부. 파종주수 조사(8주(또는 1m) 해당 이랑 길이×이랑 폭)
	양배추 재정식 조사	사고접수 후 지체없이 (~ 재정식 이후)	1. 전조사 : 피해면적 조사. 고사 또는 수확이 불가능한 면적 2. 후조사 : 재정식 이행 완료 여부. 미이행면적 피해면적에서 제외
	경작불능 조사 (차 미해당)	사고접수 후 지체없이	1. 식물체 피해율 65% 이상 여부 및 보험금 신청 여부, 수확량조사 대상(65% 미만 또는 65% 이상이지만 미신청) 여부 조사 2. 후조사 : 신청 농지의 산지폐기 및 시장 미유통 조사
수확 직전	수확량 조사	수확직전	수확량조사
수확 개시 후 ~ 수확종료	수확량 조사	조사 가능일	차 품목만 해당. 수확량조사
		사고접수 후 지체없이	수확량조사

2 재파종, 재정식, 경작불능보장의 현지조사 및 보험금 산정 방법

1 피해사실 확인조사

① 조사 대상: 자연재해, 조수해, 화재 및 병해충으로 사고접수 농지 및 조사 필요 농지
   • 병해충: 감자 품목만 해당
② 조사 시기: 사고접수 직후 실시
③ 보장하는 재해로 인한 피해 여부 확인: 적과전 종합위험보장 "피해사실 조사 방법" 참조 **30page**
④ 추가 조사(재정식조사, 재파종조사, 경작불능조사 및 수확량조사) 필요 여부 판단

2 재파종조사 및 보험금 (보통약관)

대상 농지	1. 마늘 품목 피해사실확인조사 시 재파종조사 필요 판단된 농지 2. 재파종 보험금 지급 대상(보장하는 재해 여부 및 식물체 주수) 및 이행 완료 여부 확인
조사 시기	피해사실확인조사 직후 또는 사고접수 직후 (~재파종 이행 완료 이후) ✓ 전조사와 후조사가 있으므로 (~재파종 이행 완료 이후)까지가 조사 시기이다.
조사 방법	1. 보상하는 재해 여부 심사 2. 실제 경작면적 확인 (가입면적 대비 10% 이상 차이 시 계약사항 변경) 3. 재파종 보험금 지급 대상 여부 조사(전조사) 　① 표본구간 수 산정 및 구간 선정 : 조사대상면적에 따라 적정 표본구간 수 산정, 재배 방법 및 품종 　　등을 감안하여 표본구간 선정 　② 표본구간 길이 및 식물체 주수 조사 : 이랑길이 방향 식물체 8주 이상(또는 1m), 이랑폭(고랑 포함), 　　식물체 주수 조사 　　• 표본구간 면적 = 식물체 8주 이상(또는 1m) × (고랑 포함) 이랑폭 4. 재파종 이행 완료 여부 조사(후조사) 　① 전조사 시 재파종 보험금 대상으로 확인된 농지에, 재파종이 완료된 이후 조사 　② 전조사와 동일한 방법으로 표본구간 선정 　③ 표본구간 면적 및 파종주수 조사 : 표본구간별로 이랑 길이, 이랑 폭 및 파종주수를 조사 　　• 1차 조사 시 재파종 보험금 대상으로 확인된 농지 + 재파종 완료 이후 조사 5. 미보상비율 확인
지급 사유	보험기간 내(계약 24시~당해 10월 31일) 보장하는 재해로 10a당 식물체의 주수가 30,000주보다 적어지고, 10a당 30,000주 이상으로 재파종한 경우 1회에 한해 지급
보험금	1. 보험가입금액 × 35% × 표준피해율 2. 표준피해율(10a) $= \dfrac{30,000 - 식물체주수}{30,000}$

3 재정식조사 및 보험금

대상 농지	1. 양배추 품목 피해사실확인조사 시 재정식조사 필요 판단된 농지 2. 재정식 보험금 지급 대상(보장하는 재해 여부 및 피해면적 조사) 및 이행 완료 여부 조사
조사 시기	피해사실확인조사 직후 또는 사고접수 직후 (~ 재정식 이행 완료 이후) ✓ 전조사와 후조사가 있으므로 (~재정식 이행 완료 이후)까지가 조사 시기이다.
조사 방법	1. 보장하는 재해 여부 심사 2. 실제 경작면적 확인 (가입면적 대비 10% 이상 차이 시 계약사항 변경) 3. 재정식 보험금 지급 대상 확인(전조사) 　① 피해면적 확인 　② 피해면적 판정 기준 : 작물이 고사되거나 살아있으나 수확이 불가능할 것으로 판단된 면적 4. 재정식 이행 완료 여부 조사(후조사) 　① 전조사 시 재정식 보험금 대상으로 확인된 농지에 재정식 완료 여부 조사 　② 재정식 미이행 면적은 피해면적에서 제외 　③ 농지별 상황에 따라 전조사 생략하고 후조사 시 면적조사(실제경작면적 및 피해면적) 가능 5. 미보상비율 확인
지급 사유	보험기간 내 보장하는 재해로 면적피해율이 자기부담비율을 초과하고 재정식한 경우 1회에 한해 지급
보험금	1. 보험가입금액 × 20% × 면적피해율 2. 면적피해율 = 피해면적 ÷ 보험가입면적

4 「경작불능조사」 및 보험금: 차 제외 전 품목(사료용 옥수수 포함)

대상 농지	1. 피해사실확인조사 시 경작불능조사 필요 판단된 농지 또는 사고접수 시 이에 준하는 피해 예상되는 농지 2. 식물체 피해율 조사 및 계약자의 보험금 신청 여부 확인
조사 시기	피해사실확인조사 직후 또는 사고접수 직후

조사
방법
	1. 보장하는 재해 여부 심사
	2. 실제경작면적 확인 (가입면적 대비 10% 이상 차이 시 계약사항 변경)
	3. 보장하는 재해로 식물체 피해율 65% 이상 여부 조사
	   • 목측으로 조사, 고사식물체 판단기준 = 수확 가능 여부
	   • 고사식물체 수(면적) ÷ 보험가입식물체 수(면적)
	4. 65% 이상인 경우 계약자의 경작불능보험금 신청 여부 확인 (콩, 팥 제외)
	5. 수확량조사 대상 확인 (사료용 옥수수 제외): 식물체 피해율 65% 미만이거나, 65% 이상이지만 계약자가 보험금 미신청한 경우 (콩, 팥 제외)
	6. 경작불능 후조사: 식물체 피해율 65% 이상인 농지에 대하여, 보험목적물이 산지 폐기 등으로 시장에 유통되지 않았음을 확인
	   ✓ 콩, 팥: 식물체 피해율 65% 이상인 경우 경작불능보험금의 지급 후 계약이 소멸된다. 따라서, 경작불능보험금 신청 여부 및 수확량조사 대상을 확인할 필요가 없다.

지급 사유	보험기간 내 보장하는 재해로 식물체 피해율이 65% 이상이고, 계약자가 경작불능보험금을 신청한 경우
지급 조건	1. 보험목적물의 산지 폐기 및 시장에 유통되지 않았음을 확인 후 지급 2. 경작불능보험금 지급한 경우 손해보상의 원인이 생긴 때로부터 해당 농지의 계약 소멸
계약 소멸	1. 보험금을 지급한 때에는 그 손해보상의 원인이 생긴 때로부터 해당 농지에 대한 보험계약은 소멸 2. 환급보험료는 발생하지 않음

보험금	1. 보험가입금액 × 자기부담비율에 따른 보장비율
	   • 보장 비율: 45%, 42%, 40%, 35%, 30% (수박 45%, 42% 형 미해당)
	   ✓ × {(1 − 자기부담비율) ÷ 2}로 계산
	2. 사료용 옥수수 경작불능보험금 = 보험가입금액 × 보장비율 × 경과비율
	  ① 보장비율: 45%, 42%, 40%, 35%, 30%
	  ② 경과비율: 사고발생일이 속한 월에 따라 적용
	
	{표}
	<table><tr><th>5월</th><th>6월</th><th>7월</th><th>8월</th></tr><tr><td>80%</td><td>80%</td><td>90%</td><td>100%</td></tr></table>

3 수확감소보장의 현지조사 및 보험금 산정 방법

1 수확량조사: 사료용 옥수수 외 전 품목

대상
농지
	1. 피해사실확인조사 시 수확량조사 필요 판단된 농지 또는, *경작불능조사 시 수확량조사 실시 결정된 농지
	2. 수확량조사 적기 여부 및 수확량을 조사
	 ✓ *경작불능조사 시 수확량조사 실시 결정된 농지
	  • 콩, 팥: 식물체 피해율 65% 미만
	  • 콩·팥 외: 식물체 피해율 65% 미만 또는 식물체 피해율 65% 이상이나 계약자가 경작불능보험금을 신청하지 않은 농지

조사 시기	수확 직전 (차: 조사 가능 시기)
조사 방법	1. 보장하는 재해 여부 심사 2. 경작불능보험금 대상 여부 확인(콩, 팥만 해당): 식물체 피해율이 65% 이상인지 확인 3. 수확량조사 적기 판단 및 시기 결정(아래 표. 2 품목별 수확량조사 적기 참조) 4. 수확량 재조사 및 검증조사: 수확량조사 실시 후 2주 이내에 수확을 하지 않을 경우 재조사 또는 검증조사를 실시할 수 있음 5. 면적확인 ① 실제경작면적 확인 (가입면적 대비 10% 이상 차이 시 계약사항 변경) ② 수확불능(고사)면적, 타작물 및 미보상면적, 기수확면적 확인 ③ 조사대상면적 확인 = 실 − 수타미기 ④ 차 품목: 수확면적율 확인. 목측 조사, 가입 시와 실제 수확면적율이 차이나는 경우 계약사항 변경 가능 6. 조사 방법 결정 및 실시 (품목, 재배 방법 등 참고해 결정) (1) 표본조사 ① 조사대상면적에 따라 표본구간수 산정 및 선정(재배 방법 및 품종 감안) ② 표본구간 면적 및 표본구간에서 수확한 작물의 수확량조사 (아래 표. 3 품목별 표본구간 면적조사, 4 품목별 표본구간 수확량조사 방법 참조) ③ 양파, 마늘: 지역별 수확 적기보다 일찍 조사하는 경우, 수확 적기까지의 잔여일수별 비대지수 추정 적용 (2) 전수조사: 콩, 팥 품목만 해당 ① 대상 농지: 기계 수확(탈곡)하는 농지 또는, 수확 직전 상태가 확인된 농지 중 자른 작물을 농지에 그대로 둔 상태에서 기계 탈곡 시행하는 농지 ② 종실의 중량(임의의 10포대 이상의 평균 무게로 산출) 및 함수율(10회 이상) 조사 7. 미보상비율 확인
지급 사유	보험기간 내 보장하는 재해로 피해율이 자기부담비율을 초과하는 경우

보험금	1. 옥수수 외 품목 보험금＝보험가입금액×(피해율－자기부담비율)
	2. 피해율 ＝ $\dfrac{\text{평년수확량} - \text{수확량} - \text{미보상감수량}}{\text{평년수확량}}$
	
	  ① 감자 피해율 ＝ $\dfrac{(\text{평년수확량} - \text{수확량} - \text{미보상감수량}) + \text{병충해감수량}}{\text{평년수확량}}$
	
	  ② 감자 병충해 감수량＝병충해 작물 중량×손해정도비율×병충해 등급별 인정 비율
	3. 수확량＝(표본구간 m²당 수확량×조사대상면적)＋(m²당 평년수확량×기타미 면적)
	  (아래 5 품목별 표본구간 수확량 합계 산정 방법 (표본구간 m²당 수확량 산정 방법) 표 참조)

	1. 옥수수 보험금＝min(보험가입금액, 손해액)－자기부담금
	2. 손해액＝(피해수확량－미보상감수량)×가입(표준)가격
	  ① 피해수확량＝(표본구간 m²당 피해수확량×조사대상면적)＋(m²당 표준수확량×고사면적)
	  ② 표본구간 m²당 피해수확량＝[{표본구간별 '하'품 이하 옥수수 개수＋('중'품 옥수수 개수×0.5)}×표준중량×재식시기지수×재식밀도지수]÷표본구간 면적
	    (아래 (5) 품목별 표본구간 수확량 합계 산정 방법 (표본구간 m²당 수확량 산정 방법) 표 참조)
	  ③ 미보상감수량＝피해수확량×미보상비율
	  ✓「농업재해보험 · 손해평가의 요령」의 옥수수의 피해수확량, 미보상감수량
	    • 「본문」의 피해수확량: 약관상 기재된 표현으로서 미보상감수량을 제외하여 산정한 값
	    • [별표 9] 피해수확량＝(표본구간 m²당 피해수확량×조사대상면적)＋(m²당 표준수확량×고사면적)
	    • [별표 9]에는 '피해수확량＝∴'으로 되어 있으므로, 이 계산식으로는 미보상감수량을 반영할 수가 없다. 다만, 본문에 미보상감수량을 제외한 값이라고 되어 있으므로, 미보상비율이 제시된 경우 '피해수확량＝피해수확량－미보상감수량'으로 하는 것이 합리적으로 보인다.
	3. 자기부담금＝보험가입금액×자기부담비율

2 품목별 수확량조사 적기

비대 종료된 시점	1. 양파: 식물체 도복이 완료된 때
	2. 마늘: 잎과 줄기의 1/2 ~ 2/3가 황변하여 말랐을 때와 해당 지역의 통상 수확기 도래한 때
	3. 고구마: 삽식일로부터 120일 이후 농지별 적용
	4. 감자
	  ① 봄재배: 파종일 ~ 95일 이후
	  ② 고랭지재배: 파종일 ~ 110일 이후
	  ③ 가을재배: 파종일 ~ 95일 이후(제주 110일 이후)

수확 적기	1. 콩: 콩잎이 누렇게 변하여 떨어지고, 꼬투리의 80~90% 이상이 고유한 성숙색깔(황색)으로 변하는 생리적 성숙기로부터 7~14일 지난 시기 2. 팥: 꼬투리가 70~80% 이상 성숙한 시기 3. 양배추: 결구 형성이 완료된 때 4. 옥수수: 수염이 나온 후 25일 이후 5. 수박: 꽃가루받이 후 또는 착과후 35~45일
조사 가능일 직전	차 1. 대다수 신초가 1심 2엽의 형태 형성하며 수확이 가능할 정도의 크기(엽폭 0.9cm, 엽장 2.8cm, 신초장 4.8cm 이상)로 자란 시기 2. 수확년도 5월 10일 초과 시 수확년도 5월 10일을 기준으로 함

3 품목별 표본구간 면적조사

양파, 마늘	• 이랑 폭 2m 미만 : 이랑 길이(5주 이상) 및 이랑 폭 조사 • 이랑 폭 2m 이상 : 이랑 길이(3주 이상) 및 이랑 폭 조사
고구마, 양배추, 감자, 옥수수	이랑 길이 (5주 이상) 및 이랑 폭
수박	이랑 길이 (10주 이상) 및 이랑 폭
차	규격의 테 (0.04㎡) 사용
콩, 팥	1. 점파 : 이랑길이(4주 이상) 및 이랑폭 2. 산파 : 규격의 원형 (1㎡) 또는, 표본구간 가로×세로길이

✓ 포인트

표본구간 면적

수확감소보장 밀, 보리, 귀리. 산파재배 또는 이랑 구분 불명확	규격의 테 50cm×50cm
수확감소, 농업수입보장 콩, 팥 산파재배	규격의 원형 (1㎡) 또는, 표본구간 가로×세로
수확감소보장 차	규격의 테 (0.04㎡)×2
생산비보장(노지)	• 메밀 : 규격의 원형 (1㎡) 또는, 표본구간 가로(1m)×세로(1m) • 당근 : 표본구간 가로(이랑 폭)×세로(조사주수) ‑이랑 폭 2m 미만 : 조사주수 5주 이상 ‑이랑 폭 2m 이상 : 조사주수 3주 이상 • 단호박 : 가로(이랑 폭)×세로 1m

4 품목별 표본구간 「수확량조사」 방법

양파	1. 표본구간 작물 수확 → 종구 5cm 윗부분 절단 → 무게 조사 2. 최대지름 6cm 미만 시 80%, 100% 피해로 인정 및 → 해당 무게의 20%, 0% 인정 (80% 피해 작물 ×0.2, 100% 피해 작물×0)
마늘	1. 표본구간 작물 수확 → 종구 3cm 윗부분 절단 → 무게 조사 2. 최대지름 한지형 2cm, 난지형 3.5cm 미만 시 80%, 100% 피해로 인정 → 해당 무게 20%, 0% 인정 (80% 피해 작물 ×0.2, 100% 피해 작물×0)
고구마	1. 표본구간 작물 수확 → 정상, 50% 형, 80% 형, 100% 형 피해로 구분 → 무게 조사 2. 50% 피해 작물×0.5, 80% 피해 작물×0.2, 100% 피해 작물×0
감자	1. 표본구간 작물 수확 → 정상, 병충해 발병, 50% 피해로 구분 → 무게 조사 2. 병충해 발병 작물 : 20% 단위로 구분, 병충해 명과 무게 조사 3. 50% 피해 작물 : 최대지름 5cm 미만 또는 피해 정도 50% 이상 → 해당 무게 50%만 인정 (50% 피해 작물×0.5)
옥수수	1. 표본구간 작물 수확 → 착립장 길이에 따라 상·중·하로 구분 → 각각 개수 조사 2. 상(17cm 이상), 중(15cm 이상 17cm 미만), 하(15cm 미만)
차	표본구간 중 두 곳에 20cm×20cm(=0.04㎡) 테 → 테 내의 수확이 완료된 새싹수 조사 → 남아있는 모든 새싹(1심 2엽) 따서 개수 및 무게 조사
콩·팥	표본구간 작물 수확 → 꼬투리 제거한 종실의 무게와 함수율 (3회 평균) 조사

양배추	1. 표본구간 작물 뿌리 절단해 수확 → 외엽 2개 내외 제거 → 정상, 80%, 100% 피해로 구분 → 무게 조사 2. 80% 피해 작물×0.2, 100% 피해 작물×0
수박	표본구간 내 (줄기 절단하지 않음) 각각의 수박 무게 조사 → 정상, 100% 피해로 구분 → 해당 무게 0%를 인정 (100% 피해 작물×0)

5 품목별 표본구간 수확량 합계 산정 방법 (표본구간 ㎡당 수확량 산정 방법)

> ✓ 수확감소보험금 산출의 key는 수확량의 산출이다.
> 수확량 산출의 key는 표본구간 ㎡당 수확량 산출이므로 아래 작물별 ㎡당 수확량 산출을 완벽하게 이해해야 한다.

감자	**표본구간별 수확량 합계 방법: 표본구간별 작물 무게 합계** **→ 표본구간 ㎡당 수확량 = (정상 + 병충해 중량 + 50% 형×0.5) ÷ 표본구간 면적** • 주의) 수확량 계산 시 병충해 작물 중량은 정상으로 인정(병충해 감수량 별도 산정) • 병충해 감수량 = 병충해 괴경 중량×손해정도비율×병충해 등급별 인정 비율 **예 1**] • 조건 : 정상 10kg, 병충해 작물 중량 10kg, 최대지름 5cm 미만 10kg, 표본구간 5구간, 이랑길이 2m, 이랑폭 1m → 표본구간 ㎡당 수확량 = (정상 10 + 병충해 10 + 5cm미만 10×0.5) ÷ (5×1×2) = 2.5kg/㎡ **예 2**] 병충해 감수량 : 수확량이 아닌 피해율에 반영 • 조건 : 조사대상면적 1,000㎡, 표본구간 병충해 괴경 중량 10kg, 가루더뎅이병, 손해정도비율 60%, 표본면적 합계 10㎡ → 표본구간 ㎡당 병충해 감수량 = (병충해 괴경 10×손해정도비율 0.6×가루더뎅이 0.9) ÷ 10 = 0.54kg/㎡ → 병충해 감수량 = 1,000×0.54 = 540kg
양배추	**표본구간별 수확량 합계 방법: 표본구간별 (정상 + 80% 형×0.2)** **→ 표본구간 ㎡당 수확량 = (정상 + 80% 형×0.2) ÷ 표본구간 면적** **예 3**] • 조건 : 정상 30kg, 80% 형 10kg, 100% 형 5kg, 표본구간 5구간, 이랑폭 1m, 이랑길이 2m → 표본구간 ㎡당 수확량 = (정상 30 + 80%형 10×0.2 + 100%형 5×0) ÷ (5×1×2) = 3.2kg
고구마	**표본구간별 수확량 합계 방법: 표본구간별 (정상 + 50% 형×0.5 + 80% 형×0.2)** **→ 표본구간 ㎡당 수확량 = (정상 + 50% 형×0.5 + 80% 형×0.2) ÷ 표본구간 면적** **예 4**] • 조건 : 정상 10kg, 50% 형 5kg, 80% 형 5kg, 표본구간 5, 이랑폭 1m, 이랑길이 2m → 표본구간 ㎡당 수확량 = (정상 10 + 50%형 5×0.5 + 80%형 5×0.2) ÷ (5×1×2) = 1.35kg
차	**표본구간별 수확량 합계 방법:** **표본구간별 [{(수확 새싹무게÷수확 새싹수)×기수확 새싹수×기수확지수} + 수확 새싹 무게] 합계** → 표본구간 ㎡당 수확량 $$= \frac{[(\text{수확 새싹무게} \div \text{수확 새싹수}) \times \text{기수확 새싹수} \times \text{기수확지수}] + \text{수확 새싹무게}}{\text{표본구간면적}} \times \text{수확면적률}$$ • 기수확지수 : 기수확비율(기수확 새싹수를 전체 새싹수로 나눈 값)에 따라 산출 **예 5**] • 조건 : 수확 새싹무게 100g, 수확 새싹수 300개, 기수확 새싹수 100개, 기수확지수 0.983, 표본구간 6구간, 수확면적율 70% → 표본구간 ㎡당 수확량 = [{(수확 새싹무게 100÷수확 새싹수 300)×기수확 새싹수 100×기수확지수 0.983 + 수확 새싹무게 100}] ÷ (6×0.08)×수확면적률 0.7 = 194g = 0.194kg/㎡

양파 · 마늘	**표본구간별 수확량 합계 방법: 표본구간별 {작물 무게 합계×(누적 비대추정지수+1)}** → **양파:** 표본구간 ㎡당 수확량={(정상+80% 형×0.2)×(누적 비대추정지수+1)}÷표본구간 면적 → **마늘:** 표본구간 ㎡당 수확량={(정상+80% 형×0.2)×(누적 비대추정지수+1)×환산계수}÷표본구간 면적 • **양파 · 마늘:** 비대추정지수=잔여일수×일자별 비대추정지수(양파 2.2%/일, 마늘 0.8%/일) • **마늘 품종별 환산계수 적용:** 난지형 · 홍산 0.72, 한지형 0.7

[예 6] • 조건 : 잔여일자별 비대추정지수 계산 : 0.8(%)/일, 잔여일수 10일

→ 0.8%=0.008 → 0.008×10일=0.08 → +1 → 1.08

[예 7] • 조건 : 마늘. 난지형, 정상 10kg, 3.5cm 미만 4kg (80% 형 2kg, 100% 형 2kg), 잔여일수 10일, 비대추정지수 0.8(%)/일, 표본구간 5구간, 이랑폭 1m, 이랑길이 2m

→ 표본구간 ㎡당 수확량={(정상 10+80%형 2×0.2+100%형 2×0)×누적 비대지수 1.08×환산계수 0.72}÷(5×1×2)=0.80kg/㎡ (kg으로 소수점 셋째 자리에서 버림)

옥수수	**피해수확량 합계 방법: 표본구간별 (상×0+중×0.5+하×1)×품종별 표준중량×재식시기지수×재식밀도지수** • **품종별 표준중량:** 대학찰(연농2호) 160g, 미백2호 180g, 미흑찰 등 190g → **표본구간 ㎡당 피해수확량**={(상×0+중×0.5+하×1)×표준중량×재식시기지수×재식밀도지수}÷표본구간 면적

[예 8] • 조건 : 연농2호, 상 10개, 중 10개, 하 5개, 재식시기지수 0.9, 재식밀도지수 1.1, 표본구간 면적합계 6㎡

→ 표본구간 ㎡당 피해수확량={(상 10×0+중 10×0.5+하 5×1)×표준중량 0.16×재식시기지수 0.9×재식밀도지수 1.1}÷6=0.26kg/㎡ (kg으로 소수점 셋째 자리에서 버림)

콩 · 팥	**표본구간별 수확량 합계 방법: 표본구간별 종실 중량×{(1-함수율)÷0.86} 합계** → **표본구간 ㎡당 수확량**=[표본구간별 종실 중량×{(1-함수율)÷0.86}]÷표본구간 면적

[예 9] • 조건 : 표본구간 작물 중량 2kg, 함수율 (3회 평균값) 20%, 표본구간 5구간, 이랑폭 1m, 이랑길이 2m

→ 표본구간 ㎡당 수확량={작물중량 2×(함수율 차감 0.8÷0.86)}÷(5×1×2)=0.18kg/㎡ (kg으로 소수점 셋째 자리에서 버림)

수박	**표본구간별 수확량 합계 방법: 표본구간별 작물 무게 합계** → **표본구간 ㎡당 수확량**=정상 수박 중량÷표본구간 면적

[예 10] • 조건 : 표본구간 작물 중량 60kg 중 정상작물 38kg, 100% 피해형 작물 22kg, 표본구간 5구간, 이랑폭 1m, 이랑길이 6m

→ 표본구간 ㎡당 수확량=정상작물 38÷(1×6×5)=1.2kg(소수점 둘째 자리에서 버림)

✓ 포인트

1. 옥수수=피해수확량 vs. 다른 작물=수확량

    옥수수 하×1 vs. 다른 작물 100% 피해 작물×0

2. 옥수수 적용항목 ③: 표준중량×재식시기지수×재식밀도지수

3. 차 적용항목 ④: 기수확새싹수×기수확지수+금차 수확 새싹 무게, ×수확면적율

6 기수확비율에 따른 기수확지수 (차만 해당)

기수확비율	기수확지수	기수확비율	기수확지수
10% 미만	1.000	50% 이상 60% 미만	0.958
10% 이상 20% 미만	0.992	60% 이상 70% 미만	0.949
20% 이상 30% 미만	0.983	70% 이상 80% 미만	0.941
30% 이상 40% 미만	0.975	80% 이상 90% 미만	0.932
40% 이상 50% 미만	0.966	90% 이상	0.924

7 품목별 표본구간 면적 합계 산정 방법

양파, 마늘, 고구마 감자, 옥수수, 양배추, 수박	표본구간별 이랑 길이×이랑 폭 합계
콩, 팥	표본구간별 이랑 길이×이랑 폭 합계 단, 1㎡ 원형 테를 이용한 경우 표본구간 수×1㎡
차	표본구간 수×0.08㎡

8 전수조사 시 수확량 산출(콩, 팥만 해당)

수확량={전수조사 수확량×(1-함수율)÷0.86}+(㎡당 평년수확량×기타미 면적)

4　마늘 품목 조기파종보장 특별약관

1 **대상 품종**: 제주지역 남도종 마늘

2 **보험기간**: 계약 24시~한지형 마늘 보험 상품 최초 판매개시일 24시

- 특별약관 보장종료 이후 보통약관 보장이 개시

3 **조기파종 보험금**: 보통약관 경작불능보험금의 약 70% 수준 지급

조기파종 재파종 보험금	1. 한지형 마늘 보험 상품 최초 판매개시일 24시 이전 2. 보장하는 재해로 10a당 식물체 주수가 30,000주보다 적어지고, 10/31 이전 30,000주 이상 재파종한 경우 지급 3. 보험금 = 보험가입금액×25%×표준피해율				
조기파종 경작불능 보험금	1. 한지형 마늘 보험상품 최초 판매개시일 24시 이전 2. 보장하는 재해로 식물체 피해율이 65% 이상 3. 경작불능보험금 신청 시기와 관계없이 보험금 지급(산지폐기 확인) 4. 보험금 = 보험가입금액×자기부담비율에 따른 일정 비율				
	자기부담비율	10% 형	15% 형	20% 형	30% 형	40% 형
	일정 비율	32%	30%	28%	25%	25%
수확감소 보험금	보통약관의 보험금 계산과 동일				

PART 7

종합위험
농업수입안정보장

- 농작물 재해보험의 이론과 실무
- 농작물 재해보험 손해평가의
  이론과 실무

농작물 재해보험의 이론과 실무

1 보험의 목적, 보장하는 재해, 보상하지 않는 손해

1 보험의 목적

① 밭작물: 마늘, 양파, 감자(가을재배), 고구마, 양배추, 콩, 옥수수

② 과수: 포도

③ 논작물: 보리

✓ 참고: 농업수입안정보장: 과거 5개년 중 2년 이상 농작물재해보험 또는 수입안정보험을 가입하여 수확량 통계가 확보된 과수원 및 농지가 우선 가입한다.

2 보장하는 재해 및 가격하락

✓ 종합위험 자연재해의 정의-적과전 종합위험보장 편 **9page**

   감자 병충해-종합위험 수확감소보장 밭작물 편 참조 **158page**

① 보장하는 재해

   • 종합위험. 자연재해, 조수해, 화재

   • 감자(가을재배): 종합위험. 자연재해, 조수해, 화재, 병충해

② (보상하는 손해) 가격하락: 기준가격보다 수확기가격이 하락하여 발생하는 피해

3 보상하지 않는 손해 – 포도 외

✓ 보상하지 않는 손해 기본 9종: 종합위험 수확감소보장 과수 편 참조 **51page**

① ✎암기팁 계수통원보시계해전+저락생 (기본 종+저락생)

   • 기본 9종 중 '원인의 직접 · 간접을 묻지 않고 병해충으로 발생한 손해': 감자(가을재배) 품목 제외

② 저: 저장성 약화 또는 저장, 건조 및 유통 과정 중에 나타나거나 확인된 손해

③ 락: 개인 또는 법인의 행위가 직접적인 원인이 되어 수확기가격이 하락하여 발생한 손해

④ 생: 보상하는 손해에 해당하지 않은 재해로 발생한 생리장해

4 보상하지 않는 손해 – 포도

✓ 보상하지 않는 손해: 종합위험 수확감소보장 과수 편 참조 **51page**

① 🖊️**암기팁** 계수통원보계해(시 ×)+노도령 전생 침지+락

② 락: 개인 또는 법인의 행위가 직접적인 원인이 되어 수확기가격이 하락하여 발생한 손해

③ 생: 보상하는 손해에 해당하지 않은 재해로 발생한 생리장해

---

2 보험기간

✓ 농업수입(안정)보장의 보험기간은 보장하는 재해로 인한 다음 각 보장의 보험기간과 가격하락의 보험기간으로 나뉜다.

1 보장하는 재해(자연재해, 조수해, 화재, 병충해(감자))의 보험기간은 수확감소보장과 동일

① 마늘: 재파종보장, 경작불능보장, (재해로 인한 수확량감소에 의한) 수입보장 보험기간

② 양배추: 재정식보장, 경작불능보장, (재해로 인한 수확량감소에 의한) 수입보장 보험기간

③ 양파, 콩, 고구마, 감자(가을재배), 옥수수: 경작불능보장, (재해로 인한 수확량감소에 의한) 수입보장 보험기간

④ 포도: (재해로 인한 수확량감소에 의한) 수입보장, 수확량감소 추가보장(특), 나무손해보장(특) 보험기간

⑤ 보리: 경작불능보장, (재해로 인한 수확량감소에 의한) 수입보장 보험기간

2 가격하락 보험기간

① 마늘, 양파, 콩, 고구마, 옥수수, 포도, 보리: 계약체결일 시~수확기가격 공시시점

② 양배추: 정식완료일 시(경과 시 계약체결일 시)~수확기가격 공시시점

　• 정식완료일 판매연도 9월 30일 초과 불가

③ 감자(가을재배): 파종완료일 시(경과 시 계약체결일 시)~수확기가격 공시시점

---

3 보험가입금액 (천원 단위 절사)

① 보험가입금액=가입수확량×기준(가입)가격

② 가입수확량: 수확감소보장의 가입수확량과 동일

　• 옥수수 외 품목: 평년수확량의 50~100% 범위 내에서 계약자 선택

　• 옥수수: 표준수확량의 80~130%

4 보험료, 방재시설 할인율, 보험료의 환급

1 보험료의 구성

① 보험료의 구성: 적과전 종합위험보장 . () 농작물재해보험 보험료의 구성 참조 **15page**

② 정부지원 보험료: 순보험료의 %, 부가보험료 %

  ✓ 과수 4종, 벼 품목 이외의 품목은 정부지원율을 위와 동일하다.

③ 지자체지원 보험료: 지자체별로 지원금액(비율)을 결정한다.

2 보험료의 계산

① 보험료=보통약관 보험가입금액×지역별 보통약관 영업요율×(+손해율에 따른 할인·할증률)× (+방재시설 할인율)

  • 방재시설 할인율: 종합위험 수확감소보장 편 각 품목 참조 밭작물 **161page** 포도 **54page**

② 고구마, 보리: 방재시설 할인율 미적용

③ 손해율에 따른 할인·할증률: 적과전 종합위험보장 편 참조 **16page**

  • 계약자 기준

  • 할인·할증폭 –30% ~ +50%로 제한(손해율 80% 미만 할인, 120% 이상 할증)

> ✓ 포도 보험료의 ×(1+신규 과수원 할인율): 농업수입안정보장은 과거 5개년 중 2년 이상 가입한 농지가 우선 가입하므로, 사실상 신규 과수원 할인율은 적용되지 않음으로 이해한다.

3 보험료의 환급

✓ 농업수입(안정)보장 포도 품목의 보험료의 환급

  보험료의 환급에 '보험기간 중 보험사고가 발생하고 보험금이 지급되어 보험가입금액이 감액된 경우에는 감액된 보험가입금액을 기준으로 환급금을 계산하여 돌려준다' 내용이 추가되어야 하지만, 「농업재해보험 · 손해평가의 이론과 실무」 농업수입(안정)보장 편에는 다른 대상 품목과 구분하지 않고 동일하게 실려있다.

① 보험료 환급 사유 및 환급보험료 계산: 종합위험 수확감소보장 논작물 편 참조 **127page**

② 환급보험료 지급: 종합위험 수확감소보장 논작물 편 참조 **127page**

③ 환급보험료 계산: 종합위험 수확감소보장 논작물 편 참조 **127page**

5 보험금

1 마늘 재파종, 양배추 재정식, 밭작물과 보리 경작불능보험금, 포도 수확량감소 추가보장(특) 및
나무손해보장(특)의 지급 사유 및 보험금 계산: 종합위험 수확감소보장 밭작물, 논작물, 과수 편 참조

- 경작불능보험금: 농업수입(안정)보장 자기부담비율 10%, 15% 형 없음에 주의
- 마늘 조기파종보장 특별약관: 농업수입(안정)보장 해당 없음

2 농업수입(안정)보장 보험금 – 밭작물, 포도, 보리 (상세 내용은 2과목에서 학습)

지급 사유	보장하는 재해로 피해율이 자기부담비율 초과 시
옥수수 외 품목 보험금	1. 보험가입금액×(피해율－자기부담비율) 2. 피해율＝(기준수입－실제수입)÷기준수입 　① 기준수입＝평년수확량×기준가격 　② 실제수입＝(조사수확량＋미보상감수량)×min(기준가격, 수확기가격) 　③ 감자(가을재배) 실제수입＝(조사수확량＋미보상감수량－병충해감수량)×min(기준가격, 수확기가격) 　✓ 병충해 감수량은 보장하는 재해에 의한 것이므로 계약자의 수확량에서 차감한다. 　④ 미보상감수량＝(평년수확량－수확량)×미보상비율
옥수수 품목 보험금	1. 보험가입금액×(피해율－자기부담비율) 2. 피해율＝(기준수입－실제수입)÷기준수입 　① 기준수입＝평년수확량×기준가격 　② 실제수입＝기준수입－손해액. 기준수입과 실제 조사한 해당 농지의 손해액의 차이

6 자기부담비율

① %, %, % 형: 보험계약시 계약자가 선택한 비율, 제한 없음

1 공통 적용

① 올림픽 평균값: 연도별 평균 가격 중 최대값과 최소값을 제외하고 남은 값들의 산술평균
- 올림픽 평균값 계산 예시.

  예 1] 2,000원, 3,000원, 4,000원, 5,000원, 6,000원 → (3,000+4,000+5,000)÷3=4,000원

② 농가수취비율: 도매시장 가격에서 유통비용 등을 차감한 농가수취가격이 차지하는 비율로 사전에 결정된 값

③ 연도별 평균가격: 연도별 기초통계 기간의 일별 가격을 평균하여 산출 (아래. 사업시행지침)
- 도매시장 가격 활용 시: 기초통계 기간의 일별 경락가격을 산술 평균하거나, 총 거래액을 총 출하량으로 나누어 산출
- 수매가격 활용 시: 수매량과 수매금액을 각각 합산하고, 수매금액의 합계를 수매량 합계로 나누어 산출

④ 과거 년: 가입시점 현재 농가수취비율 등이 산출된 경우를 포함하여 과거 개년 자료

2 기준가격 및 수확기가격 산출

① 콩

1. 용도 및 품종에 따라 장류 및 두부용(백태), 밥밑용(흑태 및 기타), 밥밑용(서리태), 나물용 4종류로 구분하여 산출
2. 하나의 농지에 2개 이상 용도(또는 품종)의 콩이 식재된 경우 : 기준가격과 수확기 가격을 해당 용도(또는 품종)의 면적의 비율에 따라 가중 평균하여 산출

<table>
<tr><td colspan="5" align="center">콩 - 장류 및 두부용, 밥밑용</td></tr>
<tr><td rowspan="5">기초통계</td><td colspan="4">1. 공통
① 평균가격 산정 시 중품 및 상품 중 어느 하나의 자료가 없는 경우: 있는 자료만을 이용하여 평균가격을 산정
② 양곡도매시장 가격이 없는 경우: 지역농협 평균 수매가격 활용
③ 연도별 평균가격 : 연도별 기초통계 기간의 일별 가격을 평균하여 산출</td></tr>
<tr><td align="center">용도</td><td align="center">품종</td><td align="center">기초통계</td><td align="center">기초통계 기간</td></tr>
<tr><td align="center">장류 및
두부용</td><td align="center">전체</td><td align="center">서울 양곡도매시장의
백태(국산) 가격</td><td rowspan="3" align="center">수확년도
11월 1일부터
익년 1월 31일까지</td></tr>
<tr><td rowspan="2" align="center">밥밑용</td><td align="center">서리태</td><td align="center">서울 양곡도매시장의
서리태 가격</td></tr>
<tr><td align="center">흑태 및 기타</td><td align="center">서울 양곡도매시장의
흑태 가격</td></tr>
<tr><td>기준가격</td><td colspan="4">과거 5년 연도별 중품과 상품 평균가격의 올림픽 평균값에 과거 5년 농가수취비율의 올림픽 평균값을 곱하여 산출
✓ 과거 5년 (연도별 중상품 평균값 올평값×농수비 올평값)</td></tr>
<tr><td>수확기가격</td><td colspan="4">(수확년도) 기초통계 기간 중품과 상품 평균가격에 과거 5년 농가수취비율의 올림픽 평균값을 곱하여 산출
✓ 수확년도 중상품 평균값×과거 5년 농수비 올평값</td></tr>
</table>

콩 - 나물용				
기초통계	연도별 평균 수매가 : 지역농협별 수매량과 수매금액을 각각 합산 하고, 수매금액의 합계를 수매량 합계로 나누어 산출 ✓ 연도별 평균 수매가 = Σ 수매금액 ÷ Σ 수매량			
	용도	품종	기초통계	기초통계 기간
	나물용	전체	사업 대상 시 · 군의 지역농협의 평균 수매가격	수확년도 11월 1일부터 익년 1월 31일까지
기준가격	과거 5년 연도별 평균 수매가격의 올림픽 평균값			
수확기가격	(수확년도) 기초통계 기간 평균 수매가격 • 기준가격 산정 시 반영된 동일한 지역농협의 평균 수매가 통계 사용(해당 지역농협의 수매정보가 존재하지 않는 경우 제외 가능)			

계산 예시. 예 2]. 콩, 고구마에 해당
하나의 농지에 2개 이상 용도(또는 품종)의 콩 · 고구마가 식재된 경우 : 기준가격과 수확기 가격을 해당 용도(또는 품종)의 면적의 비율에 따라 가중 평균하여 산출 • 조건 : 농지면적 1,000㎡, 재배 중인 품종 A 600㎡ · B 400㎡, 품종별 기준(수확기)가격 A 1,000원 · B 2,000원 농지 기준(수확기)가격 = [1,000 × $\frac{600}{1,000}$] + [2,000 × $\frac{400}{1,000}$] = 1,400원

② 양파

품종의 숙기에 따라 조생종, 중만생종으로 구분하여 산출			
기초통계	연도별 평균가격 : 연도별 기초통계 기간의 일별 가격을 평균하여 산출		
	가격 구분	기초통계	기초통계 기간
	조생종	서울시농수산식품공사 가락도매시장 가격	4월 1일부터 5월 10일까지
	중만생종		6월 1일부터 7월 10일까지
기준가격	과거 5년 연도별 중품과 상품 평균가격의 올림픽 평균값에 과거 5년 농가수취비율의 올림픽 평균값을 곱하여 산출 ✓ 과거 5년 (연도별 중상품 평균값 올평값×농수비 올평값)		
수확기가격	(수확년도) 기초통계 기간 중품과 상품 평균가격에 과거 5년 농가수취비율의 올림픽 평균값을 곱하여 산출 ✓ 수확년도 중상품 평균값×과거 5년 농수비 올평값		

③ 고구마

1. 품종에 따라 호박고구마, 밤고구마로 구분하여 산출 2. 하나의 농지에 2개 이상 용도(또는 품종)의 고구마가 식재된 경우 : 기준가격과 수확기 가격을 해당 용도(또는 품종)의 면적의 비율에 따라 가중평균하여 산출			
기초통계	연도별 평균가격 : 연도별 기초통계 기간의 일별 가격을 평균하여 산출		
	품종	**기초통계**	**기초통계 기간**
	밤고구마	서울시농수산식품공사 가락도매시장 가격	8월 1일부터 9월 30일까지
	호박고구마		
기준가격	과거 5년 연도별 중품과 상품 평균가격의 올림픽 평균값에 과거 5년 농가수취비율의 올림픽 평균값을 곱하여 산출 ✓ 과거 5년 (연도별 중상품 평균값 올평값×농수비 올평값)		
수확기가격	(수확년도) 기초통계 기간 중품과 상품 평균가격에 과거 5년 농가수취비율의 올림픽 평균값을 곱하여 산출 ✓ 수확년도 중상품 평균값×과거 5년 농수비 올평값		

④ 감자(가을재배)

감자(가을재배) 품종 중 대지마를 기준으로 하여 산출			
기초통계	연도별 평균가격 : 연도별 기초통계 기간의 일별 가격을 평균하여 산출		
	구분	**기초통계**	**기초통계 기간**
	대지마	서울시농수산식품공사 가락도매시장 가격	12월 1일부터 1월 31일까지
기준가격	과거 5년 연도별 중품과 상품 평균가격의 올림픽 평균값에 과거 5년 농가수취비율의 올림픽 평균값을 곱하여 산출 ✓ 과거 5년 (연도별 중상품 평균값 올평값×농수비 올평값)		
수확기가격	(수확년도) 기초통계 기간 중품과 상품 평균가격에 과거 5년 농가수취비율의 올림픽 평균값을 곱하여 산출 ✓ 수확년도 중상품 평균값×과거 5년 농수비 올평값		

⑤ 마늘

품종에 따라 난지형(대서종, 남도종)과 한지형으로 구분하여 산출			
기초통계	연도별 평균가격 : 연도별 기초통계 기간의 일별 가격을 평균하여 산출 ✓ 마늘 평균 수매가, 평균가격 • 약관 : 연도별 평균 수매가＝지역농협별 수매량과 수매금액을 각각 합산 하고, 수매금액의 합계를 수매량 합계로 나누어 산출 → 연도별 평균 수매가＝Σ수매금액÷Σ수매량 • 24년까지의 '연도별 평균가격' 적용을 25년부터 '연도별 평균 수매가'로 변경하며, 미처 반영하지 못한 것으로 보인다.		
	구분	**기초통계**	**기초통계 기간**
	난지형 · 대서종	사업 대상 시·군 지역농협의 수매가격 *농협경제지주에 수매정보 등이 존재하는 지역농협	7월 1일부터 8월 31일까지
	난지형 · 남도종		전남 : 6월 1일부터 7월 31일까지 제주 : 5월 1일부터 6월 30일까지
	한지형		7월 1일부터 8월 31일까지

기준가격	과거 5년 연도별 평균 수매가격의 올림픽 평균값으로 산출
수확기가격	(수확년도) 기초통계의 평균 수매가격으로 산출 • 기준가격 산정 시 반영된 동일한 지역농협의 평균 수매가 통계 사용(해당 지역농협의 수매정보가 존재하지 않는 경우 제외 가능)

⑥ 양배추

기초통계	연도별 평균가격 : 연도별 기초통계 기간의 일별 가격을 평균하여 산출		
	가격 구분	**기초통계**	**기초통계 기간**
	양배추	서울시농수산식품공사 가락도매시장 가격	2월 1일부터 3월 31일까지
기준가격	과거 5년 연도별 중품과 상품 평균가격의 올림픽 평균값에 과거 5년 농가수취비율의 올림픽 평균값을 곱하여 산출 ✓ 과거 5년 (연도별 중상품 평균값 올평값×농수비 올평값)		
수확기가격	(수확년도) 기초통계 기간 중품과 상품 평균가격에 과거 5년 농가수취비율의 올림픽 평균값을 곱하여 산출 ✓ 수확년도 중상품 평균값×과거 5년 농수비 올평값		

⑦ 옥수수

기초통계	**지역에 따라 강원도와 강원도를 제외한 전국으로 구분**	
	연도별 평균 가격 : 기초통계 기간의 총 거래액을 총 출하량으로 나누어 산출 ✓ 연도별 평균 가격 = Σ 총 거래액 ÷ Σ 총 출하량	
	가격 구분	**기초통계 기간**
	강원도 제외한 전국	7월 1일 ~ 9월 15일
	강원도	
기준가격	과거 5년 연도별 평균가격의 올림픽 평균값에 과거 5년 농가수취비율의 올림픽 평균값을 곱하여 산출 ✓ 과거 5년 (연도별 평균가격 올평값×농수비 올평값)	
수확기가격	(수확년도) 기초통계 기간 평균가격에 과거 5년 농가수취비율의 올림픽 평균값을 곱하여 산출 ✓ 수확년도 평균가격×과거 5년 농수비 올평값	

⑧ 포도

1. 포도 품종과 시설재배 여부에 따라 캠벨얼리(시설), 캠벨얼리(노지), 거봉(시설), 거봉(노지), MBA 및 델라웨어, 샤인머스켓(시설), 샤인머스켓(노지)로 구분하여 산출	
2. 가격구분 이외 품종의 가격은 가격 구분에 따라 산출된 가격 중 가장 낮은 가격을 적용	

기초통계	연도별 평균가격 : 연도별 기초통계 기간의 일별 가격을 평균하여 산출

가격 구분	기초통계	기초통계 기간
캠벨얼리(시설)	서울시 농수산식품공사 가락도매시장 가격	6월 1일부터 7월 31일까지
캠벨얼리(노지)		9월 1일부터 10월 31일까지
거봉(시설)		6월 1일부터 7월 31일까지
거봉(노지)		9월 1일부터 10월 31일까지
MBA		9월 1일부터 10월 31일까지
델라웨어		5월 21일부터 7월 20일까지
샤인머스켓(시설)		8월 1일부터 8월 31일까지
샤인머스켓(노지)		9월 1일부터 10월 31일까지

기준가격	과거 5년 연도별 중품과 상품 평균가격의 올림픽 평균값에 과거 5년 농가수취비율의 올림픽 평균값을 곱하여 산출 ✓ 과거 5년 (연도별 중상품 평균값 올평값×농수비 올평값)
수확기가격	(수확년도) 기초통계 기간 중품과 상품 평균가격에 과거 5년 농가수취비율의 올림픽 평균값을 곱하여 산출 ✓ 수확년도 중상품 평균값×과거 5년 농수비 올평값

⑨ 보리

품종에 따라 겉보리, 맥주보리, 쌀보리, 기타로 구분하여 산출		

기초통계	연도별 평균가격 : 기초통계 기간 회원 농협의 총 거래액을 총 출하량으로 나누어 산출 ✓ 연도별 평균 가격 = Σ총 거래액 ÷ Σ총 출하량	

가격 구분	기초통계	기초통계 기간
겉보리	농협경제지주의 회원농협 보리 매입 가격	6월 1일 ~ 7월 31일
맥주보리		
쌀보리		

기준가격	과거 5년 연도별 평균가격의 올림픽 평균값
수확기가격	(수확년도) 기초통계 기간 회원 농협 보리매입 평균가격

✓ 포인트

1. 농가수취비율: 적용하는 품목은 모두 올림픽 평균값으로 적용
2. 농가수취비율 적용하지 않는 품목: 나물용 콩, 마늘, 보리
3. 중품 · 상품 평균값을 적용하지 않는 품목
    ① 연도별 평균수매가 : 나물용 콩, 마늘
    ② 연도별 평균가격 : 옥수수, 보리

8 특별약관

✓ 포도: 나무손해보장, 수확량감소 추가보장, 농작물 부보장, 비가림시설 부보장 등 종합위험 수확감소보장 과수 편 참조 **56page**

9 인수 관련 수확량, 보험가입기준, 인수 제한 목적물

✓ 종합위험 수확감소보장 각 품목 편 참조

CHAPTER 02 농작물 재해보험 손해평가의 이론과 실무

1 현지조사 및 보험금 산정 방법 – 포도

1 현지조사

① 피해사실 확인조사: 종합위험 수확감소보장 과수 편 참조 **62page**

② 수확량조사: 종합위험 수확감소보장 과수 편 참조 **62page**

단, 수확량조사 중 과중조사의 조사 대상 농지	
수확감소보장 포도 사고가 접수된 모든 농지	농업수입(안정)보장 포도 가입된 모든 농지

③ 고사나무조사 및 나무손해보장 보험금: 종합위험 수확감소보장 과수 편 참조 **87page**

2 보험금

보험금
지급 사유: 보장하는 재해로 피해율이 자기부담비율을 초과하는 경우

1. 보험금 = 보험가입금액 × (피해율 – 자기부담비율)

2. 피해율 = $\dfrac{\text{기준수입 – 실제수입}}{\text{기준수입}}$

  ① 기준수입 = 평년수확량 × 기준가격
  ② 실제수입 = (조사수확량 + 미보상감수량) × min(기준가격, 수확기가격)
    • 미보상감수량 = (평년수확량 – 수확량) × max미보상비율
  ✓ 수확량의 감소와 가격의 하락을 보장해주는 산출식이다.

3. 조사수확량 산출 방법은 수확감소보장 포도와 동일하다.

주의!

1. '수확량조사'를 하지 않아 조사한 수확량이 없는 경우
  ① 조사수확량: 평년수확량으로 한다.
  ✓ 수확량조사를 하지 않음: 무사고의 의미이므로 평년수확량만큼 수확한 것으로 한다.
  ② 단, 계약자 또는 피보험자의 고의 또는 중대한 과실로 수확량조사를 하지 못해 수확량을 확인할 수 없는 경우:
    보험금을 지급하지 않는다.

2. 수확량감소 추가보장 (특약)
  ① 보험금 = 보험가입금액 × 피해율 × 10%
  ② 피해율 = $\dfrac{\text{평년 수확량 – 수확량 – 미보상감수량}}{\text{평년 수확량}}$

  ✓ 추가보장 특약의 피해율은 수확감소보장의 피해율을 적용함에 주의한다.

3. 착색 불량인 송이는 상품성 저하로 인한 손해로 보아 감수량에 포함하지 않는다.

2 현지조사 및 보험금 산정 방법 – 밭작물, 보리

1 현지조사

① 피해사실 확인조사: 종합위험 수확감소보장 밭작물, 논작물 편 참조 172page, 137page

② 마늘 재파종조사, 양배추 재정식조사, 경작불능조사 및 각 보험금: 종합위험 수확감소보장 밭작물, 논작물 편 참조 173page, 139page

단, 경작불능보험금	
수확감소보장	농업수입(안정)보장
자기부담비율 10%, 15%, 20%, 30%, 40%	자기부담비율 20%, 30%, 40%

③ 수확량조사: 종합위험 수확감소보장 밭작물, 논작물 편 참조 175page, 140page

단, 수확량조사 대상 농지	
수확감소보장 밭작물, 논작물	농업수입(안정)보장 밭작물, 논작물
피해사실 확인조사 시 수확량조사가 필요하다고 판단된 농지 또는 경작불능조사 결과 수확량조사를 실시하는 것으로 결정된 농지	계약된 농지 전부에 대하여 수확량조사를 실시

2 보험금

① 옥수수 외 품목

1. 지급 사유: 보장하는 재해로 피해율이 자기부담비율 초과하는 경우
2. 콩 품목: 경작불능 보험기간 내에 식물체 피해율이 65% 이상인 경우 보험금을 지급하지 않는다.

1. 보험금 = 보험가입금액 × (피해율 – 자기부담비율)

2. 피해율 = $\dfrac{기준수입 \ - \ 실제수입}{기준수입}$

　① 기준수입 = 평년수확량 × 기준가격
　② 실제수입 = (조사수확량 + 미보상감수량) × min(기준가격, 수확기가격)
　③ 감자(가을재배) 실제수입 = (조사수확량 + 미보상감수량 – 병충해감수량) × min(기준가격, 수확기가격)
　④ 미보상감수량 = (평년수확량 – 수확량) × 미보상비율

3. 조사수확량 산출 방법은 수확감소보장 밭작물의 각 품목과 동일하다.

② 옥수수 품목

지급 사유: 보장하는 재해로 피해율이 자기부담비율 초과하는 경우
1. 보험금 = 보험가입금액 × (피해율 – 자기부담비율)
2. 피해율 = $\dfrac{\text{기준수입} - \text{실제수입}}{\text{기준수입}}$

① 기준수입 = 평년수확량 × 기준가격
  • 농업수입(안정)보장의 신규 대상 품목으로 과거수확량 데이터가 존재하지 않는다. 따라서, 첫 해인 2024년도에는 가입 농지의 평년수확량은 표준수확량 100%로 일괄 적용한다.
② 실제수입 = 기준수입 – 손해액. 기준수입과 실제 조사한 해당 농지의 손해액의 차이
③ 손해액

기준가격 ≥ 수확기가격	손해액 = (기준가격 – 수확기가격) × (평년수확량 – 피해수확량) + (기준가격 × 피해수확량)
기준가격 < 수확기가격	손해액 = 기준가격 × 피해수확량

1. 피해수확량 산출 방법
 ① 수확감소보장방식과 동일
 ② 수확량조사를 하지 않아 조사한 피해수확량이 없는 경우: 피해수확량 = 0
2. 보험금과 손해액: 수확감소보장의 계산식과 다름에 주의한다.

③ 밭작물, 논작물 전 품목 공통

주의!!

1. '수확량조사'를 하지 않아 조사한 수확량이 없는 경우 (옥수수 제외 - 옥수수는 조사수확량이 없다)
 ① 조사수확량: 평년수확량으로 한다.
 ✓ 수확량조사를 하지 않음: 무사고의 의미이므로 평년수확량만큼 수확한 것으로 한다.
 ② 단, 계약자 또는 피보험자의 고의 또는 중대한 과실로 수확량조사를 하지 못해 수확량을 확인할 수 없는 경우:
  보험금을 지급하지 않는다.
 2. 평년수확량보다 수확량이 감소했으나, 보장하는 재해로 인한 감소가 확인되지 않는 경우: 감소한 수량을 모두
  미보상감수량으로 한다. 미보상감수량 = 평년수확량 – 수확량
 ✓ 포도 품목은 위 2.의 규정에 해당하지 않는다.

PART 8
종합위험
생산비보장(노지) 밭작물

- 농작물 재해보험의 이론과 실무
- 농작물 재해보험 손해평가의
  이론과 실무

01 CHAPTER 농작물 재해보험의 이론과 실무

1 보험의 목적, 보장하는 재해, 보상하지 않는 손해

1 보험의 목적

① 고추, 브로콜리

② 배추(봄 · 고랭지 · 가을 · 월동), 무(고랭지 · 가을 · 월동), 단호박, 파(대파, 쪽파(실파) 1형 · 2형), 당근, 메밀, 시금치(노지), 양상추

2 보장하는 재해

✓ 종합위험 자연재해의 정의: 적과전 종합위험보장 편 참조 **9page**

① 고추 이외 품목: 종합위험. 자연재해, 조수해, 화재

② 고추: 종합위험. 자연재해, 조수해, 화재, 병충해

구분	고추 보상하는 병충해
병해	역병, 풋마름병, 바이러스병, 세균성점무늬병, 탄저병, 잿빛곰팡이병, 시들음병, 흰가루병, 균핵병, 무름병, 기타
충해	담배가루이, 담배나방, 진딧물, 기타

3 보상하지 않는 손해

① 🖊️**암기팁** 계수통원보시계해전 (기본 9종)

    ✓ 보상하지 않는 손해 기본 9종: 종합위험 수확감소보장 과수 편 참조 **51page**

② 기본 9종 중 '원인의 직접 · 간접을 묻지 않고 병해충으로 발생한 손해': 고추 품목 제외

> ✓ 약관과 다르게 "보상하는 손해에 해당하지 않은 재해로 발생한 생리장해"가 누락되어 있다.

2 보험기간

1 고추 · 브로콜리 (정식 또는 파종완료일: 판매연도)

고추	재정식보장	계약체결일 24시~재정식 완료일(판매연도 6월 10일 초과 불가)	
	생산비보장	계약체결일 24시~정식일로부터 150일째 되는 날 24시	
브로콜리	재정식보장	정식완료일 24시~재정식 완료일(판매연도 10월 10일 초과 불가)	정식완료일 9월 30일 초과 불가
	생산비보장	정식완료일 24시~정식일로부터 160일째 되는 날 24시	

2 봄 · 고랭지 · 가을 배추, 가을 · 고랭지 무, 단호박, 대파, 양상추

• 보장 개시: 정식 또는 파종완료일 경과 시 계약체결일 24시(정식 또는 파종완료일: 판매연도)

• 경작불능 보장 종기: 종합위험 생산비보장의 보장종료일 초과 불가

봄 배추	재정식	정식완료일 24시~재정식 완료일(판매연도 5월 15일 초과 불가)	정식완료일 4월 20일 초과 불가
	경작불능	정식완료일 24시~최초 수확 직전	
	생산비	정식완료일 24시~정식완료일로부터 70일째 되는 날 24시	
고랭지 배추	재정식	정식완료일 24시~재정식 완료일(판매연도 8월 10일 초과 불가)	정식완료일 7월 31일 초과 불가
	경작불능	정식완료일 24시~최초 수확 직전	
	생산비	정식완료일 24시~정식완료일로부터 70일째 되는 날 24시	
양상추	재정식	정식완료일 24시~재정식 완료일(판매연도 9월 10일 초과 불가)	정식완료일 8월 31일 초과불가
	경작불능	정식완료일 24시~최초 수확 직전	
	생산비	정식완료일 24시~정식일로부터 70일째 되는 날 24시 (단, 판매연도 11월 10일 초과 불가)	
가을무	재파종	파종완료일 24시~재파종 완료일(판매연도 9월 25일 초과 불가)	파종완료일 9월 15일 초과 불가
	경작불능	파종완료일 24시~최초 수확 직전	
	생산비	파종완료일 24시~파종일로부터 80일째 되는 날 24시	
고랭지 무	재파종	파종완료일 24시~재파종 완료일(판매연도 8월 10일 초과 불가)	파종완료일 7월 31일 초과 불가
	경작불능	파종완료일 24시~최초 수확 직전	
	생산비	파종완료일 24시~파종일로부터 80일째 되는 날 24시	
단호박	재정식	정식완료일 24시~재정식 완료일(판매연도 5월 31일 초과 불가)	정식완료일 5월 29일 초과 불가
	경작불능	정식완료일 24시~최초 수확 직전	
	생산비	정식완료일 24시~정식완료일로부터 90일째 되는 날 24시	
가을 배추	재정식	정식완료일 24시~재정식 완료일(판매연도 9월 20일 초과 불가)	정식완료일 9월 10일 초과 불가
	경작불능	정식완료일 24시~최초 수확 직전	
	생산비	정식완료일 24시~정식완료일로부터 110일째 되는 날 24시 (단, 판매연도 12월 15일 초과 불가)	
대파	재정식	정식완료일 24시~재정식 완료일(판매연도 6월 21일 초과 불가)	정식완료일 6월 15일 초과 불가
	경작불능	정식완료일 24시~최초 수확 직전	
	생산비	정식완료일 24시~정식완료일로부터 200일째 되는 날 24시	

3 월동 배추, 월동 무, 당근, 쪽파(1형 · 2형), 메밀, 시금치(노지)

- 보장 개시: 정식 또는 파종완료일 경과 시 계약 24시(정식 또는 파종완료일: 판매연도)
- 경작불능 보장 종료: 종합위험 생산비보장의 보장종료일 초과 불가

시금치 (노지)	재파종	파종완료일 24시~재파종 완료일(판매연도 11월 10일 초과 불가)	파종완료일 10월 31일 초과 불가
	경작불능	파종완료일 24시~최초 수확 직전	
	생산비	파종완료일 24시~최초 수확 직전 (이듬해 1월 15일 초과 불가)	
당근	재파종	파종완료일 24시~재파종 완료일(판매연도 8월 31일 초과 불가)	파종완료일 8월 31일 초과 불가
	경작불능	파종완료일 24시~최초 수확 직전	
	생산비	파종완료일 24시~최초 수확 직전(이듬해 2월 말일 초과 불가)	
월동 배추	재정식	정식완료일 24시~재정식 완료일(판매연도 10월 5일 초과 불가)	정식완료일 9월 25일 초과 불가
	경작불능	정식완료일 24시~최초 수확 직전	
	생산비	정식완료일 24시~최초 수확 직전(이듬해 3월 31일 초과 불가)	
월동 무	재파종	파종완료일 24시~재파종 완료일(판매연도 10월 25일 초과 불가)	파종완료일 10월 15일 초과 불가
	경작불능	파종완료일 24시~최초 수확 직전	
	생산비	파종완료일 24시~최초 수확 직전(이듬해 3월 31일 초과 불가)	
메밀	재파종	파종완료일 24시~재파종 완료일(판매연도 9월 25일 초과 불가)	파종완료일 9월 15일 초과 불가
	경작불능	파종완료일 24시~최초 수확 직전	
	생산비	파종완료일 24시~최초 수확 직전(판매연도 11월 20일 초과 불가)	
쪽파 1형	재파종	파종완료일 24시~재파종 완료일(판매연도 10월 25일 초과 불가)	파종완료일 10월 15일 초과 불가
	경작불능	파종완료일 24시~최초 수확 직전	
	생산비	파종완료일 24시~최초 수확 직전(판매연도 12월 31일 초과 불가)	
쪽파 2형	재파종	1형과 동일	
	경작불능	1형과 동일	
	생산비	파종완료일 24시~최초 수확 직전(이듬해 5월 31일 초과 불가)	

✓ 포인트

파종 vs. 정식
1. 파종: 무(고랭지 · 가을 · 월동), 당근, 쪽파(1 · 2형), 메밀, 시금치
2. 정식: 대파, 단호박, 배추(봄 · 고랭지 · 가을 · 월동), 고추, 브로콜리, 양상추

3 보험가입금액 (천원 단위 절사)

① 보험가입면적×보장생산비(m^2당)

② 고추, 브로콜리: (손해를 보상한 경우 나머지 기간) 잔존 보험가입금액=보험가입금액-기발생 보상액

③ 잔존 보험가입금액 계산 예시

> **예 1]** • 조건: 보험가입면적 1,000m^2, 보장생산비 2,000원/m^2, 기보상액 50만원

잔존 보험가입금액=(1,000×2,000)-500,000=150만원

> **✓ 포인트**
>
> 보장생산비=준비기 생산비+생장기 생산비(=표준생산비-수확기 생산비)

4 보험료, 방재시설 할인율, 보험료의 환급

1 보험료의 구성

① 보험료의 구성: 적과전 종합위험보장 5. (1) 농작물재해보험 보험료의 구성 참조 **15page**

② 정부지원 보험료: 순보험료의 50%, 부가보험료 100%

　✓ 과수 4종, 벼 품목 이외의 품목은 정부지원율을 위와 동일하다.

③ 지자체지원 보험료: 지자체별로 지원금액(비율)을 결정한다.

2 보험료의 계산

① 보험료 = 보통약관 보험가입금액×지역별 보통약관 영업요율×(1+손해율에 따른 할인·할증률)
　　　　　 ×(1+방재시설 할인율)

② 방재시설 할인율: 고추, 브로콜리만 해당

- 고추: 관수시설(스프링클러 등) 5%

- 브로콜리: 관수시설(스프링클러 등), 방조망, 전기시설물(전기철책, 전기울타리 등), 경음기 각 5%

③ 손해율에 따른 할인 · 할증률: 적과전 종합위험보장 편 참조 **16page**

- 계약자 기준

- 할인 · 할증폭 –30% ~ +50%로 제한(손해율 80% 미만 할인, 120% 이상 할증)

3 **보험료의 환급**

> ✓ 본 교재 적과전 종합위험보장 편 참조 **18page**
> 적과전 종합위험보장, 종합위험 수확감소보장 및 비가림과수 손해보장 과수, 수확 전 종합위험 및 종합위험
> 과실손해보장, 특정위험보장 인삼, 생산비보장 노지 밭작물의 아래 내용은 동일하다.

① 보험료 환급 사유 및 환급보험료 계산: 적과전 종합위험보장 편 참조 **18page**

② 환급보험료 지급: 적과전 종합위험보장 편 참조 **19page**

③ 환급보험료 계산: 적과전 종합위험보장 편 참조 **19page**

④ 환급보험료 계산 예시

예 2] • 조건 : 고추. 보험가입금액 1천만원, 영업요율 8%(순보험료는 영업보험료의 90%), 손해율에 따른 할인 8%, 관수시설 설치, 지자체 지원 40%, 임의해지(5월), 5월 미경과비율 95%
기지급 보험금 없음 : 환급보험료 = 1천만 × 0.08 × 0.9 × (1 − 0.08) × (1 − 0.05) × (1 − 0.5 − 0.4) × 0.95 = 59,781.6원
기지급 보험금 200만원 : 환급보험료 = 800만원 × 0.08 × 0.9 × (1 − 0.08) × (1 − 0.05) × (1 − 0.5 − 0.4) × 0.95 = 47,825.28원

---

5   보험금

---

1 **재정식 보험금**

재정식 보험금 - 대파, 단호박, 배추(봄 · 고랭지 · 가을 · 월동), 고추, 브로콜리, 양상추
1. 지급 사유 : 보장하는 재해로 면적피해율이 자기부담비율을 초과하고 재정식한 경우, 1회 지급
2. 보험금 = 보험가입금액 × 20% × 면적피해율
• 면적피해율 = 피해면적 ÷ 보험가입면적 (재정식 미이행 면적은 피해면적에서 제외)
✓ 수확감소보장 양배추의 재정식 보험금과 동일하다.

2 **재파종 보험금**

재파종 보험금 - 무(고랭지 · 가을 · 월동), 당근, 쪽파(실파) 1 · 2형, 메밀, 시금치
1. 지급 사유 : 보장하는 재해로 면적피해율이 자기부담비율을 초과하고 재파종한 경우, 1회 지급
2. 보험금 = 보험가입금액 × 20% × 면적피해율
• 면적피해율 = 피해면적 ÷ 보험가입면적. (재파종 미이행 면적은 피해면적에서 제외)
✓ 수확감소보장 마늘의 재파종 보험금과 다름에 주의한다.

3 **경작불능보험금**

경작불능보험금 - 고추, 브로콜리 외 전 품목
1. 지급 사유 : 식물체 피해율 65% 이상이고 계약자가 경작불능보험금 신청한 경우
2. 지급 조건
① 지급 시 해당 농지의 계약 소멸, 환급보험료 발생하지 않음
② 경작불능 후조사 : 산지 폐기 확인, 시장에 유통되지 않았음을 확인 후 지급
3. 보험금 = 보험가입금액 × 일정 비율
① 고랭지 · 월동 배추, 고랭지 · 월동 무, 단호박, 대파, 당근, 메밀, 시금치 일정 비율 : 45%, 42%, 40%, 35%, 30%
• 자기부담비율 10%, 15%, 20%, 30%, 40%
② 봄 · 가을 배추, 가을 무, 양상추, 쪽파 · 실파 일정 비율 : 40%, 35%, 30%
• 자기부담비율 20%, 30%, 40%

4 **생산비보장 보험금 (2과목에서 상세하게 학습)**

① 고추, 브로콜리

생산비보장 보험금 - 고추, 브로콜리
1. 지급 사유 : 보장하는 재해로 생산비보장 보험금이 자기부담금을 초과하는 경우
2. 보험금
(1) 생산비보장보험금 = (잔존 보험가입금액 × 경과비율 × 피해율 × 병충해 등급별 인정 비율) - 자기부담금
• 잔존 보험가입금액 = 보험가입금액 - 기발생 생산비보장 보험금 합계액
(2) 병충해 등급별 인정 비율 : 고추만 적용
(3) 경과비율 : 수확기 이전과 이후에 다르게 산정
① 수확기 이전 사고 : $\alpha + \left[(1-\alpha) \times \dfrac{생장일수}{표준생장일수}\right]$
• α = 준비기 생산비 계수. 고추 49.5%, 브로콜리 55.9%
② 수확기 중 사고 : $1 - \dfrac{수확일수}{표준수확일수}$
(4) 피해율 :
① 고추 피해율 = 면적피해율 × 평균 손해정도비율 × (1-미보상비율)
• 면적피해율 = 피해면적(주수) ÷ 재배면적(주수)
② 브로콜리 피해율 = 면적피해율 × 작물피해율 × (1-미보상비율)
• 면적피해율 = 피해면적 ÷ 재배면적
(5) 자기부담금 = 잔존 보험가입금액 × 자기부담비율(3% 또는 5%)

② 고추, 브로콜리 외 전 품목

생산비보장 보험금
1. 지급 사유 : 보상하는 재해로 피해율이 자기부담비율보다 큰 경우
2. 보험금 = 보험가입금액 × (피해율 - 자기부담비율)
① 메밀 외 품목 피해율 = 면적피해율 × 평균 손해정도비율 × (1-미보상비율)
• 면적피해율 = 피해면적(주수) ÷ 재배면적(주수)
② 메밀 피해율 = 면적피해율 × (1- 미보상비율) $= \dfrac{도복 피해면적 \times 70\% + 도복 외 피해면적 \times 평균 손해정도비율}{재배면적} \times (1- 미보상비율)$
• 면적피해율 = 피해면적(주수) ÷ 재배면적(주수)

농작물 재해보험의 이론과 실무

6 자기부담비율

3%, 5% 형	1. 고추, 브로콜리 2. 3% : 최근 2년간 연속 보험 가입 계약자 + 2년간 수령 보험금이 순보험료의 120% 미만인 경우 3. 5% : 제한 없음 4. 자기부담금 : 잔존 보험가입금액의 3%, 5%
10%, 15%, 20%, 30%, 40% 형	1. 고랭지 · 월동 배추, 고랭지 · 월동 무, 단호박, 대파, 당근, 메밀, 시금치 2. 10% : 최근 3년간 연속 보험 가입 계약자 + 3년간 수령 보험금이 순보험료의 120% 미만인 경우 3. 15% : 최근 2년간 연속 보험 가입 계약자 + 2년간 수령 보험금이 순보험료의 120% 미만인 경우 4. 20%, 30%, 40% : 제한 없음
20%, 30%, 40% 형	1. 봄 · 가을 배추, 가을 무, 양상추, 쪽파 · 실파 2. 계약자 선택

7 보험가입기준

1 고추, 브로콜리

① 농지단위로 가입하고 개별 농지당 최저 보험가입금액 200만원 이상이다.
② 고추: 10a당 재식주수가 1,500주 이상~4,000주 이하인 농지만 가입 가능하다.

2 메밀: 농지단위로 가입하고 개별 농지당 최저 보험가입금액 50만원 이상이다.

3 고추, 브로콜리, 메밀 외 품목: 농지단위로 가입하고 개별 농지당 최저 보험가입금액 100만원 이상이다.

4 전 품목: 단, 하나의 리·동에 있는 각각 50만원 · 100만원 · 200만원 미만의 두 개의 농지는 하나의 농지로 취급하여 계약 가능하다.

8 인수 제한 목적물

1 생산비보장 (노지) 밭작물 공통 인수 제한 목적물

① 보험계약 시 피해가 확인된 농지

② 여러 품목이 혼식된 농지(다른 작물과 혼식되어 있는 농지)

③ 하천부지, 상습침수 지역에 소재한 농지

④ 통상적인 재배 및 영농활동을 하지 않는 농지

⑤ 시설재배 농지

⑥ 판매를 목적으로 경작하지 않는 농지

⑦ 도서 지역의 경우 연륙교가 설치되어 있지 않고 정기선이 운항하지 않는 등 신속한 손해평가가 불가능한 지역에 소재한 농지

⑧ 군사시설보호구역 중 통제보호구역내의 농지(단, 통상적인 영농활동 및 손해평가가 가능하다고 판단되는 농지는 인수 가능)

- 통제보호구역 : 민간인통제선 이북지역 또는 군사기지 및 군사시설의 최외곽 경계선으로부터 300미터 범위 이내의 지역
- 대파, 쪽파(실파) 품목은 미해당

⑨ 기타 인수가 부적절한 농지

2 고추

① 재식밀도가 조밀(1,000㎡당 4,000주 초과) 또는 넓은(1,000㎡당 1,500주 미만) 농지

② 노지재배, 터널재배 이외의 재배작형으로 재배하는 농지

③ 비닐멀칭이 되어 있지 않은 농지

④ 직파한 농지

⑤ 4월 1일 이전과 5월 31일 이후에 고추를 식재한 농지

⑥ 동일 농지 내 재배 방법이 동일하지 않은 농지(단, 보장생산비가 낮은 재배 방법으로 가입하는 경우 인수 가능)

⑦ 동일 농지 내 재식 일자가 동일하지 않은 농지(단, 농지 전체의 정식이 완료된 날짜로 가입하는 경우 인수 가능)

⑧ 고추 정식 6개월 이내에 인삼을 재배한 농지

⑨ 풋고추 형태로 판매하기 위해 재배하는 농지

3 브로콜리

① 보험가입금액이 200만원 미만인 농지

② 정식을 하지 않았거나, 정식을 9월 30일 초과하여 실시한 농지

③ 목초지, 목야지 등 지목이 목인 농지

4 메밀

① 춘파재배 방식에 의한 봄 파종을 실시한 농지

② 9월 15일 초과하여 파종을 실시 또는 할 예정인 농지

③ 오염 및 훼손 등의 피해를 입어 복구가 완전히 이루어지지 않은 농지

④ 최근 5년 이내에 간척된 농지

⑤ 전환지(개간, 복토 등을 통해 논으로 변경한 농지), 휴경지 등 농지로 변경하여 경작한 지 3년 이내인 농지

⑥ 최근 3년 연속 침수피해를 입은 농지(다만, 호우주의보 및 호우경보 등 기상특보에 해당되는 재해로 피해를 입은 경우는 제외함)

⑦ 목초지, 목야지 등 지목이 목인 농지

5 단호박

① 5월 29일을 초과하여 정식한 농지

② 미니 단호박을 재배하는 농지

6 당근

① 미니당근 재배 농지(대상 품종 : 베이비당근, 미뇽, 파맥스, 미니당근 등)

② 8월 31일을 지나 파종을 실시하였거나 또는 할 예정인 농지

③ 목초지, 목야지 등 지목이 목인 농지

④ 출현율이 50% 미만인 농지 (보험가입 당시 출현 후 고사된 싹은 출현이 안된 것으로 판단)

7 시금치(노지)

① 10월 31일을 지나 파종을 실시하였거나 또는 할 예정인 농지

② 다른 광역시·도에 소재하는 농지(단, 인접한 광역시·도에 소재하는 농지로서 보험사고 시 지역 농·축협의 통상적인 손해조사가 가능한 농지는 본부의 승인을 받아 인수 가능)

③ 최근 3년 연속 침수피해를 입은 농지

④ 오염 및 훼손 등의 피해를 입어 복구가 완전히 이루어지지 않은 농지

⑤ 최근 5년 이내에 간척된 농지

⑥ 농업용지가 다른 용도로 전용되어 수용예정농지로 결정된 농지

⑦ 전환지(개간, 복토 등을 통해 논으로 변경한 농지), 휴경지 등 농지로 변경하여 경작한 지 3년 이내인 농지

8 고랭지 배추, 가을배추, 월동 배추, 봄 배추

① 정식을 9월 25일(월동배추), 9월 10일(가을배추), 4월 20일(봄배추) 초과하여 실시한 농지

② 다른 품종 및 품목을 정식한 농지

③ 다른 광역시·도에 소재하는 농지(단, 인접한 광역시·도에 소재하는 농지로서 보험사고 시 지역 농·축협의 통상적인 손해조사가 가능한 농지는 본부의 승인을 받아 인수 가능)

④ 최근 3년 연속 침수피해를 입은 농지, 다만, 호우주의보 및 호우경보 등 기상특보에 해당되는 재해로 피해를 입은 경우는 제외함

⑤ 오염 및 훼손 등의 피해를 입어 복구가 완전히 이루어지지 않은 농지

⑥ 최근 5년 이내에 간척된 농지

⑦ 농업용지가 다른 용도로 전용되어 수용 예정 농지로 결정된 농지

⑧ 전환지(개간, 복토 등을 통해 논으로 변경한 농지), 휴경지 등 농지로 변경하여 경작한 지 3년 이내인 농지

9 고랭지 무

① 판매개시연도 7월 31일을 초과하여 정식한 농지

② '고랭지여름재배' 작형에 해당하지 않는 농지 또는 고랭지무에 해당하지 않는 품종(예 알타리무, 월동무 등)

③ 출현율이 80% 미만인 농지 (보험가입 당시 출현 후 고사된 싹은 출현이 안된 것으로 판단)

10 월동 무

① 10월15일 초과하여 무를 파종한 농지

② '월동재배' 작형에 해당하지 않는 농지 또는 월동무에 해당하지 않는 품종(예 알타리무, 단무지무 등)

③ 가을무에 해당하는 품종 또는 가을무로 수확할 목적으로 재배하는 농지

④ 오염 및 훼손 등의 피해를 입어 복구가 완전히 이루어지지 않은 농지

⑤ 목초지, 목야지 등 지목이 목인 농지

⑥ 출현율이 80% 미만인 농지 (보험가입 당시 출현 후 고사된 싹은 출현이 안된 것으로 판단)

11 가을무

① 9월 15일을 초과하여 무를 파종한 농지

② '가을재배' 작형에 해당하지 않는 농지 또는 가을무에 해당하지 않는 품종(예 월동무, 고랭지무 등)

③ 출현율이 80% 미만인 농지 (보험가입 당시 출현 후 고사된 싹 은 출현이 안된 것으로 판단)

12 대파

① 6월 15일을 초과하여 정식한 농지

② 재식밀도가 15,000주/10a 미만인 농지

13 쪽파, 실파

① 종구용(씨쪽파)으로 재배하는 농지

② 상품 유형별 파종기간을 초과하여 파종한 농지

14 양상추

① 판매개시연도 8월 31일 초과하여 정식한 농지(단, 재정식은 판매개시연도 9월 10일 이내 정식)

② 시설(비닐하우스, 온실 등)에서 재배하는 농지

> ✓ **포인트**
>
> **목초지, 목야지 등 지목이 목인 농지 인수 제한**
> 1. 해당 품목: 당근, 월동 무, (수확감소보장 양배추), 메밀, 브로콜리
>   ✎**암기팁** 당월 양매부
> 2. 지목: 땅의 용도. 목초 생산 또는 가축 방목용 토지를 활용한 재배 시 인수 제한.
>   이 품목들은 모두 가입 지역이 제주이다.

1 시기별 조사 종류 및 조사 내용

✓ 고추, 브로콜리의 시기별 조사 종류 : 두 품목은 '피해사실 확인조사'를 별도로 실시하지 않았지만, 재정식보장이
추가되면서 '피해사실 확인조사'가 필요해졌다.

1 고추, 브로콜리

생육 시기	재해	조사내용	조사 시기	조사 방법
정식 ~ 수확 전	보장하는 재해 전부	재정식 조사	사고접수 후 지체없이	보장하는 재해로 인한 재정식이 필요한 면적(비율) 조사
정식(파종) ~ 수확 종료		생산비 피해조사	사고발생 시 마다	1. 재배일정 확인 2. 경과비율 산출 3. 피해율 산정 4. 병충해 등급별 인정비율 확인 (노지 고추만 해당)

2 고추, 브로콜리 외 전 품목

생육 시기	재해	조사내용	조사 시기	조사 방법
정식(파종) ~ 수확 전	보장하는 재해 전부	피해사실 확인조사	사고접수 후 지체없이	보장하는 재해로 인한 피해발생 여부 조사 (피해사실이 명백한 경우 생략 가능)
		경작불능 조사		해당 농지의 피해면적비율 또는 보험목적인 식물체 피해율 조사
		재정식 재파종 조사		보장하는 재해로 인한 재정식 · 재파종이 필요한 면적(비율) 조사
수확 직전		생산비 피해조사	수확 직전	사고발생 농지의 피해비율 및 손해정도 비율 확인을 통한 피해율 조사

2 현지조사 및 보험금 산정 방법

1 피해사실 확인조사

① 적용 품목: 고추, 브로콜리 외 전 품목

② 조사 대상: 자연재해, 조수해, 화재로 사고접수 농지 및 조사 필요 농지

③ 조사 시기: 사고접수 직후 실시

④ 보장하는 재해로 인한 피해 여부 확인: 적과전 종합위험보장 "피해사실 조사 방법" 참조 **30page**

⑤ 추가 조사(생산비보장 손해조사 또는 경작불능손해조사) 필요 여부 판단

⑥ 고사면적 확인: 보장하는 재해로 인하여 해당 작물이 고사하여 수확될 수 없는 면적을 확인

2 재파종 · 재정식조사 및 재파종 · 재정식 보험금 (보통약관)

재정식조사 - 대파, 단호박, 배추(봄 · 고랭지 · 가을 · 월동), 고추, 브로콜리, 양상추
재파종조사 - 무(고랭지 · 가을 · 월동), 당근, 쪽파(실파) 1 · 2형, 메밀, 시금치
1. 대상 농지: 피해사실 확인조사 시 재정식 · 재파종조사 필요 판단된 농지
2. 조사 시기: 피해사실 확인조사 직후 또는 사고접수 직후

3. 조사 방법
① 재파종 · 재정식 보험금 지급 대상 여부 조사(전조사)
  • 보상하는 재해 여부 심사, 실제경작면적 및 피해면적 확인
  • 피해면적 판정기준 : 고사 또는 살아있으나 수확이 불가능한 면적
② 재파종 · 재정식 이행 완료 여부 조사(후조사): 재정식 · 재파종 미이행 면적은 피해면적에서 제외
③ 농지별 상황에 따라 재정식 · 재파종 전조사 생략하고 재정식 · 재파종 후조사 시 면적조사(실제경작면적 및
  피해면적)를 실시할 수 있음

재정식 · 재파종 보험금
1. 지급 사유: 보험기간 내 보장하는 재해로 면적피해율이 자기부담비율 초과하고, 재정식 · 재파종한 경우 1회 지급
2. 재정식 · 재파종 보험금 = 보험가입금액 × 20% × 면적피해율   • 면적피해율 = 피해면적 ÷ 보험가입면적

3 **경작불능조사 및 보험금**

경작불능조사 - 고추, 브로콜리 외 전 품목

1. 대상 농지 : 피해사실 확인조사 시 경작불능조사 필요 판단된 농지 또는 사고접수 시 이에 준하는 피해가 예상되는 농지

2. 조사 시기 : 피해사실 확인조사 직후 또는 사고접수 직후

3. 경작불능보험금 지급 대상 여부 조사 (전조사)
 ① 보험기간 확인 : 계약체결일 24시와 정식(파종)완료일 24시 중 최근일~수확 개시일 직전
  • 보장개시일 : 각 품목별 보장개시 일자 초과 불가
  • 수확 개시일 직전 : 생산비보장 종료일 초과 불가
 ② 보장하는 재해 여부 심사 및 실제경작면적 확인
 ③ 식물체 피해율 및 계약자의 경작불능보험금 신청 여부 확인
  • 식물체 피해율 : 식물체 피해율이 65% 이상 여부 조사
  • 고사식물체 수(면적)÷보험가입식물체 수(면적). 고사식물체 판정기준 – 수확 가능 여부

4. 생산비보장 손해조사 대상 확인 : 식물체 피해율 65% 미만 또는 65% 이상인 경우에도 계약자가 경작불능보험금 신청하지 않은 경우

5. 경작불능 후조사 : 1차 조사(경작불능 전 조사)에서 보장하는 재해로 식물체 피해율이 65% 이상인 농지에 대하여 산지폐기 등으로 작물이 시장으로 유통되지 않은 것을 확인

경작불능보험금

1. 지급 사유 : 보험기간 내에 보장하는 재해로 식물체 피해율이 65% 이상이고, 계약자가 경작불능보험금을 신청한 경우

2. 지급 거절 사유 : 산지폐기 등의 방법을 통해 시장으로 유통되지 않게 된 것이 확인되지 않으면 경작불능보험금을 지급하지 않음

3. 계약 소멸
 ① 경작불능보험금을 지급한 때에는 그 손해보상의 원인이 생긴 때로부터 해당 농지에 대한 보험계약은 소멸
 ② 환급보험료는 발생하지 않음

4. 보험금 = 보험가입금액×자기부담비율에 따른 일정 비율
 ① 고랭지·월동 배추, 고랭지·월동 무, 단호박, 대파, 당근, 메밀, 시금치 일정 비율 : 45%, 42%, 40%, 35%, 30%
  • 자기부담비율 10%, 15%, 20%, 30%, 40%
 ② 봄·가을 배추, 가을 무, 양상추, 쪽파 일정 비율 : 40%, 35%, 30%
  • 자기부담비율 20%, 30%, 40%

4 생산비보장 손해조사 및 보험금

① 고추, 브로콜리

생산비보장 손해조사	
1. 대상 농지 : 사고 접수된 농지	

1. 대상 농지 : 사고 접수된 농지
2. 조사 시기 : 사고접수 직후
3. 조사 방법
(1) 보장하는 재해로 인한 피해 여부 심사
(2) 일자 조사 : 사고 일자, 수확 예정·개시·종료 일자 확인
　① 사고 일자

사고 일자	재해 발생 일자
한해(가뭄), 폭염, 병충해 등 지속되는 재해	재해가 끝나는 날(☞ 가뭄피해 : 가뭄 이후 첫 강우일 전날)
재해가 끝나기 전 조사하는 경우	조사 일자 (조사 이후 추가로 발생한 손해는 보상하지 않음)

　② 수확 예정·개시·종료 일자
(3) 실제 경작면적(가입 시와 10% 이상 차이 시 계약사항 변경) 및 피해면적 조사
(4) 손해정도비율 조사
　① 고추
　　• 피해면적에 따라 표본이랑수 산정 → 표본이랑 선정 → 표본이랑 내 작물 상태(손해정도비율, 병충해 등급별 인정비율) 조사
　　• 정상으로 분류 : 피해가 없거나, 보장하는 재해 이외의 원인으로 피해 발생한 작물, 타작물
　　• 평가제외로 분류 : 가입 이후 추가로 정식한 고추 등 보장대상과 무관한 작물
　② 브로콜리
　　• 피해면적에 따라 표본구간수 산정 → 표본구간 선정 → 표본구간 내 작물 상태(연속하는 10구의 작물피해율) 조사
(5) 미보상비율 조사

생산비보장 보험금

1. 지급 사유 : 보험기간 내 보장하는 재해로 인해 생산비보장 보험금이 자기부담금을 초과하는 경우
2. 보험금 = (잔존 보험가입금액 × 경과비율 × 피해율 × 병충해 등급별 인정비율) − 자기부담금
　• 병충해 등급별 인정비율 : 고추만 해당
(1) 잔존 보험가입금액 = 보험가입금액 − 보상액 (기발생 생산비보장 보험금 합계액)
(2) 경과비율
　① 수확기 이전 사고 : $\alpha + [(1 - \alpha) \times \dfrac{\text{생장일수}}{\text{표준생장일수}}]$

　　• α = 준비기 생산비 계수 : 고추 49.5%, 브로콜리 55.9%
　　• 생장일수를 표준생장일수로 나눈 값은 1을 초과할 수 없음

생장일수	정식일로부터 사고발생일까지 경과일수 • 정식일 당일 사고의 경우 "0"일, 다음날 사고의 경우 "1일" • [별표 9] 고추, 브로콜리 : 재정식 면적피해율이 100%일 경우 재정식일자를 정식일자로 한다.
표준생장일수	정식일로부터 수확개시일까지 표준적인 생장일수로 사전에 설정된 값 • 고추 100일, 브로콜리 130일

　② 수확기 중 사고 : $1 - \dfrac{\text{수확일수}}{\text{표준수확일수}}$

수확일수	수확개시일부터 사고발생일까지 경과일수
표준수확일수	수확개시일부터 수확종료일까지의 일수

(3) 피해율
 ① 고추 피해율 = 면적피해율 × 평균 손해정도비율 × (1 − 미보상비율)
 ② 브로콜리 피해율 = 면적피해율 × 작물피해율 × (1 − 미보상비율)
 ③ 면적피해율 = 피해면적(주수) ÷ 재배면적(주수)
(4) 자기부담금 = 잔존 보험가입금액 × 자기부담비율

계산 예시	
경과비율	**예 3]** • 조건 : 고추, 가뭄피해, 가뭄 이후 첫 강우일 전날−정식일로부터 77일째, 조사일자−정식일로부터 70일째 경과비율 = 0.495 + (1 − 0.495) × (70 ÷ 100) = 84.85%
피해율	**예 4]** • 조건 : 재배면적 1,000㎡, 피해면적 400㎡, 평균 손해정도비율 66%, 미보상비율 10% 피해율 = 0.4 × 0.66 × (1 − 0.1) = 23.76%
자기부담금	**예 5]** • 조건 : 보험가입면적 4,000㎡, 보장생산비 1,000원/㎡, 자기부담비율 5%, 기지급 보험금 50만원 : 자기부담금 = {(4,000 × 1,000) − 500,000} × 0.05 = 175,000원
보험금	**예 6]** (3,500,000 × 0.8485 × 0.2376 × 병) − 175,000 = 530,612.6원

② 고추, 브로콜리 외 품목

생산비보장 손해조사

1. 대상 농지
  ① 피해사실 확인조사 시 생산비보장 손해조사 필요 판단된 농지
  ② 경작불능조사 시 생산비보장 손해조사 결정된 농지 : 식물체 피해율 65% 미만, 또는 65% 이상이어도
    경작불능보험금을 신청하지 않은 경우
2. 조사 시기 : 수확 직전
3. 조사 방법
(1) 보장하는 재해로 인한 피해 여부 심사
    ✓ [농업재해보험 · 손해평가의 이론과 실무]의 조사 방법에는 전 품목에 '일자조사'가 해당하듯 항목이 구성되어
      있지만, '일자조사'는 경과비율 산출을 위한 것으로 고추 · 브로콜리에만 해당한다.
(2) 실제 경작면적(가입 시와 10% 이상 차이 시 계약사항 변경) 및 피해면적 조사
    • 메밀 : 도복 피해면적과 도복 외 피해면적으로 나누어 조사
(3) 손해정도비율 조사 : 피해면적에 따라 표본구간(이랑)수 산정 → 표본구간(이랑) 선정 → 표본구간 내 작물
    상태(손해정도) 조사 → 손해정도비율 산출

메밀 (도복 외 피해면적만 대상)	• 규격의 원형 테(1㎡) 이용 또는 표본구간의 가로×세로(1m×1m) 구획하여 손해정도비율 조사 • 정상으로 분류 : 피해가 없거나 보장하는 재해 이외의 원인으로 인한 피해 발생한 작물, 타작물 • 평가 제외로 분류 : 기조사 시 100%형 피해로 보험금 지급 완료 후 새로 파종한 메밀 등 보장대상과 무관한 작물
무 (고랭지 · 가을 · 월동)	표본구간 내 연속하는 10구의 손해정도비율 조사

배추 (봄 · 고랭지 · 가을 · 월동), 시금치(노지), 양상추

• 표본이랑별 식재된 작물(식물체 단위)의 손해정도비율 조사
• 시금치 : 각 표본이랑 길이를 기준으로 1m 간격으로 구획 → 각 표본별 식재된 시금치의 손해정도비율 조사

표본	이랑길이	표본수	정상	20%	40%	60%	80%	100%
표본이랑 1	100m	100	50	10	-	10	-	30
표본이랑 2	50m	50	-	10	20	10	10	-
표본이랑 3	60m	60	-	30	-	-	-	30

당근	• 표본구간의 가로(이랑 폭), 세로(조사주수) 구획 → 표본구간 내 작물의 손해정도비율 조사 • 이랑 폭 2m 미만 – 조사주수 5주 이상, 이랑 폭 2m 이상 – 조사주수 3주 이상
파(대파, 쪽파 · 실파)	표본구간 내 연속하는 50구의 손해정도비율 조사
단호박	표본구간의 가로(이랑 폭)×세로(1m) 구획 → 표본구간 내 작물의 손해정도비율 조사
표본이랑 또는 구간	• 표본이랑 : 고추, 배추(봄 · 고랭지 · 가을 · 월동), 시금치(노지), 양상추 • 표본구간 : 이외 품목

(4) 미보상비율 확인

생산비보장 보험금

1. 지급 사유 : 보장하는 재해로 인해 피해율이 자기부담비율을 초과하는 경우
2. 보험금 = 보험가입금액×(피해율 – 자기부담비율)

(1) 피해율 = 면적피해율×평균 손해정도비율×(1-미보상비율)

　• 면적피해율 = 피해면적(주수)÷재배면적(주수)

(2) 메밀 피해율 = 면적피해율 × (1- 미보상비율)

$$= \frac{도복\ 피해면적 \times 70\% + 도복\ 외\ 피해면적 \times 평균\ 손해정도비율}{재배면적} \times (1- 미보상비율)$$

　• 면적피해율 = 피해면적(주수)÷재배면적(주수)

3 　평균 손해정도비율 및 작물피해율, 고추 병충해 등급별 인정비율

1 평균 손해정도비율

① 평균 손해정도비율: 피해면적을 일정 수의 표본구간으로 나누어 각 표본구간의 손해정도비율을 조사한 뒤 평균한 값

② 손해정도비율: 각 표본구간별 손해정도비율은 손해정도에 따라 아래와 같이 결정

손해정도	1~20%	21~40%	41~60%	61~80%	81~100%
손해정도비율	20%	40%	60%	80%	100%

③ 손해정도에 따른 손해정도비율 적용 예시

　• 손해정도 30% → 손해정도 21~40% 구간 → 손해정도비율 40%로 적용

　• 손해정도 85% → 손해정도 81~100% 구간 → 손해정도비율 100%로 적용

④ 손해정도비율 산출 예시

• 조건 : 표본구간 1 작물 상태 조사. 정상 10kg, 손해정도 1~20% 형 6kg, 손해정도 61~80% 형 4kg

손해정도비율 = (6×0.2+4×0.8)÷20 = 22%

⑤ 평균 손해정도비율 산출 예시. (단위. 개)

표본구간	정상	20%	40%	60%	80%	100%	합계
1	2	1	3	1	2	1	10
2	3	2	2	1	1	1	10
3	1	0	3	2	0	4	10
4	2	2	2	1	1	2	10

• 각 구간의 손해정도비율 계산 후 평균=평균 손해정도비율

$$= \frac{\Sigma\ (1+2+3+4\ 구간\ 손해정도비율)}{4} = \frac{46\% + 36\% + 64\% + 46\%}{4} = 48\%$$

2 작물피해율

① 적용 품목: 브로콜리

② 작물피해율: 정상 작물, 50% 형 피해 작물, 80% 형 피해 작물, 100% 형 피해 작물

③ 작물피해율 산출 예시

> • 조건 : 정상 10kg, 50% 형 6kg, 80% 형 4kg, 100% 형 10kg

작물피해율 $= (6 \times 0.5 + 4 \times 0.8 + 10 \times 1.0) \div 30 = 54\%$ → 산출된 값 54% 그대로 적용

3 고추 병충해 등급별 인정비율

등급	종류	인정비율
1	역병, 풋마름병, 바이러스병, 세균성점무늬병, 탄저병	70%
2	잿빛곰팡이병, 시들음병, 담배가루이, 담배나방	50%
3	흰가루병, 균핵병, 무름병, 진딧물 및 기타	30%

PART 9
생산비보장
시설작물, 시설재배 버섯

📁 농작물 재해보험의 이론과 실무
📁 농작물 재해보험 손해평가의
　 이론과 실무

농작물 재해보험의 이론과 실무

1 보험의 목적

1 시설작물: 농업용 시설물 및 부대시설을 이용하여 재배하는

① 화훼류: 국화, 장미, 백합, 카네이션

② 비화훼류: 딸기, 오이, 토마토, 참외, 고추, 호박, 수박, 멜론, 파프리카, 상추, 부추, 시금치, 가지, 배추, 파 (대파 · 쪽파), 무, 미나리, 쑥갓, 감자

③ 정식 또는 파종 후 재배 중인 시설작물(육묘는 가입 불가)만 보장 대상

④ 보장대상 목적물에서 제외: 품종(목), 품목별 표준생장일수와 현저히 차이나는 생장일수(정식일(파종일)로부터 수확개시일까지의 일수)를 가지는 품종

품목	인수가능 품종
고추(시설재배)	청양고추, 오이고추, 피망, 꽈리, 하늘고추, 할라피뇨, 홍고추
호박(시설재배)	애호박, 주키니호박, 단호박
토마토(시설재배)	방울토마토, 대추토마토, 대저토마토, 송이토마토
배추(시설재배)	안토시아닌 배추(빨간배추)
무(시설재배)	조선무, 알타리무, 열무
파(시설재배)	실파
국화(시설재배)	거베라
수박(시설재배)	일반형 과종, 중소형 과종(애플수박, 미니수박, 복수박)

농작물	제외 품종
배추(시설재배)	얼갈이 배추, 쌈배추, 양배추
딸기(시설재배)	산딸기
오이(시설재배)	노각
상추(시설재배)	양상추, 프릴라이스, 버터헤드(볼라레), 오버 레드, 이자벨, 멀티레드, 카이피라, 아지르카, 이자트릭스, 크리스피아노

2 버섯

① 농업용 시설물(버섯재배사) 및 부대시설을 이용하여 재배하는 느타리버섯(균상재배, 병재배), 표고버섯(원목재배, 톱밥배지재배), 새송이버섯(병재배), 양송이버섯(균상재배)

② 종균접종 이후 버섯작물(배양 중인 버섯은 가입 불가)만 보장 대상

③ 원목재배 표고버섯은 2020년 이후 종균접종한 표고버섯에 한함

2 보장하는 재해, 보상하지 않는 손해

1 보장하는손해

✓ 종합위험 자연재해의 정의: 적과전 종합위험보장 편 참조 **9page**

시설작물 · 시설재배 버섯	'아래 중 하나에 해당하는 경우' 자연재해, 조수해를 보상 (화재 : 특별약관으로 보상) 1. 시설작물 　① 구조체, 피복재 등 농업용 시설물에 직접적인 피해가 발생한 경우 　② 농업용 시설물에 직접적인 피해가 발생하지 않은 자연재해로서 작물피해율이 70% 이상 　　 발생하여 농업용 시설물 내 전체 작물의 재배를 포기하는 경우 　③ 기상청에서 발령하고 있는 기상특보 발령지역의 기상특보 관련 재해로 인해 작물에 피해가 　　 발생한 경우 　④ 시설재배 농작물에 조수해 피해가 발생한 경우 2. 시설재배 버섯 　① 구조체, 피복재 등 농업용 시설물(버섯재배사)에 직접적인 피해가 발생한 경우 　② '표고버섯 확장위험보장 특별약관' 가입한 표고버섯 : '④시설재배 농작물에 조수해 피해가 　　 발생한 경우 제외' 시설작물과 동일
추가 비용손해	위의 보장하는 재해로 인해 손해가 발생한 경우 : 손해방지비용(20만원 한도), 대위권 보전비용, 잔존물 보전비용, 기타 협력비용 ✓ 잔존물 제거비용 : 농작물은 해당 없음

2 보상하지 않는 손해

① 보통약관

1. 계약자, 피보험자 또는 이들의 법정대리인의 고의 또는 중대한 과실
2. 자연재해, 조수해가 발생했을 때 생긴 도난 또는 분실로 생긴 손해
3. 보험의 목적의 노후, 하자 및 구조적 결함으로 생긴 손해
4. 보장하지 않는 재해로 제방, 댐 등이 붕괴되어 발생한 손해
5. 침식활동 및 지하수로 인한 손해
6. 수확기에 계약자 또는 피보험자의 고의 또는 중대한 과실로 시설재배 농작물을 수확하지 못하여 발생한 손해
7. 제초작업, 시비관리, 온도(냉 · 보온)관리 등 통상적인 영농활동을 하지 않아 발생한 손해
8. 원인의 직접 · 간접을 묻지 않고 병해충으로 발생한 손해
9. 계약체결 시점 현재 기상청에서 발령하고 있는 기상특보 발령 지역의 기상특보 관련 재해로 인한 손해
10. 전쟁, 내란, 폭동, 소요, 노동쟁의 등으로 인한 손해
11. 보장하는 재해에 해당하지 않은 재해로 발생한 손해
12. 직접 또는 간접을 묻지 않고 보험의 목적인 농업용 시설물(버섯재배사 포함)과 부대시설의 시설, 수리, 철거 등 관계 법령(국가 및 지방자치단체의 명령 포함)의 집행으로 발생한 손해
13. 피보험자가 파손된 보험의 목적의 수리 또는 복구를 지연함으로써 가중된 손해
14. 농업용 시설물이 피복재로 피복되어 있지 않는 상태 또는 그 내부가 외부와 차단되어 있지 않은 상태에서 보험의 목적에 발생한 손해
15. 피보험자가 농업용 시설물(부대시설 포함)을 수리 및 보수하는 중에 발생한 피해
　→ 🖊암기팁 계수통원보계해(시 X)＋노도령 전침지＋피리

② 특별약관

1. 화재위험보장
   ① 계약자, 피보험자 또는 이들의 법정대리인의 고의 또는 중대한 과실로 생긴 손해
   ② 화재가 발생했을 때 생긴 도난 또는 분실로 생긴 손해
   ③ 보험의 목적의 발효, 자연발열, 자연발화로 생긴 손해. 그러나, 자연발열 또는 자연발화로 연소된 다른 보험의 목적에 생긴 손해는 보상
   ④ 화재로 기인되지 않은 수도관, 수관 또는 수압기 등의 파열로 생긴 손해
   ⑤ 전기기기 또는 장치의 전기적 사고로 생긴 손해. 그러나 그 결과로 생긴 화재 손해는 보상
   ⑥ 원인의 직접, 간접을 묻지 않고 지진, 분화 또는 전쟁, 혁명, 내란, 사변, 폭동, 소요, 노동쟁의, 기타 이들과 유사한 사태로 생긴 화재 및 연소 또는 그 밖의 손해
   ⑦ 핵연료물질 또는 핵연료 물질에 의하여 오염된 물질의 방사성, 폭발성 그 밖의 유해한 특성 또는 이들의 특성에 의한 사고로 인한 손해
   ⑧ 방사선을 쬐는 것 또는 방사능 오염으로 인한 손해
   ⑨ 국가 및 지방자치단체의 명령에 의한 재산의 소각 및 이와 유사한 손해
   → 🖊암기팁 방도령파 핵원전 발견(계)

2. 수재위험부보장
   ① 상습 침수구역, 하천부지 등에 있는 보험의 목적에 한하여 적용한다.
   ② 홍수 · 해일 · 집중호우 등 수재에 의하거나 또는 이들 수재의 방재와 긴급피난에 필요한 조치로 보험의 목적에 생긴 손해는 보상하지 않는다.
   ③ 보통약관에서 정한 사유로 인한 손해는 보상하지 않는다.

✓ 포인트

시설작물, 시설재배 버섯의 보상하지 않는 손해와 특별약관
1. 보상하지 않는 손해: 농업용 시설물 및 부대시설을 이용하여 재배하는'이 전제이므로, 시설과 관련된 내용이 추가되어 다른 보장방식과 다르다.
2. 특별약관
   ① 작물 해당 특별약관: 화재위험보장, 수재위험 부보장, 표고버섯 확장위험보장
   ② 시설 해당 특별약관: 화재위험보장, 화재대물배상책임보장, 수재위험 부보장, 재조달가액 보장

3 보험기간

1 시설작물: 해당 농업용 시설물 내에 농작물을 정식(파종)한 시점과 청약을 승낙하고 제1회 보험료 납입한 때 중 늦은 때~보험증권에 기재된 보험종료일 24시

① 파종: 쑥갓, 무, 시금치, 파(쪽파)
② 나머지 품목: 정식

2 버섯: 청약을 승낙하고 제1회 보험료 납입한 때~보험증권에 기재된 보험종료일 24시

4 보험가입금액

1 하우스별 연간 재배 예정인 시설작물, 시설재배 버섯 중 생산비가 가장 높은 작물 가액의 50~100% 범위 내에서 계약자가 결정 (10% 단위)

2 보험가입금액 계산 예시

① 예 1]

• 조건 : 가입면적 2,000㎡, 보장생산비 A 5,000원/㎡, 가입비율 70%
보험가입금액 = 2,000 × 5,000 × 0.7 = 7,000,000원

② 예 2]

• 조건 : 가입면적 2,000㎡, 연간 재배 예정인 작물의 보장생산비 A 5,000원/㎡ · B 10,000원/㎡, 가입비율 50%
보험가입금액 = 2,000 × 10,000 × 0.5 = 10,000,000원

5 보험료, 종별 보험요율, 단기요율 적용지수

1 보험료

보통약관	보험료 = 보험가입금액 × 지역별 · 종별 보험료율 × 단기요율 적용지수 • 수재위험 부보장 특약에 가입한 경우에는 위 보험료의 90% 적용
화재위험보장(특)	보험료 = 보험가입금액 × 화재위험보장특약 영업요율 × 단기요율 적용지수
표고버섯 확장위험보장(특)	보험료 = 보험가입금액 × 지역별 · 종별 보험료율 × 단기요율 적용지수 × 할증 적용계수

2 종별 보험요율

보험료율 차등적용에 관한 사항		
종	상 세	요율
1	• 원예시설 : 철골유리온실, 철골펫트온실 • 버섯재배사 : 경량철골조	0.70
2	허용 적설심 · 허용 풍속 : 지역별 내재해형 설계기준 120% 이상	0.80
3	허용 적설심 · 허용 풍속 : 지역별 내재해형 설계기준 100% 이상~120% 미만	0.90
4	허용 적설심 · 허용 풍속 : 지역별 내재해형 설계기준의 100% 미만이면서, 허용 적설심 7.9cm 이상이고, 허용 풍속이 10.5m/s 이상	1.00
5	허용 적설심 7.9cm 미만이거나, 허용 풍속이 10.5m/s 미만	1.10

3 단기요율 적용지수

① 적용

- 단기요율은 보험기간이 1년 미만인 단기계약, 또는 임의해지나 변경 시 환급보험료 계산에 적용
- 1년 미만인 단기계약의 경우: 보험기간에 6월, 7월, 8월, 9월, 11월, 12월, 1월, 2월, 3월이 포함될 때에는 단기요율에 각 월마다 10%씩 가산. 다만, 화재위험보장 특약은 가산하지 않음
  ✓ 4, 5, 10월을 제외한 월이 보험기간에 포함될 때 각 월마다 10%씩 가산
- 이 요율은 100%를 초과할 수 없음(아래 **예 5**. 참조)
- 보험기간을 연장하는 경우: 원기간에 통산하지 아니하고 그 연장기간에 대한 단기요율 적용
  ✓ 연장기간에 대한 보험료를 별도로 계산

② 단기요율 적용 표

기간	15일 까지	1개월 까지	2개월 까지	3개월 까지	4개월 까지	5개월 까지	6개월 까지	7개월 까지	8개월 까지	9개월 까지	10개월 까지	11개월 까지
요율	15%	20%	30%	40%	50%	60%	70%	75%	80%	85%	90%	95%

4 보험료 계산 예시

① 보통약관 보험료

예 3] • 조건: 가입금액 1,000만원, 지역별 영업요율 10%, 3종, 가입기간 해당 단기요율 50%

보험료 = 10,000,000 × 영업요율 0.1 × 종별 0.9 × 단기 0.5 = 450,000원

② 계약자부담보험료

예 4] • 조건: 가입금액 1,000만원, 지역별 보통약관 순보험요율 10%, 경량철골조, 가입 기간 4, 5, 6, 7월(4개월), 지자체 지원율 30%

1. 단기요율 = 4개월 50% + (6, 7월 가산) 20% = 70%
2. 계약자부담보험료 = 10,000,000 × 순보험료율 0.1 × 종별 0.7 × 단기 0.7 × 지원율 차감 (1 − 0.5 − 0.3) = 98,000원

③ 보험기간을 연장하는 경우

예 5] · 조건 : **예 4]**의 보험기간을 2개월 연장(8, 9월)하는 경우 연장기간의 보험료

1. 단기요율 = 2개월 30% + (8, 9월 가산) 20% = 50%
2. 계약자부담보험료 = 10,000,000 × 순보험료율 0.1 × 종별 0.7 × 단기 0.5 × 지원율 차감 (1 - 0.5 - 0.3) = 70,000원

✓ 보험기간을 연장하는 경우의 단기요율 적용
1. 단기요율은 100%를 초과할 수 없다.
2. 위 규정을 원기간의 단기요율과 연장기간의 단기요율 합산의 경우에도 100%를 초과할 수 없음으로 해석하는
   견해가 있다.
3. 그러나, 만일 합산의 경우에도 100%를 초과할 수 없다면 다음과 같은 경우가 발생한다.
   예 ① 원기간 가입기간 1월~6월의 6개월 : 단기요율 6개월 70% + (1, 2, 3, 6월 가산) 40% = 110% → 100%
   ② 이후, 보험기간을 8월까지 2개월 연장 : 합산의 경우에도 100%를 초과할 수 없다면, 연장 2개월의 보험료 계산
      시 적용해야 하는 단기요율이 의문이다. 이미 원기간의 단기요율이 100%이므로 연장기간의 보험료에는
      단기요율 0% 또는 100%를 적용할 수 밖에 없다. 연장기간에 단기요율 0%를 적용하면 연장기간의 보험료는
      0원이고, 원기간의 단기요율 100%를 연장기간에도 적용하면, 연장기간의 보험료는 실제보다 많아지게 된다.
4. 본 예시문제는 원기간과 연장기간의 각각의 단기요율이 100%를 초과할 수 없음으로 해석한 문제이며, 다른
   견해가 있을 수 있다.

6   보험료의 환급

✓ 시설작물, 버섯 및 농업용 시설물(버섯재배사)와 부대시설의 보험료의 환급은 여타의 보장방식과 완전히 다르므로
  주의한다.

1   보험료 환급 사유 및 환급보험료 계산

환급
사유
	1. 계약이 무효, 효력상실 또는 해지된 때
	2. 보험기간이 1년을 초과하는 경우
	   ① 무효 · 효력상실의 원인이 생긴 날 또는 해지일이 속하는 보험년도에는 아래의 규정을 적용
	   ② 그 이후의 보험년도의 보험료는 전액 환급

계약자 · 피보험자의 책임 없는 사유에 의한 경우	
무효	납입한 *계약자부담보험료의 전액
효력상실, 해지	경과하지 않은 기간에 대하여 일 단위로 계산한 *계약자부담보험료 ✓ (*계약자부담보험료 ÷ 보험가입일수) × 미경과 일수
계약자 · 피보험자의 책임 있는 사유에 의한 경우	
환급	이미 경과한 기간에 대하여 단기요율로 계산한 *계약자부담보험료를 뺀 잔액 ✓ *계약자부담보험료 - 단기요율로 계산한 계약자부담보험료
예외	계약자 · 피보험자의 고의 또는 중대한 과실로 무효가 된 때에는 환급하지 않음

책임 있는
사유
	1. 계약자 또는 피보험자가 임의 해지하는 경우
	2. 사기에 의한 계약, **계약의 해지 또는 중대사유로 인한 해지에 따라 계약을 취소 또는 해지하는 경우
	  · **계약의 해지 : 계약자 또는 피보험자의 고의로 손해가 발생한 경우나, 고지의무 · 통지의무 등을
	    해태한 경우의 해지
	3. 보험료 미납으로 인한 계약의 효력상실

2 환급보험료 지급

① 위의 사유로 반환해야 할 보험료가 있을 때에는 계약자는 환급금을 청구하여야 한다.

② 청구일의 다음 날부터 지급일까지의 기간에 대하여 '보험개발원이 공시하는 보험계약대출이율'을 연단위 복리로 계산한 금액을 더하여 지급한다.

3 환급보험료 계산 예시

① 계약자부담보험료 → 환급보험료

예 6] · 조건: 가입금액 1,000만원, 순보험요율 10%, 1종, 가입기간 01~12월 1년(365일), 지자체 지원율 20%, 01~03월 3개월(90일) 후 해지(남은 기간 275일)
1. 계약자부담보험료 = 10,000,000 × 순보험료율 0.1 × 종별 0.7 × 단기 1.0 × 지원율 차감 (1 − 0.5 − 0.2) = 210,000원
2. 책임없는 사유에 의한 해지인 경우: 환급보험료 = (210,000 ÷ 365) × 275 = 158,219원 환급(일원 단위 미만 절사)
3. 책임있는 사유에 의한 해지인 경우 ① 단기요율 = 3개월 40% + (1,2,3월 가산) 30% = 70% ② 단기요율로 계산된 계약자부담보험료 = 10,000,000 × 순보험료율 0.1 × 종별 0.7 × 단기 0.7 × 지원율 차감 (1 − 0.5 − 0.2) = 147,000원 ③ 환급보험료 = 210,000 − 147,000 = 63,000원

② 보험기간이 1년을 초과하는 경우의 환급보험료

무효 · 효력상실의 원인이 생긴 날, 해지일이 속하는 보험년도	위 ① 예 6]과 같이 환급
그 이후의 보험년도	전액 환급
예 7] · 조건: 가입기간 2024. 01. 01 ~ 2025. 06. 30, 계약자부담 보험료 = 2024년도 365,000원 + 2025년도 200,000원, 책임없는 사유에 의해 2024년도 210일째 해지(2024년도 남은 기간 155일)	
1. 2024년도 환급보험료 = (365,000 ÷ 365) × 155 = 155,000원	
2. 2025년도 환급보험료 = 전액 = 200,000원	
3. 총 환급보험료 = 155,000 + 200,000 = 355,000원	

7 보험금 (2과목에서 상세하게 학습)

1 지급 사유: 시설작물, 시설재배 버섯

① 시설작물: 보장하는 재해로 '1사고 마다 1동 단위로' 생산비보장보험금이 10만원을 초과하는 경우 전액을 보험가입금액 내에서 보상

② 시설재배 버섯: 보장하는 재해로 '1사고 마다' 생산비보장보험금이 10만원을 초과하는 경우 전액을 보험가입금액 내에서 보상

✓ 보험금 산정의 기준
- 시설작물: '1사고마다 1동 단위로'.
- 시설재배 버섯: [농업재해보험 · 손해평가의 이론과 실무] 1권과 2권의 규정이 다르고 2권 내에서도 공통 기준과 품목별 기준이 충돌한다.

2 시설작물 생산비보장보험금

기본식	보험금 = 피해작물 재배면적 × 피해작물 단위면적당 보장생산비 × 경과비율 × 피해율 ✓ 장미, 부추, 시금치 · 파(쪽파) · 무 · 쑥갓 외 시설작물

장미	1. 줄기, 잎, 꽃 등에 손해가 발생했으나, 나무는 죽지 않은 경우 :
	   보험금 = 재배면적 × 장미 단위면적당 나무생존시 보장생산비 × 피해율
	2. 보장하는 재해로 인하여 나무가 죽은 경우 :
	   보험금 = 재배면적 × 장미 단위면적당 나무고사 보장생산비 × 피해율
	✓ 장미 : 보장생산비를 나무 생존/고사로 구분함과 계산식에 경과비율 없음에 주의(경과비율 100%)

부추	보험금 = 재배면적 × 부추 단위면적당 보장생산비 × 피해율 × 70% ✓ 부추 : 계산식에 경과비율 없음에 주의(경과비율 100%)
시금치 · 파 (쪽파) · 무 · 쑥갓	보험금 = 재배면적 × 피해작물 단위면적당 보장생산비 × 경과비율 × 피해율

3 시설재배 버섯 생산비보장보험금: 품목별 단위에 주의한다.

표고(원목)	보험금 = 재배원목(본)수 × 원목(본)당 보장생산비 × 피해율 ✓ 표고원목 : 계산식에 경과비율 없음에 주의(경과비율 100%)
표고 (톱밥배지)	보험금 = 재배배지(봉)수 × 배지(봉)당 보장생산비 × 경과비율 × 피해율
느타리(균상)	보험금 = 재배면적 × 단위면적당 보장생산비 × 경과비율 × 피해율
느타리(병), 새송이(병)	보험금 = 재배병수 × 병당 보장생산비 × 경과비율 × 피해율
양송이(균상)	보험금 = 재배면적 × 단위면적당 보장생산비 × 경과비율 × 피해율

4 **소손해 면책금**: 시설작물, 시설재배 버섯

① 보장하는 재해로 1사고 당 생산비보험금이 10만원 이하인 경우 보험금이 지급되지 않고, 소손해 면책금을 초과하는 경우 손해액 전액을 보험금으로 지급

② 소손해 면책금: 10만원

> ✓ 소손해 면책금 기준
> 1. 시설작물 보험금 지급 사유: 1사고 마다 '1동 단위로' 생산비보장보험금이 10만원을 초과하는 경우
> → '1동 단위'의 소손해 면책금은 10만원으로 해석할 수 있다.
> 2. 버섯
> ① [농업재해보험·손해평가의 이론과 실무] 1권과 2권의 규정이 다르고 2권 내에서도 공통 기준과 품목별 기준이 충돌한다.
> ② 버섯 소손해 면책금
>   • 1과목 보험금 지급 사유 및 2과목 버섯 보험금 지급 사유: '1동 단위로'가 기재되어 있지 않으므로 총 산출된 생산비보장보험금의 소손해 면책금을 10만원으로 적용해도 무리는 없어 보인다.
>   • 2과목 시설작물·버섯의 공통 지급 사유: '1동 단위로'가 기재되어 있으므로 '1동 단위' 소손해 면책금을 10만원으로 적용해도 오답으로 처리될 수는 없어 보인다.
> 3. 위와 같은 내용에 너무 깊게 빠져들 필요는 없다고 판단된다.

5 **일부보험의 경우 비례보상 적용**

① '피해작물 재배면적(원목본수, 배지봉수, 병수)×피해작물 단위면적당(원목본당, 배지봉당, 병당) 보장생산비 > 보험가입금액'인 경우 비례보상 적용

   • '피해작물 재배면적(원목본수, 배지봉수, 병수)×피해작물 단위면적당(원목본당, 배지봉당, 병당) 보장생산비=보험가액' → '보험가액 > 보험가입금액'인 경우

   • 장미: '재배면적×나무 '고사' 보장생산비 > 보험가입금액'인 경우

② 비례보상

   • 장미 외 품목: 계산된 생산비 보장 보험금 $\times \dfrac{\text{보험가입금액}}{\text{피해작물 단위면적당 보장 생산비} \times \text{피해작물 재배면적}}$

   • 장미:　계산된 생산비 보장 보험금 $\times \dfrac{\text{보험가입금액}}{\text{장미 단위면적당 '나무고사' 보장생산비} \times \text{장미 재배면적}}$

③ 비례보상 계산 예시

> **예 8]** • 조건: 보험가입금액 100만원, 피해작물 재배면적×피해작물 m²당 보장생산비＝150만원, 계산된 생산비보장보험금 100만원
>
> 1. 계산된 생산비보장보험금 소손해 면책금 10만원 초과
> 2. 일부보험: 보험가액 150만원 > 보험가입금액 100만원
> 3. 재계산: 100만원×(100÷150)＝666,666원(절사)

✓ 재계산 후의 보험금도 소손해 면책금 10만원을 초과해야 하는지에 관한 논란
1. 관련 규정이 없다.
2. [약관 및 농업재해보험·손해평가의 이론과 실무]에는 "다시 계산하여 지급한다."로 되어 있으므로, 재계산 후의 보험금이 10만원 이하가 되어도 지급하는 것으로 해석할 수 있다.

8 계약의 소멸 - 가입금액 (자동) 복원

1 계약의 소멸 - 가입금액 (자동) 복원

① '손해액'이 한 번의 사고에 대해 가입금액 미만인 때에는 보험가입금액은 감액되지 않고, 보험가입금액 이상인 때에는 계약은 소멸한다. 환급보험료는 발생하지 않는다.

  ✓ 보상 이후 별도 인수 처리 기준 없이 가입금액 복원, 보험기간 내 2차 이상의 사고가 발생해도 가입 때와 동일하게 손해액 보상, 복구가 완료된 하우스에 한해 농협에 복구완료 신고 후 복원

② 손해액에는 '기타 협력비용은 제외'한다.

  ✓ 손해액의 의미: [약관 및 농업재해보험·손해평가의 이론과 실무]의 '손해액에는 기타 협력비용은 제외'한다는 내용과 '사고별로 가입금액 이상의 보험금 수령 시 계약은 소멸되고'...의 표현에 의해 보험금을 의미하는 것으로 보인다.

2 시설작물, 시설재배 버섯 - 동일 작기 내의 보험금 지급 한도

① '동일 작기 내'의 사고 시 생산비보장보험금이 10만원을 초과하면 보험증권에 기재된 보험가입금액 한도 내에서 보상한다.

② [약관]: '하나의 작기'에서 지급하는 보험금은 보험증권에 기재된 시설재배 농작물의 보험가입금액을 한도로 합니다.

3 시설작물, 시설재배 버섯: 계약의 소멸(가입금액 (자동) 복원)과 동일 작기 내의 보험금 지급 한도

보험기간 전체로는 가입금액 자동 복원이라는 원칙하에, 하나의 작기 내의 다중 사고인 경우 지급보험금은 보험가입금액을 한도로 함으로 해석된다.

4 **예 9]** • 조건: 가입금액 1,000만원. 보험기간 내 2작기

1작기	2작기
1차 사고 보험금 700만원 → 감액 X, 계약 소멸 X	2차 사고 지급 한도 : 1,000만원 (복원)

1작기	2작기
1차 사고 보험금 1,100만원 → 1,000만원 한도 지급, 계약 소멸	–

1작기	2작기
1차 사고 보험금 700만원 → 감액 X, 계약 소멸 X 2차 사고 보험금 500만원 → 300만원 지급 → 계약 소멸 X	3차 사고 지급 한도 : 1,000만원 (복원)

9 보험가입기준

가입 단위	1. 시설 1단지 단위 (단지 내 인수 제한 목적물은 제외) 2. 단지 내 해당 시설작물, 시설재배 버섯은 전체 가입. 일부 하우스만을 선택적으로 가입할 수 없음 3. 연동하우스 및 유리온실 · 버섯재배사 1동 : 구조적으로 연속된 일체의 시설을 의미 4. 한 단지 내에 단동 · 연동 · 유리온실 · 경량철골조(버섯재배사) 등이 혼재 시 : 각각 개별 단지로 판단
	예 9] 단동 + 단동, 연동 + 연동, 유리온실 : 3단지
가입 기준	1. 단동, 연동하우스 : 최소 가입면적 300㎡ 2. 유리(경질판)온실, 경량철골조(버섯재배사) : 제한 없음 • 단지 면적이 가입기준 미만인 경우 인접한 경지의 단지 면적과 합하여 가입기준 이상이 되는 경우 1단지로 판단할 수 있음
조건	1. 농업용 시설물 · 버섯재배사를 가입해야 부대시설 및 시설작물, 시설재배 버섯 가입 가능 2. 단, 유리온실(경량철골조)의 경우 부대시설 및 시설작물만 가입 가능 ✓ 2번은 버섯재배사는 해당 없음

10 인수 제한 목적물

1 시설작물

① 작물의 재배면적이 시설면적의 50% 미만인 경우.

- 백합, 카네이션의 경우 하우스 면적의 50% 미만이더라도 동당 작기별 200㎡ 이상 재배 시 가입 가능

② 분화류의 국화, 장미, 백합, 카네이션을 재배하는 경우

③ 판매를 목적으로 재배하지 않는 시설작물

④ 한 시설에서 화훼류와 비화훼류를 혼식 재배 중이거나, 또는 재배 예정인 경우

⑤ 통상적인 재배 시기, 재배 품목, 재배방식이 아닌 경우

- 여름재배 토마토가 불가능한 지역에서 여름재배 토마토를 가입하는 경우, 파프리카 토경재배가 불가능한 지역에서 토경재배 파프리카를 가입하는 경우 등

⑥ 시설작물별 10a당 인수 제한 재식밀도 미만인 경우

⑦ 품목별 표준생장일수와 현저히 차이나는 생장일수를 가지는 품종

품목별 인수제한 재식밀도. 10a당 아래 주수 미만 시 인수 제한			
품목	인수제한 재식밀도	품목	인수제한 재식밀도
딸기	5,000주	수박	400주
오이	1,500주	멜론	400주
토마토	1,500주	파프리카	1,500주
참외	600주	상추	40,000주
호박	600주	시금치	100,000주
고추(풋고추, 홍고추)	1,000주	부추	62,500주
국화	30,000주	배추	3,000주
장미	1,500주	가지	1,500주
무	3,000주	백합	15,000주
파	대파 15,000주 쪽파 18,000주	카네이션	15,000주

✓ 포인트

시설작물 품목별 재식밀도(10a): 미만 시 인수 제한

멜론 · 수박 400주 → 참외 · 호박 600주 → 고추 1,000주 → 오가장파토 1,500주 → 배추 · 무 3,000주 → 딸기 5,000주 → 레베카(대백합) 15,000주 → 쪽파 18,000주 → 상추 40,000주 → 부추 62,500주 → 시금치 100,000주

농작물	인수 제한 품종(목)
배추(시설재배)	얼갈이 배추, 쌈배추, 양배추
딸기(시설재배)	산딸기
오이(시설재배)	노각
상추(시설재배)	양상추, 프릴라이스, 버터헤드(볼라레), 오버 레드, 이자벨, 멀티레드, 카이피라, 아지르카, 이자트릭스, 크리스피아노

2 버섯

① 표고버섯 (원목, 톱밥 배지 재배)

　　• 원목 5년차 이상의 표고버섯

　　• 원목재배, 톱밥 배지 재배 이외의 방법으로 재배하는 표고버섯

② 느타리버섯 (균상 · 병 재배), 새송이버섯 (병 재배), 양송이버섯 (균상 재배)

　　• 균상 재배, 병 재배 이외의 방법으로 재배하는 느타리버섯

　　• 병 재배 외의 방법으로 재배하는 새송이버섯

　　• 균상 재배 외의 방법으로 재배하는 양송이버섯

③ 공통

　　• 통상적인 재배 및 영농활동을 하지 않는다고 판단되는 하우스

　　• 판매를 목적으로 재배하지 않는 표고버섯

　　• 기타 인수가 부적절한 표고버섯

---

1 시설작물, 시설재배 버섯 손해조사

1 조사 기준

① 1사고 마다 생산비보장 보험금을 보험가입금액 한도 내에서 보상

② 평가 단위: 목적물 단위

③ 동일 작기에서 2회 이상 사고가 난 경우 동일 작기 작물의 이전 사고의 피해를 감안하여 산정

④ 평가 시점: 피해의 확정이 가능한 시점

2 조사 방법

① 계약사항 확인
- 계약원장·현지조사표를 통해 목적물 소재지·보험 시기 등을 확인
- 하우스 규격·재배면적 등을 확인

② 사고 현장 방문
- 면담: 사고 경위, 사고 일자 등을 확인
- 기상청 자료, 계약자 면담, 작물의 상태 등을 고려해 보장하는 재해로 인한 피해 여부 확인
- 필요 시 다음의 자료 요청하여 보장하는 재해 여부 판단: 농업기술센터 의견서, 출하내역서(과거 출하내역 포함), 기타 정상적인 영농활동을 입증할 수 있는 자료 등

③ 재배 일정 확인: 정식·파종·종균 접종일, 수확 개시·수확 종료일
- 문답 조사로 확인
- 필요 시 재배 일정 관련 증빙서류 확인: 모종 구매내역, 출하 관련 증명서, 영농일지 등

④ 사고 일자 확인: 계약자 면담, 기상청 자료 등을 토대로 사고 일자 특정
- 연속적인 자연재해(폭염, 냉해 등)로 사고 일자를 특정할 수 없는 경우
  - 수확기 이전 사고: 기상특보 발령 일자를 사고일자로 추정
  - 수확기 중 사고: 최종 출하 일자를 사고일자로 추정
  - 지역적 재해 특성, 농가별 피해 정도 등을 고려하여 이를 달리 정할 수 있음

3 손해조사

① 경과비율 산출: 정식 · 파종 · 종균 접종일, 수확 개시 · 수확 종료일, 사고일자를 토대로 경과비율 산출

② 재배비율 및 피해비율 산출: 재배면적(주수), 피해면적(주수)를 조사

　　✓ 재배비율: 과거에 조사 및 피해율에 적용했던 항목이며, 현재는 적용하지 않는다.

③ 손해정도비율 산출: 보험 목적물의 뿌리 · 줄기 · 잎 · 과실 등에 발생한 손해정도비율 산출

---

2 │ 시설작물, 시설재배 버섯의 생산비보장보험금 산정 방법

1 시설작물

① 전 품목 공통 적용

지급 사유	1. 1사고 마다 1동 단위로 생산비보장 보험금이 10만원을 초과하는 경우에 그 전액을 보험가입금액 내에서 보상 2. 동일 작기에서 2회 이상 사고가 난 경우 동일 작기 작물의 이전 사고의 피해를 감안하여 산출
지급 한도	1. 생산비보장보험금 한도 : 하나의 작기(한 작물의 생육기간)에서 지급하는 보험금은 보험증권에 기재된 시설재배 농작물의 보험가입금액을 한도로 함 2. 비용손해 한도 　① 손해방지비용, 대위권 보전비용 및 잔존물 보존비용 : 보험가입금액을 초과하는 경우에도 지급. 　　손해방지비용은 20만원을 초과할 수 없음 　② 기타 협력비용 : 보험가입금액을 초과한 경우에도 전액 지급

보험금 산출방법	
	1. 기본 보험금 산출식 : 피해작물 재배면적 × m²당 보장생산비 × 경과비율 × 피해율
	2. 경과비율 계산식 ① 수확기 이전 사고: $\alpha + [(1 - \alpha) \times \dfrac{\text{생장일수}}{\text{표준생장일수}}]$ • α = 준비기 생산비 계수(아래 각 품목 보험금 참조) • 생장일수를 표준생장일수로 나눈 값은 1을 초과할 수 없음

생장일수	정식(파종)일로부터 사고발생일까지 경과일수
표준생장일수	정식(파종)일로부터 수확개시일까지 표준적인 생장일수(로 사전에 설정된 값)

② 수확기 중 사고: $1 - \dfrac{\text{수확일수}}{\text{표준수확일수}}$

• 계산된 경과비율이 10% 미만인 경우 경과비율을 10%로 함. 단, 표준수확일수보다 실제 수확개시일부터 수확종료일까지의 일수가 적은 경우는 제외(단, 오이, 토마토, 고추, 호박, 상추 제외)

수확일수	수확개시일부터 사고발생일까지 경과일수	
표준 수확일수	오이, 토마토, 고추, 호박, 상추 외 품목	수확개시일부터 수확종료일까지의 표준적인 수확일수로 사전에 설정된 값
	오이, 토마토, 고추, 호박, 상추	수확개시일로부터 수확종료일까지의 일수

보험금 산출방법	3. 피해율 = 피해비율 × 손해정도비율 × (1 − 미보상비율) ① 피해비율 = 피해면적(주수) ÷ 재배면적(주수) ② 손해정도비율					

손해정도	1~20%	21~40%	41~60%	61~80%	81~100%
손해정도비율	20%	40%	60%	80%	100%

보험금 산출방법	4. 일부보험의 경우 비례보상 적용 　① '피해작물 재배면적 × 피해작물 단위면적당 보장생산비 > 보험가입금액'인 경우 비례보상 적용 　　• '피해작물 재배면적 × 피해작물 단위면적당 보장생산비 = 보험가액' 　　　→ '보험가액 > 보험가입금액'인 경우 　② 계산된 생산비 보장 보험금 × $\dfrac{보험가입금액}{피해작물 단위 면적당 보장 생산비 × 피해작물 재배면적}$ 　③ 품목에 따른 단위 : 단위면적당, 원목(본)당, 배지(봉)당

② 딸기 등 일반 시설작물, 화훼류(백합·국화·카네이션)

1. 보험금 = 피해작물 재배면적 × m²당 보장생산비 × 경과비율 × 피해율 2. 수확기 이전 경과비율 계산 시 　① 일반 시설작물 : α = 40% 　② 국화, 카네이션 재절화 재배 : α = 20% 3. 수확기 중 경과비율 계산 시 　① 국화, 수박, 멜론의 경과비율 = 1(고정값) 　✓ 국화, 수박, 멜론 : 수확기 중 사고 시 경과비율 계산하지 않고 1 적용 　② '오이, 토마토, 상추, 호박, 고추' 외 품목 : 표준수확일수 − 사전에 설정된 값 　③ 오이, 토마토, 상추, 호박, 고추 : 표준수확일수 − 사전에 설정된 값 아님 　④ 수확기 중 사고 시 계산된 경과비율이 10% 미만인 경우 10%로 적용. 단, 표준수확일수보다 실제 　　수확개시일~수확종료일까지의 일수가 적은 경우는 제외(단, 오이, 토마토, 고추, 호박, 상추 제외)

✓ 오이, 토마토, 고추, 호박, 상추의 수확기 중 경과비율 1. 위 ④의 내용 중 '단, 오이, 토마토, 고추, 호박, 상추 제외'에 관해 무엇에서 제외한다는 것인지 논란이 있을 수 있다. 2. ①'수확기 중 사고 시 계산된 경과비율이 10% 미만인 경우 10%로 적용'에서 제외(미적용) 또는, ②'단, 　표준수확일수보다 실제 수확개시일~수확종료일까지의 일수가 적은 경우는 제외'에서 제외(미적용) 3. ①의 경우에서 제외 : 10% 미만인 경우에도 10%를 적용하는 것은 표준수확일수를 지키는 것을 전제하므로, 　표준수확일수가 사전에 설정된 값이 아닌 오이, 토마토, 고추, 호박, 상추는 해당하지 않는다. 4. ②의 경우에서 제외 : 오이, 토마토, 고추, 호박, 상추의 표준수확일수는 사전에 설정된 값이 아니므로, 　표준수확일수를 지켜서 수확하는 경우가 있을 수 없다. 따라서, 단서 조건에서만 제외된다. 손해평가사 2차 시험의 기준서로 제공되는 「농업재해보험·손해평가의 이론과 실무」 곳곳에 이러한 기술상의 문제로 논란이 되는 부분이 적잖으며, 정말로 이해할 수 없는 노릇이다. 1과목 보험금 부분 등을 참조하여 ①의 경우에서 제외되는 것이 조금 더 다수 의견이다. 시험에 출제된다면 확실한 조건이 제시되어야 할 것이다.

③ 장미

1. 나무가 죽지 않은 경우 보험금＝장미 재배면적×장미 ㎡당 나무 생존 시 보장생산비×피해율
2. 나무가 죽은 경우 보험금＝장미 재배면적×장미 ㎡당 나무 고사 보장생산비×피해율
   • 피해율 계산 시 : 나무 고사 시 손해정도비율＝100%
3. 보험금 산정식에 경과비율 적용하지 않는다. (경과비율＝100%)
4. 일부보험 시 비례보상
   ① '재배면적×㎡당 나무 '고사' 보장생산비 ＞ 보험가입금액'인 경우
   ② 계산된 생산비 보장 보험금 × $\dfrac{\text{보험가입금액}}{\text{장미 단위면적당 '나무 고사' 보장생산비 × 장미 재배면적}}$

④ 부추

1. 보험금＝부추 재배면적×부추 ㎡당 보장생산비×피해율×70%
2. 보험금 산정식에 경과비율 적용하지 않는다. (경과비율＝100%)
   ✓ 70%는 경과비율이 아닌 부추의 품목 특성에 의해 계산된 보험금의 70%만 지급하는 의미이다.

⑤ 쑥갓 · 무 · 시금치 · 파(쪽파)

1. 보험금＝피해작물 재배면적×㎡당 보장생산비×경과비율×피해율
2. 수확기 이전 경과비율 계산 시 : α ＝ 10%
3. 수확기 중 경과비율 계산 시
   ① 표준수확일수 : 수확 개시일~수확 종료일까지의 표준적인 수확일수로 '사전에 설정된 값'
   ✓ [농업재해보험 · 손해평가의 이론과 실무]에는 '사전에 설정된 값'이 누락되어 있지만 [약관]에는 기재되어 있다.
   ② 계산된 경과비율이 10% 미만인 경우 10%로 적용. 단, 표준수확일수보다 실제 수확개시일~수확종료일까지의 일수가 적은 경우는 제외

✓ **포인트**

1. 준비기 생산비 계수(α)
   ① 일반 시설작물＝40%
   ② 재절화 국화, 카네이션＝20%
   ③ 쑥갓, 무, 시금치, 파(쪽파)＝10%
2. 경과비율
   ① 멜론, 국화, 수박 : 수확기 중 사고 시 경과비율＝1(고정값)
   ② 장미, 부추＝보험기간 전체 적용하지 않음(×100%)

시설작물별 표준생장일수 및 표준수확일수

품목		표준생장일수 / 표준수확일수	품목		표준생장일수 / 표준수확일수
딸기		90일 / 182일	가지		50일 / 262일
오이		45일(75일) / -	배추		70일 / 50일
토마토		80일(120일) / -	백합		100일 / 23일
참외		90일 / 224일	카네이션		150일 / 224일
고추		풋고추 55일, 홍고추 90일 / -	미나리		130일 / 88일
호박		40일 / -	쑥갓		50일 / 51일
수박		일반 100일, 중소형 85일 / -	감자		110일 / 9일
멜론		100일 / -	파프리카		100일 / 223일
시금치		40일 / 30일	상추		30일 / -
국화	스탠다드형	120일 / -	파	대파	120일 / 64일
	스프레이형	90일 / -		쪽파	60일 / 19일
무	일반	80일 / 28일	-		-
	기타	50일 / 28일			

- 단, 괄호안의 표준생장일수는 9월~11월에 정식하여 겨울을 나는 재배일정으로 3월 이후에 수확을 종료하는 경우에 적용함
- 무 품목의 기타 품종은 알타리무, 열무 등 큰 무가 아닌 품종의 무임

2 시설재배 버섯

① 전 품목 공통 적용

지급 사유	1. 1사고 마다 생산비보장 보험금이 10만원을 초과하는 경우에 그 전액을 보험가입금액 내에서 보상 2. 동일 작기에서 2회 이상 사고가 난 경우 동일 작기 작물의 이전 사고의 피해를 감안하여 산출
지급 한도	1. 생산비보장보험금 한도 : 하나의 작기(한 작물의 생육기간)에서 지급하는 보험금은 보험증권에 기재된 시설재배 농작물의 보험가입금액을 한도로 함 2. 비용손해 한도 　① 손해방지비용, 대위권 보전비용 및 잔존물 보존비용 : 보험가입금액을 초과하는 경우에도 지급. 손해방지비용은 20만원을 초과할 수 없음 　② 기타 협력비용 : 보험가입금액을 초과한 경우에도 전액 지급
보험금 산출방법	1. 기본 보험금 산출식 : 아래 각 품목 보험금 참조 2. 경과비율 계산식 　① 수확기 이전 사고: $\alpha + \left[(1-\alpha) \times \dfrac{\text{생장일수}}{\text{표준생장일수}}\right]$ 　• α = 준비기 생산비 계수(아래 각 품목 참조) 　• 생장일수를 표준생장일수로 나눈 값은 1을 초과할 수 없음 　② 수확기 중 사고: $1 - \dfrac{\text{수확일수}}{\text{표준수확일수}}$

생장일수	종균접종일로부터 사고발생일까지 경과일수
표준생장일수	종균접종일로부터 수확개시일까지 표준적인 생장일수로 사전에 설정된 값

수확일수	수확개시일부터 사고발생일까지 경과일수
표준수확일수	수확개시일로부터 수확종료일까지의 일수

	3. 피해율＝피해비율×손해정도비율×(1-미보상비율) ① 피해비율＝피해면적(주수)÷재배면적(주수) ② 손해정도비율

손해정도	1~20%	21~40%	41~60%	61~80%	81~100%
손해정도비율	20%	40%	60%	80%	100%

보험금 산출방법	4. 일부보험의 경우 비례보상 적용 ① '피해작물 재배면적×피해작물 단위면적당 보장생산비 > 보험가입금액'인 경우 비례보상 적용 • '피해작물 재배면적×피해작물 단위면적당 보장생산비 = 보험가액' → '보험가액 > 보험가입금액'인 경우 ② 계산된 생산비보장보험금 × $\dfrac{보험가입금액}{피해작물\ 단위\ 면적당\ 보장\ 생산비\ ×\ 피해작물\ 재배면적}$ ③ 품목에 따른 단위 : 단위면적당, 원목(본)당, 배지(봉)당

② 표고버섯(원목 재배)

1. 보험금＝재배원목(본)수×원목(본)당 보장생산비×피해율
2. 피해율＝피해비율×손해정도비율×(1-미보상비율)
   • 피해비율＝피해원목(본)수÷재배원목(본)수
   • 손해정도비율＝원목(본)의 피해면적÷원목의 전체면적
   ✓ 표고(원목) : 보험금 산정식에 경과비율 적용하지 않는 것(경과비율＝100%)과 손해정도비율 산출식에 주의한다.

③ 표고버섯(톱밥배지 재배)

1. 보험금＝재배배지(봉)수×배지(봉)당 보장생산비×경과비율×피해율
2. 피해율＝피해비율×손해정도비율×(1-미보상비율)
   • 피해비율＝피해배지(봉)수÷재배배지(봉)수
   • 손해정도비율＝손해 정도에 따라 50%, 100%에서 결정
3. 경과비율 산출 시 α＝66.3%

④ 느타리버섯(균상 재배)

1. 보험금＝재배면적×㎡당 보장생산비×경과비율×피해율
2. 피해율＝피해비율×손해정도비율×(1-미보상비율). 피해비율＝피해면적÷재배면적
3. 경과비율 산출 시 α＝67.6%

⑤ 느타리버섯(병 재배)

1. 보험금＝재배병수×병당 보장생산비×경과비율×피해율
2. 피해율＝피해비율×손해정도비율×(1-미보상비율). 피해비율＝피해병수÷재배병수
3. 경과비율＝88.7%(고정값)

⑥ 새송이버섯(병 재배)

1. 보험금 = 재배병수 × 병당 보장생산비 × 경과비율 × 피해율
2. 피해율 = 피해비율 × 손해정도비율 × (1 − 미보상비율). 피해비율 = 피해병수 ÷ 재배병수
3. 경과비율 = 91.7%(고정값)

⑦ 양송이(균상 재배)

1. 보험금 = 재배면적 × m²당 보장생산비 × 경과비율 × 피해율
2. 피해율 = 피해비율 × 손해정도비율 × (1 − 미보상비율). 피해비율 = 피해면적 ÷ 재배면적
3. 경과비율 산출 시 α = 75.3%

✓ 포인트

1. 준비기 생산비 계수(α): 표고 톱밥 66.3%, 느타리 균상 67.6%, 양송이 균상 75.3%
2. 경과비율: 느타리 병 88.7%, 새송이 병 91.7%

표준생장일수	
품목	표준생장일수(일)
느타리버섯(균상재배)	28
표고버섯(톱밥배지재배)	90
양송이버섯(균상재배)	30

PART 10
시설종합

비가림시설, 농업용 시설물 및 부대시설, 해가림시설, 축사

01 CHAPTER

시설 종합
비가림시설, 농업용 시설물 및 부대시설, 해가림시설, 축사

1 용어의 정의

1 보험가입금액 : 회사와 계약자 간에 약정한 금액으로 보험사고가 발생할 때 회사가 지급할 최대 보험금 산출에 기준이 되는 금액

2 보험가액 : 재산보험에 있어 피보험이익을 금전으로 평가한 금액으로 보험의 목적에 발생할 수 있는 최대 손해액 (회사가 실제 지급하는 보험금은 보험가액을 초과할 수 없음)

3 추가 비용손해: 보장하는 위험으로 인하여 손해가 발생한 경우 계약자 또는 피보험자가 지출한 아래의 비용을 추가로 지급

① 잔존물 제거비용: 사고 현장에서의 잔존물의 해체 비용, 청소비용 및 차에 싣는 비용.
단, 보장하지 않는 위험으로 보험의 목적이 손해를 입거나 관계 법령에 의하여 제거됨으로써 생긴 손해에 대하여는 보상하지 않음
- 청소비용: 사고 현장 및 인근 지역의 토양, 대기 및 수질 오염물질 제거 비용과 차에 실은 후 폐기물 처리비용은 포함되지 않음
② 손해방지비용 : 손해의 방지 또는 경감을 위하여 지출한 필요 또는 유익한 비용
③ 대위권 보전비용: 제3자로부터 손해의 배상을 받을 수 있는 경우에는 그 권리를 지키거나 행사하기 위하여 지출한 필요 또는 유익한 비용
④ 잔존물 보전비용 : 잔존물을 보전하기 위하여 지출한 필요 또는 유익한 비용. 다만, 회사가 잔존물을 취득한 경우에 한함
⑤ 기타 협력비용 : 회사의 요구에 따르기 위하여 지출한 필요 또는 유익한 비용

4 구조체: 기초, 기둥, 보, 중방, 서까래, 가로대 등 철골, 파이프 및 이와 관련된 부속 자재로 비가림시설의 구조적 역할을 담당하는 것

5 피복재: 비닐하우스의 내부온도 관리를 위하여 시공된 투광성이 있는 자재

6 벽: 패널, 벽돌 및 이와 관련된 부속 자재로 하우스의 바깥 둘레를 구성하는 것

7 재조달가액: 보험의 목적과 동형·동질의 신품을 조달하는데 소요되는 금액

8 농업용시설물: 시설작물 재배용으로 사용하는 구조체 및 피복재로 구성된 시설

9 부대시설: 시설재배 농작물의 재배를 위하여 농업용 시설물에 부대하여 설치한 시설

10 배상책임 : 보험 증권상의 농업용 시설물 및 부대시설 내에서 보험기간 중에 발생된 보험사고로 인하여 타인에게 입힌 손해에 대한 법률상의 책임

11 보상한도액 : 회사와 계약자 간에 약정한 금액으로 피보험자가 법률상의 배상책임을 부담함으로써 입은 손해 중 회사가 책임지는 금액의 최대 한도

> ✓ **포인트**
>
> 1. 추가 비용손해: 잔존물 제거비용, 손해방지비용, 대위권 보전비용, 잔존물 보전비용, 기타 협력비용 → 잔+손대잔+기
> 2. 잔존물 제거비용: 농작물은 해당 없음

> **참고**
> 1. 기초: 비가림시설 등 구조물의 총 하중을 지면에 전달하고 지탱하는 여러 가지 재료
> 2. 기둥: 시설물 하중을 받아서 "기초"에 전달하는 수직 구조물
> 3. 보: 시설물 기둥 위에서 지붕의 무게를 전달해주는 수평 구조물
> 4. 중방: 기둥과 기둥 사이 중간 높이에 가로지르는 수평 구조물
> 5. 서까래: 일정 간격으로 배치되는 지붕의 경사 구조물
> 6. 가로대: 얇은 판으로 기둥과 기둥을 연결하는 수평 구조물

2 용어의 적용

> ✓ 아래의 내용은 손해평가사 2차 시험 준비용에 국한한다.

1 비례보상: 가입 시점의 가치가 사고 시점인 현재 가치보다 적은 경우.

즉, [보험가입금액 < 보험가액]인 일부보험인 경우 → × $\dfrac{\text{보험가입금액}}{\text{보험가액}}$ 을 적용하는 것

2 보험가액

① 보험가액: 사고 시점인 현재의 보험목적물의 가치

② 가축재해보험에서의 보험가액: 손해가 발생한 때와 장소에서 평가한 보험목적물 수량×적용가격

3 손해액

① 손해액: 사고 시점인 현재의 피해를 입은 보험목적물의 가치

② 가축재해보험에서의 손해액: 손해가 발생한 때와 장소에서 폐사 등 피해를 입은 보험목적물

　수량×적용가격

보험가입금액: 약정한 금액, 최대 보험금 산출에 기준 → 한도	
보험가액: 피보험이익을 금전으로 평가한 금액, 보험의 목적에 발생할 수 있는 최대 손해액 → 한도. 사고 시점 보험목적물의 가치	손해: 피해를 입은 보험목적물의 가액 → 보험가액의 일부 또는 전부
2층 건물 | 2F | | 1F | 가입금액 10억원 ⇨	**화재 사고** | 2F | | 1F | 가액 12억원 ⇨ **1층 피해** | 2F | | 1F | 손해액 7억원

4 목적물 보험금: 비용손해 등을 제외한 순수 목적물(시설)에서 발생한 보험금

(1) (목적물) 보험금이란?

① 보험가입금액, 보험가액, 손해액 계산 방법: 재조달가액 또는 시가

재조달가액	면적×m²당 시설비(재조달가액, 재조달비용)
시가	재조달가액×(1−감가상각률)＝재조달가액−감가공제액(감가상각액)
	감가상각률＝경과년수×경년감가율 • 경과년수: 설치~해당 시점 • 경년감가율＝$\dfrac{(1-0.2)}{내용연수}$

② (목적물) 보험금: min(손해액, 가입금액, 가액) 및 자기부담금 차감한 금액

③ 자기부담금 적용 순서

　• min(손해액−자기, 가입금액, 가액) ← 비가림시설, 농업용 시설물 및 부대시설, 해가림시설

　• min(손해액, 가입금액, 가액)−자기부담금 ← 축사, 가축

④ 지급 방법: 실손보상 또는 일부보험인 경우 비례보상

　• 실손보상: 계산된 보험금을 그대로 지급 ← 비가림시설, 농업용 시설물 및 부대시설(일부보험인 경우가 없음)

　• 일부보험인 경우 비례보상: 계산된 보험금 × $\dfrac{보험가입금액}{보험가액}$ ← 해가림시설, 축사, 가축

✓ **포인트**

1. 손해액과 보험가액

전손	분손
손해액 = 보험가액	손해액 < 보험가액

2. 보험가입금액과 보험가액
   ① 보험금의 한도 → min(손해액, 가입, 가액) → 시설 보험금의 기초
   ② **예 1]** 가입금액 9천만원, 가액 1억원, 전손
      보험금=min(손해액 1억원, 가입금액 9천만원, 가액 1억원)=9천만원
   ③ **예 2]** 가입금액 1억원, 가액 9천만원, 전손
      보험금=min(손해액 9천만원, 가입금액 1억원, 가액 9천만원)=9천만원

5 지급보험금의 계산을 '(준용)적용하여'

① 주로 '추가 비용손해'에 있어 '목적물 보험금' 계산 방법을 그대로 적용하라는 의미로 쓰인다.

② 비례보상, 자기부담금 차감 등의 계산 방법을 동일하게 적용한다.

6 시설(가축) 보험금 계산 순서 및 할 것

① (재조달가액 또는 시가) 보험가입금액, 보험가액 계산: 일부보험 여부 확인(해가림, 축사, 가축)

② (재조달가액 또는 시가) 손해액 계산

③ 목적물 보험금 계산: 자기부담금 차감, 일부보험인 경우 비례보상 적용

④ 추가 비용손해: 잔+손대잔+기. 자기부담금 차감(잔존물 제거비용), 비례보상

⑤ 최종 지급보험금=목적물 보험금+추가 비용손해

02 CHAPTER 비가림시설
재조달가액 평가 + 실손보상

1. 농작물 재해보험의 이론과 실무

1 보험의 목적

1 비가림시설. 단, 아래의 경우 제외

① 농작물을 제외한 비가림시설 내의 수용 동산

② 영농 이외의 다른 목적으로 병용하고 있는 경우 다른 목적으로 사용되는 비가림시설의 전부 또는 일부

2 해당 농작물 품목

종합위험 수확감소보장방식 포도, 참다래, 대추 (비가림과수손해보장)

2 보장하는 재해, 보상하지 않는 손해, 보험기간

1 보장하는 재해

✓ 종합위험 자연재해의 정의: 적과전 종합위험보장 편 참조 **9page**

보통약관	자연재해, 조수해
특별약관	화재위험보장: 화재로 인한 손해
추가 비용손해	보장하는 위험으로 인해 손해가 발생한 경우: 잔존물 제거비용, 손해방지비용, 대위권 보전비용, 잔존물 보전비용, 기타 협력비용 추가로 지급

2 **보상하지 않는 손해**

보통 약관	1. 계약자, 피보험자 또는 이들의 법정대리인의 고의 또는 중대한 과실로 인한 손해 2. 자연재해, 조수해 발생했을 때 생긴 도난 또는 분실로 생긴 손해 3. 보험의 목적의 노후 및 하자로 생긴 손해 4. 보장하지 않는 재해로 제방, 댐 등이 붕괴되어 발생한 손해 5. 침식활동 및 지하수로 생긴 손해 6. 수확기에 계약자 또는 피보험자의 고의 또는 중대한 과실로 수확하지 못하여 발생한 손해 7. 제초작업, 시비관리 등 통상적인 영농활동을 하지 않아 발생한 손해 8. 원인의 직접, 간접을 묻지 아니하고 병해충으로 발생한 손해 9. 계약체결 시점 현재 기상청에서 발령하고 있는 기상특보 발령 지역의 기상특보 관련 재해로 인한 손해 10. 전쟁, 혁명, 내란, 사변, 폭동, 소요, 노동쟁의, 기타 이들과 유사한 사태로 생긴 손해 11. 보상하는 재해에 해당하지 않은 재해로 발생한 손해 12. 보상하는 손해에 해당하지 않은 재해로 발생한 생리장해 13. 직접 또는 간접을 묻지 않고 농업용 시설물의 시설, 수리, 철거 등 관계 법령의 집행으로 발생한 손해 14. 피보험자가 파손된 보험의 목적의 수리 또는 복구를 지연함으로써 가중된 손해 🖊️**암기팁** 계수통원보계해(시 X)+노도령 전생 침지
화재 위험 보장 특별 약관	비가림시설 화재위험보장 ✓ 화재위험보장의 보상하지 않는 손해는 [농업재해보험·손해평가의 이론과 실무]에는 비가림시설 편에는 　실려있지 않고, 농업용 시설물 및 버섯재배사 편에는 실려있다. 1. 계약자, 피보험자 또는 이들의 법정대리인의 고의 또는 중대한 과실로 생긴 손해 2. 화재가 발생했을 때 생긴 도난 또는 분실로 생긴 손해 3. 보험의 목적의 발효, 자연발열, 자연발화로 생긴 손해. 그러나, 자연발열 또는 자연발화로 연소된 다른 　보험의 목적에 생긴 손해는 보상 4. 화재로 기인되지 않은 수도관, 수관 또는 수압기 등의 파열로 생긴 손해 5. 전기기기 또는 장치의 전기적 사고로 생긴 손해. 그러나 그 결과로 생긴 화재 손해는 보상 6. 원인의 직접, 간접을 묻지 않고 지진, 분화 또는 전쟁, 혁명, 내란, 사변, 폭동, 소요, 노동쟁의, 기타 이들과 　유사한 사태로 생긴 화재 및 연소 또는 그 밖의 손해 7. 핵연료물질 또는 핵연료 물질에 의하여 오염된 물질의 방사성, 폭발성 그 밖의 유해한 특성 또는 이들의 　특성에 의한 사고로 인한 손해 8. 방사선을 쬐는 것 또는 방사능 오염으로 인한 손해 9. 국가 및 지방자치단체의 명령에 의한 재산의 소각 및 이와 유사한 손해 🖊️**암기팁** 방도령파 핵원전 발견(계)

3 **보험기간**

보통약관, 화재위험보장(특별약관)
계약체결일 24시~다음 날짜를 초과할 수 없음 - 포도 비가림시설 이듬해 10/10 - 참다래 비가림시설 이듬해 6/30 - 대추 비가림시설 판매개시연도 10/31

3 보험가입금액, 보험료

1 보험가입금액 (천원 단위 절사)

① 비가림시설의 ㎡당 시설비×비가림시설 면적

  • 산정된 금액의 80~130% 범위 내에서 10% 단위로 계약자가 보험가입금액을 결정

② 보험가입금액 계산 예시. **예 3]**

• 조건 : 비가림시설 면적 1,000㎡, 시설비 5,000원/㎡
1. 최소 보험가입금액 = 1,000 × 5,000 × 0.8 = 4,000,000원 2. 최대 보험가입금액 = 1,000 × 5,000 × 1.3 = 6,500,000원

2 보험료

① 보통약관 적용보험료=비가림시설 보험가입금액×지역별 비가림시설보장 보통약관 영업요율

② 화재위험보장 특별약관=비가림시설 보험가입금액×지역별 화재위험보장 특별약관 영업요율

> ✓ **포인트**
>
> 1. 보험가입금액의 최소·최대 범위: 비가림시설 vs. 원예시설
> 2. 시설의 보험료: 기본적으로 손해율에 따른 할인·할증률, 방재시설 할인율 등은 적용되지 않는다.

4 보험금 (2과목에서 상세하게 학습)

1 보험금

① 지급 사유: 보장하는 재해로 손해액이 자기부담금을 초과하는 경우

② 보험금=min(손해액–자기부담금, 보험가입금액)

2 자기부담금

① 손해액의 10%에 해당하는 금액: 최소 자기부담금(30만원)과 최대 자기부담금(100만원)을 한도로 한다.
  다만, 피복재 단독사고는 최소 자기부담금(10만원)과 최대 자기부담금(30만원)을 한도로 한다.

② 자기부담금 적용 단위: 단지 단위, 1사고 단위로 적용한다.

③ 단, 화재손해는 자기부담금을 적용하지 않는다.

> ✓ **포인트**
>
> **비가림시설 자기부담금**
> 30만원(10만원) ≤ 손해액×10% ≤ 100만원(30만원)

5 특별약관, 보험가입기준, 인수 제한 목적물

1 특별약관

① 비가림시설 화재위험보장
② 농작물 부보장(포도, 참다래, 대추)

2 보험가입기준

① 가입: 단지 단위(구조체+피복재)로 가입
② 최소 가입면적: 200㎡ 이상

3 인수 제한 목적물

✓ 비가림시설 인수 제한 목적물의 경우, 공통적으로 적용되는 항목이지만 일부 품목의 비가림시설에만
  기재되어 있는경우가 있다.

포도 비가림시설
비가림 폭 2.4m±15%, 동고 3m±5%의 범위를 벗어나는 비가림시설 (과수원의 형태 및 품종에 따라 조정)
참다래 비가림시설
① 참다래, 대추 재배 목적으로 사용되지 않는 비가림시설 ② 목재 또는 죽재로 시공된 비가림시설 ③ 구조체, 피복재 등 목적물이 변형되거나 훼손된 비가림시설 ④ 목적물의 소유권에 대한 확인이 불가능한 비가림시설 ⑤ 건축 또는 공사 중인 비가림시설 ⑥ 1년 이내에 철거 예정인 고정식 비가림시설 ⑦ 정부에서 보험료의 일부를 지원하는 다른 계약에 이미 가입되어 있는 시설 ⑧ 기타 인수가 부적절한 과수원 또는 비가림시설
대추 비가림시설
① 건축 또는 공사 중인 비가림시설 ② 목재 또는 죽재로 시공된 비가림시설 ③ 피복재가 없거나 대추를 재배하고 있지 않은 시설 ④ 작업동, 창고동 등 대추 재배용으로 사용되지 않는 시설 ⑤ 목적물의 소유권에 대한 확인이 불가능한 비가림시설 ⑥ 정부에서 보험료의 일부를 지원하는 다른 계약에 이미 가입되어 있는 시설 ⑦ 비가림시설 전체가 피복재로 씌워진 시설 (일반적인 비닐하우스와 차이가 없는 시설은 원예시설보험으로 가입)

✓ 계약의 소멸 : 비가림시설, 농업용 시설물, 해가림시설에서 적용되며 해당 시설 편에서 반복하지 않는다.

① 손해액이 한 번의 사고에 대하여 보험가입금액 미만인 때에는 이 계약의 보험가입금액은 감액되지 않으며, 보험가입금액 이상인 때에는 그 손해보상의 원인이 생긴 때로부터 보험의 목적(비가림시설)에 대한 계약은 소멸한다.

② 위의 손해액에서 기타 협력비용은 제외한다.

③ 이 경우 환급보험료는 발생하지 않는다.

④ 사고별 가입금액 이상의 보험금 수령 시 보험계약은 소멸하고 가입금액 복원이 불가하다.

2. 농작물 재해보험 손해평가의 이론과 실무

1   종합위험 비가림시설 피해조사

1   **조사기준**: 비가림시설의 구조체와 피복재의 재조달가액을 기준금액으로 수리비를 산출한다.

2   **평가 단위**: 물리적으로 분리 가능한 시설 1동을 기준으로 보험목적물별로 평가한다.

3   **조사 방법**

① 피복재: 피복재의 피해면적을 조사한다.

② 구조체
- 손상된 골조를 재사용할 수 없는 경우: 교체 수량 확인 후 교체 비용 산정
- 손상된 골조를 재사용할 수 있는 경우: 보수 면적 확인 후 보수비용 산정

> **✓ 포인트**
>
> 피복재와 구조체의 손해를 조사 = 피복재 손해액 + 구조체 손해액 = (목적물) 손해액 → (목적물) 보험금

2   비가림시설보험금 산정 방법

1   **지급 사유**: 보장하는 재해로 인해 손해액이 자기부담금을 초과하는 경우

2   **(목적물) 보험금**

① 손해액: 보상할 손해액은 그 손해가 생긴 때와 곳에서의 가액에 따라 계산한다.

② 1사고 마다 재조달가액(보험의 목적과 동형·동질의 신품을 조달하는데 소요되는 금액) 기준으로 계산한 손해액에서 자기부담금을 차감한 금액을 보험가입금액 내에서 보상한다.

③ 보험의 목적이 손해를 입은 장소에서 실제로 수리 또는 복구되지 않은 때: 재조달가액에 의한 보상을 하지 않고 시가(감가상각된 금액)로 보상한다.
- 계약자 또는 피보험자는 손해 발생 후 늦어도 180일 이내에 수리·복구 의사를 재해보험사업자에 서면으로 통지해야 함

④ (목적물) 보험금=min(손해액-자기부담금, 보험가입금액)

⑤ 하나의 보험가입금액으로 둘 이상의 보험의 목적을 계약한 경우: 전체 가액에 대한 각 가액의 비율로 보험가입금액을 비례 배분하여 지급보험금을 계산한다. (아래 4. 하나의 보험가입금액으로 둘 이상의 보험의 목적을 계약한 경우. 참조)

> ✓ **포인트**
>
> **비가림시설 보험금 산출 방법**: 손해액 → 목적물 보험금 → 추가 비용손해 → 지급보험금
> 1. 손해액 산출
>   ① 손해액≠보험금. 손해액=구조체 손해액+피복재 손해액
>   ② 손해액 산출기준: 재조달가액 기준, 1동 단위로 산출
>   ③ 손해액 계산 방법
>   • 수리 · 복구한 경우 손해액=재조달가액=피해면적×사고 시점 ㎡당 시설비
>   • 수리 · 복구하지 않은 경우 손해액=시가=재조달가액×(1-감가상각율)
> 2. 최종 보험금(=지급보험금)
>   ① 목적물 보험금≠최종 보험금. 최종 보험금=목적물 보험금+추가 비용손해(잔+손대잔+기)
>   ② 목적물 보험금=min{(손해액-자기부담금), 보험가입금액}
> 3. 비가림시설의 '지급보험금의 계산'=min{(손해액-자기부담금), 보험가입금액}

3 손해액 계산 예시. 예 4]

• 조건: 피해면적-구조체 300㎡ · 피복재 500㎡, 시설비-구조체 5,000원/㎡ · 피복재 2,000원/㎡, 구조체-내용연수 8년 · 경과년수 2년, 피복재-내용연수 1년 · 40% 고정감가
1. 수리 · 복구 완료한 경우 : 손해액=구조체 손해액 (300×5,000)+피복재 손해액 (500×2,000)=비가림시설 손해액 2,500,000원
2. 수리 · 복구 완료하지 않은 경우 ① 구조체 손해액=(300×5,000)×(1-0.2)=1,200,000원 • 감가상각율=경과년수 2년×경년감가율 10%=20% (경년감가율= $\frac{1-0.2}{8}$ =10%) ② 피복재 손해액=(500×2,000)×(1-0.4)=600,000원 ③ 비가림시설 손해액=1,200,000+600,000=1,800,000원

4 자기부담금

① 1단지, 1사고 당: 30만원 ≤ 손해액×10% ≤ 100만원

② 피복재 단독사고: 10만원 ≤ 손해액×10% ≤ 30만원

③ 화재 사고: 자기부담금을 차감하지 않는다.

④ 손해액×10%(목적물 보험금의 자기부담금)가 자기부담금 최대한도인 100만원 미만인 경우: 잔여 자기부담금 범위 내에서 잔존물 제거비용의 10%를 자기부담금으로 차감한다. (아래 포인트 '추가 비용손해 계산' 참조)

5 목적물 보험금 계산 예시. 예 5]

> • 조건: 보험가입금액 1,000만원, 손해액 2,500,000원, 구조체+피복재 사고

1. 자연재해, 조수해 사고인 경우 　① 자기부담금: $2,500,000 \times 0.1 = 250,000$원 → 30만원 ≤ X ≤ 100만원 → 자기부담금=300,000원 　② 목적물 보험금=min(2,500,000−300,000, 10,000,000)=2,200,000원
2. 화재 사고인 경우 　① 자기부담금: 없음 　② 목적물 보험금=min(2,500,000−0, 10,000,000)=2,500,000원

6 보험금 등의 지급 한도 (아래 포인트 '추가 비용손해 계산' 참조)

① 잔존물 제거비용: 잔존물 제거비용은 손해액의 10%를 초과할 수 없다. '지급보험금의 계산'을 적용하여 계산하고, (목적물) 보험금과 잔존물 제거비용의 합계액은 보험가입금액을 한도로 한다.

② 손해방지비용, 대위권 보전비용, 잔존물 보전비용: '지급보험금의 계산'을 적용하여 계산한 금액이 보험가입금액을 초과하는 경우에도 지급한다.

③ 기타 협력비용: 보험가입금액을 초과하는 경우에도 전액 지급한다.

> ✓ **포인트**
>
> **추가 비용손해 계산**
>
> 1. 잔존물 제거비용
>   ① 잔존물 제거비용 한도: 손해액의 10% 초과 불가 → min(잔존물 제거비용, 손해액×10%)=A
>   ② 계산: '지급보험금의 계산 min(손−자, 가입)'을 적용. A에서 A의 10%를 자기부담금(잔존물 제거비용의 자기부담금)으로 차감 → 계산된 잔존물 제거비용=A−자기부담금(A×10%)
>   ✓ 잔존물 제거비용의 자기부담금: 비가림시설 자기부담금은 1단지, 1사고 당 최대 100만원 한도이다. 즉, '목적물 보험금의 자기부담금+잔존물 제거비용의 자기부담금 ≤ 100만원'이어야 하므로, 목적물 보험금 계산 후 100만원을 기준으로 잔여 자기부담금 한도 내에서 'A의 10%'를 잔존물 제거비용의 자기부담금으로 차감한다.
>   ③ 총 한도: 계산된 목적물 보험금+계산된 잔존물 제거비용 ≤ 보험가입금액 → min(계산된 목적물 보험금+계산된 잔존물 제거비용, 보험가입금액)
>
> 2. 손해방지비용, 대위권 보전비용, 잔존물 보전비용
>   ① 추가 비용손해에서 자기부담금을 차감하는 것에 대한 논란이 있을 수 있다.
>   ② [원예시설(버섯) 손해보장 및 가축재해보험 약관]에 다음 내용이 추가되었다.
>   　• 손해방지비용, 대위권 보전비용, 잔존물 보전비용: '지급보험금의 계산'을 적용한다. 단, 자기부담금은 차감하지 않는다.
>   ③ 잔존물 제거비용 역시 '지급보험금의 계산'을 적용하지만, 위와 같은 규정이 없으므로 이는 잔존물 제거비용에서는 자기부담금을 차감하는 의미로 해석할 수 있다.
>   ④ 비가림시설과 해가림시설에서 다르게 적용될 이유는 없다고 판단되므로 본 교재에서는 자기부담금 한도 내에서 추가 비용손해 중 잔존물 제거비용에서만 자기부담금을 적용한다. (원예시설(버섯) 손해보장 및 가축재해보험 약관에서도 과거에는 위의 내용이 실리지 않았지만, 이후 추가된 것이다)
>   ⑤ 이와는 다르게, 비가림시설과 해가림시설에는 위의 내용이 없으므로 「농업재해보험·손해평가의 이론과 실무」대로 잔존물 제거비용을 비롯 손해방지비용, 대위권 보전비용, 잔존물 보전비용 모두에서 자기부담금을 차감하는 견해도 있으며, 시험에서는 틀리다고 할 수 없을 것이다.

7 추가 비용손해 계산 예시. (다른 시설 편에 중복해 싣지 않음)

① 잔존물 제거비용

한도 : min(잔존물 제거비용, 손해액×10%)=A → 계산 : A−자기부담금(A×10%. 잔여 자기부담금 내)
→ 총 한도 : min(계산된 목적물 보험금+계산된 잔존물 제거비용, 보험가입금액)

예 6] • 조건 : 보험가입금액 1,000만원, 손해액 800만원, 잔존물 제거비용 50만원, 구조체+피복재 사고, 자연재해 사고

1. 목적물 보험금
   ① 목적물 자기부담금=800×0.1=80만원 (잔여 자기부담금 20만원)
   ② 목적물 보험금=min(800−80, 1,000)=720만원

2. 잔존물 제거비용
   ① 잔존물 제거비용 한도 : min(50, 800×0.1)=50만원
   ② 계산 : 50−5=45만원 (50만원×(1−0.1)=45만원)
      • 잔존물 제거비용 자기부담금=50×0.1=5만원. 잔여 자기부담금 20만원 내 (이후 잔여 자기부담금 15만원)
   ③ 총 한도 : min(720+45, 1,000)=765만원

3. 지급보험금=min(720+45, 1,000)=765만원

예 7] • 조건 : 보험가입금액 1,200만원, 손해액 1,500만원, 잔존물 제거비용 50만원, 구조체+피복재 사고, 자연재해 사고

1. 목적물 보험금
   ① 목적물 자기부담금=1,500×0.1=150만원 → 100만원 (잔여 자기부담금 0원)
   ② 목적물 보험금=min(1,500−100, 1,200)=1,200만원

2. 잔존물 제거비용
   ① 잔존물 제거비용 한도 : min(50, 1,500×0.1)=50만원
   ② 계산 : 50−0=50만원 (잔여 자기부담금 0원이므로)
   ③ 총 한도 : min(1,200+50, 1,200)=1,200만원

3. 지급보험금=min(1,200+50, 1,200)=1,200만원

② 손해방지비용, 대위권 보전비용, 잔존물 보전비용, 기타 협력비용

1. 손해방지비용, 대위권 보전비용, 잔존물 보전비용 : 보험가입금액을 초과해도 지급
2. 기타 협력비용 : 항상 전액 지급
3. 손해방지비용, 대위권 보전비용, 잔존물 보전비용 자기부담금 차감 여부
   ① 미차감 : 본 교재 및 강의 기준
   ② 차감 : 손대잔 자기부담금=(손+대+잔)×10%, 잔여 자기부담금 내에서 차감

예 8] 손해방지비용 30만원, 대위권 보전비용 20만원, 잔존물 보전비용 50만원, 기타 협력비용 100만원

1. 자기부담금 미차감
   ① 손+대+잔+기=30+20+50+100=200만원
   ② 위 **예 6]** 지급보험금=min(720+45, 1,000)+200=965만원

2. 자기부담금 차감
   ① 계산된 손대잔+기={(30+20+50)−10}+100=190만원
      • 손대잔 자기부담금=(30+20+50)×0.1=10만원 → 잔여 자기부담금 15만원 내
   ② 위 **예 6]** 지급보험금=min(720+45, 1,000)+190=955만원

3 　계산 문제 풀이를 위한 보험금 한 줄 풀이 산정식

✓ 위의 과정을 모두 이해해야 한 줄 풀이식으로 계산해도 실수하지 않게 되므로, 위의 내용을 이해하는 것이 우선이다.

1 비용손해가 없는 경우: 비가림시설 보험금=min{(손해액-자기부담금), 보험가입금액} → 비손자가

2 비용손해가 있는 경우. ①=②

　① min{(손해액+잔존물 제거비용−총 자기부담금, 보험가입금액)}+(손대잔+기)

　② min(계산된 목적물 보험금+계산된 잔존물 제거비용, 보험가입금액)+(손대잔+기)

4 　하나의 보험가입금액으로 둘 이상의 보험의 목적 계약한 경우

✓ 비가림시설, 농업용 시설물, 가축에 해당하며 해당 편에서 반복하지 않는다.

1 전체 가액에 대한 각 가액의 비율로 보험가입금액을 비례 배분하여 지급보험금을 계산한다.

2 가입 단위

　① 1 단지 단위. 1단지=A+B+C 동 가능

　② 보험가입금액×{A동 보험가액÷(A+B+C 동 보험가액)}=A동 보험가입금액 → A동 지급 한도

3 적용 예시. **예 7]**

> • 조건: 보험가입금액: 1,000만원, 보험가액: A동 600만원, B동 500만원
>
> 1. 보험가입금액 비례 배분 (천원 단위에서 반올림)
> 　① A동 보험가입금액 = 1,000만원×{600만원÷(600만원+500만원)}=545만원
> 　② B동 보험가입금액 = 1,000만원×{500만원÷(600만원+500만원)}=455만원
> 2. A, B동 화재로 전손
> 　① 손해액 = 보험가액: A동 600만원, B동 500만원 (추가 비용손해 없음)
> 　② A동 보험금 = min{(600만원-0), 545만원}=545만원
> 　③ B동 보험금 = min{(500만원-0), 455만원}=455만원
> 3. 자연재해, 조수해 사고의 경우: A동 손해액+B동 손해액 합계를 기준(1단지 단위)으로 자기부담금을 산정하고, 각 동 손해액에 비례해서 자기부담금을 안분한다.

5 　중복보험

✓ 시설종합 - 중복보험 편 참조 **286page**

03 CHAPTER 농업용 시설물 및 부대시설
보통약관 시가평가(특별약관 재조달가액 평가) + 실손보상

1. 농작물 재해보험의 이론과 실무

1 보험의 목적

1 농업용 시설물, 버섯재배사

> 1. 시설작물 · 버섯 재배용 단동하우스
>   ① 광폭형 하우스 포함
>   ② 고정식 및 이동식 하우스 모두 포함
> 2. 시설작물 · 버섯 재배용 연동하우스
> 3. ① 시설작물 재배용 유리(경질판)온실, 내재해형 하우스, 비규격하우스
>   ② 버섯 재배용 경량철골조 등 버섯재배사, 내재해형 하우스, 비규격하우스
> • 보험목적물은 구조체와 피복재로 한정 (버섯재배사 : 구조체, 피복재 또는 벽으로 한정)

2 부대시설: 시설작물 · 버섯의 재배를 위하여 농업용 시설물 · 버섯재배사에 부대하여 설치한 시설(단, 동산시설은 제외)

① 시설작물 · 버섯의 재배를 위하여 농업용 시설물 내부 구조체에 연결, 부착되어 외부에 노출되지 않는 시설물

② 시설작물 · 버섯의 재배를 위하여 농업용 시설물 내부 지면에 고정되어 이동 불가능한 시설물

③ 시설작물 · 버섯의 재배를 위하여 지붕 및 기둥 또는 외벽을 갖춘 외부 구조체 내에 고정 · 부착된 시설물

3 보험의 목적에서 제외

① 농업용 시설물, 버섯재배사: 목재 · 죽재로 시공된 하우스, 선별장 · 창고 · 농막 등

② 농업용 시설물 · 버섯재배사, 부대시설

  • 시설작물 · 버섯을 제외한 온실 내의 동산

  • 작물 재배 이외의 다른 목적이나 용도로 병용하고 있는 경우, 다른 목적이나 용도로 사용되는 부분

③ 부대시설: 시설물에 고정, 연결 또는 부착되어 있다 하더라도 보험의 목적에서 제외

  • 소모품 및 동산 시설

  • 피보험자의 소유가 아닌 임차시설물 및 임차부대시설(단, 농업용 시설물 제외)

  • 저온저장고, 저온창고, 냉동고, 선별기, 방범용 CCTV, 소프트웨어 및 이와 비슷한 것

- 보호장치 없이 농업용 시설물 외부에 위치한 시설물. 단, 농업용 시설물 외부에 직접 부착되어 있는 차양막과 보온재는 제외 (보호장치란 창고 또는 이와 유사한 것으로 시설물이 외부에 직접적으로 노출되는 것을 방지하는 장치를 말함)

2 보장하는 재해, 보상하지 않는 손해, 보험기간

1 보장하는 재해

✓ 종합위험 자연재해의 정의: 적과전 종합위험보장 편 참조 **9page**

① 보통약관: 자연재해, 조수해

② 특별약관

특별약관	
화재위험보장	화재로 입은 손해
화재대물배상 책임보장	보험에 가입한 목적물에 발생한 화재로 인해 타인의 재물에 손해를 끼침으로서 법률상의 배상책임을 졌을 때 입은 피해 ✓ 아래의 내용은 [농업재해보험·손해평가의 이론과 실무]에 없는 내용으로 참고용으로 한다. 1. 피보험자가 피해자에게 지급할 책임을 지는 법률상의 손해배상금 2. 계약자 또는 피보험자가 지출한 아래의 비용 　① 손해의 방지 또는 경감을 위하여 지출한 필요 또는 유익하였던 비용 　② 손해의 배상을 받을 수 있는 그 권리를 지키거나 행사하기 위하여 지출한 필요 또는 유익하였던 비용 　③ 소송비용, 변호사비용, 중재, 화해 또는 조정에 관한 비용 　④ 보험 증권상의 보상한도액 내의 금액에 대한 공탁보증보험료 (회사는 그러한 보증을 제공할 책임은 부담하지 않음) 　⑤ 회사의 요구에 따르기 위하여 지출한 비용
재조달가액 보장	보통약관과 동일

③ 추가 비용손해: 보장하는 위험으로 인해 손해가 발생한 경우 잔존물 제거비용, 손해방지비용, 대위권 보전비용, 잔존물 보전비용, 기타 협력비용 추가로 지급 (잔+손대잔+기)

2 보상하지 않는 손해

보통 약관	1. 계약자, 피보험자 또는 이들의 법정대리인의 고의 또는 중대한 과실로 인한 손해 2. 자연재해, 조수해 발생했을 때 생긴 도난 또는 분실로 생긴 손해 3. 보험의 목적의 노후 및 하자로 생긴 손해 4. 보장하지 않는 재해로 제방, 댐 등이 붕괴되어 발생한 손해 5. 침식활동 및 지하수로 생긴 손해 6. 수확기에 계약자 또는 피보험자의 고의 또는 중대한 과실로 수확하지 못하여 발생한 손해 7. 제초작업, 시비관리, 온도(냉ㆍ보온)관리 등 통상적인 영농활동을 하지 않아 발생한 손해 8. 원인의 직접, 간접을 묻지 아니하고 병해충으로 발생한 손해 9. 계약체결 시점 현재 기상청에서 발령하고 있는 기상특보 발령 지역의 기상특보 관련 재해로 인한 손해 10. 전쟁, 혁명, 내란, 사변, 폭동, 소요, 노동쟁의, 기타 이들과 유사한 사태로 생긴 손해 11. 보장하는 재해에 해당하지 않은 재해로 발생한 손해 12. 직접 또는 간접을 묻지 않고 농업용 시설물의 시설, 수리, 철거 등 관계 법령의 집행으로 발생한 손해 13. 피보험자가 파손된 보험의 목적의 수리 또는 복구를 지연함으로써 가중된 손해 14. 농업용 시설물이 피복재로 피복되어 있지 않는 상태 또는 그 내부가 외부와 차단되어 있지 않은 　　　상태에서 보험의 목적에 발생한 손해 15. 피보험자가 농업용 시설물(부대시설 포함)을 수리 및 보수하는 중에 발생한 피해 🖋 **암기팁** 계수통원보계해(시 X)＋노도령 전침지＋피리
화재 위험 보장 특별 약관	1. 계약자, 피보험자 또는 이들의 법정대리인의 고의 또는 중대한 과실로 생긴 손해 2. 화재가 발생했을 때 생긴 도난 또는 분실로 생긴 손해 3. 보험의 목적의 발효, 자연발열, 자연발화로 생긴 손해. 그러나, 자연발열 또는 자연발화로 연소된 다른 　　　보험의 목적에 생긴 손해는 보상 4. 화재로 기인되지 않은 수도관, 수관 또는 수압기 등의 파열로 생긴 손해 5. 전기기기 또는 장치의 전기적 사고로 생긴 손해. 그러나 그 결과로 생긴 화재 손해는 보상 6. 원인의 직접, 간접을 묻지 않고 지진, 분화 또는 전쟁, 혁명, 내란, 사변, 폭동, 소요, 노동쟁의, 기타 　　　이들과 유사한 사태로 생긴 화재 및 연소 또는 그 밖의 손해 7. 핵연료물질 또는 핵연료 물질에 의하여 오염된 물질의 방사성, 폭발성 그 밖의 유해한 특성 또는 이들의 　　　특성에 의한 사고로 인한 손해 8. 방사선을 쬐는 것 또는 방사능 오염으로 인한 손해 9. 국가 및 지방자치단체의 명령에 의한 재산의 소각 및 이와 유사한 손해 🖋 **암기팁** 방도령파 핵원전 발견(계)

화재 대물 배상 책임 보장	1. 계약자, 피보험자 또는 이들의 법정대리인의 고의로 생긴 손해에 대한 배상책임
	2. 전쟁, 혁명, 내란, 사변, 테러, 폭동, 소요, 노동쟁의 기타 이들과 유사한 사태로 생긴 손해에 대한 배상책임
	3. 지진, 분화, 홍수, 해일 또는 이와 비슷한 천재지변으로 생긴 손해에 대한 배상책임
	4. 피보험자가 소유, 사용 또는 관리하는 재물이 손해를 입었을 경우에 그 재물에 대하여 정당한 권리를 가진 사람에게 부담하는 손해에 대한 배상책임
	5. 피보험자와 타인 간에 손해배상에 관한 약정이 있는 경우, 그 약정에 의하여 가중된 배상책임
	6. 핵연료물질(사용된 연료 포함) 또는 핵연료 물질에 의하여 오염된 물질(원자핵 분열 생성물 포함)의 방사성, 폭발성 그 밖의 유해한 특성 또는 이들의 특성에 의한 사고로 생긴 손해에 대한 배상책임
	7. 위 6. 외의 방사선을 쬐는 것 또는 방사능 오염으로 인한 손해
	8. 티끌, 먼지, 석면, 분진 또는 소음으로 생긴 손해에 대한 배상책임
	9. 전자파, 전자장(EMF)으로 생긴 손해에 대한 배상책임
	10. 벌과금 및 징벌적 손해에 대한 배상책임
	11. 에너지 및 관리할 수 있는 자연력, 상표권, 특허권 등 무체물에 입힌 손해에 대한 배상책임
	12. 통상적이거나 급격한 사고에 의한 것인가의 여부에 관계없이 공해물질의 배출, 방출, 누출, 넘쳐흐름 또는 유출로 생긴 손해에 대한 배상책임 및 오염제거비용
	13. 배출시설에서 통상적으로 배출되는 배수 또는 배기(연기 포함)로 생긴 손해에 대한 배상책임
	14. 선박 또는 항공기의 소유, 사용 또는 관리로 인한 손해에 대한 배상책임
	15. 화재(폭발 포함)사고를 수반하지 않은 자동차사고로 인한 손해에 대한 배상책임
수재 위험 부보장	1. 상습 침수구역, 하천부지 등에 있는 보험의 목적에 한하여 적용한다.
	2. 홍수 · 해일 · 집중호우 등 수재에 의하거나 또는 이들 수재의 방재와 긴급피난에 필요한 조치로 보험의 목적에 생긴 손해는 보상하지 않는다.
	3. 보통약관에서 정한 사유로 인한 손해는 보상하지 않는다.

3 보험기간

✓ 시설작물, 시설재배 버섯 편 참조 218page

3 보험가입금액

1 농업용 시설물, 버섯재배사

① 전산으로 산정된 기준 보험가입금액의 90~130% 범위 내에서 계약자 결정한다.

② 전산으로 기준금액 산정이 불가능한 유리온실(경량철골조), 버섯재배사(콘크리트조 · 경량철골조), 내재해형하우스, 비규격하우스: 계약자 고지사항을 기초로 결정한다.

③ 유리온실(경량철골조), 버섯재배사(콘크리트조 · 경량철골조): ㎡당 50,000원~500,000원 범위에서 가입금액 선택 가능하다.

2 부대시설: 계약자 고지사항을 기초로 보험가액을 추정하여 보험가입금액 결정한다.

3 산정 기준

① 재조달가액보장 특약 미가입: 고지된 구조체 내용에 따라 감가율을 고려해 시가 기준으로 결정 (보험사고 시 지급 기준과 동일)
② 재조달가액보장 특약 가입: 재조달가액 기준으로 산정

4 보험가입금액 계산 예시

예 1] • 조건: 단동하우스, 가입면적 500㎡, 10,000원/㎡, 경과년수 4년, 최소 가입금액
구조체: 단동하우스 → <2과목 농업용 시설물 감가율 표> 내용연수 10년, 경년감가율 8% 1. 보통약관 가입금액 = 500 × 10,000 × (1 – 0.32) × 0.9 = 3,060,000원 2. 재조달가액(특) 가입금액 = (500 × 10,000) × 0.9 = 4,500,000원
예 2] • 조건: 보통약관 유리온실(경량철골조), 가입면적 500㎡, 경과년수 4년, 최소 · 최대 보험가입금액

1. 감가 반영하지 않는 견해
  ① 최소 보험가입금액 = 500 × 50,000 = 25,000,000원
  ② 최대 보험가입금액 = 500 × 500,000 = 250,000,000원
2. 감가 반영하는 견해: 구조체에 따라 감가 → 시가로 계산(보험사고 시 지급 기준과 동일)
  ① 유리온실(경량철골조) → <2과목 농업용 시설물 감가율 표> 내용연수 40년, 경년감가율 2%
  ② 최소 보험가입금액 = 500 × 50,000 × (1 – 0.08) = 23,000,000원
  ③ 최대 보험가입금액 = 500 × 500,000 × (1 – 0.08) = 230,000,000원

✓ 유리온실(경량철골조), 버섯재배사(콘크리트조 · 경량철골조)의 보험가입금액: 위의 두 가지 해석이 가능하다. 1. ㎡당 50,000원 ~ 500,000원 범위에서 가입금액 선택 가능: 선택으로 끝이며, 재조달가액 특약 가입 여부에 따라 달라지지 않는다. 2. '재조달가액 특약 미가입 시 구조체 내용에 따라 감가율을 고려해 시가 기준으로 결정, 보험사고 시 지급 기준과 동일'하므로 감가를 차감한다. 3. 1의 견해가 다수이다.

4 보험료, 종별 보험요율, 단기요율 적용지수, 대물인상계수(LOL계수)

1 보험료

① 보통약관={(농업용 시설물 보험가입금액×지역별 농업용 시설물 종별 보험료율)+(부대시설 보험가입금액×지역별 부대시설 보험료율)}×단기요율 적용지수
  • 수재위험부보장 특약에 가입한 경우: 위 보험료의 90% 적용
② 화재위험보장 특별약관=보험가입금액×화재위험보장특약 보험료율×단기요율 적용지수
③ 화재대물배상책임보장 특별약관=산출기초금액(12,025,000원)×화재위험보장특약 보험료율×대물인상계수(LOL계수)×단기요율 적용지수
  • 화재위험보장 특별약관 가입 시 가입 가능한 특별약관

2 종별 보험요율, 단기요율 적용지수

✓ 시설작물, 시설재배 버섯 편 참조 219page

3 대물인상계수(LOL계수). 단위 : 백만원)

배상한도액	10	20	50	100	300	500	750	1,000	1,500	2,000	3,000
인상계수	1.00	1.56	2.58	3.45	4.70	5.23	5.69	6.12	6.64	7.00	7.12

4 보험료 계산 예시

예 3] • 조건 : 농업용 시설물(경량철골조), 보험가입금액 5,000만원, 부대시설 가입금액 500만원, 지역별 보통약관 영업요율 7%(농업용 시설물, 부대시설 동일), 가입기간 1년, 수재위험부보장 특약 가입

보통약관 보험료 = {(50,000,000×영업요율 0.07×종별 0.7) + (5,000,000×영업요율 0.07)}×단기 1.0×수재 0.9
 = 2,520,000원

예 4] • 조건 : 보험가입금액 1억원, 화재위험보장특약 보험료율 4%, 가입기간 1~5월(5개월)

화재위험보장 보험료 = 100,000,000×화재요율 0.04×단기 0.6 = 2,400,000원
✓ 화재위험보장 특약의 단기요율 : 10%씩 가산하지 않는다.

예 5] • 조건 : 화재위험보장 특약 보험료율 4%, 가입기간 1~5월(5개월), 배상한도액 3억

화재대물배상책임보장 보험료 = 12,025,000원×화재요율 0.04×대물 4.70×단기 0.6 = 1,356,420원 (단기요율 미가산한 경우)
✓ 화재대물배상책임보장의 단기요율에 10%씩 가산 여부에 논란이 있다. 「농업재해보험·손해평가의 이론과 실무」에 화재 특약과 같이 가산하지 않음의 직접적인 명시가 없으므로 가산해야 한다는 견해이다. 그러나 본 특약은 화재위험보장(특) 가입 시 가입 가능한 특약으로 보험료율도 화재 특약의 요율을 적용한다. 화재 특약과 다르게 할 이유는 없다고 판단된다.

5 보험금 (2과목에서 상세하게 학습)

1 보험금

① 지급 사유: 보장하는 재해로 손해액이 자기부담금을 초과하는 경우
② 보험금=min(손해액-자기부담금, 보험가입금액)

2 자기부담금

① 손해액의 10%에 해당하는 금액: 최소 자기부담금(30만원)과 최대 자기부담금(100만원)을 한도로 한다.
  다만, 피복재 단독사고는 최소 자기부담금(10만원)과 최대 자기부담금(30만원)을 한도로 한다.
② 자기부담금 적용 단위: 단지 단위, 1사고 단위로 적용한다.
③ 단, 화재손해는 자기부담금을 적용하지 않는다.
④ 농업용 시설물(버섯재배사 포함)과 부대시설 모두를 보험의 목적으로 하는 경우: 두 보험의 목적의
  손해액 합계액을 기준으로 자기부담금을 산출한다.

6 특별약관, 보험가입기준, 인수 제한 목적물

1 특별약관

① 화재위험보장, 화재대물배상책임보장, 수재위험 부보장
② 재조달가액 보장: 보상하는 재해로 보험의 목적 중 농업용 시설물 및 버섯재배사, 부대시설에 손해가
  생긴 때에는 이 특별약관에 따라 재조달가액 기준으로 손해액을 보상한다.
  • 재조달가액: 보험의 목적과 동형, 동질의 신품을 재조달하는데 소요되는 금액

2 보험가입기준

가입 단위	1. 시설 1단지 단위 (단지 내 인수 제한 목적물은 제외) 2. 단지 내 해당 시설작물, 시설재배 버섯은 전체 가입. 일부 하우스만을 선택적으로 가입할 수 없음 3. 연동하우스 및 유리온실·버섯재배사 1동: 구조적으로 연속된 일체의 시설을 의미 4. 한 단지 내에 단동·연동·유리온실·경량철골조(버섯재배사) 등이 혼재 시: 각각 개별 단지로 판단
	예 9) 단동+단동, 연동+연동, 유리온실: 3단지

가입
기준
	1. 단동, 연동하우스: 최소 가입면적 300㎡
	2. 유리(경질판)온실, 경량철골조(버섯재배사): 제한 없음
	  • 단지 면적이 가입기준 미만인 경우 인접한 경지의 단지 면적과 합하여 가입기준 이상이 되는 경우
	    1단지로 판단할 수 있음

조건	1. 농업용 시설물을 가입해야 부대시설 및 시설작물, 시설재배 버섯 가입 가능 2. 단, 유리온실(경량철골조)의 경우 부대시설 및 시설작물만 가입 가능 ✓ 2번은 버섯재배사는 해당 없음

3 인수 제한 목적물

① 판매를 목적으로 작물을 경작하지 않는 시설

② 작업동, 창고동 등 작물 경작용으로 사용되지 않는 시설

　• 농업용 시설물 한 동 면적의 80% 이상을 작물 재배용으로 사용하는 경우 가입 가능

　• 원예시설(버섯재배사 제외)의 경우, 연중 8개월 이상 육묘를 키우는 육묘장의 경우 하우스만 가입 가능

③ 피복재가 없거나 시설작물 · 버섯을 재배하고 있지 않은 시설. 단, 지역적 기후 특성에 따른 한시적

　휴경은 제외

④ 목재, 죽재로 시공된 시설

⑤ 비가림시설

⑥ 구조체, 피복재 등 목적물이 변형되거나 훼손된 시설

⑦ 목적물의 소유권에 대한 확인이 불가능한 시설

⑧ 건축 또는 공사 중인 시설

⑨ 1년 이내에 철거 예정인 고정식 시설

⑩ 하천부지 및 상습 침수지역에 위치한 시설. 단, 수재위험부보장 특약에 가입해 풍재만은 보장 가능

⑪ 정부에서 보험료의 일부를 지원하는 다른 계약에 이미 가입되어 있는 시설

⑫ 기타 인수가 부적절한 하우스 및 부대시설

7　계약의 소멸 – 가입금액 (자동)복원

✓ 시설종합 – 비가림시설 편 참조 **246page**

2. 농작물 재해보험 손해평가의 이론과 실무

1 농업용 시설물, 버섯재배사 및 부대시설 손해조사

1 조사기준

① 보통약관: 손해가 생긴 때와 곳에서의 가액에 따라 손해액을 산출하며, 손해액 산출 시에는 농업용 시설물 감가율(아래 표)을 적용한다. → 시가(감가상각된 금액) 기준으로 손해액 산출

② 재조달가액보장 특별약관 가입한 경우: 재조달가액(보험의 목적과 동형·동질의 신품을 재조달하는데 소용되는 금액)을 기준으로 손해액을 산출한다. 단, 보험의 목적이 손해를 입은 장소에서 실제로 수리·복구되지 않은 때에는 시가(감가상각된 금액)로 보상한다. 계약자 또는 피보험자는 손해 발생 후 180일 이내에 수리 또는 복구 의사를 회사에 서면으로 통지해야 한다.

<농업용 시설물 감가율>

1. 고정식 하우스

구분		내용연수	경년감가율
구조체	단동하우스	10년	8%
	연동하우스	15년	5.3%
피복재	장수PE, 삼중EVA, 기능성필름, 기타	1년	40% 고정감가
	장기성Po	5년	16%

2. 이동식 하우스(최초 설치년도 기준)

구분	경과기간			
	1년 이하	2~4년	5~8년	9년 이상
구조체 (고정감가)	0%	30%	50%	70%
피복재	40%(고정감가)			

3. 유리온실 부대시설

구분		내용연수	경년감가율
부대시설		8년	10%
유리온실	철골조/석조/연와석조	60년	1.33%
	블록조/경량철골조/단열판넬조	40년	2.0%

✓ 농업용 시설물 감가율
- 손해보험협회가 발행한 『보험가액 및 손해액의 평가기준』 건물 추정 내용연수 및 경년감가율표를 준용
- 경년감가율 적용은 "사고년월 - 취득년월"를 산출하여 월 단위 감가 적용. 단, 고정식하우스 피복재(내용연수 1년인 피복재) 및 이동식하우스(구조체, 피복재)는 고정감가를 적용

2 평가 단위: 물리적으로 분리 가능한 시설 1동을 기준으로 계약원장에 기재된 목적물 별로 평가한다.

3 조사 방법

① 계약사항 확인: 계약원장 및 현지 조사표를 확인하여 사고 목적물의 소재지 및 보험 시기, 하우스 규격(단동, 연동, 피복재 종류 등)을 확인한다.

② 사고 현장 방문: 목적물의 소재지 일치 여부 및 면담을 통해 사고 경위·사고일시 등을 확인하고, 면담 결과·사고 경위·기상청 자료 등을 감안해 보장하는 재해로 인한 손해 여부를 판단한다.

③ 손해평가

피복재	하우스 폭에 피해길이를 감안해 피해 범위 산정 • 전체 교체가 필요하다고 판단되어 전체 교체를 한 경우 전체 피해로 인정 • 전체 교체가 필요하다고 판단되지만 부분 교체를 한 경우 교체한 부분만 피해로 인정 • 전체 교체가 필요하지 않는다고 판단되는 경우 피해가 발생한 부분만 피해로 인정
구조체 및 부대시설	교체 수량(비용), 보수 및 수리 면적(비용)을 산정하되, 재사용할 수 없는 경우(보수 불가) 또는 수리 비용이 교체 비용보다 클 경우에는 재조달비용을 산정 • 손상된 골조(부대시설) 재사용할 수 없는 경우 : 교체 수량 확인 및 교체 비용 산정 • 손상된 골조(부대시설) 재사용할 수 있는 경우 : 수리 및 보수비용 산정
인건비	실제 투입된 인력, 시방서, 견적서, 영수증 및 시장조사를 통해 피복재 및 구조체 시공에 소모된 인건비 등을 감안하여 산정

2 화재대물배상책임 조사

피보험자가 보험증권에 기재된 농업용 시설물 및 부대시설 내에서 발생한 화재 사고로 타인의 재물을 망가뜨려 법률상의 배상책임이 발생한 경우에 한하여 조사한다.

1 손해액: 구조체(파이프, 경량철골조) 손해액에 피복재 손해액을 합하여 산정하고 부대시설 손해액은 별도로 산정

2 손해액 산출 기준

(1) 손해가 생긴 때와 곳에서의 가액에 따라 농업용 시설물 감가율을 적용한 손해액을 산출 → 시가 기준으로 산출(월 단위 감가)

(2) 재조달가액보장 특별약관에 가입한 경우

① 감가율을 적용하지 않고 재조달가액 기준으로 계산한 손해액을 산출한다.

② 보험의 목적이 손해를 입은 장소에서 실제로 수리 또는 복구되지 않은 때에는 재조달가액에 의한 보상을 하지 않고 시가로 보상한다.

> ✓ **포인트**
>
> 손해액=농업용 시설물 손해액(구조체 손해액+피복재 손해액)+부대시설 손해액(별도로 산정)

3 추가 비용손해: 보장하는 재해로 인하여 손해가 발생한 경우 계약자 또는 피보험자가 지출한 '잔존물 제거비용, 손해방지비용, 대위권 보전비용 및 잔존물 보전비용 및 기타 협력비용'을 추가로 지급한다.

• 잔존물 제거비용: 사고현장에서의 잔존물의 해체비용, 청소비용 및 차에 싣는 비용

---

4   지급보험금의 계산

1 지급 사유: 1사고 마다 손해액이 자기부담금을 초과하는 경우 보험가입금액을 한도로 손해액에서 자기부담금을 차감하여 계산한다.

2 (목적물) 보험금

① (목적물) 보험금=min(손해액-자기부담금, 보험가입금액)

② 손해액

보통약관, 재조달가액보장 특약 가입 + 수리 · 복구 미완료	시가 손해액＝재조달가액×(1 - 감가상각율)＝피해면적×㎡당 시설비×(1 - 감가상각율)
재조달가액보장 특약 가입 + 수리 · 복구 완료	재조달가액 손해액＝피해면적×㎡당 시설비

③ 하나의 보험가입금액으로 둘 이상의 보험의 목적을 계약한 경우: 전체 가액에 대한 각 가액의 비율로 보험가입금액을 비례 배분하여 지급보험금을 계산한다. (비가림시설 편 참조 251page)

> **✓ 포인트**
>
> 농업용 시설물·버섯재배사 및 부대시설 보험금 산출 방법: 손해액 → 목적물 보험금 → 추가 비용손해 → 지급보험금
>
> 1. 손해액 산출
>   ① 손해액≠보험금. 손해액=농업용 시설물 손해액(구조체+피복재)+부대시설 손해액
>   ② 손해액 산출기준: 시가 또는 재조달가액 기준, 1동 단위로 산출
>
> 2. 최종 보험금(=지급보험금)
>   ① 목적물 보험금≠최종 보험금. 최종 보험금=목적물 보험금+추가 비용손해(잔+손대잔+기)
>   ② 목적물 보험금=min{(손해액-자기부담금), 보험가입금액}
>   • 농업용 시설물 보험금=min{(손해액-자기부담금), 보험가입금액}
>   • 부대시설 보험금=min{(손해액-자기부담금), 보험가입금액}
>
> 3. 농업용 시설물, 버섯재배사 및 부대시설의 '지급보험금의 계산'=min{(손해액-자기부담금), 보험가입금액}

3 시가 손해액 산출 시 월 단위 감가 계산 예시. 예 6]

> • 조건: 경과년수=4년 5개월, 경년감가율=8%

> 1. 월 단위. 감가상각률: {4+(5÷12)}×8%=35.33%
> 2. 예외: 고정 감가 적용 - 고정식 하우스 내용연수 1년 피복재, 이동식 하우스 구조체 및 피복재

4 자기부담금

① 1단지, 1사고 당: 30만원 ≤ 손해액×10% ≤ 100만원

② 피복재 단독사고: 10만원 ≤ 손해액×10% ≤ 30만원

③ 화재 사고: 자기부담금을 차감하지 않는다.

④ 농업용 시설물과 부대시설 모두를 보험의 목적으로 하는 보험계약: 두 보험의 목적의 손해액 합계액을 기준으로 자기부담금을 산출하고 두 목적물의 손해액 비율로 자기부담금을 적용한다.

⑤ 손해액×10%(목적물 보험금의 자기부담금)가 자기부담금 최대한도인 100만원 미만인 경우: 잔여 자기부담금 범위 내에서 잔존물 제거비용의 10%를 자기부담금으로 차감한다. (비가림시설 편 참조 250page)

5 자기부담금 및 비례 배분 예시. 예 7] 농업용 시설물과 부대시설을 모두 가입한 경우

> • 조건: 농업용 시설물 손해액(구조체+피복재 사고) 1,000만원, 부대시설 손해액 200만원

> 1. 손해액 합계=1,200만원 → 총 자기부담금 1,200만원×10%=120만원 → 30만원 ≤ X ≤ 100만원 한도 적용 → 자기부담금 100만원
> 2. 두 목적물 손해액에 따라 비례 배분
>   ① 농업용 시설물 자기부담금=100만원×(1,000만원÷1,200만원)=833,333...원
>   ② 부대시설 자기부담금=100만원×(200만원÷1,200만원)=166,666...원
> 3. 농업용 시설물 보험금과 부대시설 보험금 각각 계산(해당 자기부담금 차감)

6 회사의 보상책임은 다음 각 호의 금액 중 최저액을 넘지 않는 것으로 한다.

① 피해재산에 대한 보험가입금액

② 피해재산과 용도 및 성능이 같다고 인정되는 재산의 전부 또는 일부의 재조달가액

③ 피해재산의 수리 또는 복구에 실제로 소요된 금액

7 보험금 등의 지급 한도 (비가림시설 편 참조 **249page**)

① 잔존물 제거비용: 잔존물 제거비용은 손해액의 10%를 초과할 수 없다. '지급보험금의 계산'을 적용하여 계산하고, (목적물) 보험금과 잔존물 제거비용의 합계액은 보험가입금액을 한도로 한다.

② 손해방지비용, 대위권 보전비용, 잔존물 보전비용: '지급보험금의 계산'을 적용하여 계산한 금액이 보험가입금액을 초과하는 경우에도 지급한다. 단, 자기부담금은 차감하지 않는다.

③ 기타 협력비용: 보험가입금액을 초과하는 경우에도 전액 지급한다.

8 추가 비용손해 계산 예시. 잔존물 제거비용에서만 차감하도록 규정됨

예 8] • 조건 : 손해액 700만원. 잔존물 제거비용 60만원. 구조체+피복재 사고
1. 목적물 자기부담금 = 700만원 × 10% = 70만원. 30만원 ≤ X ≤ 100만원 범위 내
2. 잔여 자기부담금 : 30만원. (사고당 자기부담금 100만원 한도)
3. 잔존물 제거비용 : min(60만원, 700만원 × 10%) = 60만원
4. 잔존물 제거비용 자기부담금 = 60만원 × 10% = 6만원 (잔여 30만원 범위 내)
5. 이 사고의 총 자기부담금 = 70 + 6 = 76만원

예 9] • 조건 : 손해액 900만원. 잔존물 제거비용 120만원. 구조체+피복재 사고
1. 목적물 자기부담금 = 900만원 × 10% = 90만원. 30만원 ≤ X ≤ 100만원 범위 내
2. 잔여 자기부담금 : 10만원. (사고당 자기부담금 100만원 한도)
3. 잔존물 제거비용 : min(120만원, 900만원 × 10%) = 90만원
4. 잔존물 제거비용 자기부담금 = 90만원 × 10% = 9만원 (잔여 10만원 범위 내)
5. 이 사고의 총 자기부담금 = 90 + 9 = 99만원

5 계산 문제 풀이를 위한 보험금 한 줄 풀이 산정식

✓ 위의 과정을 모두 이해해야 한 줄 풀이식으로 계산해도 실수하지 않게 되므로, 위의 내용을 이해하는 것이 우선이다.

1 비용손해가 없는 경우: 농업용 시설물, 버섯재배사 및 부대시설 보험금

= min{(손해액-자기부담금), 보험가입금액} → 시손자가, 부손자가

2 비용손해가 있는 경우. ①=②

① min{(손해액+잔존물 제거비용−총 자기부담금, 보험가입금액)}+(손대잔+기)

② min(계산된 목적물 보험금+계산된 잔존물 제거비용, 보험가입금액)+(손대잔+기)

6 | 하나의 보험가입금액으로 둘 이상의 보험의 목적 계약한 경우

✓ 시설종합 - 비가림시설 편 참조 251page

7 | 중복보험

✓ 시설종합 - 중복보험 편 참조 286page

04 CHAPTER

해가림시설
보통약관 시가평가(특별약관 재조달가액 평가) + 비례보상

1. 농작물 재해보험의 이론과 실무

1 보험의 목적

① 보험료 납입일이 속하는 해에 설치하거나 이미 설치되어 있는 인삼재배시설.
② 단, 인삼의 수확을 종료한 인삼재배시설은 보험의 목적에서 제외

2 보장하는 재해, 보상하지 않는 손해, 보험기간

1 보장하는 재해: 자연재해, 조수해, 화재

✓ 종합위험 자연재해의 정의: 적과전 종합위험보장 편 참조 **9page**

> **✓ 포인트**
>
> 비가림시설, 농업용 시설물·버섯재배사와 다르게 화재를 보통약관에서 보장하며, 화재 사고 시에도 자기부담금을 차감한다.

2 보상하지 않는 손해

① 계약자, 피보험자 또는 이들의 법정대리인의 고의 또는 중대한 과실로 인한 손해
② 보장하는 재해가 발생했을 때 생긴 도난 또는 분실로 생긴 손해
③ 보험의 목적의 노후 및 하자로 생긴 손해
④ 보장하는 않는 재해로 제방, 댐 등이 붕괴되어 발생한 손해`
⑤ 침식 활동 및 지하수로 인한 손해
⑥ 계약체결 시점 현재 기상청에서 발령하고 있는 기상특보 발령 지역의 기상 특보 관련 재해로 인한 손해
⑦ 보장하는 재해에 해당하지 않은 재해로 발생한 손해
⑧ 보험의 목적의 발효, 자연 발열, 자연발화로 생긴 손해. 그러나, 자연발열 또는 자연발화로 연소된 다른 보험의 목적에 생긴 손해는 보상
⑨ 화재로 기인되지 않은 수도관, 수관 또는 수압기 등의 파열로 생긴 손해
⑩ 발전기, 여자기(정류기 포함), 변류기, 변압기, 전압조정기, 축전기, 개폐기, 차단기, 피뢰기, 배전반 및 그 밖의 전기기기 또는 장치의 전기적 사고로 생긴 손해. 그러나 그 결과로 생긴 화재손해는 보상

⑪ 원인의 직접·간접을 묻지 않고 지진, 분화 또는 전쟁, 혁명, 내란, 사변, 폭동, 소요, 노동쟁의, 기타 이들과 유사한 사태로 생긴 화재 및 연소 또는 그 밖의 손해

⑫ 핵연료물질(사용된 연료 포함) 또는 핵연료 물질에 의하여 오염된 물질(원자핵 분열 생성물 포함)의 방사성, 폭발성, 그 밖의 유해한 특성 또는 이들의 특성에 의한 사고로 인한 손해

⑬ 상기 ⑫의 사항 이외의 방사선을 쬐는 것 또는 방사능 오염으로 인한 손해

⑭ 국가 및 지방자치단체의 명령에 의한 재산의 소각 및 이와 유사한 손해

✓ 포인트

해가림시설 보상하지 않는 손해: 🖎암기팁 → 계보계해+노방도령파 핵원전 발침

3 보험기간

✓ 특정위험보장 인삼 편 참조 147page

3 보험가입금액, 감가상각법 (천원 단위 절사)

✓ 해가림시설의 보험가입금액
2025년부터는 해가림시설에도 '재조달가액보장 특별약관'이 추가 되었다. 이 특별약관에 가입한 경우 '농업용 시설물'과 같이 재조달가액으로 보험가입금액을 산정해야 합리적이다. 그러나 2025 「농업재해보험·손해평가의 이론과 실무 - 해가림시설 편」에는 재조달가액보장 특별약관의 보험가입금액 산정 방법이 별도로 실려있지 않고, 보통약관에 해당하는 시가 보험가입금액 산정 방법만 실려있다. 따라서 특별약관의 보험가입금액이 제시되지 않는다면, 논란이 있을 수 있지만, 「농업재해보험·손해평가의 이론과 실무 - 해가림시설 편」을 따라 감가상각을 적용한 시가로 산정할 수 밖에 없다.

1 산출 방법

① 보험가입금액 = 재조달가액×(1-감가상각율)=㎡당 시설비×재배면적×(1-감가상각율)
② 시가(감가상각된 금액)로 산출

2 감가상각률 적용 방법

설치시기에 따른 감가상각방법
1. 계약자에게 설치시기를 고지받아 해당 일자를 기초로 감가상각, 최초 설치시기를 특정하기 어려울 시 인삼의 정식시기와 동일한 시기로 한다. 2. 해가림시설 구조체를 재사용하여 설치하는 경우 　① 해당 구조체의 최초 설치시기를 기초로 감가상각한다. 　② 최초 설치시기를 알 수 없는 경우에는 해당 구조체의 최초 구입시기를 기준으로 감가상각한다.

설치재료에 따른 감가상각방법
1. 동일한 재료(목재 또는 철재)로 설치하였으나 설치시기, 경과년수가 각기 다른 구조체가 상존하는 경우 : 가장 넓게 분포하는 구조체의 설치시기를 동일하게 적용한다.
2. 1개의 농지 내 감가상각률이 상이한 재료(목재＋철재)로 해가림시설을 설치한 경우 : 재료별로 설치구획이 나뉘어 있는 경우에만 인수 가능, 각각의 면적만큼 구분하여 가입한다.

3 경년감가율 적용 시점과 연 단위 감가상각

> ✓ 해가림시설의 감가상각
> 과거에는 보험가입금액, 보험가액, 손해액 모두 연 단위 감가를 적용하였지만, 2025 「농업재해보험 · 손해평가의 이론과 실무 – 해가림시설 편」에는 '보험가입금액은 연 단위 감가'를 적용하고, '보험가액 및 손해액은 월 단위 감가'를 적용하게 되어 있다. 다소 이해할 수 없는 부분이지만, 「농업재해보험 · 손해평가의 이론과 실무 – 해가림시설 편」을 따를 수 밖에 없다.

① 감가상각은 보험 가입시점을 기준으로 적용하며, 보험가입금액은 보험기간 동안 동일하다.

② 연 단위 감가상각을 적용하며 경과 기간 1년 미만은 미적용한다.

  • 시설년도 2021년 5월, 가입시기 2022년 11월일 때 경과기간: 1년 6개월 → 경과기간 1년 적용

③ 경년감가율: 잔가율 20%와 자체 유형별 내용연수를 기준으로 산출

목재	내용연수 6년, 경년감가율 13.33%	철재	내용연수 18년, 경년감가율 4.44%

4 잔가율

① 기본 적용: 20%

② 잔가율 수정: 내용연수가 경과한 경우라도 현재 정상 사용 중인 시설의 경제성을 고려해 잔가율을 최대 30%로 수정할 수 있다.

5 보험가입금액 감가상각 적용 예시 (연 단위 감가)

예 1] • 조건: 설치 일자 고지받음, 설치 2020. 03, 인삼 정식 2020. 04, 가입 2022. 05
감가상각률＝경년감가율×2년 (2022. 05 – 2020. 03. 연 단위 감가)
예 2] • 조건: 구조체를 재사용한 경우, 최초 설치 2019. 06, 최초 구입 2019. 03, 가입 2024. 05
감가상각률＝경년감가율×4년(2024. 05 – 2019. 06. 연 단위 감가))
예 3] • 조건: 1개의 농지, 설치 재료 목재, 가입면적 1,000㎡＝경과년수 3년 700㎡＋5년 300㎡
감가상각률＝0.1333×3＝39.99%
예 4] • 조건: 1개의 농지, 설치 재료 목재＋철재, 가입면적 1,000㎡＝목재 600㎡＋철재 400㎡. 재료별로 설치구획이 나뉘어져 있음
각 재료별 경과년수 적용 → 목재 가입금액＋철재 가입금액＝농지 가입금액
예 5] • 조건: 가입면적 1,000㎡, 5,900원/㎡, 목재, 경과년수 7년, 정상 사용 중, 잔가율 수정 최대 적용
보험가액＝1,000×5,900×0.3＝1,770,000원

4 보험료, 종별요율

① 해가림시설 보험료=보험가입금액×지역별 보통약관 영업요율×(1+인삼 6년근 해가림시설 할인율)

　• 6년근 재배 해가림시설에 한해 10% 할인율 적용

② 종별요율: 종별요율 및 보험료 계산 시 종별요율의 적용-특정위험보장 인삼 편 참조 **148page**

> ✓ **포인트**
>
> 1. 보험료 산출 문제에서의 종별요율: **예** 지역별 영업요율 10%, 3종 → ×0.1×1.0
> 2. 원예시설에서의 종별요율과 차이점 파악하기

5 보험금 (2과목에서 상세하게 학습)

1 보험금

① 지급 사유: 보장하는 재해로 손해액이 자기부담금을 초과하는 경우

② 보통약관 보험금: 손해액은 그 손해가 생긴 때와 곳에서의 보험가액이다. (시가로 계산)

보험가입금액이 보험가액과 같거나 클 때
보험금＝min(손해액-자기부담금, 보험가입금액, 보험가액)
보험가입금액이 보험가액보다 작을 때
$min[(손해액 - 자기부담금) \times \dfrac{보험가입금액}{보험가액}, 보험가입금액]$

③ 재조달가액보장 특별약관 보험금

　• 손해액은 그 손해가 생긴 때와 곳에서의 보험가액에 따라 산출한 재조달가액으로 계산

　• 보험의 목적이 손해를 입은 장소에서 실제로 수리 또는 복구되지 않은 때에는 보통약관에 따라 시가(감가상각된 금액)로 보상

보험가입금액이 보험가액과 같거나 클 때
보통약관과 동일
보험가입금액이 보험가액보다 작을 때
$min[(손해액 - 자기부담금) \times \dfrac{보험가입금액}{재조달가액}, 보험가입금액]$

2 자기부담금

① 손해액의 10%에 해당하는 금액: 최소 자기부담금(10만원)과 최대 자기부담금(100만원)을 한도로 한다.

② 자기부담금 적용 단위: 1사고 단위로 적용한다.

③ 단, 화재손해에도 자기부담금을 적용한다.

6 특별약관, 보험가입기준, 인수 제한 목적물

1 특별약관: 재조달가액보장 특별약관

해가림시설에 손해가 생긴 때에는 재조달가액을 기준으로 계산한 손해액을 보상한다.

2 보험가입기준: 특정위험보장 인삼과 동일(별도의 가입기준 없음)

3 인수 제한 목적물

① 농림축산식품부가 고시하는 내재해형 인삼재배시설 규격에 맞지 않는 시설

② 목적물의 소유권에 대한 확인이 불가능한 시설

③ 보험가입 당시 공사 중인 시설

④ 정부에서 보험료의 일부를 지원하는 다른 보험계약에 이미 가입되어 있는 시설

⑤ 통상적인 재배 및 영농활동을 하지 않는다고 판단되는 시설

⑥ 하천부지, 상습침수 지역에 소재한 시설

⑦ 판매를 목적으로 경작하지 않는 시설

⑧ 군사시설보호구역 중 통제보호구역내의 시설

　• 통제보호구역: 민간인통제선 이북지역 또는 군사기지 및 군사시설의 최외곽 경계선으로부터 300미터 범위 이내의 지역

⑨ 연륙교가 설치되어 있지 않고 정기선이 운항하지 않는 등 신속한 손해평가가 불가능한 도서 지역 시설

⑩ 기타 인수가 부적절한 시설

7 계약의 소멸 – 가입금액 (자동)복원

✓ 시설 종합 – 비가림시설 편 참조 246page

2. 농작물 재해보험 손해평가의 이론과 실무

1 해가림시설 손해조사

1 최초 가입 조사: 특정위험보장 인삼 편 참조 **153page**

2 피해사실 확인조사

① 대상 농지: 대상 재해(자연재해, 조수해, 화재)로 사고 접수된 농지 및 조사 필요 농지

② 조사 시기: 사고접수 직후 실시

③ 보장하는 재해로 인한 피해 여부를 확인한다.

④ 추가조사(해가림시설 손해조사) 필요 여부를 판단한다.

3 해가림시설 손해조사

① 대상 농지: 피해사실 확인조사 시 해가림시설 손해조사가 필요하다고 판단된 농지(해가림시설 사고접수 농지)

② 조사 방법

• 보장하는 재해 여부 심사

• 전체 칸수 및 칸 넓이 조사: 전체 칸수-직접 세거나, 경작면적÷칸 넓이로 조사, 칸 넓이=지주목 간격, 두둑폭 및 고랑폭 조사

• 피해 칸수 조사: 전체 파손 및 부분 파손(20% 형, 40% 형, 60% 형, 80% 형)로 나누어 각 칸수 조사

③ 손해액 산정 (아래 포인트 – 손해액 산정 참조)

④ 미보상비율 조사

4 보통약관 손해액 산정 방법

① 피해액 산정: 단위면적당 시설가액표, 파손 칸수 및 파손 정도 등을 참고해 실제 피해에 대한 복구 비용을 '기평가한 재조달가액'으로 산출한 피해액을 산정한다.

② 손해액 산정

• 산출된 피해액에 대하여 감가상각(월 단위)을 적용하여 손해액을 산정

목재	내용연수 6년, 경년감가율 13.33%	철재	내용연수 18년, 경년감가율 4.44%
월 단위 감가: 경과월수 = 사고 연월 - 최초 구조체 구입 연월			

• 피해액이 보험가액의 20% 이하인 경우에는 감가를 적용하지 않음

• 피해액이 보험가액의 20%를 초과하면서 감가 후 피해액이 보험가액의 20% 미만인 경우에는 보험가액의 20%를 손해액으로 산출

✓ 포인트

해가림시설 보통약관 손해액 산정: (재조달가액) 피해액 → 손해액

1. 재조달가액 피해액 산정
2. 피해액이 보험가액의 20% 이하인 경우: 감가를 적용하지 않음 → 손해액=피해액
   - 피해액 ≤ 보험가액 20% → 손해액=피해액
3. 피해액이 보험가액의 20%를 초과하면서 감가 후 피해액이 보험가액의 20% 미만인 경우 → 손해액=보험가액 20%
   - 피해액 > 보험가액 20% > 피해액×(1-감가상각율) → 손해액=보험가액 20%
4. 나머지 하나의 경우: 피해액이 보험가액의 20%를 초과하면서 감가 후 피해액이 보험가액의 20% 이상인 경우
   → 손해액=피해액×(1-감가상각율)
   - 피해액 > 피해액×(1-감가상각율) ≥ 보험가액 20% → 손해액=피해액×(1-감가상각율)
5. 손해액=med{보험가액 20%, 피해액, 피해액×(1-감가상각율)}

5 재조달가액 특별약관 손해액 산정 방법

① 수리·복구된 경우: 손해액=재조달가액=피해면적×㎡당 시설비
② 수리·복구되지 않은 경우: 손해액=시가=재조달가액×(1-감가상각율)

✓ 포인트

해가림시설 재조달가액 특별약관 손해액 산정
수리·복구되지 않은 경우의 손해액: 보통약관과의 형평성 문제가 있을 수 있지만, '시가(감가상각된 금액)로 보상'로 규정되어 있다. 중앙값으로 손해액을 결정하지 않음에 주의한다.

2 지급보험금의 계산

1 지급 사유: 보장하는 재해로 인해 손해액이 자기부담금을 초과하는 경우

2 (목적물) 보험금

① 보험금

보험가입금액이 보험가액과 같거나 클 때(전부보험, 초과보험)	
보험금＝min(손해액-자기부담금, 보험가입금액, 보험가액) • 보통약관, 재조달가액 특별약관 동일	
보험가입금액이 보험가액보다 작을 때(일부보험)	
보통약관	$\min[(손해액 - 자기부담금) \times \dfrac{보험가입금액}{보험가액}, 보험가입금액]$
재조달가액 특약	$\min[(손해액 - 자기부담금) \times \dfrac{보험가입금액}{재조달가액}, 보험가입금액]$

② 손해액: 그 손해가 생긴 때와 곳에서의 (시가 또는 재조달가액으로 계산한 피해를 입은 부분의) 보험가액을 말한다.

③ 자기부담금

- 1사고 단위: 10만원 ≤ 손해액×10% ≤ 100만원
- 화재 손해: 자기부담금을 차감한다.
- 손해액×10%(목적물 보험금의 자기부담금)가 자기부담금 최대한도인 100만원 미만인 경우: 잔여 자기부담금 범위 내에서 잔존물 제거비용의 10%를 자기부담금으로 차감한다. (비가림시설 편 참조 **250page**)

✓ 포인트

해가림시설 보험금 산출 방법: 일부보험 여부 파악 →(피해액 →) 손해액 → 목적물 보험금 → 추가 비용손해 → 지급보험금

1. 손해액 산출
    ① 손해액≠보험금
    ② 손해액
        • 보통약관: med{보험가액 20%, *피해액, *피해액×(1-감가상각률)}
            - 피해액 = 재조달가액
        • 재조달가액 특약: 재조달가액 또는 재조달가액×(1-감가상각률)

2. 최종 보험금(=지급보험금)
    ① 목적물 보험금≠최종 보험금. 최종 보험금=목적물 보험금+추가 비용손해(잔+손대잔+기)
    ② 목적물 보험금=min{(손해액-자기부담금)×비례, 보험가입금액}
        • 일부보험의 경우로 이해하고, 일부보험이 아닌 경우 '×비례'를 적용하지 않는다.

3. 해가림시설 '지급보험금의 계산'=min{(손해액-자기부담금)×비례, 보험가입금액}. 해손자비가

3 손해액, (목적물) 보험금 계산 예시

① 보통약관 손해액 계산 예시

> **예 6]** • 조건 : 피해면적 1,000㎡, 5,900원/㎡, 목재, 경과월수 4년 6개월(54개월), 보험가액 1,000만원
>
> 1. 재조달가액 피해액 = 1,000 × 5,900 = 5,900,000원
> 2. 보험가액 20% = 10,000,000 × 0.2 = 2,000,000원
> 3. 감가상각률 = 0.1333 × $\dfrac{54}{12}$ = 59.99%(소수점 셋째 자리에서 반올림. 월 단위 감가)
> 4. 피해액 × (1 - 감가상각률) = 시가 피해액 = 5,900,000 × (1 - 0.5999) = 2,360,590원
> 5. 보통약관 손해액 = med(5,900,000, 2,360,590, 2,000,000) = 2,360,590원
>
> ✓ 재조달가액 특별약관에 가입한 경우의 손해액
> 1. 수리 · 복구 한 경우 : 위 1. 의 재조달가액 5,900,000원
> 2. 수리 · 복구하지 않은 경우 : 위 4의 시가피해액 2,360,590원

② (목적물) 보험금 계산 예시

예 7] • 조건 : 보험가입금액 1,000만원, 보험가액 900만원, 손해액 500만원
목적물 보험금 = min(500 - 50, 900) = 450만원. 초과보험
예 8] • 조건 : 보험가입금액 900만원, 보험가액(또는 재조달가액) 1,000만원, 손해액 500만원
목적물 보험금 = min{(500 - 50) × (900 ÷ 1,000), 900} = 405만원. 일부보험

> **✓ 포인트**
>
> **해가림시설 재조달가액 특별약관의 보험가입금액, 보험가액, 재조달가액**
> 1. 가입면적 1,000㎡, (기평가된) ㎡당 시설비 5,000원인 경우
> 2. 보험가입금액 = 1,000 × 5,000 = 5,000,000원
> 3. 보험가액 = 1,000 × 5,000 = 5,000,000원
> 4. 재조달가액 = 1,000 × 5,000 = 5,000,000원
>
> 즉, 가입과 사고 시점의 면적이 동일하고, ㎡당 시설비는 기평가된 금액(「농업재해보험 · 손해평가의 요령」 1과목. 표)을 적용하므로 결국 "보험가입금액 = 보험가액 = 재조달가액"이다.
> 따라서, 일부보험 또는 초과보험은 발생하기 어렵지만, 사고 시점의 ㎡당 시설비가 현저하게 상승 또는 감소한 경우를 가정하여 일부보험이나 초과보험을 고려할 수는 있다.

4 보험금 등의 지급 한도 (비가림시설 편 참조 249page)

① 잔존물 제거비용: 잔존물 제거비용은 손해액의 10%를 초과할 수 없다. '지급보험금의 계산'을 적용하여 계산하고, (목적물) 보험금과 잔존물 제거비용의 합계액은 보험가입금액을 한도로 한다.

② 손해방지비용, 대위권 보전비용, 잔존물 보전비용: '지급보험금의 계산'을 적용하여 계산한 금액이 보험가입금액을 초과하는 경우에도 지급한다.

　• 단, 손해방지비용은 농지당 20만원을 한도로 지급한다. (해가림시설만 해당)

③ 기타 협력비용: 보험가입금액을 초과하는 경우에도 전액 지급한다.

5 추가 비용손해 계산 예시

예 9] • 조건: 보험가입금액 800만원, 보험가액 1,000만원, 보장하는 재해로 인해 전손 발생, 잔존물 제거비용 50만원

1. 손해액 = 전손 = 보험가액 = 1,000만원
2. 목적물 자기부담금 = 1,000 × 0.1 = 100만원 (잔여 자기부담금 0원)
3. 목적물 보험금 = min{(1,000 − 100) × (800 ÷ 1,000), 800} = 720만원
4. 잔존물 제거비용 한도 : min(50, 1,000 × 0.1) = 50만원
5. 잔존물 제거비용 계산 : (50 − 0) × (800 ÷ 1,000) = 40만원
6. 총 한도 : min(720 + 40, 800) = 760만원
7. 지급보험금 = min(720 + 40, 800) = 760만

예 10] • 조건: 보험가입금액 800만원, 보험가액 1,000만원, 손해액 400만원. 잔존물 제거비용 50만원

1. 목적물 자기부담금 = 400 × 0.1 = 40만원 (잔여 자기부담금 60만원)
2. 목적물 보험금 = min{(400 − 40) × (800 ÷ 1,000), 800} = 2,880,000원
3. 잔존물 제거비용 한도 : min(50, 400 × 0.1) = 40만원
4. 잔존물 제거비용 계산 : (40 − 4) × (800 ÷ 1,000) = 288,000원
   • 잔존물 제거비용 자기부담금 : 40 × 0.1 = 4만원. (이후 잔여 자기부담금 56만원)
5. 총 한도 : min(2,880,000 + 288,000, 8,000,000) = 3,168,000원
6. 지급보험금 = min(2,880,000 + 288,000, 8,000,000) = 3,168,000원

3   계산 문제 풀이를 위한 보험금 한 줄 풀이 산정식

✓ 위의 과정을 모두 이해해야 한 줄 풀이식으로 계산해도 실수하지 않게 되므로, 위의 내용을 이해하는 것이 우선이다.

1 **비용손해가 없는 경우:** 해가림시설 보험금=min{(손해액-자기부담금)×비례, 보험가입금액}

→ 〈암기팁〉 해손자비가

2 **비용손해가 있는 경우.** ①=②

① min{(손해액+잔존물 제거비용-총 자기부담금)×비례, 보험가입금액}+(손대잔×비례+기)

② min(계산된 목적물 보험금+계산된 잔존물 제거비용, 보험가입금액)+(손대잔×비례+기)

✓ 해가림시설 보험금

1. 해가림시설은 사실상 일부보험이 발생할 수 없다.

　① 실무: 기평가보험으로 '보험가입금액＝보험가액'이다.

　② 실무에서 기평가보험으로 운영되고 있는 것을 고려하지 않더라도 '기평가한 (㎡당) 재조달가액'을 기준으로 하므로, 일부보험이 발생할 수 없는 것은 마찬가지이다. (해가림시설 손해조사 중 손해액 산정 방법 참조)

2. 보통약관: 시가로 보험가입금액과 사고 시점의 보험가액을 산정한다.

　① 시가 보험가입금액, 보험가액: 재조달가액×(1-감가상각률)

　② 이때의 재조달가액은 '재배면적×기평가한 (㎡당) 재조달가액'이므로 보험기간 내 동일하다.
　　(「농업재해보험·손해평가의 이론과 실무-1과목」의 해가림시설 시설비 표 참조)

　③ 감가상각률: 사고 시점의 감가상각률은 가입 후 경과 기간을 감안하면, 가입 시점과 같거나 클 수 밖에 없다.
　　(사고 시점에서 차감하는 감가상각액은 가입 시점과 같거나 크다.)

　④ 결국, 사고 시점의 보험가액은 보험가입금액보다 같거나 더 적게 산출된다. 즉, 기평가보험임을 고려하지 않더라도 해가림시설은 전부보험 또는 초과보험만이 가능하다.

3. 재조달가액보장 특별약관: 동일한 '재배면적×기평가한 (㎡당) 재조달가액'을 적용하므로 보험가입금액과 보험가액이 같은 전부보험만이 가능하다.

4. 그러나, 「농업재해보험·손해평가의 이론과 실무」에서는 지속해서 일부보험이 발생하는 경우를 싣고 있다. 이 외에도 해가림시설은 출제될 때마다 논란을 야기하고 있다. 그러나 수험생으로서는 어쩔 수 없이 「농업재해보험·손해평가의 이론과 실무」대로 학습할 수 밖에 없다.

---

4   중복보험

✓ 시설종합 - 중복보험 편 참조 **286page**

축사 – 가축재해보험
시가평가+(부보비율 조건부) 비례보상(실손보상)

1. 농작물 재해보험의 이론과 실무

1 보험의 목적

① 가축을 수용하는 건물 및 가축사육과 관련된 건물
  • 축사, 부속물, 부착물, 부속설비, 기계장치
② 건물의 부속물: 피보험자 소유인 칸막이, 대문, 담, 곳간 및 이와 비슷한 것
③ 건물의 부착물: 피보험자 소유인 게시판, 네온싸인, 간판, 안테나, 선전탑 및 이와 비슷한 것
④ 건물의 부속 설비: 피보험자 소유인 전기ㆍ가스설비, 급ㆍ배수설비, 냉ㆍ난방설비, 급이기, 통풍설비 등 건물의 주용도에 적합한 부대시설 및 이와 비슷한 것
⑤ 건물의 기계장치: 착유기, 원유냉각기, 가금사의 기계류(케이지, 부화기, 분류기 등) 및 이와 비슷한 것
  • 가축사육 건물 및 관련 시설에 설치된 태양광, 태양열 등 관련 시설은 제외

2 가입 및 지원

1 가입 및 정부지원 대상

① 가입 단위: 사육하는 가축 및 축사의 전부 가입이 원칙이다. 포괄가입
② 지원 대상: 가축재해보험 목적물(가축 및 축산시설물)을 사육하는 개인 또는 법인

2 정부지원 요건

① 농업인, 법인: 농업경영체(농어업경영체법)에 등록하고 축산업 허가(등록)(축산법)를 받은 자
  • 축산법에 의한 축산업 등록 제외 대상은 해당 축종으로 농업경영정보를 등록한 자
② 농축협: 농축협으로 축산업 허가(등록)(농업식품기본법 시행령) 받은 자
  • 축산법에 의한 축산업 등록 제외 대상도 지원
③ 축사 지원요건
  • 가축사육 관련 적법한 건물(시설물 포함)에 한함
  • 건축물관리대장 또는 가설건축물관리대장이 있는 경우에 한함

- 건축물관리대장상 주택 용도 등 가축사육과 무관한 건물은 지원 제외
- 「가축전염병 예방법」 제19조에 따라 사육 가축이 없이도 축사 지원 가능

3 정부지원 범위

① 개인 또는 법인당 5,000만원 한도 내 납입보험료(총 보험료)의 50%를 지원
- 예시: 보험 가입하여 4천만원 국고지원 받고 계약 만기일 전 중도 해지한 후 보험을 재가입할 경우 1천만원 국고 한도 내 지원 가능
② 정부지원을 받은 계약자 사망으로 축산업 승계, 목적물 매도 등이 발생한 경우:
- 변경 계약자의 정부지원 요건 충족 여부 철저한 확인
- 정부지원 요건 미충족 시 보험계약 해지 또는 잔여기간에 대한 정부지원금(지방비 포함) 반납처리
③ 지자체 지원: 총 보험료의 0~50%

4 보험료

① 보험료=보험가입금액×보험료율
② 농가보험료=총보험료-(국고지원보험료+지자체 지원 보험료)

3 보장하는 재해

1 설해, 수재, 풍재, 지진, 화재에 의한 직접손해

① 풍재 또는 수재로 입은 손해: 태풍, 홍수, 호우, 강풍, 풍랑, 해일, 조수, 우박, 지진, 분화 및 이와 비슷한 풍재 또는 수재
② 지진: 다음의 최저기준을 초과하는 손해
- 기둥 또는 보 1개 이하를 해체하여 수선 또는 보강하는 것
- 지붕틀의 1개 이하를 해체하여 수선 또는 보강하는 것
- 기둥, 보, 지붕틀, 벽 등에 2m 이하의 균열이 발생한 것
- 지붕재의 2㎡ 이하를 수선하는 것
③ 설해에 따른 손해
④ 화재에 따른 손해 및 소방손해

2 설해, 수재, 풍재, 지진, 화재에 따른 피난 손해

- 피난지에서 보험기간 내 5일 동안에 생긴 위의 ①, ③, ④의 손해 포함(②지진 제외)

3 추가 비용손해

① 잔존물 제거비용

- 잔존물의 해체, 청소, 차에 싣는 비용, 손해액의 10% 한도로 지급보험금의 계산에 따라 보상
- 제외되는 비용: 오염물질 제거비용, 차에 실은 후 폐기물 처리비용, 보상하지 않는 위험으로 보험의 목적에 생긴 손해, 관계 법령에 의해 제거됨으로 생긴 손해

② 손해방지비용: 보험목적의 관리의무를 위하여 지출한 비용은 제외한다.

- 보험목적의 관리의무에 따른 비용: 일상적인 관리에 소요되는 비용과 예방접종, 정기검진, 기생충구제 등에 소용되는 비용 그리고 보험목적이 질병에 걸리거나 부상을 당한 경우 신속하게 치료 및 조치를 취하는 비용 등

③ 대위권 보전비용, 잔존물 보전비용, 기타 협력비용

> ✓ 축사의 비용손해
> 「농업재해보험 · 손해평가의 이론과 실무」와 [약관]에는 잔존물 제거비용과 손해방지비용만이 기재되어 있다. 그러나 가축재해보험 일반조항의 영향을 받으므로, 다른 비용손해가 없다고 할 수는 없을 것이다.

4 보상하지 않는 손해

1 전 부문 공통

✓ 가축재해보험 편 참조

2 축사 부문: ✎암기팁 전도령 네발이 비바람눈우박모래 땜에 얼음 됐다.

① 화재 또는 풍재·수재·설해·지진 발생 시 도난 또는 분실로 생긴 손해

② 보험의 목적이 발효, 자연발열 또는 자연발화로 생긴 손해. 그러나 자연발열 또는 자연발화로 연소된 다른 보험의 목적에 생긴 손해는 보상

③ 풍재 · 수재 · 설해 · 지진과 관계없이 댐 또는 제방이 터지거나 무너져 생긴 손해

④ 바람, 비, 눈, 우박 또는 모래먼지가 들어옴으로써 생긴 손해. 그러나 보험의 목적이 들어있는 건물이 풍재·수재·설해·지진으로 직접 파손되어 보험의목적에 생긴 손해는 보상

⑤ 추위, 서리, 얼음으로 생긴 손해

⑥ 발전기, 여자기(정류기 포함), 변류기, 변압기, 전압조정기, 축전기, 개폐기, 차단기, 피뢰기, 배전반 및 그 밖의 전기기기 또는 장치의 전기적 사고로 생긴 손해. 그러나 그 결과로 생긴 화재 손해는 보상

⑦ 풍재의 직접, 간접에 관계 없이 보험의 목적인 네온사인 장치에 전기적 사고로 생긴 손해 및 건식 전구의 필라멘트 만에 생긴 손해

⑧ 국가 및 지방자치단체의 명령에 의한 재산의 소각 및 이와 유사한 손해

5 특별약관

① 설해손해 부보장: 돈사, 가금사에 한해 가입 가능하며 설해 손해 부담보 시 축사 보험료를 할인한다.
  • 돈사 4.9%, 가금사 9.4%
② 화재대물배상 책임보장: 피보험자가 보험증권에 기재된 축사구내에서 발생한 화재 사고로 인하여 타인의 재물에 손해를 입혀서 법률상의 배상책임을 부담함으로써 입은 손해를 보상한다.
③ 구내폭발위험보장: 보험의 목적이 있는 구내에서 생긴 폭발, 파열(폭발, 파열이라 함은 급격한 산화반응을 포함하는 파괴 또는 그 현상을 말함)로 보험의 목적에 생긴 손해를 보상한다.

6 보험가입금액

> ✓ 아래의 내용은 [농업재해보험 · 손해평가의 이론과 실무]에는 없는 내용으로, 축사 부문 보험가입금액 산정 방법을 이해하기 위한 [재해보험사업자 자료] 상의 내용이다. 축사에서의 용어는 농작물 재해보험 시설의 용어와 다르지만, 결국 같은 뜻이다.

1 보험가입금액 산출 방법

① 보험가입금액=재조달가액×(1-감가상각율)=재건축가액(신건축비용)-현재가액. 시가로 산출한다.
② 재건축가액: 평가 대상 물건과 동일한 구조, 용도, 질, 규모 등의 건물을 현재 재건축하는데 필요한 비용
③ 현재가액(보험가액)=신축가액-감가공제액
  • 감가공제액=신축가액×감가상각율(=경년감가율×경과년수)

2 잔존 보험가입금액

① 보험가입금액-보상액'을 나머지 보험기간에 대한 잔존 보험가입금액으로 한다.
② 일부보험 판단 시: 잔존 보험가입금액을 기준으로 판단한다. 잔존 보험가입금액 < 보험가액 80%

> ✓ **포인트**
>
> **잔존 보험가입금액**
> 1. 축사, 돼지 · 가금 · 기타가축, 고추 · 브로콜리
> 2. 가축재해보험의 경우(축사 포함) 1차 사고: 전부 또는 초과보험 → 기발생 보상액 차감 후 2차 사고: 일부보험이 될 수 있음에 주의한다.
> 3. 시설 중 축사만 해당한다.

2. 농작물 재해보험 손해평가의 이론과 실무

1 지급보험금의 계산

1 부보비율(80%) 조건부 실손(비례) 보상

① 전부 또는 초과보험의 경우는 보험가입금액 또는 보험가액을 한도로 손해액을 전액 지급

② 일부보험인 경우는 보험가입금액이 보험가액의 일정 비율 이상이면 보험가입금액 이내에서 실제 발생한 손해를 실손보상하고 일정 비율에 미달하면 비례보상

③ 축사: 보험가입금액이 보험가액의 80% 이상인 경우는 전부보험으로 보고 비례보상 조항을 적용하지 않는다.

2 (목적물) 보험금

① 보험금

보험가입금액이 보험가액의 80% 해당액과 같거나 클 때(전부보험, 초과보험)
보험금 = min(손해액, 보험가입금액, 보험가액) - 자기부담금
보험가입금액이 보험가액의 80% 해당액보다 작을 때(일부보험)
$\min\left[\text{손해액} \times \dfrac{\text{보험가입금액}}{\text{보험가액 80\%}}, \text{보험가입금액}\right] - \text{자기부담금}$

✓ **포인트**

축사의 전부, 초과, 일부보험

1. 전부보험: 보험가액 100% ≥ 보험가입금액 ≥ 보험가액 80% → min(손해액, 가입금액)-자기부담금

2. 초과보험: 보험가입금액 > 보험가액의 100% → min(손해액, 가액)-자기부담금

3. 일부보험: 보험가입금액 < 보험가액 80% 미만 →

$\min\left[\text{손해액} \times \dfrac{\text{가입}}{\text{가액 80\%}}, \text{가입금액}\right] - \text{자기부담금}$

② 손해액의 조사 결정(보험목적물의 감가)

✓「농업재해보험 · 손해평가의 이론과 실무」에는 손해액의 산정에 대해 아래의 내용만이 실려있다.

• 손해액은 그 손해가 생긴 때와 장소에서의 보험가액에 따라 계산한다.

• 보험목적물의 경년감가율은 손해보험협회의 "보험가액 및 손해액의 평가기준"을 준용한다.

• 잔가율의 수정

- 보험목적물이 지속적인 개 · 보수가 이루어져 보험목적물의 가치증대가 인정된 경우의 잔가율: 보온덮개 · 쇠파이프 조인 축사구조물의 경우에는 최대 50%까지, 기타 구조물의 경우에는 최대 70%까지로 수정하여 보험가액을 평가한다.

- 보험목적물이 손해를 입은 장소에서 6개월 이내 실제로 수리 또는 복구되지 않은 때에는 잔가율이 30% 이하인 경우에는 최대 30%로 수정하여 평가한다.

③ 손해액 계산: 손해액=시가=피해면적×㎡당 사고 당시 시설비×(1-감가상각율). 연 단위 감가

④ 자기부담금:

- *계산한 금액=min(손해액, 보험가입금액, 보험가액) 또는, min[손해액 × $\dfrac{\text{보험가입금액}}{\text{보험가액 80\%}}$, 보험가입금액]

풍재, 수재, 설해, 지진 손해 자기부담금	화재 손해 자기부담금
max(*계산한 금액×자기부담비율, 50만원) • 자기부담비율 0%, 5%, 10%	*계산한 금액×자기부담비율

✓ **포인트**

축사 보험금 산출 방법: 일부보험 여부 파악(가액의 80% 기준) → 손해액 → 목적물 보험금 → 추가 비용손해 → 지급보험금

1. 손해액 산출
   ① 손해액≠보험금
   ② 손해액 산출기준: 시가

2. 최종 보험금(=지급보험금)
   ① 목적물 보험금≠최종 보험금. 최종 보험금=목적물 보험금+추가 비용손해(잔+손대잔+기)
   ② 목적물 보험금= min[손해액 × $\dfrac{\text{보험가입금액}}{\text{보험가액 80\%}}$, 보험가입금액] - 자기부담금
      • 일부보험의 경우로 이해하고, 일부보험이 아닌 경우 '×비례보상'을 하지 않는다.
   ③ 자기부담금의 위치가 다른 시설들과 다름에 주의한다.

3. 축사의 '지급보험금의 계산'=min(손해액×비례보상, 보험가입금액)-자기부담금

3 (목적물) 보험금 계산 예시

예 1] • 조건: 보험가입금액 1,000만원, 보험가액 1,500만원, 손해액 800만원, 자기부담비율 5%

1. 풍재, 수재, 설해, 지진 사고: (일원 단위 미만 버림)
   ① 일부보험 여부: 1,000만원 < 1,500만원×80% = 1,200만원 → 일부보험
   ② min[800만원 × $\dfrac{\text{1,000만 원}}{\text{1,200만 원}}$, 1,000만원] × 5% = 333,333원
   ③ 자기부담금=max(333,333, 500,000)=500,000원
   ④ 목적물 보험금= min[800만원 × $\dfrac{\text{1,000만 원}}{\text{1,200만 원}}$, 1,000만원] - 500,000 = 6,166,666원

2. 화재 사고: (일원 단위 미만 버림)
   ① min[800만원 × $\dfrac{\text{1,000만 원}}{\text{1,200만 원}}$, 1,000만원] × 5% = 333,333원
   ② 자기부담금=333,333원
   ③ 목적물 보험금= min[800만원 × $\dfrac{\text{1,000만 원}}{\text{1,200만 원}}$, 1,000만원] - 3333,333원 = 6,333,333원
      또는, min[800만원 × $\dfrac{\text{1,000만 원}}{\text{1,200만 원}}$, 1,000만원] × (1-0.05) = 6,333,333원

2 보험금 등의 지급 한도 및 추가 비용손해

✓ 「농업재해보험·손해평가의 이론과 실무」 및 [약관]의 축사 편에는 잔존물 제거비용과 손해방지비용만 규정되어 있다.

1 보험금 등의 지급 한도 (비가림시설 편 참조 **249page**)

① 잔존물 제거비용: 잔존물 제거비용은 손해액의 10%를 초과할 수 없다. '지급보험금의 계산(부보비율(80%) 조건부 실손(비례) 보상조항)'을 적용하여 계산하고, (목적물) 보험금과 잔존물 제거비용의 합계액은 보험가입금액을 한도로 한다.

② 손해방지비용, 대위권 보전비용, 잔존물 보전비용: '지급보험금의 계산'과 같이 부보비율(80%) 조건부 실손 보상조항을 적용하여 계산하며, 보험가입금액을 초과하는 경우에도 지급한다.

③ 기타 협력비용: 보험가입금액을 초과하는 경우에도 전액 지급한다.

2 추가 비용손해 계산

① 부보비율(80%) 조건부 실손(비례) 보상 적용: 기타 협력비용을 제외한 비용손해에 $\times \dfrac{\text{보험가입금액}}{\text{보험가액 80\%}}$ 적용

② 자기부담금 차감 여부: 관련 내용은 없지만, 가축재해보험 보통약관 일반조항의 적용을 받아 잔존물 제거비용을 제외한 비용손해에서는 차감하지 않는다.
  - 일반조항: 손해방지비용, 대위권 보전비용 및 잔존물 보전비용은 자기부담금은 차감하지 않는다. 기타 협력비용은 전액 지급한다.

3 추가 비용손해가 있는 경우의 자기부담금 차감

① 잔존물 제거비용이 발생한 경우의 축사 보험금에서 차감되는 총 자기부담금: 다른 시설은 자기부담금의 최대한도(100만원)가 있지만, '풍재·수재·설해·지진' 사고의 경우 축사는 최소한도(50만원)가 있다. 즉, 다른 시설은 '목적물 보험금의 자기부담금+잔존물 제거비용의 자기부담금은 최대 100만원' 한도이지만, 축사는 '목적물 보험금의 자기부담금+잔존물 제거비용의 자기부담금은 최소 50만원' 한도이다. 자기부담금 합계액과 50만원을 비교해야 하므로, '풍재·수재·설해·지진' 사고의 경우 목적물과 잔존물 제거비용의 자기부담금을 우선 계산해야 한다.

② 풍재, 수재, 설해, 지진: max(목적물 보험금의 자기부담금+잔존물 제거비용의 자기부담금, 50만원)

③ 화재: 목적물 보험금의 자기부담금+잔존물 제거비용의 자기부담금

풍재, 수재, 설해, 지진 : 자기부담금 최소한도

1. 목적물 보험금 = $\min\left[\left(\text{손해액} \times \dfrac{\text{보험가입금액}}{\text{보험가액 80\%}}, \text{보험가입금액}\right)\right]$ - 자기부담금

   • 자기부담금 = $\min\left[\left(\text{손해액} \times \dfrac{\text{보험가입금액}}{\text{보험가액 80\%}}, \text{보험가입금액}\right)\right] \times$ 자기부담비율

2. 잔존물 제거비용 = $\left[\min(\text{손해액 10\%, 잔존물 제거비용}) \times \dfrac{\text{가입금액}}{\text{가액 80\%}}\right]$ - 자기부담금

   • 자기부담금 = $\left[\min(\text{손해액 10\%, 잔존물 제거비용}) \times \dfrac{\text{가입금액}}{\text{가액 80\%}}\right] \times$ 자기부담비율

3. 총 자기부담금
   ① max(목적물 보험금의 자기부담금 + 잔존물 제거비용의 자기부담금, 50만원) 또는,
   ② max{자기부담금 차감 전 (목적물 보험금 + 잔존물 제거비용) × 자기부담비율, 50만원}.

4. 지급보험금 ① = ②
   ① min{자기부담금 차감 전 (목적물 보험금 + 잔존물 제거비용) – 총 자기부담금, 보험가입금액} (아래 예시. 풀이 A)
   ② min(계산된 목적물 보험금 + 계산된 잔존물 제거비용, 보험가입금액) (아래 예시. 풀이 B)
   ③ 추가 비용손해가 있는 경우: 비용손해 × $\dfrac{\text{가입금액}}{\text{가액 80\%}}$ 를 추가한다.

화재 : 자기부담금 한도 없음

1. 목적물 보험금 =
   $\min\left[\left(\text{손해액} \times \dfrac{\text{보험가입금액}}{\text{보험가액 80\%}}, \text{보험가입금액}\right)\right] \times (100\% - $ 자기부담비율)로 계산하는 것이 편리함

2. 잔존물 제거비용 =
   $\left[\min(\text{손해액 10\%, 잔존물 제거비용}) \times \dfrac{\text{가입금액}}{\text{가액 80\%}}\right] \times (100\% - $ 자기부담비율) 로 계산하는 것이 편리함

3. 지급보험금 ① = ②
   ① $\min\left[(\text{손해액} + \min(\text{손해액 10\%, 잔존물 제거비용})) \times \dfrac{\text{가입금액}}{\text{가액 80\%}} \times (100\% - \text{자기부담비율}), \text{가입금액}\right]$
   ② min(계산된 목적물 보험금 + 계산된 잔존물 제거비용, 보험가입금액)
   ③ 추가 비용손해가 있는 경우: 비용손해 × $\dfrac{\text{가입금액}}{\text{가액 80\%}}$ 를 추가한다.

비가림시설, 해가림시설, 농업용 시설물 및 부대시설	1. 자기부담금 최소 · 최대한도 적용 2. 목적물 자기부담금 차감 후, 최대한도(100만원)를 기준으로 한 잔여 자기부담금 범위 내에서 비용손해의 10%를 자기부담금으로 차감 3. 1 사고당 최대한도 이상의 자기부담금을 차감할 수 없음 4. 기타 협력비용은 자기부담금 차감하지 않으며, 비가림시설과 해가림시설의 경우 손해방지비용 · 대위권 보전비용 · 잔존물 보전비용의 자기부담금 차감은 차감 또는 미차감의 견해가 있음

축사	1. 풍재, 수재, 설해, 지진 사고
	  ① 자기부담금 최소한도 적용
	  ② 1 사고당 '목적물 자기부담금 + 잔존물 제거비용 자기부담금'으로 최소 50만원 이상의 자기부담금 차감
	2. 화재 사고: 자기부담금의 한도 없음
	3. 손해방지비용 · 대위권 보전비용 · 잔존물 보전비용: 자기부담금 차감하지 않음

4 추가 비용손해 계산 예시

예 2] • 조건: 보험가입금액 6,000만원, 보험가액 1억원, 손해액 2,000만원, 자기부담비율 5%, 풍재 사고, 잔존물 제거비용 100만원

풀이 A

1. (자기부담금 차감 전) 목적물 보험금 = min{20,000,000×(6,000÷8,000), 60,000,000} = 15,000,000원
2. (자기부담금 차감 전) 잔존물 제거비용 = min(1,000,000, 20,000,000×0.1)×(6,000÷8,000) = 750,000원
3. 총 자기부담금 = max{(15,000,000 + 750,000)×0.05, 500,000} = 787,500원
4. 지급보험금 = min(15,000,000 + 750,000 − 787,500, 60,000,000) = 14,962,500원

풀이 B

1. 목적물 자기부담금 = min{20,000,000×(6,000÷8,000), 60,000,000}×0.05 = 750,000원
2. 계산된 목적물 보험금 = min{20,000,000×(6,000÷8,000), 60,000,000} − 750,000 = 14,250,000원
3. 잔존물 제거비용 자기부담금 = {min(1,000,000, 20,000,000×0.1)×(6,000÷8,000)}×0.05 = 37,500원
4. 계산된 잔존물 제거비용 = {min(1,000,000, 20,000,000×0.1)×(6,000÷8,000)} − 37,500 = 712,500원
5. 지급보험금 = min(14,250,000 + 712,500, 60,000,000) = 14,962,500원

3 중복보험

✓ 시설종합 - 중복보험 편 참조 289page

06 CHAPTER 중복보험

1 중복보험

1 적용: 아래의 조건을 충족하는 경우에만 중복보험에 따른 보험금 계산을 적용한다.

① 동일한 계약의 목적과 동일한 사고에 관하여 보험금을 지급하는 다른 계약이 있다.

② 이들 보험가입금액의 합계액이 보험가액보다 크다. Σ보험가입금액 > 보험가액

③ 보험자 1인에 대한 보험금 청구를 포기한 경우: 다른 보험자의 지급보험금 결정에는 영향을 미치지 않는다.

2 중복보험에 따른 보험금 계산

다른 계약이 이 계약과 지급보험금의 계산 방법이 같은 경우 → 보험(가입)금액 비례 분담
$$\text{손해액} \times \frac{\text{이 계약의 보험가입금액}}{\text{다른계약이 없는 것으로 하여 각각 계산한 보험가입금액의 합계액}}$$
다른 계약이 이 계약과 지급보험금의 계산 방법이 다른 경우 → 독립책임액 비례 분담
$$\text{손해액} \times \frac{\text{이 계약에 의한 보험금}}{\text{다른계약이 없는 것으로 하여 각각 계산한 보험금의 합계액}}$$

✓ 중복보험

1. 중복보험조항은 해가림시설, 비가림시설, 농업용 시설물, 축사 등 모든 시설 및 가축에 적용된다.

2. 보험자 1인에 대한 보험금 청구를 포기한 경우에도 다른 보험자의 보험금 결정에는 영향을 미치지 않는다.

3. 요건
   ① 동일한 보험계약의 목적 즉 피보험이익이 동일할 것
   ② 피보험자가 동일할 것
   ③ 동일한 보험사고일 것
   ④ 다수의 손해보험계약과 다수의 보험사가 존재할 것
   ⑤ 보험기간의 일부 또는 전부가 중첩될 것
   ⑥ 보험가입금액의 합계액이 보험가액을 초과할 것

4. '각 사의 보험금 계산 방법의 동일 여부'에 따라 손해액 분담 방식이 달라진다.
   ① 같은 경우: 보험(가입)금액 비례 분담
   ② 다른 경우: 독립책임액 비례 분담
   • 독립책임액 = 각 사가 계약자와 계약한 방식대로 계산한 보험금

5. 논란의 여지
   ① 손해액을 비율대로 분담하도록 되어있는데, 자기부담금 및 비용손해 등이 반영된 지급보험금인지 또는 반영 전의 순수 손해액인지?
   ② 분담된 손해액이 순수 손해액이라면 자기부담금 및 비용손해를 반영해서 지급보험금을 산출해야 하는지?

6. 위 5에 관한 견해
   ① [농업재해보험·손해평가의 이론과 실무] 및 [약관]에 실려있지 않은 내용에 관해서는 깊게 고민하지 않는 것이 시험 준비에 유리하다. 출제된다면 비용손해와 자기부담금 차감 등에 관해 명확한 조건이 제시될 것이다.
   ② 비가림시설, 농업용 시설물 및 부대시설, 해가림시설: 자기부담금 차감 여부에 관해 기재되어 있지 않으며, '아래(위 손해액 분담식)에 따라 계산한다'라고만 되어 있다.

7. 가축재해보험(축사, 가축)
   ① 가축재해보험 축사 부문의 경우: 「농업재해보험·손해평가의 이론과 실무」와 [약관]의 자기부담금 규정에 중복보험 조항이 포함되어 있다.
   • '축사 지급보험금 계산 조항, 중복보험 조항'에 따라 계산한 금액에서 자기부담비율을 곱한 금액 또는 50만원 중 큰 금액을 자기부담금으로 한다. 화재 손해일 경우에는 계산한 금액에서 자기부담비율을 곱한 금액을 자기부담금으로 한다.
   • 다소 의문스러운 내용이지만 규정에 따라 분담된 손해액에서 자기부담금을 차감한다.
   ② 가축재해보험 일반조항의 경우: '아래(위 손해액 분담식)에 따라 계산한 금액에서 자기부담금을 차감한다'로 규정되어 있다.

3 중복보험에 따른 보험금 계산 예시

① 축사 외 시설

> **예 1]** • 조건 : 비가림시설, 화재 사고, 보험가입금액 A 사 1,600만원 · B 사 1,800만원 · C 사 2,000만원, 보험가액 2,000만원, 손해액 1,000만원, 지급보험금의 계산 방법이 같음

1. Σ 보험가입금액 (1,600 + 1,800 + 2,000) = 5,400만원 > 보험가액 2,000만원

2. A사 보험금 = $10,000,000 \times \dfrac{1,600}{5,400}$ = 2,962,963원

3. B사 보험금 = $10,000,000 \times \dfrac{1,800}{5,400}$ = 3,333,333원

4. C 사 보험금 = $10,000,000 \times \dfrac{2,000}{5,400}$ = 3,703,704원

5. 합계 = 2,962,963 + 3,333,333 + 3,703,704 = 10,000,000원

> **예 2]** • 조건 : 비가림시설, 화재 사고, 보험가입금액 A 사 1,600만원 · B 사 1,800만원 · C 사 2,000만원, 보험가액 2,000만원, 손해액 1,800만원, 지급보험금의 계산 방법이 다름

1. Σ 보험가입금액 (1,600 + 1,800 + 2,000) = 5,400만원 > 보험가액 2,000만원

2. 각 사 독립책임액
   ① A사 = min(18,000,000 − 0, 16,000,000) = 16,000,000원
   ② B사 = min(18,000,000 − 0, 18,00,0000) = 18,000,000원
   ③ C 사 = min(18,000,000 − 0, 20,00,0000) = 18,000,000원
   ④ 합계 = 1,600 + 1,800 + 1,800 = 5,200만원

3. 각 사 보험금
   ① A사 = $18,000,000 \times \dfrac{1,600}{5,200}$ = 5,538,462원

   ② B사 보험금 = $18,000,000 \times \dfrac{1,800}{5,200}$ = 6,230,769원

   ③ C 사 보험금 = $18,000,000 \times \dfrac{1,800}{5,200}$ = 6,230,769원

   ④ 합계 = 5,538,462 + 6,230,769 + 6,230,769 = 18,000,000원

② 축사

예 3] • 조건 : 풍재 사고, 자기부담비율 10%, 보험가입금액 A 사 1,000만원 · B 사 1,500만원, 보험가액 1,500만원, 손해액 1,000만원, 지급보험금의 계산 방법이 같음

1. Σ 보험가입금액 (1,000 + 1,500) = 2,500만원 > 보험가액 1,500만원

2. A 사

   ① 손해액 분담 = $10,000,000 \times \dfrac{1,000}{2,500}$ = 4,000,000원

   ② 자기부담금 = max(4,000,000 × 0.1 = 400,000, 500,000) = 500,000원
   ③ 보험금 = 4,000,000 – 500,000 = 3,500,000원

3. B 사

   ① 손해액 분담 = $10,000,000 \times \dfrac{1,500}{2,500}$ = 6,000,000원

   ② 자기부담금 = max(6,000,000 × 0.1 = 600,000, 500,000) = 600,000원
   ③ 보험금 = 6,000,000 – 600,000 = 5,400,000원

✓ 계약자는 손해액 1,000만원의 10% 보다 많은 자기부담금을 부담하게 된다.

예 4] • 조건 : 화재 사고, 자기부담비율 10%, 보험가입금액 A 사 1,000만원 · B사 1,500만원, 보험가액 2,000만원, 손해액 500만원, 지급보험금의 계산 방법이 같음

1. Σ 보험가입금액 (1,000 + 1,500) = 2,500만원 > 보험가액 2,000만원

2. A 사

   ① 손해액 분담 = $5,000,000 \times \dfrac{1,000}{2,500}$ = 2,000,000원

   ② 자기부담금 = 2,000,000 × 10% = 200,000원
   ③ 보험금 = 2,000,000 – 200,000 = 1,800,000원

3. B 사

   ① 손해액 분담 = $5,000,000 \times \dfrac{1,500}{2,500}$ = 3,000,000원

   ② 자기부담금 = 3,000,000 × 10% = 300,000원
   ③ 보험금 = 3,000,000 – 300,000 = 2,700,000원

2 타인을 위한 보험 – 중복보험

1 타인을 위한 보험 – 중복보험

① 이 계약이 타인을 위한 보험계약이면서 계약자가 다른 계약으로 인해 대위권 행사의 대상이 된 경우: 그 다른 계약이 존재함에도 불구하고 그 다른 계약이 없다는 가정하에 계산한 보험금을 그 다른 계약에 우선하여 보험계약에서 지급한다.

② 이 계약을 체결한 사업자가 타인을 위한 보험에 해당하는 다른 계약의 계약자에게 대위권을 행사할 수 있는 경우: 이 계약이 없다는 가정하에 다른 계약에서 지급받을 수 있는 보험금을 초과한 손해액을 이 계약에서 보상한다.

2 타인을 위한 보험 – 중복보험. 예시

- 중복보험 요건 충족한 A 계약과 B 계약이 존재
- A 계약 : 보험가입금액 1,000만원, 보험자 = A, 계약자 = 임차인, 피보험자 = 임대인 (타인을 위한 보험)
- B 계약 : 보험가입금액 1,000만원, 보험자 = B, 계약자 = 임대인, 피보험자 = 임대인 (자기를 위한 계약)
- 보험가액 1,000만원, 임차인의 과실에 의해 시설 전손 발생 (손해액 1,000만원)
- 지급보험금 계산 방법 동일하며, 임차인은 보험자 B에 의해 대위권 행사 대상이 됨
- 자기부담금 등은 없는 것으로 함

위 1. 중복보험 조항에 따라 계산하는 경우 (본 '타인을 위한 보험 – 중복보험' 조항 신설 전)

1. 임차인이 받을 수 있는 A 계약의 보험금 : $1,000 \times (1,000 \div 2,000) = 500$만원 (A 보험자가 피보험자인 임대인에게 지급)

2. 임대인이 받을 수 있는 B 계약의 보험금 : $1,000 \times (1,000 \div 2,000) = 500$만원

3. 임대인이 받는 보험금 합계 : A 보험자로부터 500만원 + B 보험자로부터 500만원 보상 = 손실 복구

4. 임차인 : 다른 계약(B)의 대위권 행사 대상이 됨 (임차인의 과실에 의한 사고)

5. B 보험자 → 임차인에게 B 계약에서 임대인에게 지급한 500만원에 대한 대위권 행사

6. 결과 : 임차인 -500만원 (전부보험을 가입했음에도 보험으로 보장받지 못함)

2. 타인을 위한 보험 – 중복보험 조항에 따라 계산하는 경우 (본 '타인을 위한 보험 – 중복보험' 조항 신설 후)

1. 임차인이 받을 수 있는 A 계약의 보험금 : 1,000만원 (A 보험자가 임대인에게 보험금 지급)
   - 다른 계약(B)이 존재함에도 불구하고 그 다른 계약(B)이 없다는 가정하에 계산한 보험금을 A 보험자는 그 다른 계약(B)에 우선하여 보험계약에서 지급 :
   - 보험금 = min(손해액 1,000, 가입금액 1,000) = 1,000만원

2. 임대인이 받을 수 있는 B 계약의 보험금 : 0원
   - 이 계약(B)을 체결한 사업자가 타인을 위한 보험에 해당하는 다른 계약(A)의 계약자에게 대위권을 행사할 수 있는 경우 : 이 계약(B)이 없다는 가정하에 다른 계약(A)에서 지급받을 수 있는 보험금을 초과한 손해액을 이 계약에서 보상. 초과한 손해액 없음

3. 임대인이 받는 보험금 합계 : A 보험자로부터 1,000만원 + B 보험자로부터 0원 보상 = 손실 복구

4. 결과 : 보험자 B의 대위권 행사 대상 금액 없으므로, 임차인의 부담은 없음

PART 11
가축재해보험

- 가축재해보험의 이론과 실무
- 가축재해보험 손해평가의
  이론과 실무

가축재해보험의 이론과 실무

1 사업대상자 및 정부지원

1 사업대상자: 농어업재해보험법에 따라 농림축산식품부장관이 고시하는 가축을 사육하는 개인 또는 법인

2 정부 지원

① 대상: 가축재해보험 목적물(가축 및 축산시설물)을 사육하는 개인 또는 법인

② 지원 요건: 농업경영체에 등록하고, 축산업 허가(등록)를 받은 자

농업인 · 법인	• 축산업 허가(등록)를 받은 자로, 농어업경영체법에 따라 해당 축종으로 농업경영정보를 등록한 자 • 축산법에 의한 축산업등록 제외 대상은 해당 축종으로 농업경영정보를 등록한 자
농 · 축협	• 농업식품기본법 시행령의 농축협으로 축산업 허가(등록)를 받은 자 • 축산법에 의한 축산업등록 제외 대상도 지원

<가축사육업 허가 및 등록기준>

허가 4개 축종	• 소, 돼지, 닭 · 오리 : 사육 면적 50㎡ 초과 시
등록 11개 축종	• 소, 돼지, 닭 · 오리 : 사육 면적 50㎡ 이하인 경우 • 사슴 · 양, 꿩 · 메추리 · 거위 · 칠면조 · 타조
등록 제외	• 닭 · 오리, 메추리 · 거위 · 칠면조 · 타조 · 꿩 또는 기러기 사육업 : 사육 면적 10㎡ 미만 • 말, 꿀벌 · 토끼 · 오소리, 관상조 • 노새, 당나귀, 개 ✓ [농업재해보험 · 손해평가의 이론과 실무]에는 등록 제외 축종에 보험가입대상 축종이 아닌 기러기, 노새, 당나귀, 개가 기재되어 있다.

✓ 포인트

사육면적에 따른 허가, 등록, 등록 제외 구분

소, 돼지	50㎡ 초과 → 허가
	50㎡ 이하 → 등록
닭 · 오리	50㎡ 초과 → 허가
	50㎡ 이하 → 등록
	10㎡ 미만 → 등록 제외
꿩 · 메 · 거 · 칠 · 타	10㎡ 이상 → 등록
	10㎡ 미만 → 등록 제외
사 · 양	등록
말, 오 · 토 · 꿀, 관상조	등록 제외

3 정부 지원 범위

① 재해보험가입자의 납입보험료의 %를 지원하되, 농업인 또는 법인별 천만원 한도로 지원한다.

- **예** 보험 가입하여 4천만원 국고 지원 받고 계약 만기일 전 중도 해지한 후 보험을 재가입할 경우 1천만원 국고 한도 내 지원 가능

② 말: 마리당 가입금액 ,만원 한도 내에서 보험료의 %를 지원하되, ,만원을 초과하는 경우는 초과 금액의 %까지 가입금액을 산정하여 보험료의 % 지원 (외국산 경주마는 정부 지원 제외)

③ 닭(육계 · 토종닭 · 삼계), 돼지, 오리: 가축재해보험 가입 두수가 축산업 허가(등록)증의 가축사육 면적을 기준으로 아래의 범위를 초과하는 경우 정부 지원 제외

\<가축사육 면적 당 보험 가입 적용 기준\>

닭(두/㎡)		돼지(㎡/두)						오리(㎡/두)	
		개별가입					일괄 가입		
육계 · 토종닭	삼계	웅돈	모돈	자돈 (초기)	자돈 (후기)	육성돈 비육돈		산란용	육용
22.5	41.1	6	2.42	0.2	0.3	0.62	0.79	0.333	0.246

- 닭과 돼지, 오리 축종의 적용 기준이 다름에 주의: 두/㎡, ㎡/두
- 정부지원을 받은 계약자 사망으로 축산업 승계, 목적물 매도 등이 발생한 경우, 변경 계약자의 정부지원 요건 충족 여부 철저한 확인 필요
- 정부지원 요건 미충족 시 보험계약 해지 또는 잔여기간에 대한 정부지원금(지방비 포함) 반납 처리

④ 예시

예 1] • 조건 : 말, 보험가입금액 7,000만원, 보험료율 5%, 지자체 지원 없음
1. 보험료 = 7,000만원 × 0.05 = 3,500,000원 2. 지원보험료 = {4,000만원 × 0.05 × 0.5} + {3,000만원 × 0.7 × 0.05 × 0.5} = 1,525,000원 → (× 0.7 × 0.5 = × 0.35) 3. 농가납입보험료 = 3,500,000 − 1,525,000 = 1,975,000원 또는, 　　　　　　　　{4,000만원 × 0.05 × (1 − 0.5)} + {3,000만원 × 0.05 × (1 − 0.35)} = 1,975,000원
예 2] • 조건 : 돼지, 사육면적 1,000㎡, 일괄가입
기준 두수 = 1,000 ÷ 0.79 = 1,265두(소수점 첫째 자리에서 절사)
예 3] • 조건 : 삼계 1,500두를 40㎡에서 사육
1,500 ÷ 40 = 37.5두/㎡ ← 사육두수가 기준을 초과하지 않음, 정부 지원 해당

말 농가부담보험료, 지원보험료

1. 가축 농가부담보험료

① 농작물 재해보험과 다르게 순보험료가 아닌 영업보험료를 기준으로 계산한다. (영업보험료-지원보험료)

② 가축재해보험: 영업보험료(율)=납입보험료(율)=총 보험료(율)

2. 말 농가부담보험료 계산. ①=②

① {4,000만원×보험료율×(100%-정부 50%-지자체 지원율)}+{4,000만원 초과금액×보험료율×(100%-35%-지자체 지원율)}

✓ 지자체 지원율이 제시되는 경우 농가부담보험료의 계산: 위의 **예 1** 과 같이 '4,000만원 초과 금액의 70%까지 가입금액을 산정하여 보험료의 50%를 지원'으로 하는 대신, '4,000만원 초과 금액(100%)의 보험료 35%를 지원'으로 이해하는 것이 편리하다. (아래 3. 참조)

② 납입보험료-지원보험료

3. 말 지원보험료

① 지자체 지원율이 정부 지원율과 같이 가입금액 4,000만원을 기준으로 나뉘는가에 따라 다르다. 지자체 지원율이 제시되면 아래와 같이 별도로 계산한다.

② 정부 지원보험료={4,000만원×보험료율×지원율 50%}+{4,000만원 초과금액×보험료율×지원율 35%}

③ 지자체 지원보험료=제시되는 조건에 따라 계산

2 | 보험목적물 및 가입 단위, 보험 판매 기간

1 보험목적물

① 가축: 소, 돼지, 말, 닭, 오리, 꿩, 메추리, 칠면조, 타조, 거위, 관상조, 사슴, 양, 꿀벌, 토끼, 오소리 (종)

② 축산시설물 : 축사, 부속물, 부착물, 부속설비

• 단, 태양광 및 태양열 발전 시설 제외

2 가입 단위

① 가축 및 축사를 전부 보험 가입하는 포괄 가입제를 원칙으로 한다. (종모우, 말 개별 가입 가능)

② 소 1년 이내 출하 예정인 경우: 아래 조건에서 일부 가입이 가능하다.

• 축종 · 성별 구분하지 않고 가입: 소 이력제 현황의 70% 이상

• 축종 · 성별 구분하여 가입: 소 이력제 현황의 80% 이상

축종	세부 축종	가입
소	1. 송아지(한우, 육우, 젖소) : 15일~12개월 미만 2. 큰 소(한우, 육우, 젖소) : 12개월~13세 미만	포괄
	3. 종모우 (한우 · 육우 · 젖소)	개별
돼지	제한 없음 (종돈(모돈 · 웅돈), 자돈, 육성돈, 비육돈 등)	포괄
말	종빈마, 종모마, 경주마, 육성마, 일반마, 제주마	개별
가금	꿩, 오리, 메추리, 닭, 관상조, 거위, 칠면조, 타조	포괄
기타 가축	1. 사슴, 양 (사슴 : 만 2개월 이상, 양 : 만 3개월 이상) 2. 오소리, 토끼, 꿀벌	포괄
축사	가축을 수용하는 건물 및 사육과 관련된 건물 및 부속설비 • 부속물, 부착물, 부속 설비, 기계장치 • 태양광 및 태양열 발전 시설 제외	포괄

3 보험 판매 기간

① 보험 판매 기간: 연중 상시 가입이 가능하다.

② 재해보험사업자는 폭염 · 태풍 등 기상 상황에 따라 신규 가입에 한해 보험 가입 기간을 제한할 수 있고, 이 경우 농업정책보험금융원에 보험 가입 제한 기간을 통보해야 한다.

 • 폭염: 6~8월

 • 태풍: 태풍이 한반도에 영향을 주는 것이 확인된 날부터 태풍 특보 해제 시

3 보험료율 적용기준 및 할인 · 할증, 손해평가, 손해평가 및 보험금 지급 과정

1 보험료율 적용기준 및 할인 · 할증

① 축종별, 주계약별, 특약별로 각각 보험료율을 적용한다.

② 전문기관이 산출한 요율이 없는 경우에는 재보험사와의 협의 요율 적용이 가능하다.

③ 보험료 할인 · 할증은 축종별로 다르며, 재해보험료율서에 따라 적용한다.

④ 과거 손해율에 따른 할인 · 할증, 축사전기안전점검, 동물복지축산농장 할인 등

2 손해평가

① 재해보험사업자는 손해평가의 공정성 확보를 위해 보험목적물에 대한 수의사 진단 및 검안 시 시 · 군 공수의사, 수의사로 하여금 진단 및 검안 등을 실시한다.

② 소 사고사진은 귀표가 정확하게 나오도록 하고, 매장 시 매장장소가 확인되도록 전체 배경화면이 나오는 사진을 추가하며, 검안 시 해부사진을 첨부한다.

③ 진단서, 폐사진단서 등은 상단에 연도별 일련번호 표기 및 법정서식을 사용한다.

3 손해평가 및 보험금 지급 과정

① 보험사고 접수: 계약자 · 피보험자는 재해보험사업자에게 보험사고 발생 사실을 통보한다.

② 보험사고 조사: 재해보험사업자는 보험사고 접수가 되면, 손해평가반을 구성하여 보험사고를 조사, 손해액을 산정한다.

- 보상하지 않는 손해 해당 여부, 사고 가축과 보험목적물이 동일 여부, 사고발생 일시 및 장소, 사고 발생 원인과 가축 폐사 등 손해 발생과의 인과관계 여부, 다른 계약 체결 유무, 의무 위반 여부 등 확인 조사
- 보험목적물이 입은 손해 및 계약자·피보험자가 지출한 비용 등 손해액 산정

③ 지급보험금 결정: 보험가입금액과 손해액을 검토하여 결정한다.

④ 보험금 지급: 지급할 보험금이 결정되면 일이 내에 지급하되, 지급보험금이 결정되기 전이라도, 피보험자의 청구가 있으면 추정보험금의 %까지 보험금 지급 가능하다.

---

4 부문별 보험의 목적

1 **가축재해보험 보통약관**: 보험의 목적인 가축과 축사를 소, 돼지, 가금, 말, 종모우, 기타 가축(6개 부문 16개 축종) 및 축사(1개 부문)으로 분류하고 있다.

2 소 부문

보험의 목적 : 한우, 육우, 젖소로 분류
1. 육우 ① 쇠고기 생산을 목적으로 비육되는 소 ② 품종 : 샤롤레, 헤어포드, 브라만 등 ③ 젖소 수컷 및 송아지를 낳은 경험이 없는 젖소도 육우로 분류
2. 젖소 ① 가축으로 사육되는 소 중에서 우유 생산을 목적으로 사육되는 소 ② 품종 : 홀스타인종 ③ 젖소 불임우(프리마틴 등)는 암컷으로, 거세우는 수컷으로 분류
3. 한우 ① 체질이 강하고 성질이 온순하며 누런 갈색의 우리나라 재래종 소 ② 넓은 의미로는 한우도 육우의 한 품종이나 가축재해보험에서는 별도로 분류
가입방법
1. 포괄가입 ① 계약에서 정한 소의 수용장소(소재지)에서 사육하는 소는 모두 보험에 가입해야 함 ② 위반 시 보험자는 그 사실을 안 날부터 1개월 이내에 이 계약을 해지할 수 있음 ③ 다른 계약이 있거나, 과거 병력, 발육부진 또는 발병 등의 사유로 인수가 부적절하다고 판단되는 경우에는 보험 목적에서 제외할 수 있음 ④ 보험기간 중 가축 증가(출산, 매입 등)에 따라 추가보험료를 납입하지 않은 가축에 대하여는 보험 목적에서 제외

2. 1년 이내 출하 예정인 송아지나 큰소 : 다음의 경우에 포괄가입으로 간주
   ① 축종 · 성별 구분하지 않고 가입 : 소 이력제 현황의 70% 이상 가입
   ② 축종 · 성별 구분하여 가입 : 소 이력제 현황의 80% 이상 가입
   ③ 생후 15일령부터 13세 미만까지 가입이 가능
   ④ 보험에 가입하는 소는 모두 귀표(가축의 개체를 식별하기 위하여 가축의 귀에 다는 표지)가 부착되어 있어야 함

3 종모우 부문

- 종모우 : 능력이 우수하여 자손생산을 위해 정액을 이용하여 인공수정에 사용되는 수소
- 계약에서 정한 수용장소에서 사육하는 종모우(씨수소)를 한우, 육우, 젖소로 분류하여 보험의 목적으로 한다.

4 돼지 부문

보험의 목적 : 종모돈, 종빈돈, 비육돈, 육성돈(후보돈 포함), 자돈, 기타 돼지로 분류
1. 비육돈 ① 고기를 생산하기 위해 사육, 일반적으로 약 180일 정도 길러져서 도축 ② 사육과정 : 포유자돈(출산~약 4주 차의 포유기간) → 이유자돈(약 4주차~8주 차의 자돈기간) → 육성돈(약 8주 차~22주 차의 급격한 성장기) → 비육돈(약 22주 차~26주 차의 출하를 위하여 근내지방을 침착시키는 시기)
2. 종돈 : 번식을 위하여 기르는 돼지 ① 종모돈 : 씨를 받기 위하여 기르는 수퇘지 ② 종빈돈 : 씨를 받기 위하여 기르는 암퇘지 ③ 통상 육성돈 단계에서 선발 과정을 거쳐서 후보돈으로 선발되어 종돈으로 쓰임

✓ 돼지의 구분
- 종돈 : 씨돼지. 종빈돈, 종모돈 (좁은 의미의 모돈, 웅돈)
- 종빈돈(種牝豚. sow) : 씨암퇘지. 번식돈에 편입된 종부시킨 번식용 암퇘지. 모돈(母豚)
- 종모돈(種牡豚. boar) : 씨수퇘지. 번식돈에 편입된 종부하는 수퇘지. 웅돈
- 후보돈 : 모돈, 웅돈으로 쓰이게 될 후보 돼지
- 자돈 : 젖먹이 포유자돈(sucker), 젖 땐 단계 이유자돈(weaner)
- 육성돈(grower) : 자돈 단계 벗어난 다음 단계의 돼지
- 비육돈 : 육성돈 이후의 돼지. 돼지고기 생산을 목적으로 사육하는 돼지
- 규격돈 : 비육돈 중 일정 규격 체중 범위 내의 돼지
- 포유자돈 → 이유자돈 → 육성돈 → 비육돈
- 종돈으로 사용될 돼지는 육성돈 단계부터 선발 과정을 거치며 후보돈 → 종돈

5 가금 부문

보험의 목적: 닭, 오리, 꿩, 메추리, 칠면조, 거위, 타조, 관상조 및 기타 재해보험사업자가 정하는 가금
닭: 종계, 육계, 산란계, 토종닭 및 그 연관 닭을 모두 포함
1. 종계: 능력이 우수하여 병아리 생산을 위한 종란을 생산하는 닭
2. 산란계: 계란 생산을 목적으로 사육되는 닭
3. 육계: 주로 고기를 얻으려고 기르는 빨리 자라는 식육용의 닭. 즉, 육용의 영계와 채란계(採卵鷄)의 폐계(廢鷄)인 어미닭의 총칭
4. 토종닭: 우리나라에 살고 있는 재래닭

6 말 부문

보험의 목적: 종마(종모마, 종빈마), 경주마(육성마 포함), 일반마 및 기타 재해보험사업자가 인정하는 말
1. 종마: 씨수말(종모마), 씨암말(종빈마)
2. 경주마: 경주용으로 개량된 말과 경마에 출주하는 말을 총칭. 한국마사회에 등록해야 하며, 태어난 지 대략 2년 정도 뒤 경주마로 등록함으로써 경주마로 인정됨
다른 계약이 있거나, 과거 병력, 발육부진 또는 발병 등의 사유로 인수 부적절하다고 판단되는 경우에는 보험의 목적에서 제외

7 기타 가축 부문

보험의 목적: 계약에서 정한 가축의 수용장소에서 사육하는 사슴, 양, 꿀벌, 토끼, 오소리, 기타 재해보험사업자가 정하는 가축
1. 사슴: 꽃사슴(생후 만 2개월 이상~만 15세 미만), 엘크(생후 만 2개월 이상~만 13세 미만), 레드디어(생후 만 2개월 이상~만 13세 미만), 기타 사슴(생후 만 2개월 이상~만 13세 미만. 보험자의 승인을 받은 사슴)
2. 양: 산양(염소)(생후 만 3개월 이상~만 10세 미만), 면양(생후 만 3개월 이상~만 10세 미만)
3. 꿀벌: 아래 조건에 해당되는 벌통은 보험의 목적으로서 화재 및 풍재·수재·설해·지진으로 인한 손해 보상이 가능 ① 서양종(양봉)은 꿀벌이 있는 상태의 소비가 3매 이상 있는 벌통 ② 동양종(토종벌, 한봉)은 봉군이 있는 상태의 벌통
1. 다른 계약이 있거나, 과거 병력, 발육부진 또는 발병 등의 사유로 인수가 부적절하다고 판단되는 경우에는 보험의 목적에서 제외 가능
2. 보험기간 중 가축 증가(출산, 매입 등)에 따라 추가보험료를 납입하지 않은 가축에 대하여는 보험의 목적에서 제외

5   부문별 보상하는 손해 및 자기부담비율

1 소 (한우, 육우, 젖소): 폐사, 긴급도축, 도난 및 행방불명으로 인하여 입은 손해를 보장

① 보통약관

1. 폐사	(법정전염병 제외) 질병 또는 각종 사고(풍해 · 수해 · 설해 등 자연재해, 화재)로 인한 폐사 • 폐사 : 질병 또는 불의의 사고에 의하여 수의학적으로 구할 수 없는 상태+맥박, 호흡, 그 외 일반증상으로 폐사한 것이 확실할 때+통상적으로는 수의사의 검안서 등의 소견을 기준으로 판단 • 신규가입일 경우 가입일로부터 1개월 이내 질병 관련 사고(긴급도축 제외)는 보상하지 아니함
2. 긴급도축	부상, 난산, 산욕마비, 급성고창증 및 젖소의 유량 감소로 인한 긴급도축 • 사육하는 장소에서 부상, 난산, 산욕마비, 급성고창증 및 젖소의 유량 감소 등이 발생한 소를 즉시 도축장에서 도살하여야 할 불가피한 사유가 있는 경우에 한함 • 부상 범위 : 경추골절, 사지골절 및 탈구(탈골) • 젖소의 유량 감소 : 유방염, 불임 및 각종 대사성질병으로 인하여 수의학적으로 유량 감소가 예견되어 젖소로서의 경제적 가치가 없다고 판단이 확실시되는 경우 • 예외 : 약관상의 질병 및 상해 이외의 경우에 수의사의 진료 소견에 따라서 치료 불가능 사유 등으로 불가피하게 긴급도축을 시켜야 하는 경우도 포함
3. 도난 및 행방불명 손해	소 도난 및 행방불명에 의한 손해 • 보험증권에 기재된 보관장소 내에 보관되어 있는 동안+불법침입자, 절도 또는 강도의 도난 행위로 입은 직접 손해(가축의 상해, 폐사를 포함)로 한정 • 보험증권에 기재된 보관장소에서 이탈하여 운송 도중 등에 발생한 도난 손해 및 도난 행위로 입은 간접손해(경제능력 저하, 전신 쇠약, 성장지체 · 저하)는 도난 손해에서 제외 • 도난, 행방불명의 경우 지체없이 경찰서와 재해보험사업자에게 알려야 함
4. 검안서 및 진단서 발급비용	1사고당 보상한도액은 5만원 ✓ 「농업재해보험 · 손해평가의 요령」에는 위의 금액은 실려있지 않다. 참고용으로 한다.
자기부담비율	보험금의 20%, 30%, 40%

② 특별약관

소 도체결함 보장	도축 후 경매 시까지 발견된 예상치 못한 소 도체 결함(근출혈, 수종, 근염, 외상, 근육제거, 기타 등)으로 인하여 경락가격이 하락하여 발생되는 손해를 보상 ✓ 약관] 소 도체결함보장 특약은 부문 1 소의 특약으로 되어있다. 부문 5 종모우는 기재되어 있지 않지만, 「농업재해보험 · 손해평가의 요령」에는 구분되어 있지 않다.	보험금의 20%
협정보험 가액	협의 평가로 보험 가입한 금액 • 종빈우, 유량검정젖소	주계약, 특약 조건 준용
동물복지인증 계약	동물복지축산농장 인증(농림축산검역본부) 시 5% 할인	-
구내폭발위험 보장	구내에서 생긴 폭발, 파열로 생긴 손해	-

2 종모우: 폐사, 긴급도축, 경제적 도살로 인해 입은 손해를 보장

1. 폐사	(법정전염병 제외) 질병 또는 각종 사고(풍해·수해·설해 등 자연재해, 화재)로 인한 폐사 • 폐사 : 질병 또는 (자연재해, 화재) 불의의 사고에 의하여 수의학적으로 구할 수 없는 상태＋맥박, 호흡, 그 외 일반증상으로 폐사한 것이 확실한 때 • 신규가입일 경우 가입일로부터 1개월 이내 질병 관련 사고 (긴급도축 제외)는 보상하지 아니함
2. 긴급도축	부상, 급성고창증로 인한 긴급도축 • 사육하는 장소에서 부상, 급성고창증이 발생한 소를 즉시 도축장에서 도살하여야 할 불가피한 사유가 있는 경우에 한함 • 부상 범위 : 경추골절, 사지골절 및 탈구(탈골)
3. 경제적 도살	종모우가 연속 6주 동안 정상적으로 정액을 생산하지 못하고＋수의사에 의하여 종모우로서의 경제적 가치가 없다고 판정되었을 때＋이 경우 정액 생산은 6주 동안 일주일에 2번에 걸쳐 정액을 채취한 후 이를 근거로 경제적 도살 여부를 판단
4. 검안서 및 진단서 발급비용	1사고당 보상한도액은 5만원 ✓「농업재해보험·손해평가의 요령」에는 위의 금액은 실려있지 않다. 참고용으로 한다.
자기부담비율	보험금의 20%

3 돼지: 화재, 풍재, 수재, 설해, 지진을 직접적인 원인으로 한 폐사로 인해 입은 손해를 보장

① 보통약관

폐사	1. 화재 및 풍재·수재·설해·지진으로 인한 폐사 • 화재 및 풍재·수재·설해·지진의 직접적인 원인으로 보험목적이 폐사＋또는, 맥박, 호흡 그 외 일반증상이 수의학적으로 폐사가 확실시되는 경우
	2. 화재 및 풍재, 수재, 설해, 지진 발생 시 방재 또는 긴급피난에 필요한 조치로 목적물에 발생한 손해 • 화재 및 풍재·수재·설해·지진의 발생에 따라서 보험의 목적의 피해를 방재 또는 긴급피난에 필요한 조치로 보험의 목적에 생긴 손해도 보상
	• 사고 발생 때부터 120시간(5일) 이내에 폐사되는 보험의 목적에 한하여 보상 • 재해보험사업자가 인정하는 경우에 한하여 사고 발생 때부터 120시간(5일) 이후에 폐사되어도 보상 (그 손해가 기존 재해로 인하여 발생한 사실이 객관적으로 명확한 경우에 한함)
자기부담비율	보험금의 5%, 10%, 20%

② 특별약관

질병위험 보장	TGE, PED, Rota virus에 의한 손해 • 신규가입일 경우 가입일로부터 1개월 이내 질병 관련 사고는 보상하지 아니함	보험금의 10%, 20%, 30%, 40% 또는 200만원 중 큰 금액
축산휴지 위험보장	축산휴지손해. 보험증권에 명기된 구내에서 보통약관 및 특별약관에서 보상하는 사고의 원인으로 축산업이 중단 또는 휴지되었을 경우에 생긴 손해액	-
전기적장치 위험보장	전기장치 또는 설비가 파괴 또는 변조되어 '온도의 변화'로 '보험의 목적(가축)'에 손해가 발생하였을 경우 그 손해를 보상	보험금의 10%, 20%, 30%, 40% 또는 200만원 중 큰 금액
폭염재해 보장	보통약관 보상하는 사고가 아닌 폭염의 직접적인 원인으로 인하여 보험의 목적에 발생한 손해를 보상	
협정보험 가액	협의 평가로 보험 가입한 금액 • 종돈(종빈돈·종모돈), 자돈(포유자돈·이유자돈)	주계약, 특약 조건 준용

| 동물복지 인증계약 | 동물복지축산농장 인증(농림축산검역본부) 시 5% 할인 | - |
| 구내폭발위험 보장 | 구내에서 생긴 폭발, 파열로 생긴 손해 | - |

4 가금: 화재, 풍재, 수재, 설해, 지진을 직접적인 원인으로 한 폐사로 입은 손해를 보장

① 보통약관

폐사	1. 화재 및 풍재 · 수재 · 설해 · 지진로 인한 폐사 • 화재 및 풍재 · 수재 · 설해 · 지진의 직접적인 원인으로 보험목적이 폐사+또는, 맥박, 호흡 그 외 일반증상이 수의학적으로 폐사가 확실시되는 경우 2. 화재 및 풍재, 수재, 설해, 지진 발생 시 방재 또는 긴급피난에 필요한 조치로 목적물에 발생한 손해 • 화재 및 풍재 · 수재 · 설해 · 지진의 발생에 따라서 보험의 목적의 피해를 방재 또는 긴급피난에 필요한 조치로 보험의 목적에 생긴 손해도 보상 • 사고 발생 때부터 120시간(5일) 이내에 폐사되는 보험의 목적에 한하여 보상 • 재해보험사업자가 인정하는 경우에 한하여 사고 발생 때부터 120시간(5일) 이후에 폐사되어도 보상 (그 손해가 기존 재해로 인하여 발생한 사실이 객관적으로 명확한 경우에 한함)
자기부담비율	보험금의 10%, 20%, 30%, 40%

② 특별약관

전기적장치 위험보장	돼지 부문과 동일	보험금의 10%, 20%, 30%, 40% 또는 200만원 중 큰 금액
폭염재해 보장	돼지 부문과 동일	
협정보험 가액	협의평가로 보험 가입한 금액 • 종가금	주계약, 특약 조건 준용
동물복지 인증계약	동물복지축산농장 인증(농림축산검역본부) 시 5% 할인	-
구내폭발 위험보장	구내에서 생긴 폭발, 파열로 생긴 손해	-

5 말: 폐사, 긴급도축, 불임으로 인해 입은 손해를 보장

① 보통약관

1. 폐사	법정전염병을 제외한 질병 또는 각종 사고(풍해·수해·설해 등 자연재해, 화재)로 인한 폐사 • 폐사 : (법정전염병 제외) 질병 또는 (자연재해, 화재) 불의의 사고에 의하여 수의학적으로 구할 수 없는 상태+맥박, 호흡, 그 외 일반증상으로 폐사한 것이 확실한 때 • 신규가입일 경우 가입일로부터 1개월 이내 질병 관련 사고 (긴급도축 제외)는 보상하지 아니함
2. 긴급도축	부상, 난산, 산욕마비, 산통, 경주마의 실명으로 긴급도축 하여야 하는 경우 • 사육하는 장소에서 부상, 난산, 산욕마비, 산통, 경주마 중 실명이 발생한 말을 즉시 도축장에서 도살하여야 할 불가피한 사유가 있는 경우에 한함 • 부상 범위 : 경추골절, 사지골절 및 탈구(탈골)
3. 불임	임신 가능한 암컷 말(종빈마)의 생식기관의 이상과 질환으로 인하여 발생하는 영구적인 번식 장애
자기부담비율	보험금의 20%. 단, 경주마(육성마)는 사고 장소에 따라 경마장 외 30%, 경마장 내 5%, 10%, 20%, 30% 중 선택

② 특별약관

씨수말 번식첫해 선천성 불임 확장보장	보험 목적(종모마(수컷))이 보험기간 중 불임이라고 판단이 된 경우에 보상하는 특약으로 번식장애 보상	주계약 준용
말운송위험 확장보장	말 운송 중 보통약관 말 부문의 보상하는 손해에서 정한 손해가 발생한 경우에 보상	
경주마 부적격	경주마가 건염, 인대염, 골절, 경주 중 실명으로 인한 손해로 경주마 부적격 판정을 받은 경우 보상	
경주마 보험기간 설정	보험의 목적이 경주마인 경우에는 1개월 이내의 질병 등에 의한 폐사도 보상	
동물복지인증계약	동물복지축산농장 인증(농림축산검역본부) 시 5% 할인	–
구내폭발위험보장	구내에서 생긴 폭발, 파열로 생긴 손해	

6 기타 가축 (사슴, 양, 염소, 꿀벌, 토끼, 오소리): 화재, 풍재, 수재, 설해, 지진을 직접적인 원인으로 한 폐사로 입은 손해를 보장

① 보통약관

폐사	화재 및 풍재, 수재, 설해, 지진에 의한 손해 • 화재 및 풍재 · 수재 · 설해 · 지진의 직접적인 원인으로 보험목적이 폐사 또는, 맥박, 호흡 그 외 일반증상이 수의학적으로 폐사가 확실시되는 경우
	화재 및 풍재, 수재, 설해, 지진 발생시 방재 또는 긴급피난에 필요한 조치로 목적물에 발생한 손해 • 화재 및 풍재 · 수재 · 설해 · 지진의 발생에 따라서 보험의 목적의 피해를 방재 또는 긴급피난에 필요한 조치로 보험의 목적에 생긴 손해도 보상
	• 사고 발생 때부터 120시간(5일) 이내에 폐사되는 보험의 목적에 한하여 보상 • 재해보험사업자가 인정하는 경우에 한하여 사고 발생 때부터 120시간(5일) 이후에 폐사되어도 보상 • 꿀벌 : 다음에 한하여 보상. 서양종(양봉) – 꿀벌이 있는 상태의 소비가 3매 이상 있는 벌통, 동양종(토종벌, 한봉) – 봉군이 있는 상태의 벌통
자기부담비율	보험금의 5%, 10%, 20%, 30%, 40%

② 특별약관

폐사 · 긴급도축 확장보장 특약 (사슴, 양 자동 부가)	1. 법정전염병을 제외한 질병 또는 각종 사고(풍해 · 수해 · 설해 등 자연재해, 화재)로 인한 폐사 2. 부상(사지골절, 경추골절, 탈구 · 탈골), 산욕마비, 난산으로 긴급도축을 하여야 하는 경우 　• 신규가입일 경우 가입일로부터 1개월 이내 질병 관련 사고(긴급도축 제외)는 보상하지 않음	보험금의 5%, 10%, 20%, 30%, 40%
꿀벌 낭충봉아 부패병보장	벌통의 꿀벌이 낭충봉아부패병으로 폐사(감염 벌통 소각 포함)한 경우 • 신규가입일 경우 가입일로부터 1개월 이내 질병 관련 사고는 보상하지 않음	
꿀벌 부저병보장	벌통의 꿀벌이 부저병으로 폐사(감염 벌통 소각 포함)한 경우 • 신규가입일 경우 가입일로부터 1개월 이내 질병 관련 사고는 보상하지 않음	

7 **전 부문 공통:** '가축사체 잔존물 처리비용'을 보통약관으로 보상

8 **비용손해:** 보장하는 위험으로 인하여 발생한 보험사고와 관련하여 보험계약자 또는 피보험자가 지출한 비용 중 아래 5가지 비용을 가축재해보험에서는 손해의 일부로 간주하여 재해보험사업자가 보상한다.

① 잔존물 처리비용: 보험목적물이 폐사한 경우 사고 현장에서의 잔존물의 견인 비용 및 차에 싣는 비용을 보상한다.

• 사고 현장 및 인근 지역의 토양, 대기 및 수질 오염물질 제거비용과 차에 실은 후 폐기물 처리비용은 포함하지 않음. 다만, 적법한 시설에서의 랜더링 비용은 포함

- 폐사: 가축 또는 동물의 생명 현상이 끝남
- 랜더링: 사체를 고온·고압 처리하여 기름과 고형분으로 분리함으로써 유지(사료 · 공업용) 및 육분, 육골분(사료 · 비료용)을 생산하는 과정

• 보장하지 않는 위험으로 보험의 목적이 손해를 입거나 관계 법령에 의하여 제거됨으로써 생긴 손해에 대하여는 보상하지 않는다.

② 손해방지비용: 보험사고 발생 시 손해의 방지 또는 경감을 위하여 지출한 '필요 또는 유익한 비용'을 보상한다. 사회 통념상으로 보아서 인정되는 정도면 되며 반드시 그 결과가 필요한 것은 아니다.

• 보험 목적의 관리의무를 위하여 지출한 비용은 제외: 일상적인 관리에 소요되는 비용, 예방접종, 정기검진, 기생충구제 등에 소용되는 비용, 보험목적이 질병에 걸리거나 부상을 당한 경우 신속하게 치료 및 조치를 취하는 비용 등

③ 대위권 보전비용: 보험사고와 관련하여 제자로부터 손해의 배상을 받을 수 있는 경우 그 권리를 지키거나 행사하기 위하여 지출한 필요 또는 유익한 비용을 보상한다.

• 피보험자가 보험사고와 관련하여 제3자로부터 손해의 배상을 받을 수 있는 경우에는 보험금을 지급한 재해보험사업자는 그 지급한 금액의 한도에서 그 권리를 법률상 당연히 취득함

④ 잔존물 보전비용: 보험사고로 인해 멸실된 보험목적물의 잔존물을 보전하기 위하여 지출한 필요 또는 유익한 비용을 보상한다.

• 재해보험사업자가 잔존물을 취득한 경우에 한함. 잔존물에 대한 취득 의사를 포기하는 경우에는 지급되지 않음

⑤ 기타 협력비용: 재해보험사업자의 요구에 따르기 위하여 지출한 필요 또는 유익한 비용을 보상한다.

6 보상하지 않는 손해

1 전 부문 공통 보상하지 않는 손해 ✎암기팁 → 전방에 핵이 있어 병도확진되어 계계(갤갤)

① 계약자, 피보험자 또는 이들의 법정대리인의 고의 또는 중대한 과실

② 계약체결 시점 현재 기상청에서 발령하고 있는 기상특보 발령 지역의 기상특보 관련
　재해(풍재, 수재, 설해, 지진, 폭염)로 인한 손해

③ 원인의 직접, 간접을 묻지 않고 전쟁, 혁명, 내란, 사변, 폭동, 소요, 노동쟁의, 기타 이들과 유사한 사태로
　인한 손해

④ 방사선을 쬐는 것 또는 방사능 오염으로 인한 손해

⑤ 핵연료물질(사용된 연료 포함) 또는 핵연료 물질에 의하여 오염된 물질의 방사성, 폭발성 그 밖의 유해한
　특성 또는 이들의 특성에 의한 사고로 인한 손해

⑥ 가축전염병예방법에서 정하는 가축전염병에 의한 폐사로 인한 손해 및 정부 및 공공기관의 살처분 또는
　도태 권고로 발생한 손해

⑦ 계약자 또는 피보험자의 도살 및 위탁 도살에 의한 가축 폐사로 인한 손해

⑧ 보험 목적이 유실 또는 매몰되어 보험 목적을 객관적으로 확인할 수 없는 손해. 다만, 풍수해 사고로 인한
　직접 손해 등 회사가 인정하는 경우에는 보상

⑨ 지진의 경우 보험계약일 현재 이미 진행 중인 지진(본진, 여진을 포함)으로 인한 손해

2 소 부문

① 사료 공급 및 보호, 피난처 제공, 수의사의 검진, 소독 등 사고의 예방 및 손해의 경감을 위하여 당연하고
　필요한 안전대책을 강구하지 않아 발생한 손해

② 계약자 또는 피보험자가 보험 가입 가축의 번식 장애, 경제능력 저하 또는 전신쇠약, 성장 지체ㆍ저하에
　의해 도태시키는 경우. 다만, 유량 감소(유방염, 불임 및 각종 대사성질병으로 인하여 수의학적으로 유량
　감소가 예견되어 젖소로서의 경제적 가치가 없다고 판단이 확실시되는 경우)에 따른 도태는 보상

③ 개체 표시인 귀표가 오손, 훼손, 멸실되는 등 목적물을 객관적으로 확인할 수 없는 상태에서 발생한 손해

④ 외과적 치료행위로 인한 폐사 손해. 다만, 보험목적의 생명유지를 위하여 질병, 질환 및 상해의 치료가
　필요하다고 자격 있는 수의사가 확인하고 치료한 경우에는 제외

⑤ 독극물의 투약에 의한 폐사 손해

⑥ 정부, 공공기관, 학교 및 연구기관 등에서 학술 또는 연구용으로 공여하여 발생된 손해.
　다만, 재해보험사업자의 승낙을 얻은 경우에는 제외

⑦ 보상하는 손해 이외의 사고로 재해보험사업자 등 관련기관으로부터 긴급 출하 지시를 통보 받았음에도
　불구하고 계속하여 사육 또는 치료하다 발생된 손해 및 자격 있는 수의사가 도살하여야 할 것으로
　확인하였으나 이를 방치하여 발생한 손해

⑧ 제회 보험료 납입일 이후 다음 월 응당일 이내 발생한 긴급도축, 화재·풍수해에 의한 직접 손해 이외의 질병 등에 의한 폐사로 인한 손해 (개월 이내 질병 폐사 보상하지 않음, 긴급도축 또는 사고에 의한 폐사만 보상함)

⑨ 도난 손해(도난, 행방불명)와 관련하여 아래의 가지 사유로 인한 손해
- 계약자, 피보험자 또는 이들의 법정대리인의 고의 또는 중대한 과실로 생긴 도난 손해
- 피보험자의 가족, 친족, 피고용인, 동거인, 숙박인, 감수인 또는 당직자가 일으킨 행위 또는 이들이 가담하거나 이들의 묵인하에 생긴 도난손해
- 지진, 분화, 풍수해, 전쟁, 혁명, 내란, 사변, 폭동, 소요, 노동쟁의 기타 이들과 유사한 사태가 발생했을 때 생긴 도난손해
- 화재, 폭발이 발생했을 때 생긴 도난 손해
- 절도, 강도 행위로 발생한 화재 및 폭발 손해
- 보관장소 또는 작업장 내에서 일어난 좀도둑으로 인한 손해
- 재고조사 시 발견된 손해
- 망실 또는 분실 손해
- 사기 또는 횡령으로 인한 손해
- 도난 손해가 생긴 후 30일 이내에 발견하지 못한 손해
- 보관장소를 72시간 이상 비워둔 동안에 생긴 도난 손해
- 보험의 목적이 보관장소를 벗어나 보관되는 동안에 생긴 도난 손해

3 돼지, 가금, 기타 가축 부문

① 댐 또는 제방 등의 붕괴로 생긴 손해. 다만, 붕괴가 보상하는 손해에서 정한 위험(화재 및 풍재·수재·설해·지진)으로 발생된 손해는 보상

② 바람, 비, 눈, 우박 또는 모래먼지가 들어옴으로써 생긴 손해. 다만, 보험의 목적이 들어 있는 건물이 풍재·수재·설해·지진으로 직접 파손되어 보험의 목적에 생긴 손해는 보상

③ 추위, 서리, 얼음으로 생긴 손해

④ 전기장치 또는 설비의 전기적 사고로 생긴 손해. 그러나 그 결과로 생긴 화재손해는 보상

⑤ 화재 및 풍재·수재·설해·지진 발생으로 방재 또는 긴급피난 시 피난처에서 사료공급, 보호, 환기, 수의사의 검진, 소독 등 사고의 예방 및 손해의 경감을 위하여 당연하고 필요한 안전대책을 강구하지 않아 발생한 손해

⑥ 보험목적이 도난 또는 행방불명된 경우

⑦ 모돈의 유산으로 인한 태아 폐사 또는 성장 저하로 인한 직·간접 손해: 돼지만 해당

⑧ 성장 저하, 산란율 저하로 인한 직·간접 손해: 가금만 해당

⑨ 미만(마리 기준)의 양이 폐사하여 발생한 손해: 기타 가축만 해당

⑩ 벌의 경우 (: 벌떼폐사장애), 농약, 밀원수(蜜原樹)의 황화현상(黃化現象), 공사장의 소음, 전자파로 인하여 발생한 손해 및 꿀벌의 손해가 없는 벌통만의 손해: 기타 가축만 해당

4 말, 종모우 부문

① 사료공급 및 보호, 피난처 제공, 수의사의 검진, 소독 등 사고의 예방 및 손해의 경감을 위하여 당연하고 필요한 안전대책을 강구하지 않아 발생한 손해

② 계약자 또는 피보험자가 보험가입 가축의 번식장애, 경제능력저하 또는 전신쇠약, 성장지체 · 저하에 의해 도태시키는 경우

③ 개체 표시인 귀표가 오손, 훼손, 멸실되는 등 목적물을 객관적으로 확인할 수 없는 상태에서 발생한 손해

④ 외과적 치료행위로 인한 폐사 손해. 다만, 보험목적의 생명 유지를 위하여 질병, 질환 및 상해의 치료가 필요하다고 자격 있는 수의사가 확인하고 치료한 경우에는 제외

⑤ 독극물의 투약에 의한 폐사 손해

⑥ 정부, 공공기관, 학교 및 연구기관 등에서 학술 또는 연구용으로 공여하여 발생된 손해. 다만, 재해보험사업자의 승낙을 얻은 경우에는 제외

⑦ 보상하는 손해 이외의 사고로 재해보험사업자 등 관련 기관으로부터 긴급 출하 지시를 통보(구두, 유선 및 문서 등) 받았음에도 불구하고 계속하여 사육 또는 치료하다 발생된 손해 및 자격 있는 수의사가 도살하여야 할 것으로 확인하였으나 이를 방치하여 발생한 손해

⑧ 보험목적이 도난 또는 행방불명된 경우

⑨ 제회 보험료 납입일 이후 다음 월 응당일 이내 발생한 긴급도축, 화재 · 풍수해에 의한 직접 손해 이외의 질병 등에 의한 폐사로 인한 손해 (개월 이내 질병 폐사 보상하지 않음, 긴급도축 또는 사고에 의한 폐사만 보상함)

7 가축재해보험 특별약관

1 협정보험가액

① 재해보험사업자와 계약자 또는 피보험자와 협의하여 평가한 보험가액을 보험기간 중에 보험가액 및 보험가입금액으로 하는 기평가보험 특약이다.

② 시가와 관계없이 보험가입금액을 보험가액으로 평가한다.

③ 가입 가능한 축종: 종빈우, 유량검정젖소, 종돈(종빈돈 · 종모돈), 자돈(포유자돈 · 이유자돈), 종가금, 기타 재해보험사업자가 인정하는 가축

유량검정젖소
1. 대상 농가: 젖소개량사업소의 검정사업에 참여하는 농가 중에서 *일정한 요건을 충족하는 농가
• *일정한 요건: 직전 월의 305일 평균유량이 10,000kg 이상이고 평균 체세포수가 30만 마리 이하를 충족하는 농가
2. 대상 소: 대상 농가의 소 중 최근 산차 305일 유량이 11,000kg 이상이고, 체세포수가 20만 마리 이하인 젖소

2 화재대물배상책임 특별약관

① 축사 화재로 인해 타인의 재물에 손해를 입혀서 법률상의 손해배상책임을 부담함으로써 입은 손해를 보상한다.

② 축사의 특별약관이다.

3 구내폭발위험보장 특별약관

① 보험의 목적이 있는 구내에서 생긴 폭발, 파열로 보험의 목적에 생긴 손해를 보상하는 특약이다.

② 기관, 기기, 증기기관, 내연기관, 수도관, 수관, 유압기, 수압기 등의 물리적인 폭발, 파열이나 기계의 운동부분 또는 회전부분이 분해되어 날아 흩어지므로 인해 생긴 손해는 보상하지 않는다.

4 동물복지인증계약 특별약관

① 농림축산검역본부로부터 동물복지축산농장 인증을 받은 축산농장을 보험가입조건으로 하는 보험계약에 대하여 적용하는 특약이다.

② 현재 재해보험사업자의 자료에는 본 특약 대상 농가에는 %의 보험료 할인이 적용된다.

5 소 부문 특별약관: 소(牛)도체결함보장

① 도체의 결함: 도축~경매의 과정 중 등급판정 과정에서 도체에 결함이 발견되면 '결함인'을 찍게 된다. '결함인'(수종, 근염, 외상, 근출혈, 근육제거, 기타)은 경매 시 경락가격에 많은 영향을 미치게 되므로 도축 후 경매 시까지 발견된 예상치 못한 소 도체 결함으로 인하여 경락가격이 하락하여 발생되는 손해를 보상

② 보상하지 않는 손해: 경매 후 발견된 결함으로 인한 손해는 보상하지 않음

6 돼지 부문 특별약관

> 1. 질병위험보장
> ① TGE, PED, Rota virus에 의한 손해를 보상
>   • 주로 포유자돈이나 이유자돈에서 큰 피해를 입히는 3가지 질병
>   • 위 질병을 직접적인 원인으로 보험기간 중에 질병으로 폐사하거나 보험기간 종료일 이전에 질병의 발생을 서면 통지한 후 30일 이내에 폐사한 경우
> ② 신규 가입: 가입일로부터 1개월 이내 질병 관련 사고는 미보상
>
> 2. 축산휴지위험보장
> ① 보상하는 손해: 축산휴지손해. 보험증권에 명기된 구내에서 보통약관 및 특별약관에서 보상하는 사고의 원인으로 축산업이 중단 또는 휴지되었을 경우에 생긴 손해액을 보상

> **3. 전기적 장치 위험보장 (돼지, 가금 부문에 해당하며 동일한 내용)**
> ① 돼지·가금 부문 보통약관의 보상하지 않는 손해에도 불구하고 전기적 장치로 인한 보험목적물의 손해를 보상
>   • 돼지와 가금 보통약관 : 전기장치 또는 설비의 전기적 사고로 생긴 손해를 보상하지 않는 손해로 규정
> ② 전기장치 또는 설비가 파괴 또는 변조되어 '온도의 변화'로 '보험의 목적(가축)'에 손해가 발생하였을 경우 그 손해를 보상
>   • 사고 발생한 때로부터 24시간 이내에 폐사된 보험 목적에 한하여 보상
> ③ 폭염을 보장받기 위한 필수 특약. 폭염재해보장 특약에 가입하려면 전기적장치 위험보장 특약 가입 필수

> **3. 폭염재해보장 추가 (돼지, 가금 부문에 해당하며 동일한 내용)**
> ① 보상하는 손해 : 돼지·가금 부문 보통약관의 보상하지 않는 손해에도 불구하고 폭염의 직접적인 원인으로 인한 보험목적물의 손해를 보상
>   • 폭염특보 발령 전 24시간 전~해제 후 24시간 이내의 폐사되는 보험 목적에 한해 보상
>   • 보험기간 종료일까지 폭염특보가 해제되지 않은 경우 : 보험기간 종료일을 폭염특보 해제일로 봄
>   • 보험 목적의 수용장소(소재지)에 발표된 해당 지역별 폭염특보 적용
>   • 전기적 장치 위험 보장 특별약관 가입자에 한하여 가입 가능
> ② 보상하지 않는 손해
>   • 폭염으로 인해 전기장치·설비가 파괴 또는 변조되어 온도의 변화로 보험의 목적에 발생한 손해
>   • 보상 기간 범위 밖에서 발생한 모든 직간접 손해
>   • 보험계약일 현재 이미 발령 중인 폭염특보로 인한 손해

7 가금 부문

① 전기적 장치 위험보장 (돼지, 가금 부문에 해당하며 동일한 내용)
② 폭염재해보장 추가 (돼지, 가금 부문에 해당하며 동일한 내용)

8 말 부문

> **1. 씨수말 번식 첫해 선천성 불임 확장보장(종모마 번식장애)**
> ① 보험 목적(종모마(수컷))이 보험기간 중 불임이라고 판단이 된 경우에 보상하는 특약으로 번식장애 보상
> ② 씨수말의 불임 : 보험목적물인 씨수말의 선천적 교배능력 부전이나 정액상의 선천적 이상으로 인해 번식 첫해에 60% 또는 그 이상의 수태율 획득에 실패한 경우

> **2. 말 운송위험 확장보장** : 말 운송 중 보통약관 말 부문의 보상하는 손해에서 정한 손해가 발생한 경우에 보상

> **3. 경주마 부적격**
> ① 경주마 혹은 경주용으로 육성하는 육성마가 건염, 인대염, 골절, 경주 중 실명으로 인한 손해로 경주마 부적격 판정을 받은 경우 보상
> ② 경주마, 경주용 육성마 가입 시 자동 담보
> ③ 경주마가 경주마 부적격 판정 이후 종모마 혹은 종빈마로 용도가 변동된 경우에는 보상하지 않음

> **4. 경주마 보험기간 설정에 관한 특약** : 보험의 목적이 경주마인 경우에는 1개월 이내의 질병 등에 의한 폐사도 보상
>   • 경주마 가입 시 자동 가입 특약

9 기타 가축 부문

1. 폐사 · 긴급도축 확장보장
① 사슴, 양 가입 시 자동 가입
② 폐사: 법정전염병을 제외한 질병 또는 각종 사고 (풍재 · 수재 · 설해 등 자연재해, 화재)
③ 긴급도축: 부상(사지골절, 경추골절, 탈골), 산욕마비, 난산
 • 신규 가입: 가입일로부터 1개월 이내 질병 관련 사고 보장하지 않음(긴급도축 제외)

2. 낭충봉아부패병 · 부저병 보장
① 꿀벌만 해당
 ▶보통약관에서 "가축전염병예방법에서 정하는 가축전염병에 의한 폐사로 인한 손해 및 정부 및 공공기관의 살처분 또는 도태 권고로 발생한 손해"는 보상하지 않는 손해로 규정
② 낭충봉아부패병 및 부저병으로 인해 폐사했을 경우 벌통 손해 보상(감염 벌통 소각 포함)
 ▶신규가입일 경우 가입일로부터 1개월 이내 손해는 보장하지 않음
③ 꿀벌의 벌통 보상
 • 개량종(서양종: 양봉): 꿀벌이 있는 상태의 소비가 3매 이상 있는 벌통
 • 재래종(동양종: 토종벌, 한봉) 봉군이 있는 상태의 벌통

02
CHAPTER

가축재해보험 손해평가의 이론과 실무

1 가축재해보험 손해평가의 의의

① 손해발생 사실의 확인 후 손해의 조사를 통하여 손해액을 확정하게 되는 과정은 손해평가에서 가장 중요한 과정이다.

② 가축재해보험약관에서는 축종별로 손해액을 확정하는 방식을 별도로 규정하고 있다.

③ 손해액 평가와 관련하여 보험계약자, 피보험자에게 다양한 의무를 부여하고 있다.

2 보험계약자 등의 의무

1 계약 전 알릴 의무

① 계약자, 피보험자 또는 이들의 대리인은 보험계약을 청약할 때 청약서에서 질문한 사항에 대하여 알고 있는 사실을 반드시 사실대로 알려야 할 의무이다.

② 위반 시 효과
- 보험계약자 또는 피보험자가 고의 또는 중대한 과실로 계약 전 알릴 의무를 이행하지 않은 경우: 보험자는 그 사실을 안 날로부터 1월 내에, 계약을 체결한 날로부터 3년 내에 한하여 계약 해지 가능
- 보험자가 계약 당시에 그 사실을 알았거나 중대한 과실로 인하여 알지 못한 때에는 해지 할 수 없음

2 계약 후 알릴 의무

① 계약자, 피보험자가 지체없이 서면으로 보험자에게 알려야 할 의무이다.

② 재해보험사업자가 통지를 받은 때:
- 위험이 감소된 경우: 차액보험료 환급
- 위험이 증가된 경우: 통지를 받은 날부터 1개월 이내에 보험료의 증액을 청구 또는, 계약 해지할 수 있음

③ 계약자, 피보험자가 계약 후 알릴 의무를 위반한 경우: 보험자는 그 사실을 안 날로부터 1월 내에 계약을 해지할 수 있다.

3 전 부문 공통 계약 후 알릴 의무

① 이 계약에서 보장하는 위험과 동일한 위험을 보장하는 계약을 다른 보험자와 체결하고자 할 때 또는 이와 같은 계약이 있음을 알았을 때

② 양도할 때

③ 보험목적 또는 보험목적 수용장소로부터 반경 10km 이내 지역에서 가축 전염병 발생(전염병으로 의심되는 질환 포함) 또는 원인 모를 질병으로 집단폐사가 이루어진 경우

④ 보험의 목적 또는 보험의 목적을 수용하는 건물의 구조를 변경, 개축, 증축하거나 계속하여 15일 이상 수선할 때

⑤ 보험의 목적 또는 보험의 목적을 수용하는 건물의 용도를 변경함으로써 위험이 변경되는 경우

⑥ 보험의 목적 또는 보험의 목적이 들어있는 건물을 계속하여 30일 이상 비워두거나 휴업하는 경우

⑦ 다른 곳으로 옮길 때

⑧ 도난 또는 행방불명 되었을 때

⑨ 의외의 재난이나 위험에 의해 구할 수 없는 상태에 빠졌을 때

⑩ 개체 수가 증가되거나 감소되었을 때

⑪ 위험이 뚜렷이 변경되거나 변경되었음을 알았을 때

4 부문별 계약 후 알릴 의무

① 소, 종모우 부문
- 개체 표시가 떨어지거나 오손, 훼손, 멸실되어 새로운 개체 표시를 부착하는 경우
- ✓ [농업재해보험 · 손해평가의 이론과 실무] 종모우 부문의 알릴 의무에는 '개체 표시가 떨어지거나 오손, 훼손, 멸실된 경우'로 되어 있다.
- 거세, 제각, 단미 등 외과적 수술을 할 경우
- 품평회, 경진회, 박람회, 소싸움대회, 소등 타기 대회 등에 출전할 경우

② 말 부문
- 외과적 수술을 하여야 할 경우
- 5일 이내에 폐사가 예상되는 큰 부상을 입을 경우
- 거세, 단미 등 외과적 수술을 할 경우
- 품평회, 경진회, 박람회 등에 출전할 경우

5 보험사고 발생 통지의무

① 계약자 또는 피보험자나 보험수익자는 보험사고의 발생을 안 때는 지체없이 보험자에게 그 통지를 발송해야 한다. (상법 제657조 제1항)

② 효과: 손해의 확대 방지, 사고원인 등을 명확히 규명

③ 의무 위반 효과: 계약자 등이 정당한 이유 없이 의무를 이행하지 않은 경우, 그로 인하여 확대된 손해 또는 회복 가능한 손해는 재해보험사업자가 보상할 책임이 없다.

6 손해방지의무

① 보험사고가 발생하였을 때 보험계약자와 피보험자가 손해 발생을 방지 또는 경감 하는데 적극적으로 노력해야 하는 의무이다.

② 손해의 방지 또는 경감을 위하여 필요 또는 유익하였던 비용과 보상액이 보험금액을 초과한 경우라도 보험자가 이를 부담한다(상법 680조)라는 내용의 법정 의무인 동시에 약관상 의무이다.

③ 계약자 또는 피보험자가 고의 또는 중대한 과실로 손해방지의무를 게을리한 때: 방지 또는 경감할 수 있었을 것으로 밝혀진 손해를 손해액에서 공제한다.

7 보험 목적 관리의무

① 보험 목적 관리의무
- 보험목적을 사육, 관리, 보호함에 있어서 그 보험목적이 본래의 습성을 유지하면서 정상적으로 살 수 있도록 할 것
- 적합한 사료의 급여와 급수, 운동, 휴식, 수면 등이 보장되도록 적정한 사육관리를 할 것
- 예방접종, 정기검진, 기생충구제 등을 실시할 것
- 질병에 걸리거나 부상을 당한 경우 신속하게 치료하고 필요한 조치를 취할 것

② 계약자 또는 피보험자가 보험 목적 관리의무를 고의 또는 중대한 과실로 게을리한 때: 방지 또는 경감할 수 있었을 것으로 밝혀진 손해를 손해액에서 공제한다.

③ 보험 목적의 수용 장소와 사용과 관련한 보험 목적 관리의무
- 보험 목적은 보험기간 동안 언제나 보험증권에 기재된 지역 내에 있어야 함
  - 예외: 계약자가 재해 발생 등으로 불가피하게 보험목적의 수용장소를 변경한 경우와 재해보험사업자의 승낙을 얻은 경우
- 보험 목적을 양도 또는 매각하기 위해 보험목적의 수용장소가 변경된 이후 다시 본래의 사육 장소로 되돌아온 경우에는 가축이 수용장소에 도착한 때 원상복귀 되는 것으로 함
- 보험 목적은 보험기간 동안 언제나 보험증권에 기재된 목적으로만 사용되어야 함
  - 예외: 재해보험사업자의 승낙을 얻은 경우

④ 보험 목적의 수용 장소와 사용과 관련한 보험 목적 관리 의무를 이행하지 않는 경우: 재해보험사업자는 그 사실을 안 날부터 1개월 이내에 계약 해지할 수 있다.

3   가축재해보험 손해액의 산정

손해액은 그 손해가 생긴 때와 곳에서 약관의 각 부문별 제 규정에 별도로 정한 방법으로 산정한다.

> ✓ **포인트**
>
> **가축 보험금**
> 1. 손해액은 시가 기준으로 산정하되, 보험 목적의 특성으로 인해 시가 손해액 산정 방법이 각 부문별로 다르다.
> 2. 산정된 손해액을 보험금으로 계산하는 '지급보험금의 계산' 방법은 모든 부문이 동일하다.
> 3. 즉, 각 부문의 손해액 산정 방법이 핵심이다.

4   소 부문 – 보통약관, 특별약관

1   이용물 처분액, 손해액 산정방법

① 손해액: 손해가 생긴 때를 기준으로 아래의 축종별 보험가액 산정 방법에 따라서 산정한 보험가액으로 한다.

② 고기, 가죽 등 이용물 처분액 및 보상금 등이 있는 경우: 보험가액에서 이를 차감한 금액을 손해액으로 한다.
- 이용물 처리에 소요되는 제반 비용: 피보험자의 부담 원칙

③ 소 이용물 처분액 산정방법

• 중량: 도축장발행 사고소의 도체(지육)중량	
• 지육가격: 축산물품질평가원에서 고시하는 사고일 기준 사고소의 등급에 해당하는 전국평균가격(원/kg)	
도축장발행 정산자료인 경우	도축장발행 정산자료의 지육금액×75%
도축장발행 정산자료가 아닌 경우	중량×지육가격×75%

④ 손해액 계산
- 폐사의 경우: 보험가액=손해액
- 긴급도축의 경우: 보험가액(-이용물 처분액)=손해액

⑤ 이용물 처분액 및 손해액 계산 예시

예 1] • 조건: 보험가액 5,000,000원, 도축장 발행 정산자료의 지육금액 2,000,000원
이용물 처분액=2,000,000×75%=1,500,000원 → 손해액=500-150=350만원
예 2] • 조건: 보험가액 5,000,000원, (도축장 발행) 사고 소 도체 중량 200kg, (축산물품질평가원 고시) 사고소 등급 전국 평균가격 10,000원/kg
이용물 처분액=200×10,000×75%=1,500,000원 → 손해액=500-150=350만원

2 소(한우, 육우, 젖소)의 월령 계산

① 소(한우, 육우, 젖소)의 보험가액 산정은 월령을 기준으로 산정한다.

② 월령 계산: 폐사·긴급도축 시점의 월령, 만으로 계산, 월 미만의 일수는 무시, 1개월 이하인 경우는 1개월로 함

3 한우(암컷, 수컷-거세우 포함)

① 보험가액 산정방법

보험가액 산정 순서															
1. 월령 확인															
<전국 산지평균가격 등재 예시>															
구분	한우														
	송아지(4~5월령)				송아지(6~7월령)				350kg				600kg			
	암		수		암		수		암		수		암		수	
	평균가격	거래두수	평균가격	거래두수	평균가격	거래두수	평균가격	거래두수	평균가격	거래두수	평균가격	거래두수	평균가격	거래두수	평균가격	거래두수
1월	1,224	4	2,582	372	1,951	2,145	2,819	8,079	2,349	239	2,891	15	4,473	5,192	3,526	66
2월	0	0	2,727	63	2,042	2,626	2,786	8,261	2,321	176	3,088	14	4,487	4,761	3,781	34
3월	0	0	2,612	55	2,182	2,604	3,195	7,844	2,674	233	3,150	25	4,702	5,566	3,884	50
4월	0	0	2,688	49	2,381	2,473	3,571	7,808	2,716	151	3,449	21	4,651	5,691	3,762	48

2. 송아지 : 1월령 이상 6월령 이하인 경우 (1, 2, 3, 4, 5, 6월령)

① 보험가액 = 사고 전전월 전국산지평균 송아지가격. (이하, 전국산지평균 생략)
② 공통 : 1월령(질병사고 1·2월령) = 보험가액 × 50% 적용
③ 사고 전전월 송아지가격이 있는 경우 : 보험가액 = 사고 전전월 송아지가격
  • 송아지가격은 4~5월령, 6~7월령으로 조사됨

사고 시점 4, 5월령	사고 전전월 4~5월령 송아지가격
사고 시점 6월령	사고 전전월 6~7월령 송아지가격

④ 사고 전전월 송아지가격이 없는 경우 보험가액

사고 시점 1, 2, 3월령	사고 전전월 4~5월령 송아지가격
	사고 전전월 4~5월령 송아지가격이 없는 경우 : 사고 전전월 6~7월령 송아지가격 암×85%, 수×80%
사고 시점 4, 5월령	사고 전전월 6~7월령 송아지가격 암×85%, 수×80%

3. 큰 소 : 7월령 이상 보험가액 = 체중 × kg당 금액

① '사고 소 월령' 해당 체중 × $\max\left(\dfrac{\text{전전월 350kg 가격}}{350}, \dfrac{\text{전전월 600kg 가격}}{600}\right)$

② 체중 : 월령별 '발육표준표'에서 정한 사고소의 월령에 해당하는 체중을 적용한다.
  • 한우 수컷 25개월 초과 시 655kg, 한우 암컷 40개월 초과 시 470kg 적용
③ kg당 금액 : '산지가격 적용범위표'에서 사고소의 축종별, 성별, 월령에 해당되는 사고 전전월 전국산지평균가격을 그 체중으로 나누어 구한다.

<산지가격 적용범위표>

구분		수컷	암컷
한우	성별 350kg 해당 전국 산지평균가격 및 성별 600kg 해당 전국 산지평균가격 중 kg당 가격이 높은 금액	생후 7개월 이상	생후 7개월 이상
육우	젖소 수컷 500kg 해당 전국 산지평균 가격	생후 3개월 이상	생후 3개월 이상

④ 월령별 가액이 송아지가격 보다 낮은 경우에는 *송아지가격을 적용한다.

✓ *송아지가격을 적용(몇 월령의 송아지가격 적용?)
1. 7월령 이상 소의 보험가액이 '사고 전전월 송아지가격' 보다 낮은 경우 '사고 전전월 송아지가격'으로 한다.
2. 사고 전전월의 송아지가격
  ① 송아지가격은 4~5월령, 6~7월령으로 조사된다.
  ② 7월령 이상 큰 소의 보험가액이 송아지가격 보다 낮은 경우 적용하는 송아지가격이 4~5월령의 가격인지 6~7월령의 가격인지 불분명하다.
  ③ 과거 「농업재해보험·손해평가의 이론과 실무」에는 4~5월령의 가격을 적용하는 것으로 기재되어 있었지만, 이는 약관을 잘못 해석한 것으로 보인다. 7월령 이상의 소에 6~7월령 송아지가격이 있음에도, 4~5월령 송아지가격을 적용할 이유는 없다. 실제 4~5월령 송아지의 경우 거래량이 많지 않아, 산지평균가격이 없는 경우가 빈번하다.
  ④ 이후 「농업재해보험·손해평가의 이론과 실무」 : '4~5월령의 가격을 적용'이 삭제되었으므로, 6~7월령의 가격을 적용하는 것이 합리적으로 보이지만, 출제 시에는 명확하게 제시되어야 할 것이다.

한우 송아지 보험가액

1. 송아지가격
   ① 4~5월령, 6~7월령으로 집계된다.
   ② 1월령= ×50% (질병사고 2월령까지)
2. (집계된) 송아지가격이 있는 경우: 보험가액=사고 전전월 전국 산지평균 송아지가격
3. (집계된) 송아지가격이 없는 경우
   ① 1~3월령 가격은 집계되지 않으므로 원래 없고, 4~5월령 가격도 없는 경우가 많다.
   ② 1~3월령 보험가액=전전월 4~5월령 가격 적용, 4~5월령 가격 없으면 → 6~7월령 가격(암×85%, 수×80%) 적용
   ③ 4~5월령 보험가액=전전월 6~7월령 가격(암×85%, 수×80%) 적용

② 한우 보험가액 산정 예시

예 3] • 조건: 폐사 시점 월령 2월령의 사고 전전월 송아지가격 250만원
송아지 보험가액 : 질병 외 사고 250만원, 질병사고 250만원×0.5=125만원

예 4] • 조건: 월령 해당 체중 500kg, 전전월 350kg 해당 가격 350만원 · 600kg 해당 가격 480만원, 전전월 송아지가격 250만원

1. kg당 가격 = $\max\left(\dfrac{350만원}{350kg} \times \dfrac{480만원}{600kg}\right)$ = max(10,000, 8,000) = 10,000원
2. 보험가액=체중 500×kg당 10,000=500만원
3. 보험가액=max(500만원, 250만원)=500만원

✓ 월령 확인 → 월령 해당 체중 → kg당 금액(전전월 가격) → 보험가액=체중×kg당 금액 → max(보험가액, 송아지가격)

4 젖소(유량검정젖소 제외)

① 보험가액 산정방법

보험가액 산정 순서
1. 월령 확인
2. 월령에 따라 사고 '전전월 전국산지평균가격'을 기준으로 보험가액 산출(9단계)
① 1~7월령: 분유떼기 암컷 가격. 1월령(질병사고 1·2월령)=보험가액×50%
② 8~12월령 : 분유떼기 암컷 + $\dfrac{(수정단계 - 분유떼기 암컷)}{6}$ ×(사고월령 - 7)
③ 13~18월령: 수정단계가격
④ 19~23월령: 수정단계 + $\dfrac{(초산우 - 수정단계)}{6}$ ×(사고월령 - 18)
⑤ 24~31월령: 초산우가격
⑥ 32~39월령: 초산우 + $\dfrac{(다산우 - 초산우)}{9}$ ×(사고월령 - 31)
⑦ 40~55월령: 다산우가격
⑧ 56~66월령: 다산우 + $\dfrac{(노산우 - 다산우)}{12}$ ×(사고월령 - 55)
⑨ 67월령 이상: 노산우가격

젖소 보험가액 산정 ✎암기팁

1. 분 → 수 → 초 → 다 → 노 (월령별 해당 가격순서)
2. 구성: 각 가격 및 중간 단계
3. 1 → 8 → 3 → 9 → 4 → 2 → 0 → 6 → 7 (시작 월령 뒷자리 숫자)
4. 6 → 6 → 9 → 12 (중간 단계 가격 분모)
5. 전 단계 최고치 월령 (사고 월령에서 차감하는 월)

② 젖소 보험가액 산정 예시

예 5] • 조건 : 분유떼기 암컷 80만원, 수정단계 250만원, 초산우 350만원, 다산우 450만원, 노산우 200만원

1. 10월령 보험가액 = $80 + \dfrac{250 - 80}{6} \times (10 - 7) = 165$만원

2. 60월령 보험가액 = $450 + \dfrac{200 - 450}{12} \times (60 - 55) = 345$만원(만원 단위 미만 절사)

5 육우

① 보험가액 산정방법

보험가액 산정 순서
1. 월령 확인
2. 분유떼기 ① 1, 2월령 보험가액 = 사고 전전월 전국 산지 평균 분유떼기 젖소 수컷 가격 ② 1월령(질병사고 1 · 2월령) = 보험가액 × 50%

3. 큰소 : 3월령 이상 보험가액 = 체중 × kg 당 금액
① '사고 소의 월령' 해당 체중 × $\dfrac{\text{전전월 500kg 가격}}{500}$
② 체중 : 월령별 '발육표준표'에서 정한 사고소의 월령에 해당 되는 체중을 적용한다.
  • 육우 25월령 초과 시 : 600kg 적용
③ kg당 금액 : '산지가격 적용범위표'에서 전전월 젖소 수컷 500kg 해당 전국 산지평균가격을 그 체중으로 나누어 구한다.
  • (전국산지평균가격이 없는 경우) kg당 금액 = 전전월 전국도매시장 지육 평균 가격 × 지육율 58%
  • 지육율(도체율) : 도체중의 생체중에 대한 비율. 생체중은 살아있는 생물의 무게이고 도체 중 생체에서 두부, 내장, 족 및 가죽 등 부분을 제외한 무게를 의미
④ 월령별 가액이 분유떼기 젖소 수컷 가격보다 낮은 경우 : 분유떼기 젖소 수컷 가격을 적용한다.

② 육우 보험가액 산정 예시

예 6] • 조건 : 사고 시점 월령 27월령, 전전월 산지평균가격 없음, 전전월 전국도매시장 지육평균 가격 8,000원/kg, 분유떼기 젖소 수컷 가격 100만원

1. 보험가액 = 체중 600 × kg당 (8,000 × 0.58) = 2,780,000원 (만원 단위 미만 절사)
2. max(2,780,000, 1,000,000) = 2,780,000원

6 소 도체결함보장 특별약관

① 보험가액=정상 도체의 사고 소 해당 등급 1두 가격

② 손해액 산정방법

- 손해액=*정상 도체의 사고 소 해당 등급 1두 가격-사고 소의 1두 경락 가격
- *1두 가격=사고 '전월' 전국지육경매평균가격(원/지육kg)×사고 소의 도체중
- 도축 후 경매를 통하지 않고 도체가 전량 폐기 처분된 경우: 손해액은 보통약관 소 부문의 손해액
  산정방식을 따름

③ 자기부담금 : 보험금의 20%

④ 보험가입금액: 이 특별약관의 보험가입금액

⑤ 도체결함보장 특별약관 보험금 계산 예시

> **예 7]** • 조건 : 보험가입금액 5,000,000원, 사고 '전월' 지육경매평균가격 15,000원/kg, 사고 소 도체중 300kg, 사고소 경락가격 3,000,000원, 자기부담비율 20%
>
> 1. 보험가액 = 15,000×300 = 4,500,000원 → 초과보험
> 2. 손해액 = 4,500,000 – 3,000,000 = 1,500,000원
> 3. 보험금 = (1,500,000, 4,500,000)×(1 – 0.2) = 1,200,000원

> **✓ 포인트**
>
> **가축 지급보험금의 계산**
> 보험가액·손해액 산정 방법은 부문별·보통약관·특별약관별로 다르지만, 지급보험금의 계산 방법은 부문별·보통약관·특별약관별 모두 동일하다.

5 돼지 부문 – 보통약관, 특별약관

1 손해액 산정방법

① 손해액: 손해가 생긴 때를 기준으로 아래의 축종별 보험가액 산정 방법에 따라서 산정한 보험가액으로 한다.

② 고기, 가죽 등 이용물 처분액 및 보상금 등이 있는 경우: 보험가액에서 이를 차감한 금액을 손해액으로 한다.

- 이용물 처리에 소요되는 제반 비용: 피보험자의 부담 원칙

③ 이용물 처리 방법

- 피보험자가 이용물을 처리할 때에는 반드시 재해보험사업자의 입회하에 처리하여야 함
- 재해보험사업자의 입회 없이 이용물을 임의 처분한 경우에는 재해보험사업자가 인정 평가하여 손해액을 차감

④ 보험가액 산정 시 보험목적물이 임신 상태인 경우: 임신하지 않은 것으로 간주하여 평가한다.

2 종모돈, 종빈돈

① 보험가액 산정방법

보험가액
1. 종모돈 보험가액 = 종빈돈 보험가액 + (종빈돈 보험가액 × 20%) = 종빈돈 보험가액 × 1.2
2. 종빈돈 　① 보험가액 = 전국 도매시장 비육돈 평균 지육 단가(탕박) 범위에 해당하는 종빈돈 가격 (아래 '비육돈 지육단가의 범위에 해당하는 종빈돈 가격' 표 참조) 　② 임신, 분만 및 포유 등 종빈돈으로서 기능을 하지 않는 경우 : 비육돈의 산출방식과 같다.

② 종모돈, 종빈돈 보험가액 산정 예시

예 8] • 조건 : 비육돈 지육단가 4,050원/kg → 비육돈 지육단가 표
1. 종빈돈 보험가액 = 570,000원 2. 종모돈 보험가액 = 570,000 × 1.2 = 684,000원

✓ 포인트

돼지, 가금의 두당 보험가액, 총 보험가액

1. 두당 (보험가액=손해액)
2. 총 (보험가액≠손해액): 사육두수×보험가액=총 보험가액, 폐사두수×보험가액=총 손해액
3. 보험가입금액과 총 보험가액으로 일부보험 여부를 결정한다.

<종빈돈 보험가액(비육돈 지육단가의 범위에 해당하는 종빈돈 가격)>

비육돈 지육단가 (원/kg)	종빈돈 가격 (원/두당)	비육돈 지육단가 (원/kg)	종빈돈 가격 (원/두당)
1,949 이하	350,000	3,650 ~ 3,749	530,000
1,950 ~ 2,049	360,000	3,750 ~ 3,849	540,000
2,050 ~ 2,149	370,000	3,850 ~ 3,949	550,000
2,150 ~ 2,249	380,000	3,950 ~ 4,049	560,000
2,250 ~ 2,349	390,000	4,050 ~ 4,149	570,000
2,350 ~ 2,449	400,000	4,150 ~ 4,249	580,000
2,450 ~ 2,549	410,000	4,250 ~ 4,349	590,000
2,550 ~ 2,649	420,000	4,350 ~ 4,449	600,000
2,650 ~ 2,749	430,000	4,450 ~ 4,549	610,000
2,750 ~ 2,849	440,000	4,550 ~ 4,649	620,000
2,850 ~ 2,949	450,000	4,650 ~ 4,749	630,000
2,950 ~ 3,049	460,000	4,750 ~ 4,849	640,000
3,050 ~ 3,149	470,000	4,850 ~ 4,949	650,000
3,150 ~ 3,249	480,000	4,950 ~ 5,049	660,000
3,250 ~ 3,349	490,000	5,050 ~ 5,149	670,000
3,350 ~ 3,449	500,000	5,150 ~ 5,249	680,000
3,450 ~ 3,549	510,000	5,250 ~ 5,349	690,000
3,550 ~ 3,649	520,000	5,350 이상	700,000

3 비육돈, 육성돈 및 후보돈, 자돈

① 보험가액 산정방법

<table>
<tr><th colspan="9">보험가액</th></tr>
<tr><td colspan="9">1. 적용 체중</td></tr>
<tr><td>단위구간(kg)</td><td>31~40</td><td>41~50</td><td>51~60</td><td>61~70</td><td>71~80</td><td>81~90</td><td>91~100</td><td>101~110 미만</td></tr>
<tr><td>적용체중(kg)</td><td>35</td><td>45</td><td>55</td><td>65</td><td>75</td><td>85</td><td>95</td><td>105</td></tr>
<tr><td colspan="9">① 육성돈 (31kg 초과~110kg 미만(출하 대기 규격돈 포함)까지 10kg 단위구간의 중간 생체중량)
② 단위구간은 사고 돼지의 실측 중량 (kg/1두)
③ 110kg 이상은 110kg으로 한다.</td></tr>
<tr><td colspan="9">2. 110kg 비육돈 수취가격
① 사고 당일 포함 '직전 5영업일 평균 돈육 대표가격(전체, 탕박)×110kg×지급(육)율 (76.8%)'
② 돈육 대표가격: 축산물품질평가원에서 고시하는 가격(원/kg)을 적용한다.</td></tr>
<tr><td colspan="9">3. 비육돈 · 육성돈 · 후보돈 보험가액
30kg 자돈가격 + [(적용체중 -30kg) × $\dfrac{(110kg \ 비육돈 \ 수취가격 \ - \ 30kg \ 자돈가격)}{80}$</td></tr>
<tr><td colspan="9">4. 자돈 보험가액
① 협정보험가액
② 과거에는 포유돈 100,000원/두, 이유돈 150,000원/두으로 정해져 있었지만, 내용이 삭제되었으므로 제시되는 금액을 적용한다.</td></tr>
</table>

② 비육돈, 육성돈 및 후보돈 보험가액 산정 예시. 적용체중, 30kg 자돈가격, 110kg 비육돈 수취가격이 필요

> **예 9]** · 조건: 실측체중 88kg, 30kg 자돈가격 200,000원, 평균 돈육대표가격 6,000원/kg
>
> 1. 적용체중 85kg
> 2. 110kg 비육돈 수취가격 = 110kg×평균 돈육대표가격 6,000원×76.8% = 506,880원
> 3. 보험가액 =
>   30kg 자돈 200,000원 + [(적용체중 85-30) × $\dfrac{(110kg \ 수취 \ 506,880 \ - \ 30kg \ 자돈 \ 200,000)}{110 \ - \ 30}$] = 410,980원

4 질병위험보장 특별약관

① 보험가액=모돈수×2.5×자돈가격

② 손해액: 보통약관에서의 종모돈, 종빈돈, 비육돈, 육성돈, 후보돈, 자돈의 보험가액 계산 방법대로 계산한다.
- 손해액=보통약관 돼지 부문 축종별 보험가액 계산 방법과 동일

③ 자기부담금: '보통약관 지급보험금 계산방식에 따라서 계산한 금액×자기부담비율'한 금액과 200만원 중 큰 금액을 자기부담금으로 한다.
- max(계산한 자기부담금, 200만원)

④ 질병위험보장 특별약관 보험금 계산 예시

예 10] ・조건 : 특별약관 보험가입금액 3,375만원, 보험가액 3,750만원, 손해액 3,300만원, 자기부담비율 20%

1. 자기부담금 = max[33,000,000 × $\dfrac{3,375}{3,750}$ × 0.2, 2,000,000] = 5,940,000원

2. 보험금 = min[33,000,000 × $\dfrac{3,375}{3,750}$, 33,750,000] - 5,940,000 = 23,760,000원

✓ **돼지 질병위험보장 특별약관**

1. 사실상, 이 특약에서 보상하는 손해는 자돈에 피해를 일으키는 질병이다. 실무에서 대부분의 경우, 손해액은 자돈의 손해액(보험가액)이다.
2. 이 특약의 손해액은 '모돈수×2.5×자돈가격'을 초과할 수 없음 (가축재해보험 [실무 매뉴얼])
3. 본 특약의 보상하지 않는 손해 : 「농업재해보험 · 손해평가의 이론과 실무」 참조

---

5 축산휴지위험보장 특별약관

① 이 특별약관에서 사용하는 용어의 정의

- 축산휴지: 보험의 목적의 손해로 인하여 불가피하게 발생한 전부 또는 일부의 축산업 중단
- 축산휴지손해: 보상위험에 의해 손해를 입은 결과 축산업이 전부 또는 일부 중단되어 발생한 사업이익과 보상위험에 의한 손해가 발생하지 않았을 경우 예상되는 사업이익의 차감 금액
- 사업이익: 1두당 평균가격에서 경영비를 뺀 잔액
- 보험가입금액: 이 특별약관에서 지급될 수 있는 최대 금액
- 1두당 평균가격: 보통약관 돼지 보험금 산정을 위한 보험가액 결정에서 정한 비육돈 생체중량 100kg의 가격(생체중량 100kg 기준 비육돈의 보험가액)
- 경영비: 통계청에서 발표한 최근의 비육돈 평균경영비
- 이익률 = $\dfrac{\text{1두당 비육돈(100kg 기준) 평균가격 - 경영비}}{\text{1두당 비육돈(100kg 기준) 평균가격}}$, 16.5% 미만인 경우 16.5%로 함

② 손해액 산정방법

- 손해액(보험가액)=종빈돈×10×1두당 비육돈(100kg 기준) 평균가격×이익률
- 1두당 비육돈(100kg 기준) 평균가격: 보통약관(보험가액)에서의 비육돈 계산 방법에 따른 비육돈 생체중량 100kg의 가격 (생체중량 100kg 기준 비육돈의 보험가액)
- 후보돈과 임신, 분만 및 포유 등 종빈돈으로서 기능을 하지 않는 종빈돈은 제외

③ 자기부담금: 자기부담금은 적용하지 않는다.

④ 보험금은 이 특별약관의 보험가입금액을 초과할 수 없다.

⑤ 피보험자가 피보험이익을 소유한 구내의 가축에 대하여 보통약관 또는 특약에 의한 보험금 지급이 확정된 경우에 한하여 보장한다.

✓ 본 특약의 "전부 또는 일부의 축산업 중단"에 관한 정의가 모호하다. 종빈돈의 "전부 폐사=전부 중단, 일부 폐사=일부 중단"이 성립하는가에 관한 의문이 있을 수 있다. 문제 조건이 명확히 제시되어야 할 것이다.
또한 이 경우 "손해액은 보험가액으로 하며"의 규정과 충돌함이 있지만, 보통약관과 같이 "두당 손해액=두당 보험가액"의 개념으로 하여 총 보험가액과 구분하기로 한다.

⑥ 축산휴지위험보장 특별약관 보험금 계산 예시

> **예 11]** • 조건 : 보험가입금액 5,000만원, 종빈돈 100두(종빈돈 기능하지 않는 두수 5두 포함), 100kg 비육돈 보험가액 34만원, 경영비 28만원, 종빈돈 전부 폐사 및 축산업의 전부 중단
>
> 1. 이익률 = $\dfrac{340,000 - 280,000}{340,000}$ = 17.65%(소수점 셋째 자리에서 반올림)
>
> 2. 손해액(보험가액) = 95 × 10 × 340,000 × 0.1765 = 57,000,000원 (만원 단위 미만 절사) → 일부보험
>
> 3. 보험금 = min(57,000,000 × $\dfrac{5,000}{5,700}$, 50,000,000) = 50,000,000원

> ✓ 돼지 축산휴지위험보장 특별약관
> 1. 본 특약의 보상하지 않는 손해 : 「농업재해보험 · 손해평가의 이론과 실무」 참조

6 가금 부문

1 손해액 산정방법

① 손해액: 손해가 생긴 때를 기준으로 아래의 축종별 보험가액 산정 방법에 따라서 산정한 보험가액으로 한다.

② 고기, 가죽 등 이용물 처분액 및 보상금 등이 있는 경우: 보험가액에서 이를 차감한 금액을 손해액으로 한다.
  • 이용물 처리에 소요되는 제반 비용: 피보험자의 부담 원칙

③ 이용물 처리 방법
  • 피보험자가 이용물을 처리할 때에는 반드시 재해보험사업자의 입회하에 처리하여야 함
  • 재해보험사업자의 입회 없이 이용물을 임의 처분한 경우에는 재해보험사업자가 인정 평가하여 손해액을 차감

2 닭 - 종계

① 보험가액 산정방법

구분	해당 주령	보험가액
병아리	생후 2주 이하	사고 당일 포함 직전 5영업일의 육용 종계 병아리 평균가격
성계	생후 3~6주	31주령 × 30%
	생후 7~30주	31주령 가격 × [100% − {(31주령 − 사고 주령) × 2.8%}]
	생후 31주	계약 당시 협정가액
	생후 32~61주	31주령 가격 × [100% − {(사고 주령 − 31주령) × 2.6%}]
	생후 62~64주	31주령 가격 × 20%
노계	생후 65주 이상	사고 당일 포함 직전 5영업일의 종계 성계육 평균 가격

② 종계 보험가액 산정 예시

> **예 12]** • 조건: 육용 종계 병아리 평균 가격 800원, 종계 성계 31주령 협정가액 5,000원,
> 폐사두수 - 병아리 1,000마리, 25주령 200마리, 40주령 300마리
>
> 1. 병아리 손해액 = 800 × 1,000 = 800,000원
> 2. 25주령 손해액 = 5,000 × [1 - {(31 - 25) × 0.028}] × 200 = 832,000원
> 3. 40주령 손해액 = 5,000 × [1 - (40 - 31) × 0.026]] × 300 = 1,149,000원

3 닭 – 산란계

① 보험가액 산정방법

보험가액		
산란계 병아리	생후 1주 이하: 사고 당일 포함 직전 5영업일의 산란실용계 병아리 평균 가격	
	생후 2~9주: $\text{산란실용계병아리가격} + \dfrac{\text{산란중추가격} - \text{산란실용계병아리가격}}{9} \times (\text{사고주령} - 1)$	
중추	생후 10~15주: 사고 당일 포함 직전 5영업일의 산란 중추 평균 가격	
	생후 16~19주: $\text{산란중추가격} + \dfrac{20\text{주 산란계가격} - \text{산란중추가격}}{5} \times (\text{사고주령} - 15)$	
산란계	생후 20~70주: (550일 - 사고 일령) × 70% × (사고 당일 포함 직전 5영업일의 *계란 1개 평균가격 - **계란 1개의 생산비)	
	• 계란 중량규격별 비중: 왕란(2.0%), 특란(53.5%), 대란 이하(44.5%)	
	• *계란 1개 평균 가격 = (왕란 가격 × 0.02) + (특란 가격 × 0.535) + (대란 이하 가격 × 0.445)	
	• **산란계의 계란 1개의 생산비: 77원	
	• '사고 당일 포함 직전 5영업일의 계란 1개 평균 가격 - 계란 1개의 생산비'가 10원 이하인 경우 10원으로 함	
산란 노계	생후 71주 이상: 사고 당일 포함 직전 5영업일의 산란 성계육 평균 가격	

② 산란계 보험가액 산정 예시

> **예 13]** • 조건: 산란계 병아리 평균 가격 600원, 중추가격 3,000원, 20주 산란계가격 4,000원, 계란 1개 평균 가격 90원
>
> 1. 8주령 보험가액 = $600 + \dfrac{3,000 - 600}{9} \times (8 - 1)$ = 2,466원(일원 단위 미만 절사)
> 2. 50주령 보험가액 = (550 - 350) × 0.7 × (90 - 77) = 1,820원

4 닭 – 육계, 토종닭, 부화장

① 육계 보험가액 산정방법

구분	해당 주령	보험가액
병아리	생후 1주 미만	사고 당일 포함 직전 5영업일의 육용 실용계 병아리 평균 가격
육계	생후 1주 이상	사고 당일 포함 직전 5영업일의 육용 실용계 평균 가격(원/kg) × 발육표준표 해당 일령 사고 육계의 중량

② 토종닭 보험가액 산정방법

구분	해당 주령	보험가액
병아리	생후 1주 미만	사고 당일 포함 직전 5영업일의 토종닭 병아리 평균 가격
토종닭	생후 1주 이상	사고 당일 포함 직전 5영업일의 토종닭 평균 가격(원/kg)×발육표준표 해당 일령 사고 토종닭의 중량 • 위 금액과 사육계약서의 중량별 매입 단가 중 작은 금액을 한도로 함

가금 발육표준표 중 발췌
• 육계 40일령 초과 2.3kg   • 토종닭 84일령 초과 2.8kg • 삼계 : 육계×70%   • 오리 45일령 초과 3.5kg • 보험가액(중량×kg당 시세)이 병아리 시세보다 낮은 경우는 병아리 시세로 보상

③ 부화장 보험가액 산정방법

구분	해당 주령	보험가액
종란	-	계약 당시 협정한 가액
병아리	생후 1주 미만	사고 당일 포함 직전 5영업일의 육용 실용계 병아리 평균 가격

5 오리 보험가액

구분	해당 주령	보험가액
새끼 오리	생후 1주 미만	사고 당일 포함 직전 5영업일의 새끼오리 평균 가격
오리	생후 1주 이상	사고 당일 포함 직전 5영업일의 생체 오리 평균 가격(원/kg)×발육표준표 해당 일령 사고 오리의 중량
종오리	생후 27주 이하	28주령 가격×[100%−{(28주령−사고주령)×2.9%}]
	생후 28주	계약 당시 협정한 가액
	생후 29주~77주	28주령 가격×[100%−{(사고주령−28주령)×1.9%}]
	생후 78주 이상	28주령 가격×[100%−{(78주령−28주령)×1.9%}]

6 꿩, 메추리, 거위, 칠면조, 타조 등 기타 가금 보험가액: 계약 당시 협정한 가액

7 말, 종모우, 기타 가축 부문

① 손해액: 계약체결 시 계약자와 협의하여 평가한 보험가액 (이하 협정보험가액)으로 한다.

② 고기, 가죽 등 이용물 처분액 및 보상금 등이 있는 경우: 손해액=보험가액(-이용물처분액)

③ 협정보험가액이 사고 발생 시의 보험가액을 현저하게 초과할 때: 사고 발생 시의 가액을 보험가액으로 한다.

8 보험가액과 보험(가입)금액

1 보험가액

① 보험가액: 손해보험에서 피보험자가 보험사고로 인하여 입게 될 경제적 이익을 피보험이익이라 하며, 피보험이익을 금전적 가치로 평가한 것이다.

② 기능: 이득 금지의 판정 기준, 법률상의 보상한도액

③ 통상적으로 사고가 발생한 곳과 때의 가액으로 평가되므로 수시로 변동될 수 있다.

2 보험(가입)금액: 재해보험사업자의 보상한도액(계약상의 보상한도액)이다.

3 전부보험, 초과보험, 일부보험: 보험가액과 보험(가입)금액의 일치 여부에 따라 전부보험, 초과보험, 일부보험 및 중복보험이 발생한다.

9 가축 지급보험금의 계산 방법

1 지급보험금 계산 방법: 아래에 따라 계산한 금액에서 자기부담금을 차감한 금액

① 전부보험, 초과보험 (보험가입금액이 보험가액과 같거나 클 때)

> 보험가입금액 한도로 손해액 전액 = min(손해액, 보험가입금액)
> - 보험금 = min(손해액, 보험가입금액) - 자기부담금
>
> 보험가입금액이 보험가액보다 클 경우 보험가액을 한도로 손해액 전액 = min(손해액, 보험가액)
> - 보험금 = min(손해액, 보험가액) - 자기부담금

② 일부보험 (보험가입금액이 보험가액보다 작을 때)

> 보험가입금액을 한도로 손해액 $\times \dfrac{\text{보험가입금액}}{\text{보험가액}}$ = min(손해액 $\times \dfrac{\text{보험가입금액}}{\text{보험가액}}$, 보험가입금액)
> - 보험금 = min[손해액 $\times \dfrac{\text{보험가입금액}}{\text{보험가액}}$, 보험가입금액] - 자기부담금

③ 중복보험: 중복보험의 계산 방법에 따라 계산한 금액에서 이 약관 각 부문별 제 규정에서 정한 '자기부담금을 차감'하여 지급보험금을 계산한다.
  - 계산방식이 같은 경우는 가입금액 비례분담방식
  - 계산방식이 다른 경우는 독립책임액 비례분담방식
  ✓ 시설종합 – 중복보험 편 중 축사 참조 **289page**
  ✓ 중복보험, 타인을 위한 보험 - 중복보험 및 하나의 보험가입금액으로 둘 이상의 보험의 목적을 가입한 경우: 시설종합 편 참조

2 잔존 보험가입금액

① 보험가입금액에서 보상액을 뺀 잔액을 손해가 생긴 후의 나머지 보험기간에 대한 잔존 보험가입금액으로 한다.
② 가축: 돼지, 가금, 기타 가축에 적용 (소, 말 제외)
③ 축사에도 잔존 보험가입금액 적용

3 보험금 등의 지급 한도 및 추가 비용손해

① 잔존물 처리비용
  - 손해액의 10%를 초과할 수 없다.
  - 목적물 보험금과 잔존물 처리비용은 각각 지급보험금의 계산을 준용하여 계산하며, 그 합계액은 보험가입금액을 한도로 한다.
② 손해방지비용, 대위권 보전비용 및 잔존물 보전비용
  - 지급보험금의 계산을 준용하여 계산한 금액이 보험가입금액을 초과하는 경우에도 지급한다.
  - 자기부담금은 차감하지 않는다.
③ 기타 협력비용: 보험가입금액을 초과한 경우에도 이를 전액 지급한다.
④ 일부보험이나 중복보험인 경우: 기타 협력비용을 제외한 비용손해는 비례분담방식 등으로 계산한다.

> **✓ 포인트**
>
> **가축 추가 비용손해 계산**
> 1. 잔존물 처리비용: 자기부담금 차감
> 2. 손해방지비용, 대위권 보전비용 및 잔존물 보전비용: 자기부담금 미차감
> 3. 잔존물 처리비용, 손해방지비용, 대위권 보전비용 및 잔존물 보전비용: 일부보험, 중복보험인 경우 비례보상
> 4. 기타 협력비용: 전액 지급

가축 보험금 산정 방법
총 보험가액 → 비례보상 여부 확인 → 손해액 → 목적물 보험금 → 추가 비용손해 → 지급보험금

1. 보험가액 : 각 축종별 보험의 보험가액 참조

2. 손해액
   ① 손해액≠보험금
   ② 손해액＝보험가액(－이용물처분액)
   ③ 이용물 처분액과 잔존물 처리비용은 동시 발생할 수 없다.

3. 이용물 처분액과 잔존물 처리비용
   ① 이용물 처분액 : 긴급도축 시 발생. 수익으로 간주하므로 차감하여 손해액 계산
   ② 잔존물 처리비용 : 폐사 시 발생. 비용손해로 간주하므로 추가하여 보상하는 비용손해

4. 최종 (계산된) 보험금
   ① 목적물 보험금≠최종 (계산된) 보험금
   ② 최종 보험금＝목적물 보험금＋추가 비용손해('잔'＋손대잔＋기)

5. 보험금 구성 항목 각각의 한도와 비례보상 적용 여부

(1) 목적물 보험금
   ① (전부보험, 초과보험) 보험가입금액 ≥ 보험가액 : min(손해액, 보험가입금액, 보험가액)－자기부담금
   ② (일부보험) 보험가입금액 < 보험가액 : min{(손해액×비례보상), 보험가입금액}－자기부담금
   ✓ min{(손해액×비례보상), 보험가입금액}－자기부담금＝min{(손해액×비례보상), 보험가입금액}×(1－ 자기부담비율)

(2) 추가 비용손해 중 잔존물 처리비용
   ① 한도 : min(잔존물 처리비용, 손해액 10%)
   ② 계산 : min(잔존물 처리비용, 손해액 10%)×비례보상×(1－자기부담비율)
   ③ 총 한도 : min(계산된 목적물 보험금＋계산된 잔존물 처리비용, 보험가입금액)

(3) 추가 비용손해 중 손대잔＋기
   ① 손대잔 : 보험가입금액을 초과하는 경우에도 지급하며, 자기부담금은 차감하지 않는다.
   ② 기타 : 전액 지급한다.
   ③ 일부보험인 경우 : (손대잔×비례보상)＋기타 협력비용

1 보험금 심사

① 보험사고 접수 이후 피해 사실의 확인, 보험가액 및 손해액의 평가 등 손해평가 과정 이후 재해보험사업자의 보험금 지급 여부 및 지급보험금을 결정하기 위함

② 우연한 사고로 발생한 재산상의 손해를 보상할 것을 목적으로 약관형식으로 판매되는 손해보험 특성상 약관 규정 내용을 중심으로 판단

2 보험금 심사 방법

① 보험금 지급의 면·부책 판단 요건

- 보험기간 내에 보험약관에서 담보하는 사고인지 여부
- 원인이 되는 사고와 결과적인 손해 사이의 상당한 인과 관계 여부
- 보험사고가 상법과 보험약관에서 정하고 있는 면책조항에 해당되는지 여부
- 약관에서 보상하는 손해 및 보상하지 아니하는 손해 조항 이외에도 알릴 의무 위반 효과에 의거 손해보상책임이 달라질 수 있으므로 주의

② 손해액 평가: 손해액 산정 및 평가는 약관 규정에 따라서 평가

3 보험금 지급심사 시 유의사항

① 계약체결의 정당성 확인: 보험계약 체결 시 보험 대상자(피보험자)의 동의 여부, 보험금을 받는 자(보험수익자) 본인 여부 등을 확인

② 고의, 역선택 여부 확인

- 고의적인 보험사고를 유발하거나 허위 사고 여부를 확인
- 다수의 보험을 가입하고 고의로 사고를 유발하는 경우가 있으므로 특히 주의를 요하며, 보험 계약이 역선택에 의한 계약인지 확인

③ 고지의무위반 등 여부: 약관에서 규정하고 있는 계약 전, 후 알릴 의무 및 각종 의무 위반 여부를 확인

④ 면책사유 확인: 고지의무 위반 여부, 보험계약의 무효 사유, 보험사고 발생의 고의성, 청구서류에 고의로 사실과 다른 표기, 청구시효 소멸 여부를 확인

⑤ 기타 확인: 보험금 지급에 영향을 미치는 다른 사항이 있는지 확인

11 보험사기 방지

1 보험사기: 보험계약자 등이 보험제도의 원리상으로는 취할 수 없는 보험혜택을 부당하게 얻거나 보험제도를 역이용하여 고액의 보험금을 수취할 목적으로 고의적이며 악의적으로 행동하는 일체의 불법행위로써 형법상 사기죄의 한 유형

2 성립요건

① 계약자 또는 보험대상자에게 고의가 있을 것
② 기망 행위가 있을 것
③ 상대방인 회사가 착오에 빠지는 것
④ 상대방인 회사가 착오에 빠져 그 결과 승낙의 의사표시를 한 것
⑤ 사기가 위법일 것

3 사기행위자: 계약자 또는 피보험자 자신에게도 사기행위가 있다면 고지의무 위반과 달리 보장개시일로부터 5년 이내에 계약을 취소할 수 있음

4 사기 증명: 계약자 또는 피보험자의 사기를 이유로 보험계약의 무효를 주장하는 경우 재해보험사업자 측에서 사기 사실 및 그로 인한 착오 존재를 증명해야 함

5 보험사기 조치

① 청구한 사고보험금 지급을 거절 가능
② 약관에 의거하여 해당 계약을 취소할 수 있음

PART 12
보험의 이해

01 CHAPTER 보험의 이해

1. 보험의 이해

1 위험의 개념 · 정의

1 위험에 관한 다양한 정의

① 손실의 기회, 손실의 가능성. 불확실성, 실제 결과와 기대했던 결과와의 차이, 기대와는 다른 결과가 나올 확률

② 위험과 risk: 엄밀하게는 다른 의미이지만 동일하게 쓰이기도 한다.

③ risk: 위험에 직면할 [손해를 볼, 상처(따위)를 입을] 가능성이나 기회

2 위험과 관련이 있는 개념

1 위태(hazard)

① 위험 상황 또는 위험한 상태

② 특정한 사고로 인하여 발생할 수 있는 손해의 가능성을 새로이 창조하거나 증가시킬 수 있는 상태

2 손인(Peril)

① 손해(loss)의 원인

② 화재, 폭발, 지진, 폭풍우, 홍수, 자동차 사고, 도난, 사망 등

③ 일반적으로 '사고'라고 부르는 것

3 손해(Loss)

① 위험한 상황(hazard)에서 사고(peril)가 발생하여 초래되는 것이 물리적·경제적·정신적 손해

② 손인의 결과로 발생하는 가치의 감소 혹은 상실

4 위태, 손인 및 손해의 관계

위태(hazard)		손인(Peril)		손해(loss)
사고 발생 가능성은 있으나 사고가 발생하지는 않은 단계	⇨	이러한 위험 상황에서 실제로 위험이 발생한 단계	⇨	위험사고가 발생한 결과 초래되는 가치의 감소 즉, 손실

<위태, 손인, 손해의 구분>

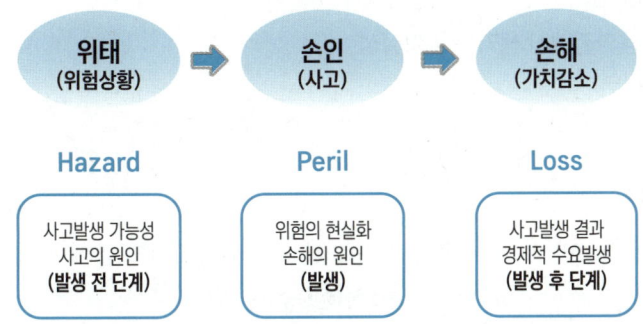

---

3 위험의 분류

1 분류 기준

① 위험의 속성을 측정할 수 있는가

② 손실의 기회(chance of loss)나 이득의 기회(chance of gain)가 존재하는가

③ 위험의 속성이 시간에 따라 변하는가

④ 위험이 미치는 범위가 얼마나 큰가

2 위험 분류의 중요성

위험이 지니는 속성에 따라 보험이라는 사회적 장치를 통해 전가할 수 있는지를 판가름할 수 있다.

3 객관적 위험과 주관적 위험: 위험 속성의 측정 가능성 여부에 따른 분류

객관적 리스크(objective risk)
1. 실증자료 등이 있어 확률 또는 표준편차와 같은 수단을 통해 측정 가능한 위험
2. 보험의 대상이 되는 위험

[도움 설명]
① 확률 분포가 존재하며 평균 및 분산 측정 가능 (통계와 측정이 가능)
② 다수의 동질적 리스크를 결합해 발생 가능성을 확률 계산으로 측정 가능
③ 대수의 법칙에 의해 관찰 리스크의 수가 많을수록 실제 손실과 기대 손실의 차이가 줄어 손실에 대한 예측이 보다
　 정확해짐

주관적 리스크(subjective risk)

개인의 특성에 따라 평가가 달라져 측정이 곤란한 위험

[도움 설명]
① 통계와 측정이 거의 불가능
② 개인의 정신 상태, 마음가짐에서 생기는 불확실성
③ 개인의 위험에 대한 인식

4 순수위험과 투기적 위험

손실의 기회(chance of loss)만 있는가, 이득의 기회(chance of gain)도 함께 존재하는가에 따른 분류

순수위험(pure risk)

1. 보험의 대상이 되는 위험. 손실의 기회만 있고 이득의 기회는 없는 위험
2. 이득의 범위가 0에서 $-\infty$
3. 홍수, 낙뢰, 화재, 폭발, 가뭄, 붕괴, 사망이나 부상 및 질병 등
4. 종류
(1) 재산손실위험(property loss risk) :
　　 자연재해 또는 사고의 직접적 결과로 입게되는 각종 재산상의 피해위험
(2) 간접손실위험(indirect loss risk)
　① 재산손실위험에서 파생되는 2차적인 경제적 손실위험
　② 예시 : 화재에 의한 공장 가동 중단 → 생산 불가능 → 고정비용 지출, 추가 비용 발생, 순소득 감소
(3) 배상책임위험(liability risk)
　① 자신의 과실, 부주의로 제3자에게 물질적, 정신적 피해를 입힌 경우 법적으로 그러한 피해에 대하여 배상할
　　 책임이 발생하고, 이러한 손해배상책임으로 인한 손실위험
　② 피해자가 야기한 손해의 법적 회복에 필요한 추가 비용의 발생, 기업 활동의 제약 또는 법규의 준수 강제, 벌금
　　 납부, 기업 이미지 손상 등을 동반
(4) 인적손실위험(human risk)
　① 개인의 사망, 부상, 노령화, 질병, 실직 등 조직이나 개인에게 직접적으로 영향을 미치는 위험
　② 소득의 감소 및 단절, 신체 및 생명의 손실 등을 야기
　③ 단기, 장기 또는 영구적인 위험

[도움 설명]
① 이익 발생 가능성 없고(잠재적 이익이 혼재되어 있지 않은) 손실 가능성만 있는 리스크(순수한 손실 발생 리스크)
② 발생 결과 = 손실
③ 최선의 경우 손실이 발생하지 않으나 항상 손실 발생의 기회 존재하고 이익의 기회는 존재하지 않음
④ 대수의 법칙으로 손실 정도를 미리 예측 → 보험화 가능성 높음. 보험으로 리스크 대응 가능
⑤ 사망, 질병, 화재, 자동차 사고, 각종 자연재해
⑥ 개개의 순수위험 : 우발적이므로 범위 한정 및 제어 어려움
⑦ 다수의 순수위험 : 통계적으로 어떤 규칙성이 있어 예측 및 측정 · 관리 가능

투기적 위험(speculative risk)

1. 손실의 기회도 있지만 이익을 얻는 기회도 있는 위험
2. 이득의 범위는 $-\infty$부터 $+\infty$까지 광범위

[도움 설명]
① 손실의 가능성과 함께 이익의 가능성도 존재(잠재 이익과 잠재 손실의 혼재)
② 발생 결과＝손실 or 이익
③ 도박, 사업경영 리스크, 부동산 투자 리스크, 가격 변동 리스크, 환 리스크 등
④ 대수의 법칙 적용 어려움

5 정태적 위험과 동태적 위험

위험의 발생 빈도나 발생 규모가 시간에 따라 변하는지 그 여부에 따른 분류

정태적 위험(static risk)
1. 화산 폭발, 지진 발생, 사고와 같이 시간의 경과에 따라 성격이나 발생 정도가 크게 변하지 않을 것으로 예상되는 위험
[도움 설명] ① 사회 변화와 관계없이 존재 ② 자연현상, 인간의 과실 등으로 인한 리스크 ③ 개인 또는 사회에 손실 초래 ④ 일정한 변화의 패턴으로 예측과 통제는 어느 정도 가능 (통계와 보험으로 리스크 대응 가능) ⑤ 순수 리스크, 특정 리스크와 유사

동태적 위험(dynamic risk)
1. 시간 경과에 따라 성격이나 발생 정도가 변하여 예상하기가 어려운 위험 2. 소비자 기호의 변화, 시장에서의 가격 변동, 기술의 변화, 환율 변동 등
[도움 설명] ① 사회 현상의 변화(소득 수준의 변화, 기술의 혁신, 산업 구조의 변동, 생산 양식의 변화, 경영 방식의 개선 등)에 따라 발생 ② 사회적 이익 또는 손실로 나타남 ③ 원인이 다양하고 불규칙하므로 예측과 통계가 불가능 ④ 보험으로 리스크 대응 불가능 ⑤ 근본 리스크와 유사. 동태적 위험은 대부분 투기적 위험에 속함

6 특정적 위험과 기본적 위험

위험이 미치는 범위가 얼마나 넓은가 혹은 좁은가에 따른 분류

특정적 위험(specific risk)
1. 한정적 위험 2. 피해 당사자에게 한정되거나 매우 제한적 범위 내에서 손실을 초래하는 위험 3. 주택 화재나 도난, 가족의 사망이나 부상 등
[도움 설명] 특정 리스크 ① 특정 집단 또는 개인에게 국한되어 존재하는 위험. 개인적 사건에 의해 야기되고 결과도 개인 또는 제한적 영역에 영향을 미친다. 　　**예** 주택 화재, 도난, 사망, 부상, 질병 등 ② 예측과 통제가 어느 정도 가능하다. ③ 민영 또는 사보험으로 대응이 가능하다. ④ 순수 리스크에 가깝다

기본적 위험(fundamental risk)
1. 근원적 위험 2. 불특정 다수나 사회 전체에 손실을 초래하는 위험 3. 대규모 파업, 실업, 폭동, 태풍 같은 위험 4. 코로나(covid-19)는 전 세계적으로 영향을 미치고 있는데 대표적인 기본적 위험
[도움 설명] 근본 리스크 ① 불확실성의 원천과 그 영향이 미치는 범위가 사회 전반에 걸친다. 　(다수, 또는 사회 전체에 영향 초래) ② 예측이나 통제가 불가능한 경우가 많다. ③ 보험회사가 부담할 수 없을 정도의 손실 규모이므로 사회적, 국가적 차원에서 관리하는 것이 적절함 　(사회보험으로 대비하는 경우가 많다) 　**예** 지진, 태풍, 인플레이션, 전쟁, 천재지변, 편견, 유행 등 ④ 투기 리스크와 순수리스크 상황을 모두 포함한다.

7 담보위험과 비담보위험 및 면책위험

보험계약이 성립되었을 때 보험자가 책임을 부담하는지 그 여부에 따른 분류

담보위험
1. 보험자가 책임을 부담하는 위험 2. 자동차보험에서 운행으로 인한 사고 등
비담보위험(부담보위험)
1. 보험자가 담보하는 위험에서 제외한 위험 → 보험자가 담보하는 범위를 한정 2. 자동차보험에서 산업재해에 해당하는 위험을 제외한 경우 등 3. 면책과 비담보의 경계로 인한 다툼이 발생할 수 있음
면책위험
1. 보험자가 책임을 면하기로 한 위험 → 보험자의 담보 범위에 있는 사고가 발생한 경우에도 보험자의 책임이 　면제(≠비담보위험) 2. 계약자 등의 고의에 의한 사고 또는 전쟁위험 등

8 [참고] 부보 가능 위험과 부보 불가능 위험

부보 가능 위험(보험 가능 위험)
1. 일반적으로 순수위험 중 보험인수 가능한 것 　**예** 인적, 재산적, 책임위험 등 2. 인적위험 : 개인의 건강·생명에 관한 위험. 주로 생명보험 영역 3. 재산적 위험 : 재산에 발생하는 직접 손해와 손해 복구를 위한 광의의 간접 손해 4. 배상책임위험 : 과실·부주의로 제3자에게 신체, 재산, 정신적 피해를 입혀 배상책임을 지는 위험. 한도가 없으며 　예측하기 어려움 5. 손해의 법적 회복에 필요한 추가 비용의 발생, 법규의 준수 강제, 벌금 납부 등을 수반 6. 위험 분류에 있어서 순수위험과 객관적 위험
부보 불가능 위험(보험 불가능 위험)
순수위험 중 보험 인수 불가능한 것 및 대부분의 투기 위험

4　농업 부문 위험의 유형(risk in agriculture)

1　생산위험

① 농축산물 생산과정의 생산량과 품질의 저하에 따른 위험
② 기후변화나 병해충, 가축질병 발생

2　가격위험

① 생산한 농산물의 가격변동에 따른 위험
② 생산에 일정한 기간이 소요: 생산 결정을 내리는 시점에는 산출물의 가격을 알 수 없음
③ 생산위험은 가격위험에 영향을 미침
④ 농산물 가격은 시장의 수요와 공급에 의해 결정: 개별 생산자는 시장 가격에 영향을 미치지 못함

3　제도적 위험

① 정부정책과 제도 등의 변동에 따른 위험: 농업 관련 세금, 농산물 가격 및 농업소득지지, 환경규제,
　식품안전, 노동 및 토지 규제, FTA 등 수입 개방정책 등
② 영향: 높은 수준의 정책개입, 농업정책의 변화는 농가의 농업생산과 투자에 있어서 위험을 창출함

4　인적위험: 개별 농민 혹은 농가 구성원의 사고, 질병, 사망 등에 따른 위험

5　위험관리의 의의 및 구성 요소

1　위험관리의 의의

① 위험을 발견하고 그 발생 빈도나 심도를 분석하여 가능한 최소의 비용으로 손실 발생을 최소화하기 위한
　제반 활동
② 우연적인 손실이 개인이나 조직에 미칠 수 있는 바람직하지 않은 영향을 최소화하기 위한 합리적,
　조직적인 관리 또는 경영활동의 한 형태

③ 의사결정자에게 유리한 방향으로 확률이나 성과를 변경하는 관리업무

2 위험관리의 목표

① 최소의 비용으로 손실(위험비용)을 최소화하는 것
② 개인이나 조직의 생존을 확보하는 것

3 위험관리의 목적

① 사전적 목적: 경제적 효율성 확보, 불안의 해소, 타인에 전가할 수 없는 법적 의무의 이행, 기업의 최고
   경영자에게 예상되는 위험에 대하여 안심을 제공하는 것 등
② 사후적 목적: 생존, 활동의 계속, 수익의 안정화, 지속적 성장, 사회적 책임의 이행 등

4 위험관리의 구성 요소

① 지식: 위험 원인과 잠재적인 결과(outcomes) 등을 파악하는 활동
   • 지식: 결과와 결과의 발생 가능성이 정확히 알려져 있지 않은 사건 (불확실성)에서 결과와 결과의 발생
     가능성이 정확히 알려져 있는 사건 (위험)으로의 전환
   • 생산량, 기온, 강수량 등의 분포를 파악하는 활동 등
② 보험: 사고로부터 발생가능한 손실의 위험을 적정한 보험상품 가입을 통해 전가
   • 농업재해보험 가입 등
③ 보호: 좋지 않은 결과의 가능성을 축소하는 활동
   • 농업용수 관리, 관개 체계 정비, 경지정리, 예방 접종, 농약 살포 등
④ 대응: 좋지 않은 결과를 사후적으로 완화하는 활동
   • 다양한 판매 및 유통경로 개척, 효율적 노동 및 재무관리 등

6 위험관리 방법

위험통제를 통한 대비 방법과 위험자금 조달을 통한 대비 방법으로 구분

위험통제 (risk control)	위험자금 조달 (risk financing)
발생하는 위험을 줄이거나 해소하기 위하여 동원하는 물리적 방법	위험 발생으로 인한 경제적 손실을 해결하는 재무적 방법

1 물리적 위험관리 : 위험통제(risk control)를 통한 대비

위험회피 (risk avoidance)	1. 가장 기본적인 위험 대비 수단 2. 손실의 가능성을 원천적으로 회피 　예 자동차 사고 방지를 위해 자동차를 이용하지 않는 것 3. 위험회피가 항상 가능한 것은 아님 4. 다른 위험의 초래 또는 상당한 이득의 포기 등의 경우 발생
손실통제 (loss control)	1. 손실의 발생 횟수나 규모를 줄이려는 기법, 도구, 또는 전략 2. 손실 복구 비용 : 간접비용과 기타 비용으로 인해 급격히 증가할 수 있음 → 손실의 발생을 사전적으로 억제, 예방, 축소하는 것이 바람직 3. 손실통제 : 손실 예방과 손실 감소로 구분 (1) 손실예방(loss prevention) : 특정 손실의 발생 가능성 또는 손실 발생의 빈도를 줄이려는 조치 　예 고속도로의 속도제한, 홍수 예방 댐 건설 등 (2) 손실 감소(loss reduction) : 스프링클러와 같이 특정 손실의 규모를 줄이는 조치. 　예 자동차 에어백 　① 사전적 손실 감소 : 특정 사건이나 사고로부터 피해를 입을 수 있는 재산, 인명 또는 기타 유가물의 수와 규모를 줄이는 데 초점 　② 사후적 손실 감소 : 손실의 확대를 방지하고 사고의 영향이 확산되는 것을 억제하기 위하여 비상 대책이나 구조대책, 재활 서비스, 보험금 또는 보상금의 청구 등에 초점
위험 요소의 분리	1. 잠재적 손실의 규모가 감당하기 어려울 만큼 커지지 않도록 하기 위함 2. 위험의 심도와 빈도를 줄일 수 있음 3. 복제와 격리로 구분 (1) 복제(duplication) : 예 주요한 설계 도면이나 자료, 컴퓨터 디스크 등을 복사하여 원본이 파손된 경우에도 쉽게 복원 → 재난적 손실을 방지 (2) 격리(separation) : 손실의 크기를 감소시키기 위하여 시간적·공간적으로 나누는 방법. 　예 위험 시간대에 사람의 집중 방지, 위험물질이나 보관물품을 격리 수용하는 방법 등 4. 위험 요소의 분리와 반대로 위험 결합을 통한 위험관리 방법도 가능함 　예 제품의 다양화를 통해 단일 제품 생산으로 인한 위험 집중을 완화
위험 전가 (risk transfer)	발생 손실로부터 야기될 수 있는 법적, 재무적 책임을 계약을 통해 제3자에게 전가하는 방법 예 임대차 계약이나 하도급 또는 하청 작업 등
위험 인수 (risk taking)	1. 위험에 대해 어떠한 조치도 취하지 않고 방치하는 경우 2. 스스로 위험을 감당하는 것 3. 위험으로 인한 손실이 크지 않거나, 위험으로 인식하지 못하거나, 위험으로 인식하지만 별다른 대응 방법이 없는 경우

2 **재무적 위험관리**: 위험자금 조달(risk financing)을 통한 대비

위험보유 **(risk retention)**	1. 우발적 손실을 자신이 부담하는 것 2. 위험을 스스로 인수하여 경제적 위험을 완화하는 것 3. 각자의 경상계정에서 손실을 흡수하는 것 　📖 준비금이나 기금의 적립, 보험 가입 시 자기책임분 설정, 자가보험등 4. 구분 　① 소극적 위험보유 : 자신도 모르는 사이에 위험을 보유 　② 적극적 위험보유 : 위험관리의 효율적 관리를 목적으로 위험을 보유
위험 전가 **(risk transfer)**	1. 계약을 통해 제3자에게 위험을 전가 2. 위험 전가에 따른 비용 발생 3. 보험 : 계약자 또는 피보험자의 위험을 계약에 의해 보험자에게 떠넘기는 것으로 위험전가의 　대표적인 방법
위험 결합 **(risk pooling)**	1. 다수의 동질적 위험을 결합하여 위험 발생에 대비하는 것. 📖 보험 2. 비슷한 위험을 가진 사람들끼리 모여 공동으로 위험에 대응함으로써 개인이 감당할 수 없는 　규모의 위험을 대비하는 방법

3 **위험관리 방법의 선택**

① 각자가 처한 상황에서 최선의 방법을 선택

② 가능한 다양한 방법을 동원하는 것이 위험관리에 있어 신축성이 있고 효과도 큼

③ 고려할 사항

- 예상 손실의 발생 빈도와 손실 규모를 예측

- 각각의 위험통제 기법과 위험재무 기법이 위험의 속성(발생 빈도 및 손실 규모)에 미칠 영향과 예상
  손실 예측에 미칠 영향을 고려

- 각각의 위험관리 기법에 소요될 비용을 예측

<위험 속성에 따른 위험관리 방법>

손실 규모(심도) ＼ 손실 횟수(빈도)	적음(少)	많음(多)
작음(小)	① 위험보유	③ 손실통제
큼(大)	② 위험전가 – 보험	④ 위험회피

4 농업 부문 위험관리 방안

① 생산위험 관리 방안
- 영농 다각화: 생산의 위험을 여러 종류의 생산물에 분산 → 전체 생산의 위험을 감소. **예** 어느 한 농작물의 생산이 감소할 경우, 다른 농작물의 생산으로 이를 완화
- 농작물보험 가입: 수확량의 감소로 손실 발생 → 보험으로 인한 수입감소 위험 완화. **예** 농업재해보험
- 재해대비 기술의 수용: **예** 방상팬 설치 → 냉해 방지

② 가격위험 관리 방안
- 영농 다각화: 서로 다른 시기에 동일한 작물을 경작하는 시간 배분적 다각화 → 가격 변동의 위험 완화
- 분산 판매: 농산물의 저장비용을 감안해야 함
- 농작물보험 중 수입보장보험 가입: 수확량 감소 위험+가격하락 위험 완화
- 선도거래: 현재 정해진 가격으로 미래의 일정 시점에 상품의 인도 및 대금 지급을 약정
- 계약생산: 대량수요처나 가공공장 등과 장기 공급계약을 하고 생산 및 판매

③ 농업위험에 대한 정책개입의 이유와 주요 정책 수단
- 이유: 개별 농업생산자가 직면하는 다양한 경영위험을 관리하기는 매우 어려움
  - 다른 산업에 비해 인간이 통제하기 어려운 다양한 변수들에 의해 많은 영향을 받는 산업
  - 가격 불확실성이 매우 큼
- 주요 정책 수단: 개별 농가가 모두 해결하기 어려운 경영위험을 줄여주기 위한 정책 수단을 마련하는 것이 필수

<농업위험의 유형과 정책수단>

위험의 유형	주요 정책 수단
생산위험	농작물재해보험(수량보험, 수입보험), 비보험작물재해지원, 긴급농업재해대책
가격위험	최저가격보장제, 가격손실보상제, 수입손실보상제, 수입보장보험
제도위험	환경보전 및 식품안전 규제에 대한 비용 분담, 장려금 지원, 영농컨설팅 및 전업을 위한 교육훈련 지원, FTA 피해보전직불제 등
인적위험	농업인안전보험, 농기계보험, 농업고용인력 중개지원 등

④ 농업재해보험제도
- 농가의 경영위험을 줄여주기 위한 정책수단의 하나로 적극 활용되고 있음
- 단수보험: 농작물의 생산수량 감소에 대응
- 수입보험: 가격하락 위험까지 고려

2. 보험의 의의와 원칙

1 보험의 정의

1 보험에 관한 다양한 정의

① 위험관리의 한 방법으로 자신의 위험을 제3자에게 전가하는 제도

② 위험 결합으로 불확실성을 확실성으로 전환시키는 사회적 시설

③ 다수의 동질적인 위험을 한 곳에 모으는 위험 결합 행위를 통해 가계나 기업이 우연적인 사고 발생으로 입게 되는 실제 손실을 다수의 동질적 위험의 결합으로 얻게 되는 평균 손실로 대체하는 것

④ 보험은 다수가 모여 보험료를 각출하여 공동재산을 조성하고, 우연적으로 사고가 발생한 경우 손실을 입은 자에게 일정한 방법으로 보험금을 지급하는 제도

위험 결합 행위 (pooling)	⇨	실제 손실 (actual loss)	⇨	평균 손실 (average loss)

2 경제적 관점에서의 정의

재무적 손실에 대한 불확실성 즉, 위험의 감소를 위한 위험 전가 및 위험 결합을 이용

위험 전가(transfer of risk) · 위험 결합(pooling or combination of risk)	⇨	위험의 감소 (reduction of risk)

3 사회적 관점에서의 정의

① 손실의 분담: 다수인으로부터 기금을 형성해 사회의 구성원에게 발생한 손실을 다수인이 부담

② 보험의 사회적 특성: "만인은 일인을 위하여, 일인은 만인을 위하여"

- 보험은 소수인으로 성립할 수 없고 다수인이 참여할 때 보험다운 보험이 성립
- 상부상조의 정신에 입각해 다수의 힘으로 소수를 돕는 운영원리
- 구성원 모두가 각각 개별적으로 중요한 책임을 가짐

4 법적 관점에서의 정의

보험자와 피보험자 또는 계약자 사이에 맺어진 재무적 손실의 보전을 목적으로 하는 법적 계약

5 수리적 관점에서의 정의

확률이론과 통계적 기법을 바탕으로 미래의 손실을 예측하여 배분하는 수리적 제도

2 보험의 특성

1 예기치 못한 손실의 집단화

① 예기치 못한 손실: 계약자나 피보험자의 고의적인 손실은 보상하지 않음
② 손실의 집단화: 개별위험을 손실집단으로 전환
- 개인이 부담해야 하는 실제 손실 → 위험집단의 평균 손실로 대체
- 손실: 발생 빈도와 평균 손실의 규모 면에서 동종의 손실이거나 그와 비슷한 것
- 보험료 책정이나 보상 측면에서 동일한 기준을 적용하기 위함

2 위험 분담

위험을 서로 나누어 부담함으로써 손실로부터의 회복이 보다 용이해 짐

3 위험 전가

① 계약을 통해 재정적으로 능력이 취약한 개인이나 조직이 재정적인 능력이 큰 보험자에게 개인의 위험을 전가하는 것
② 빈도는 적지만 규모가 커서 스스로 부담하기 어려운 위험 → 보험자에게 전가 → 개인이나 기업이 위험에 대해 보다 효과적으로 대응 가능

4 실제 손실에 대한 보상

① 보험자가 보상하는 손실 보상은 실제로 발생한 손실을 원상회복하거나 교체할 수 있는 금액으로 한정 (보상을 통한 이익 없음)
② 보험사기 행위와 같은 도덕적 해이의 감소 효과

5 대수의 법칙

① 표본이 클수록 결과가 점점 예측된 확률에 가까워진다는 통계학적 정리
② 계약자가 많아질수록 보험자는 보다 정확하게 손실을 예측할 수 있음

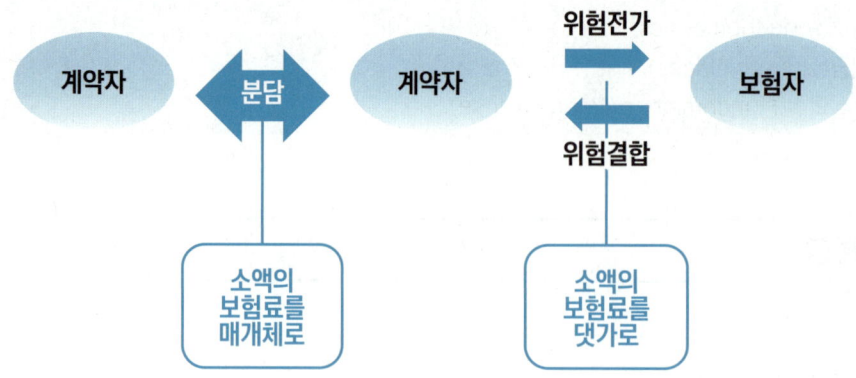

<위험의 분담, 전가, 결합 및 보험의 관계>

3 보험의 성립 조건

1 동질적 위험의 다수 존재

① 동질적 위험: 발생의 빈도와 피해 규모가 같거나 유사한 위험
- 동일한 보험료(체계)의 적용으로도 형평성 유지

  예 일반주택, 고층 아파트, 고층 건물을 동일하게 취급할 수 없음
② 다수 존재: 대수의 법칙이 적용되기 위해서는 계약자가 많을수록 좋음
③ 독립적인 동질적 위험: 하나의 손실 발생이 다른 손실 발생과 무관하다는 것을 의미

  예 1m 간격으로 건설된 공장건물: 화재 발생 시 개별 위험이 아닌 하나의 위험으로 간주 →독립적 위험 아님
- 너무 엄격한 적용은 비효율적이므로 일반적으로는 위험 속성이 크게 다르지 않고 유사하다면 동질적 위험으로 보고 보험을 실행하면서 문제점을 보완함

2 손실의 우연적 발생

① 인위적이거나 의도적이지 않고, 누구도 예기치 못하도록 순수하게 우연적으로 발생한 손실
② 계약자의 고의나 사기 의도가 개입될 여지가 없는 통제 불가능한 위험만이 보험화가 가능
③ 사고 발생 여부가 고의성이 있는지 모호할 경우 보험자가 고의성을 입증해야 하며, 입증하지 못하면 우연적인 것으로 간주함

3 한정적 손실

① 피해 원인과 발생 시간, 장소 및 피해 정도 등을 명확하게 판별하고 측정할 수 있는 위험
② 정확하게 판단하기 어려우면 정확한 손실 예측 불가 → 보험료 계산이 불가능 → 인수 어려움

  예 전염병 등: 국민의 건강과 직결되기 때문에 일반적으로 국가 차원에서 대응

4 비재난적 손실

보험자가 감당할 만한 수준의 지나치게 크지 않은 손실 규모(위험)

📖 천재지변 등: 국가 차원에서 국민의 생명과 재산을 보호하기 위해 국가가 직접 보험사업을 추진하거나 민영보험사를 통해 운영

5 확률적으로 계산 가능한 손실

① 손실 발생 가능성, 즉 손실 발생 확률을 추정할 수 있는 위험

② 손실의 빈도나 규모를 예측할 수 없으면 보험료 계산이 어려움

6 경제적으로 부담 가능한 보험료

① 산출되는 보험료 수준이 너무 높으면 보험을 가입할 수 없어 보험으로 유지되기 어려움

② 위험이 발생하는 빈도와 손실 규모로 인한 손실이 종적(시간적) 및 횡적(계약자 간)으로 분산가능한 수준이어야 함

> ✓ **포인트**
>
> 보험 가능한 위험: 발생 빈도와 손실 규모면에서 종적(시간적) 및 횡적(계약자 간)으로 분산 가능한 수준의 위험

3. 보험의 기능

1 보험의 순기능

1 손실 회복
2 불안 감소
3 신용력 증대
4 투자 재원 마련
5 자원의 효율적 이용 기여
6 안전(위험 대비) 의식 고양

2 보험의 역기능

1 사업비용의 발생
2 보험사기의 증가
3 손실 과장으로 인한 사회적 비용 초래
4 역선택 및 도덕적 해이

① 역선택
- 실제로 보험금을 탈 가능성이 많은 사람들(위험발생 확률이 보통 이상인 사람들)이 보험에 가입하는 경향이 높은 현상
- 보험자가 계약자의 위험 특성을 제대로 파악하지 못하면, 즉 계약자 또는 피보험자가 보험자보다 더 많은 정보를 가지고 있는 상태가 되면, 정보를 갖지 못한 보험자 입장에서 볼 때 바람직하지 못한 계약자와 거래를 할 가능성이 높아지는 역선택 현상 발생

② 도덕적 해이
- 일단 보험에 가입한 사람들이 최선을 다해 나쁜 결과를 미연에 방지하려는 노력을 하지 않는 경향
- 정보를 가진 계약자 측에서 바람직하지 않은 행동을 취하는 경향

③ 역선택과 도덕적 해이의 비교
- 보험가액에 비해 보험금액의 비율이 클수록 발생 가능성이 높음
- 이익: 역선택이나 도덕적 해이를 야기한 당사자
- 피해: 보험자와 다수의 선의의 계약자
- 역선택: 계약체결 전에 예측한 위험보다 높은 위험(집단)이 가입하여 사고 발생률이 증가
- 도덕적 해이: 계약체결 후 고의나 인위적 행동으로 사고 발생률이 증가

4. 손해보험의 이해

1 손해보험의 의의와 원리

1 손해보험의 의의

① 보험사고 발생 시 손해가 생기면 생긴 만큼 손해액을 산정하여 보험금을 지급하는 보험

② 보험업법에서의 정의: 위험보장을 목적으로 우연한 사건(질병·상해 및 간병은 제외)으로 발생하는 손해(계약상 채무불이행 또는 법령상 의무 불이행으로 발생하는 손해를 포함)에 관하여 금전 및 그 밖의 급여를 지급할 것을 약속하고 대가를 수수하는 계약으로서 대통령령으로 정하는 계약
  - 관련 법률: 상법, 보험업법

③ 손해보험
  - 생명보험을 제외한 대부분의 보험을 포괄
  - 엄격한 의미의 손해보험: 재산보험
  - 실질적 손해보험: 생명보험 중 생명 침해를 제외한 신체에 관한 보험도 포함

2 손해보험의 원리

① 위험의 분담: 소액의 보험료를 매개체로 하여 큰 위험을 나누어 가짐 →경제적 불안으로부터 해방

② 위험 대량의 원칙: 대수의 법칙을 보험에 응용한 원칙
  - 일정 기간 중 그 위험집단에서 발생할 사고의 확률과 손해의 크기를 파악해야 합리적 경영이 가능
  - 이를 위해서는 하나의 위험단체가 구성되어야 함 →보험계약의 단체성

③ 급부 반대급부 균등의 원칙
  - 급부: 계약자가 내는 보험료
  - 반대급부: 보험자로부터 받게 되는 보험금에 대한 기대치
  - 계약자 개개인의 관점에서 본 원칙

> 보험료 = 지급보험금 × 사고 발생 확률

  - 예 1만명이 1억원 가격이 집을 한 채씩 보유, 평균적으로 1년에 한 채씩 화재로 소실 → 보험료 1만원×계약자 1만명=1억원 → 화재 사고 계약자에게 지급하는 보험금 보험료 1만원=보험금 1억원×사고 발생확률 1만분의 1

④ 수지상등의 원칙
  - ㄱ. 보험자가 받아들이는 수입 보험료 총액=사고 시 지급하는 지급보험금 총액
  - ㄴ. 계약자 전체 관점에서 본 보험 수리적 원칙

수입 보험료 합계 = 계약자 수 × 보험료 지출 보험금 합계 = 사고 발생 건수 × 평균 지급보험금	
수입 보험료 합계 = 지출 보험금의 합계 계약자 수 × 보험료 = 사고 발생 건수 × 평균 지급보험금	

- 예 위 ③의 예: 보험자가 받은 보험료(=1만원×계약자 1만명=1억원)=지급보험금
- 보험자의 수입: 계약자가 납부하는 보험료, 자금운용수익, 이자 및 기타 수입
- 보험자의 지출: 지급보험금, 인건비, 사업 운영비, 광고비 등
- 급부 반대급부 균등의 원칙과 함께 보험사업 경영의 기본 원칙

⑤ 이득 금지의 원칙
- 피보험자는 보험사고 발생 시 실제로 입은 손해만을 보상받아야 하며, 그 이상의 보상을 받을 수 없음
- 손해보험의 대원칙
- 대표적인 법적 규제: 초과보험, 중복보험, 보험자대위 등

2 손해보험 계약의 의의와 원칙

1 손해보험 계약의 의의

상법(제638조)에서 정하는 의의: 보험계약은 당사자 일방이 약정한 보험료를 지급하고 재산
또는 생명이나 신체에 불확정한 사고가 발생할 경우에 상대방이 일정한 보험금이나 그 밖의
급여를 지급할 것을 약정함으로써 효력이 생긴다.

2 손해보험 계약의 법적 특성

1. 불요식 낙성계약성	• 불요식 : 특별히 정해진 요식행위 불필요 • 낙성계약 : 계약자의 청약과 보험자의 승낙이라는 당사자 쌍방 간의 의사 합치만으로 성립
2. 유상계약성	계약자의 보험료 지급과 보험자의 보험금 지급을 약속하는 유상계약
3. 쌍무계약성	보험자의 손해보상 의무와 계약자의 보험료 납부 의무가 대가 관계
4. 상행위성	손해보험 계약은 상행위이며(상법 제46조) 영업행위
5. 부합계약성	• 동질의 많은 계약을 간편하고 신속하게 처리하기 위해 계약조건을 미리 정형화한 부합계약 • 당사자 일방이 만들어 놓은 계약조건에 상대방 당사자는 그대로 따르는 계약 • 보험계약의 부합계약성 : 약관
6. 최고선의성	손해보험 계약은 도덕적 해이의 야기 가능성이 큰 계약이므로 신의성실의 원칙이 무엇보다도 중요
7. 계속계약성	한 때 한 번만의 법률행위가 아니고 일정 기간에 걸쳐 당사자 간에 권리의무 관계를 존속시키는 법률행위

3 보험계약의 법적 원칙

1 실손보상의 원칙(principle of indemnity)

① 보험의 기본인 이득 금지 원칙과 같음

② 보험으로 손해를 복구하는 것으로 충분하며, 이득까지 보장하는 것은 지나치다는 원칙

③ 실손보상 원칙의 목적: 손해 발생 이전의 상태로 복원, 도덕적 해이의 감소

실손보상 원칙의 예외	
기평가계약 (valued policy)	1. 전손이 발생한 경우 미리 약정한 금액을 지급하기로 한 계약 2. 손실 발생 시점에서 손실의 현재가치를 산정할 수 없는 경우에 계약자와 보험자가 합의한 금액으로 계약 3. 골동품, 미술품 및 가보 등
대체비용보험 (replacement cost insurance)	1. 손실지급액을 결정할 때 감가상각을 고려하지 않는 보험 2. 새것으로 교체할 수밖에 없는 물건이나 감가상각을 따지는 것이 아무 의미도 없는 경우 3. 화재가 발생해 다 타버린 주택의 지붕
생명보험 (life insurance)	1. 생명보험은 실손보상의 원칙이 적용되지 않음 2. 미리 약정한 금액으로 보험계약을 체결하고 보험사고가 발생하면 약정한 금액을 보험금으로 지급

2 보험자대위의 원칙

① 보험사고 발생 시 피보험자가 보험의 목적에 관하여 아직 잔존물을 가지고 있거나 또는 제3자에 대하여 손해배상청구권을 취득하는 경우 피보험자에게 이중의 이득을 주는 것을 방지하기 위함

② 보험자가 피보험자에게 보험금을 지급한 때 일정한 요건 아래 계약자 또는 피보험자가 가지는 권리가 보험자에게 이전하는 것

③ 보험자대위의 목적

- 피보험자가 동일한 손실에 대해 책임이 있는 제3자와 보험자로부터 이중 보상을 받아 이익을 얻는 것을 방지하는 목적

- 보험자가 보험자대위권을 행사하게 함으로써 과실이 있는 제3자에게 손실 발생의 책임을 물음

- 보험자대위권은 계약자나 피보험자의 책임 없는 손실로 인해 보험료가 인상되는 것을 방지

목적물대위 (잔존물대위) 제681조	보험의 목적이 전부 멸실한 경우 보험금액의 전부를 지급한 보험자는 그 목적에 대한 피보험자의 권리를 취득
제3자에 대한 보험대위(청구권대위) 제682조	손해가 제3자의 행위로 인하여 발생한 경우 보험금을 지급한 보험자는 그 지급한 금액의 한도 내에서 그 제3자에 대한 계약자 또는 피보험자의 권리를 취득

3 피보험이익의 원칙

① 계약자가 보험담보물에 대해 가지는 경제적 이해관계

② 피보험이익이 없으면 보험도 없다(No insurable interest, no insurance)

③ 피보험이익의 목적

- 보험의 도박화 방지
- 도덕적 위태의 감소
- 손실의 크기 측정: 보상금액의 크기는 피보험이익의 가격(가액)을 기준으로 산정

4 최대선의의 원칙 (principle of utmost good faith)

① 보험계약 시에 계약당사자에게 일반 계약에서보다는 매우 높은 정직성과 선의 또는 신의성실이 요구되는 원칙

② 자신에게 불리한 사실도 보험자에게 고지해야 함: 계약 체결 후에도 위험의 증가, 위험의 변경 금지의무 등이 부과

③ 고지, 은폐 및 담보 등의 원리에 의해 유지됨

④ 고지(또는 진술)

- 계약자가 보험계약이 체결되기 전에 보험자가 요구하는 사항에 대해 사실 및 의견을 제시 → 보험자는 이를 토대로 계약의 가부 및 보험료를 결정
- 진술한 내용이 사실과 달라 보험자가 계약 전에 알았다면 보험계약을 체결하지 않거나 다른 계약조건으로 체결되었을 정도라면 허위진술인 경우 계약이 해제될 수 있음
- 이는 계약자가 고의가 아닌 실수 또는 착오에 의해 사실과 다른 내용을 진술할 경우에도 동일함

> **상법(제651조)**
> 보험계약 당시에 계약자 또는 피보험자가 고의 또는 중대한 과실로 인하여 중요한 사항을 고지하지 아니하거나 부실의 고지를 한 때에는 보험자는 그 사실을 안 날로부터 1월 내에, 계약을 체결한 날로부터 3년 내에 한하여 계약을 해지할 수 있다. 그러나 보험자가 계약 당시에 그 사실을 알았거나 중대한 과실로 인하여 알지 못한 때에는 그러하지 아니하다.

⑤ 은폐(의식적 불고지)

- 계약자가 보험계약 시에 보험자에게 중대한 사실을 고지하지 않고 의도적이거나 무의식적으로 숨기는 것 (중대한 사실: 보험계약 체결에 영향을 줄 수 있는 사항)
- 법적인 효과: 기본적으로 고지의무 위반과 동일함

⑥ 담보(보증)

- 보험계약의 성립과 효력을 유지하기 위하여 계약자가 준수해야 하는 조건
- 고지(진술)와 달리 계약자가 보험자에게 약속한 보험 계약상의 조건이기 때문에 위반하게 되면 중요성의 정도에 관계없이 보험자는 보험계약을 해제 또는 해지할 수 있음

4 　보험계약 당사자의 의무

보험자의 의무
1. 보험계약 시 계약자에게 보험상품에 대해 설명 2. 보험사고가 발생하면 신속하게 손해사정 절차를 거쳐 피보험자에게 보험금을 지급 3. 건실한 보험경영의 운영

보험계약자 또는 피보험자의 의무	
1. 고지의무	① 계약자 또는 피보험자가 보험계약 체결에 있어 보험자가 보험사고 발생 가능성을 측정하는데 필요한 중요한 사항에 대하여 진실을 알려야 할 보험계약상의 의무 ② 강제적이지 않으며, 불이행을 이유로 손해배상을 청구할 수 없으며, 보험자는 계약의 해지를 청구할 수 있을 뿐임 ③ 구두 또는 서면, 명시적 또는 묵시적 상관없음 ④ 고지 시기 : 보험계약 체결 당시
2. 통지의무	(1) 위험변경·증가의 통지의무 　① 계약자 또는 피보험자가 보험사고 발생의 위험이 현저하게 변경 또는 증대된 사실을 안 때에는 지체 없이 보험자에게 통지해야 함 　② 발생 요건 : 보험기간 중에 발생한 위험, 계약자 또는 피보험자가 개입 할 수 없는 제3자의 행위에 의한 위험 (2) 위험 유지 의무 (통지의무 아님) 　① 보험기간 중에 계약자 또는 피보험자나 보험수익자는 스스로 보험자가 인수한 위험을 보험자의 동의 없이 증가시키거나 제3자에 의해 증가시키도록 하여서는 안되는 의무 　② 계약자 또는 피보험자, 보험수익자의 고의 또는 중대한 과실로 인하여 사고 발생의 위험이 현저하게 변경 또는 증대한 때 : 보험자는 계약을 해지하거나 안 날로부터 1월 내에 보험료의 증액 청구 가능 (3) 보험사고 발생의 통지의무 　① 계약자 또는 피보험자나 보험수익자는 보험사고의 발생을 안 때에는 지체 없이 보험자에게 통지해야 하는 의무 　② 강제할 수 없으나 보험금 청구를 위한 전제조건인 동시에 보험자에 대한 진정한 의무

3. 손해 방지 경감 의무	(1) 상법 제680조 : 계약자와 피보험자는 보험사고가 발생한 경우, 손해의 방지와 경감을 위하여 노력하여야 한다. (2) 인정 이유 ① 신의성실의 원칙에 기반, 보험자나 보험단체 및 공익 보호라는 측면에서 인정 ② 손해 방지 경감 의무 불이행으로 늘어난 손해＝우연성 결여 (3) 내용 ① 의무의 범위 • 손해보험에서만 발생하는 의무 • 의무자 : 계약자, 피보험자, 대리인 (인보험 보험수익자 해당하지 않음) ② 의무의 존속기간 • 발생 시점 : 상법상의 규정은 없으나 손해보험 약관에 의거해 보험사고가 발생하여 손해가 발생할 것이라는 것을 계약자나 피보험자가 안 때부터로 봄 • 보험사고 발생 전의 보험기간 : 손해 방지 경감 의무 존속기간이 아님 • 사고 자체의 방지 : 의무에 포함하지 않음 • 소멸 시점 : 손해방지의 가능성이 소멸한 때 ③ 의무의 방법과 노력의 정도 • 계약자나 피보험자가 그 상황에서 손해방지를 위하여 일반적으로 기대되는 방법 및 그들의 이익을 위하여 할 수 있는 정도의 노력 • 보험자의 지시에 의한 경우 : 보험단체와 공익 보호 측면에서 따라야 하는 것으로 봐야 함 (4) 의무 위반의 효과 ① 상법상 규정 : 없음 ② 개별 손해보험 약관 : 계약자 등이 고의 또는 중대한 과실로 이를 게을리한 때에는 방지 또는 경감할 수 있었을 것으로 밝혀진 값을 손해액에서 공제함으로 규정 ③ 경과실로 인한 손해 방지 경감 의무 위반 : 보험자의 보험금 지급책임을 인정 ④ 중과실 또는 고의로 인한 의무 위반 : 보험자의 보험금 지급책임(늘어난 손해) 면제 ⑤ ③, ④와 같은 이유 : 의무 위반을 구분하는 기준이 모호하고 이로 인한 계약자 또는 피보험자의 불이익을 방지하고자 함 (5) 손해방지 경감 비용의 보상 ① 보험금액을 초과한 경우도 보상 (상법 제680조) ② 비용 : 실질적으로 손해의 경감이 있었던 것 뿐 아닌 그 상황에서 손해경감 목적을 가지고 한 타당한 행위에 대한 비용 포함 ③ 일부보험의 경우 : 보험금액의 보험가액에 대한 비율에 따라서 보험자가 부담하고 그 잔액은 피보험자가 부담

5 보험증권 및 약관

1 보험증권

① 보험증권의 의미

보험계약 체결에서 그 계약이 성립되었음과 그 내용을 증명하기 위하여 보험자가 작성하여 기명, 날인 후 계약자에게 교부하는 증서

② 보험증권의 특성

- 보험계약 성립의 증거
- 보험자가 피보험자의 청구에 의하여 교부
- 증거증권: 배서나 인도에 의해 양도
- 보험계약의 효력에는 어떤 영향도 미치지 않음: 단지, 보험계약 체결의 사실을 인정하는 것

③ 보험증권의 내용

ㄱ. 보험계약청약서의 기재 내용에 따라 작성되는 표지

- 계약자 성명과 주소, 피보험자의 성명과 주소
- 보험에 붙여진 목적물
- 보험계약기간, 보험금액, 보험료 및 보험계약 체결 일자 등

ㄴ. 보험자가 보상하는 손해와 보상하지 아니하는 손해 등의 계약 내용이 인쇄된 보통보험약관

ㄷ. 어떠한 특별한 조건을 더 부가하거나 삭제할 때 쓰이는 특별보험약관

④ 보험증권의 법적 성격

요식증권성	① 일정 사항을 기재해야 함 ② 기재하여야 하는 사항 : 보험의 목적, 보험사고의 성질, 보험금액, 보험료와 그 지급 방법, 보험기간을 정한 때에는 그 시기와 종기, 무효와 실권의 사유, 계약자의 주소와 성명 또는 상호, 보험계약의 연월일, 보험증권의 작성지와 그 작성 연월일 등 ③ 상법 : 기본 사항 외에도 보험의 종류에 따라 각각 별도의 기재 사항을 규정
증거증권성	① 보험계약의 성립을 증명하기 위해 보험자가 발행하는 증거증권 ② 계약자가 이의 없이 보험증권을 수령하는 경우 그 기재가 보험관계의 성립 및 내용에 대해 사실상의 추정력을 갖게 되지만, 그 자체가 계약서는 아님
면책증권성	① 보험자가 보험금 등의 급여 지급에 있어 제시자의 자격과 유무를 조사할 권리는 있으나 의무는 없는 면책증권 ② 보험자는 보험증권을 제시한 사람에 대해 악의 또는 중대한 과실이 없이 보험금 등을 지급한 때에는 그가 비록 권리자가 아니더라도 면책됨
상환증권성	실무적으로 보험자는 보험증권과 상환으로 보험금 등을 지급
유가증권성	① 유가증권은 아니지만 유가증권의 성격이 있음 ② 운송보험, 적하보험 등 : 보험목적물에 대한 권리가 증권에 기재되어 유통되는 경우 보험증권의 유가증권성을 인정하여 배서에 의한 보험금 청구권의 이전을 가능하게 하는 것이 타당

2 보험약관

① 보험약관의 의미

보험자와 계약자 또는 피보험자 간에 권리 의무를 규정하여 약속하여 놓은 것으로, 보험계약의 권리와 의무에 관한 사항들이 기재되어 있음

② 보험약관의 유형

보통보험약관	보험자가 일반적인 보험계약의 내용을 미리 정형적으로 정하여 놓은 약관
특별보험약관	• 보통보험약관을 보충, 변경 또는 배제하기 위한 보험약관 • 특별보험약관이 보통보험약관에 우선하여 적용되나 특약조항을 이용하여 법에서 금지하는 내용을 가능케 할 수 없음

③ 보통보험약관의 효력

ㄱ. 보험약관의 구속력

• 보통보험약관의 내용을 보험계약의 내용으로 하겠다는 구체적인 의사가 명백하지 아니한 경우에도 보험약관의 구속력을 인정함

• 반대의 의사표시가 없는 한 당사자의 그 약관의 내용 이해 여부 및 그 약관에 따를 의사의 유무를 불문하고 약관의 내용이 합리적인 한 보험계약의 체결과 동시에 당사자를 구속

ㄴ. 허가를 받지 않는 보험약관의 사법상의 효력

• 허가를 받지 아니한 보통보험약관에 의하여 보험계약이 체결된 경우: 사법상 그 효력을 인정하는 것이 타당

• 허가를 받지 않은 약관을 사용한 보험자: 보험업법상의 제재를 받음

• 허가를 받지 아니하고 자신의 일방적인 이익을 도모하거나 공익에 어긋나는 약관을 사용한 때: 효력은 인정되지 않음

④ 보통보험약관의 해석

기본 원칙	① 법률의 일반 해석 원칙에 따라 보험계약의 단체성·기술성을 고려하여 각 규정의 뜻을 합리적으로 해석 → 합리적 해석원칙 ② 보험계약의 성질과 관련하여 신의성실의 원칙에 따라 공정하게 해석 → 신의 성실의 원칙 ③ 계약자에 따라 다르게 해석되어서는 안됨 → 객관적해석의 원칙 ④ 인쇄 조항과 수기 조항 간에 충돌이 발생하는 경우 수기 조항이 우선 → 수기 문언 우선 해석원칙 ⑤ 평이하고 통상적인 일반적인 뜻(plain, ordinary, popular : POP)을 받아들이고 이행되는 용례에 따라 풀이 → P.O.P 원칙
작성자 불이익의 원칙	보험약관의 내용이 모호한 경우: 보험자에게 엄격·불리하게, 계약자에게 유리하게 풀이

6 재보험

1 재보험의 의의와 특성

① 재보험의 의의
- 보험자가 계약자 또는 피보험자와 계약을 체결하여 인수한 보험의 일부 또는 전부를 다른 보험자에게 넘기는 것
- 보험기업 경영에 중요한 역할
- 산업발전과 함께 위험이 대형화됨에 따라 재보험의 역할은 증가되고 있음
- 원보험자가 인수한 위험을 또 다른 보험자에게 분산함으로써 보험자 간에 위험을 줄이는 방법
- 원보험자의 피해보상 지급 능력을 제고하기 위한 필수 제도

② 재보험 계약의 독립성
- 재보험 계약은 원보험 계약의 효력에 영향을 미치지 않음
- 원보험 계약과 재보험 계약이 법률적으로 독립된 별개의 계약

③ 재보험 계약의 성질
- 책임보험의 일종으로서 손해보험 계약에 속함
- 원보험이 손해보험인 계약의 재보험은 당연히 손해보험이지만, 보험이 인보험인 계약의 재보험은 당연히 인보험이 되지 않고 손해보험이 됨
- 보험업법상 예외 규정에 따라 생명보험회사도 인보험의 재보험 겸영 가능

④ 상법상 책임보험 관련 규정의 준용

> ✓ **포인트**
>
> **재보험의 특성**
> 독립성, 손해보험 계약, 상법상 책임보험 규정 준용

2 재보험의 기능

① 위험 분산
- 양적 분산: 인수한 위험의 전부 또는 일부를 분산
- 질적 분산: 원보험자의 재정적 곤란을 구제
- 장소 분산: 원보험자가 장소적으로 편재한 다수의 위험을 인수한 경우, 이를 공간적으로 분산

② 원보험자의 인수 능력의 확대로 마케팅 능력 강화

③ 경영의 안정화

④ 신규 보험상품의 개발 촉진

농업재해보험 특성과 필요성

1. 농업의 산업적 특성

1 농업과 자연의 불가분성

1 농업의 산업적 특성

수분, 온도, 빛 및 토양 등 자연조건의 상태에 따라 성공과 실패, 풍흉이 달라짐

2 자연과 농산업의 관계

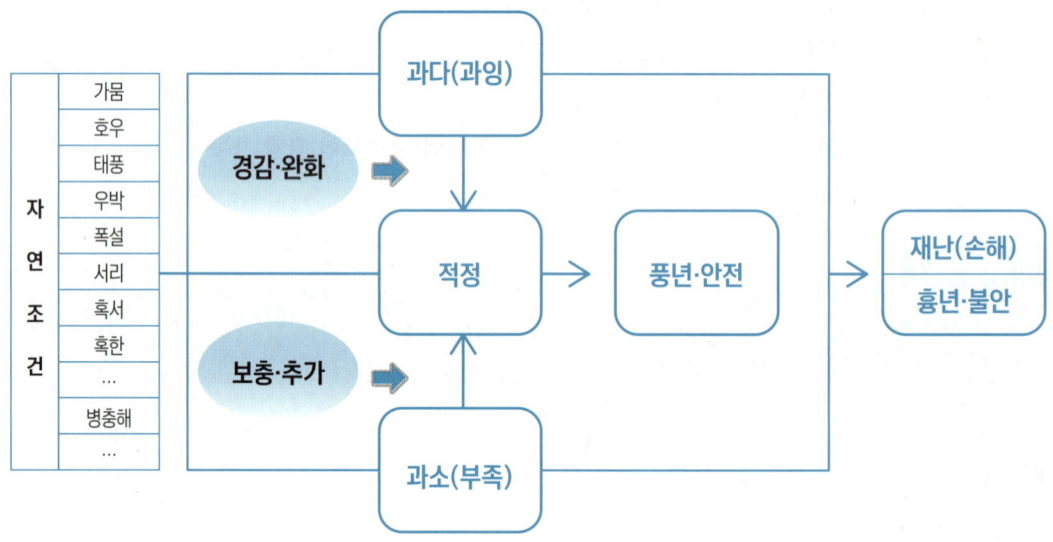

3 재해

① 농작물 생육기간에 이러한 자연 요소들이 조화를 이루면서 적절하게 주어질 때 풍성한 수확이 기대됨

② 이러한 자연 요소 중 어느 하나라도 과다하거나 과소하면 수확량의 감소를 초래하게 되는데 이것이 재해라고 할 수 있음

③ 농업은 자연조건을 얼마나 잘 활용하느냐에 성패가 나뉨

2 농업재해의 특성

① 불예측성

지구온난화로 인한 이상기후로 인해 과거에는 발생하지 않던 패턴이 나타나기 때문에 기상변화를 예측하기가 쉽지 않으므로, 농업인들은 기상재해로 인한 피해를 막거나 최소화하기 위해서는 항상 기상예보와 기상 상황에 주의를 기울일 필요가 있음

② 광역성: 기상재해는 발생하는 범위가 매우 넓음

③ 동시성·복합성: 기상재해는 한 번 발생하면 동시에 여러 가지 재해가 발생

  예 오래 지속되는 장마 → 습해 및 저온 피해, 병충해 피해 야기

④ 계절성: 한국은 4계절이 있는 온대지역에 속하므로 장마, 태풍, 집중호우 등 재해가 특정 계절에 집중되며, 동일한 재해라도 계절에 따라 미치는 영향이 다름

⑤ 피해의 대규모성: 자연재해에 의한 피해는 개별 농가는 물론 때로는 지역(지자체 수준)에서도 감당하기 어려움

⑥ 불가항력성: 농가, 지자체 및 국가 차원에서의 노력에도 불구하고 농업재해는 불가항력적인 부분이 큼

✓ 포인트

농업재해의 특성
불예측성, 광역성, 동시성·복합성, 계절성, 피해의 대규모성, 불가항력성

2. 농업재해보험의 필요성과 성격

1 농업재해보험의 필요성

1 국가적 재해대책과 한계

① 농업 분야는 재해에 취약한 산업적 특성을 고려하여 국가적 재난 대책 외에 별도의 법령인 「농어업재해대책법」에 근거해 농업재해대책을 시행하고 있음

② 농업재해대책은 재해복구지원대책이지 재해로 인한 손실을 보전하는 제도는 아니기 때문에 재해 입은 농가의 손실을 보전하는 데에는 한계가 있음

2 농업(재해)의 특수성 : 대규모성 및 불가항력성

① 예측 불가능성, 동시 광역성: 불시에 광범위한 지역에서 동시다발적으로 발생하는 재해이며 그 영향이 예측 불가능하고, 대처하는데 한계가 있음

② 피해의 불균일성: 발생지역에 따른 피해 정도의 차이

③ 피해 발생의 이질성: 작물 및 계절별로 발생하는 재해의 종류가 상이하며, 동일한 재해라도 농작물에 주는 영향이 계절에 따라 다름

④ 불가항력성: 이상기상으로 인한 대규모 재해는 인간이 대응하는데 한계
   • 이를 대비하기 위한 수단으로 농업재해보험제도가 만들어 짐

3 WTO 협정의 허용 대상 정책

① WTO 체제하에서 허용되는 정책: 각국의 열악한 농업을 보완하는 정책

② 직접지불제와 농업재해보험 등

2 농업재해보험의 성격: 정책보험

1 농업재해 대응에서 정부의 역할

① 위험 영향이 큰 재해에 대해서는 위험이 특정 농가·품목·지역에 한정되더라도 정부의 개입이 필요

② 전체 농가에 영향을 미치는 위험의 경우, 그 크기가 작다고 하더라도 정부의 개입이 필요

③ 같은 크기의 위험이라고 하더라도 특정 품목이나 농가에 한정된다면 정부의 역할은 축소

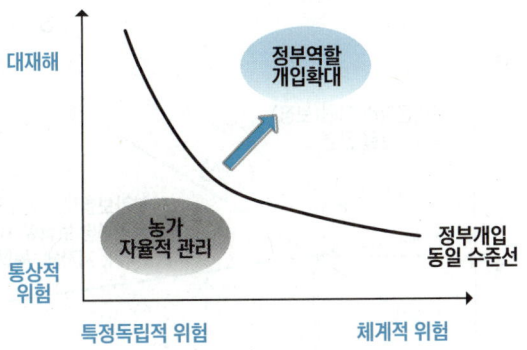

<위험 분류와 위험관리 주체 구분>

2 정책보험으로서의 농업재해보험

① 수요(D)와 공급(S)이 만나는 점에서 시장균형 가격(P)이 결정되고, 시장균형 수량(Q)만큼의 거래가 형성됨 = 민간보험회사가 개발하여 운영하는 보험상품의 경우에도 보험계약자의 수요와 보험회사의 공급이 일치하는 수준에서 보험료(P)와 보험수량(계약건수 Q)이 결정됨

② 수요와 공급이 만나지 않으면 거래가 형성되지 않음

③ 보험시장에만 의존하면 농업재해보험은 거래가 이루어지기 어려움
  • 재해의 빈도와 규모가 큼
  • 자연재해에 대한 손해평가의 복잡성
  • 경제력이 취약한 농업인이 대상

④ 농업인은 농업재해보험이 필요하다는 것은 알지만 높은 가격(보험료)을 지불하고 보험을 구입(가입)하기에는 경제력이 부족하여 망설일 수 있고, 보험자는 농업재해보험을 운영하기 위해서는 일정한 가격의 유지가 필요

⑤ 정책보험: 위와 같은 이유로 농업재해보험이 정책보험으로 운영될 필요성이 있음
  • 농가가 부담할 보험료의 일부를 지원함 → 농가의 구매력을 높여 수요를 증가시킴
  • 보험자에는 운영비를 지원한다든가 재보험을 통해 위험비용을 줄여줌 → 저렴한 가격에서도 공급이 가능

수요와 공급

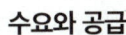

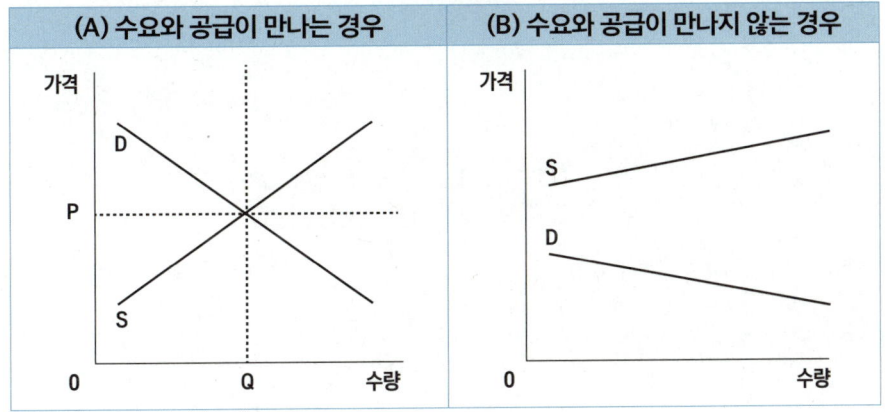

<정책보험으로서의 농업재해보험>

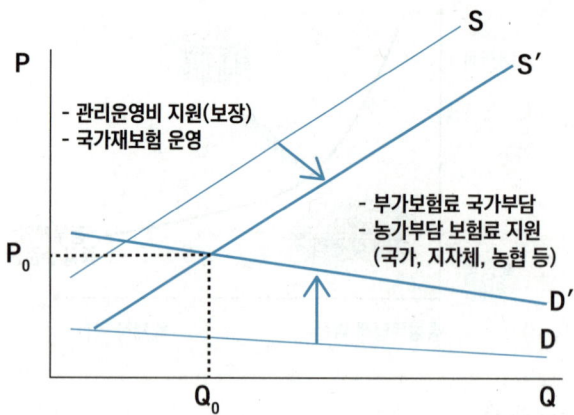

3. 농업재해보험의 특징

1 농작물재해보험의 특징

① 보험 대상 재해가 자연재해: 농작물재해보험은 자연재해로 인한 피해를 대상으로 하는
특수한 보험으로 민영보험사에서 감당하기 어려움

② 손해평가의 어려움: 생물(生物)인 농작물의 특성상 손해액을 정확하게 평가하기 어려움
재해 발생 이후 평가 시점, 이후의 기상 조건에 따라 다르며, 농작물의 특성상 단기간에 평가를 집중해야
하므로 손해평가에 큰 비용 및 인력이 소요됨

③ 위험도에 대한 차별화 곤란: 위험의 정도에 따라 보험료를 부과함으로써 위험이 낮은 계약자와 높은
계약자를 구분하기 어려움

④ 경제력에 따른 보험료 지원 일부 차등: 농가경제가 전반적으로 취약한 상황에서는 농업인은 보험 가입을
망설이는 경향을 보임
  • 보험료 지원: 순보험료의 50% 지원(정부), 보험료 추가지원(지자체)
  • 비교적 경제력이 높은 농업인에 대해 보험료 지원의 한도 설정: **예** 쌀 보험료

⑤ 물(物)보험-손해보험: 농작물이라는 물질을 대상으로 하는 물(物)보험이며 농작물의 손실을 보전하는
손해보험

⑥ 단기 소멸성 보험: 농작물의 생육이 확인되는 시기부터 농작물을 수확할 때까지의 기간에 발생하는
재해가 대상으로 대체로 1년 미만의 단기보험

⑦ 국가 재보험 운영: 농작물재해보험은 대부분의 국가에서 국가가 직간접적으로 개입하는 정책보험으로
실시되고 있음. 국가의 재정적 지원에도 불구하고 농작물재해보험사업자는 대규모 농업재해가 발생할
경우 그 위험을 다 감당하기 어려우므로 국가재보험을 실시

> **✓ 포인트**
>
> **농작물재해보험의 특징**
> 자연재해 대상, 손해평가의 어려움, 계약자별 위험도에 대한 차별화 곤란, 취약한 농가경제 대상, 물(物)보험이며 손해보험, 단기 소멸성 보험, 국가 재보험

4. 농업재해보험의 기능

1 재해 농가의 손실 회복

재해를 입은 농가는 경제적 손실의 회복, 대출받은 영농자금을 상환, 정상적인 경제생활을 영위, 다음 해를 위한 차질없는 영농 준비 등이 가능

2 농가의 신용력 증대

재해로 커다란 손실을 입어도 지급되는 보험금으로 손실의 상당 부분을 회복할 수 있으므로, 농업재해보험에 가입했다는 것만으로 금융기관에 농가의 신용을 보증하는 결과가 됨

3 농촌 지역경제 및 사회 안정화

① 대규모 농업재해가 발생해도 농업재해보험을 통한 경제적 손실의 상당 부분을 복구할 수 있어 농촌 지역경제에 미치는 영향이 줄어들고, 일정 수준의 수입이 보장되기 때문에 지역경제 불안 요소를 제거할 수 있음

② 재해로 경제적 타격이 심하더라도 상당한 수준까지 회복할 수 있기 때문에 사회적으로도 안정된 분위기가 지속

4 농업정책의 안정적 추진

농업재해보험이 보편화되면 농업재해보험에 대한 국가의 재정적 지원 규모가 확정되므로 농업정책을 보다 안정적으로 계획대로 추진할 수 있음

5 재해 대비 의식 고취

농업재해보험에 가입하지 않는 농가는 재해 발생 시 농업재해보험의 기능과 중요성을 인식하게 되며, 가입한 농가는 평소 재해 발생에 대비하여 보험료 부담을 경감하려고 노력하게 됨

6 농업 투자의 증가

농가는 농업재해보험에 가입하여 감소한 위험만큼 대출을 증가시켜 농업 투자를 확대할 수 있음

7 지속 가능한 농업발전과 안정적 식량 공급에 기여

국가·사회적으로도 필수적인 지속 가능한 농업발전과 국민에 대한 안정적 식량 공급에 기여

> ✓ **포인트**
>
> **농업재해보험의 기능**
> 재해 농가의 손실 회복, 농가의 신용력 증대, 농촌 지역경제의 안정화, 농업정책의 안정적 추진, 농촌 지역사회의 안정, 재해 대비 의식 고취

5. 손해평가의 개요

1 | 손해평가의 의의 및 기능

1 손해평가

① 보험 대상목적물에 피해가 발생한 경우 그 피해 사실을 확인하고 평가하는 일련의 과정

② 보험에서 보장하는 재해로 인한 손해가 어느 정도인지를 파악하여 보험금을 결정하는 일련의 과정

2 기능

손해평가 결과는 지급 보험금액을 확정하는데 결정적인 근거가 되기 때문에 손해평가(특히 현지조사)는 농업재해보험에서 가장 중요한 부분 중의 하나임

3 농업재해보험에서 손해평가의 의미

① 손해평가 결과는 피해 입은 계약자 또는 피보험자(이하 보험가입자)가 받을 보험금을 결정하는 가장 중요한 기초자료가 됨

② 손해평가 및 농업재해보험 제도에 대한 신뢰도를 상실하지 않도록 손해평가 결과에 대하여 보험가입자는 물론 제3자도 납득할 수 있어야 함

③ 보험료율은 해당 지역 및 개개인의 '보험금 수급 실적'에 따라 조정함 (손해율)

④ 손해평가의 객관성과 정확성을 유지하는 것은 농업재해보험제도 자체의 존립에도 영향을 미칠 수 있으므로 매우 중요함

⑤ 손해평가 결과의 축적은 보험료율 조정 및 농업재해 통계, 재해대책 수립의 기초자료로 이용될 수 있음

2 | 손해평가 업무의 중요성

보험금 산정의 기초가 되므로 농업재해보험사업의 운영에 있어 그 어떤 업무보다 공정하고 정확하게 이루어져야 함

1 보험가입자에 대한 정당한 보상

공정한 손해평가: 보험가입자의 피해 상황에 따른 정확한 보상, 지역별 피해 자료의 축적을 통해 보험료율의 현실화에 기여, 과거 피해의 정도에 따라 적정한 보험료율을 책정함으로써 보험가입자에게 공평한 보험료 분담 가능

2 선의의 계약자 보호

어느 특정인이 부당하게 보험금을 수취하였을 경우 그로 인해 다수의 선의의 보험가입자가 그 부담을 안아야 하므로 다수의 선의의 보험가입자를 보호한다는 관점에서도 정확한 손해평가는 중요함

3 보험사업의 건전화

- 부당 보험금의 증가는 보험료의 상승을 가져와 다수의 선량한 보험가입자의 보험 가입을 저해함
- 공정하고 정확한 손해평가는 장기적으로 보험가입자와 재해보험사업자 모두에게 이익이며, 농업재해보험 제도의 지속 가능성을 높임

---

3 손해평가 체계

1 관련 법령

① 농어업재해보험법, 동 시행령 및 손해평가요령 등
② 농어업재해보험법 제11조(손해평가 등)
- 손해평가 전반에 대해 규정
- 손해평가 인력, 손해평가요령에 따른 공정하고 객관적인 손해평가, 교차손해평가, 손해평가요령 고시, 손해평가인 교육, 손해평가인의 자격 등

2 손해평가의 주체

① 손해평가의 주체
'농림축산식품부장관과 사업 약정을 체결한 재해보험사업자이다'(법 제8조)
② 재해보험사업자
- '보험목적물에 관한 지식과 경험을 갖춘 자 또는 그 밖의 관계 전문가를 손해평가인으로 위촉하여 손해평가를 담당하게 하거나 손해평가사 또는 손해사정사에게 손해평가를 담당하게 할 수 있다'(법 제11조)
- '재해보험사업의 원활한 수행을 위하여 보험 모집 및 손해평가 등 재해보험 업무의 일부를 대통령령으로 정하는 자에게 위탁할 수 있다'(법 제14조)

3 조사자의 유형

① 농업재해보험 조사자: 손해평가인, 손해평가사 및 손해사정사(법 제11조)

② 손해평가인: 농어업재해보험법 시행령 제12조에 따른 자격요건을 충족하는 자로 재해보험사업자가 위촉한 자

③ 손해평가사: 농림축산식품부장관이 한국산업인력공단에 위탁하여 시행하는 손해평가사 자격시험에 합격한 자

④ 손해사정사: 보험개발원에서 실시하는 손해사정사 자격시험에 합격한 자

⑤ 재해보험사업자 및 재해보험사업자로부터 손해평가 업무를 위탁 받은자: 손해평가 업무를 원활히 수행하기 위하여 손해평가보조인을 운용할 수 있음

4 손해평가 과정

① 손해평가: 보험가입자인 농업인이 사고 발생 통지를 하는 것으로 시작하여 현지조사 및 검증조사(필요 시)를 실시하는 일련의 과정

② 과정

1. 사고 발생 통지	보험가입자는 보험 대상 목적물에 보험사고가 발생할 때마다 가입한 대리점 또는 재해보험사업자에게 사고 발생 사실을 지체 없이 통보해야함
2. 사고 발생 보고 전산입력	• 기상청 자료 및 현지 방문 등을 통하여 보험사고 여부를 판단 • 계약자의 사고접수내용이 보험사고에 해당하는 경우 사고접수대장에 기록하며, 이를 지체 없이 전산 입력

3. 손해평가반 구성	• 보험사고가 접수되면 생육시기·품목·재해종류 등에 따라 조사 내용을 결정하고 지체 없이 손해평가반을 구성
	• 손해평가반:
	  – 손해평가인·손해평가사·손해사정사 등으로 구성하되, 5인 이내로 한다.
	  – 손해평가인, 손해평가사 및 손해사정사 중 1인 이상을 반드시 포함
	• 조사자가 부족할 경우에는 손해평가 보조인을 위촉하여 손해평가반을 구성할 수 있음

4. 현지 조사 실시	• 손해평가반은 배정된 농지(과수원)에 대해 손해평가요령 제12조의 손해평가 단위별로 현지조사를 실시 • 현지조사 내용은 품목과 보장방식, 재해종류에 따라 다름
5. 현지 조사 결과 전산입력	• 대리점 또는 손해평가반은 현지조사 결과를 전산 또는 모바일 기기를 이용하여 입력

6. 현지 조사 및 검증조사	• 손해평가의 신속성 및 공정성 확보를 위하여 재해보험사업자 등은 현지조사를 직접 실시하거나 손해평가반의 현지조사 내용을 검증조사 할 수 있음
	• 조사 주체: 재해보험사업자(NH농협손해보험), 재보험사 및 정부
	• 조사 방법
	  – 지역별, 대리점별, 손해평가반별로 손해평가를 실시한 농지를 임의 추출하여 현지 농지를 검증조사
	  – 검증조사 결과 차이가 발생할 경우에는 해당 조사 결과를 정정

4 현지 조사 내용

1 현지 조사

① 손해평가는 보험사고 즉, 보험목적물에 발생한 손해를 있는 그대로 확인하고 정해진 평가 절차를 거쳐 손해 규모를 결정하는 것이므로 보험사고 현장에서의 현지 조사는 매우 중요함

② 품목마다 특성이 다르고 같은 품목이라도 보험상품(보장)의 내용에 따라 손해평가 방법이 달라지므로 품목(상품)별로 정해진 손해평가요령에 의해 손해평가 실시됨

2 조사의 구분

① 조사의 단계에 따라 본조사와 재조사 및 검증조사로 구분

② 조사는 다시 조사 범위를 전체로 하느냐 일부를 하느냐에 따라 전수조사와 표본조사로 구분

③ 본조사: 보험사고가 발생했다고 신고된 보험목적물에 대해 손해 정도를 평가하기 위해 곧바로 실시하는 조사

④ 재조사
  - 기실시된 조사에 대하여 이의가 있는 경우에 다시 한번 실시하는 조사
  - 계약자가 손해평가반의 손해평가 결과에 대해 설명 또는 통지를 받은 날로부터 7일 이내에 손해평가가 잘못되었음을 증빙하는 서류 또는 사진 등을 제출하는 경우 재해보험사업자가 다른 손해평가반으로 하여 다시 손해평가를 하게 할 수 있음

⑤ 검증조사: 재해보험사업자 및 재보험사업자가 손해평가반이 실시한 손해평가 결과를 확인하기 위하여 손해평가를 실시한 보험 목적물 중에서 일정 수를 임의 추출하여 확인하는 조사

5 품목별 현지 조사의 종류

1 품목별 현지 조사

① 동일한 품목이라도 보장 내용 즉, 보험상품의 유형에 따라 상이

② 작물 유형(논작물, 밭작물, 원예시설 등) 및 보장대상 위험의 범위가 종합적이냐 특정위험에 한정하느냐에 따라 다름
  - 작물의 생육 전체 기간의 각 단계별로 조사: 과수 4종
  - 손해 발생 시에만 조사: 과수 4종 이외의 품목

2 품목별 현지 조사 종류

① 작물의 생육 전체 기간의 각 단계별로 조사해야 하는 품목: 과수 4종(사과, 배, 단감, 떫은감)

② 손해 발생 시에만 조사하는 품목: 과수 4종 이외의 품목

③ 작물의 유형 및 보장 대상 위험의 범위 (종합위험 또는 특정위험)에 따라 다름

---

6 손해평가 기본단계

1 손해평가 업무 흐름

손해평가반은 영업점에 도착 → 계약 및 기본 사항 등 서류 검토 → 현지조사서 수령 → 피해 현장에 방문 → 보상하는 재해 여부를 심사 → 상황에 맞는 관련 조사를 선택 실시 → 조사 결과를 보험가입자에게 안내하고 및 서명 확인 → 전산입력 또는 대리점에게 현지조사서를 제출

2 현지 조사 절차(5단계)

손해평가는 조사 품목, 재해의 종류, 조사 시기 등에 따라 조사 방법 등이 달라지기에 상황에 맞는 손해평가를 하는 것이 중요

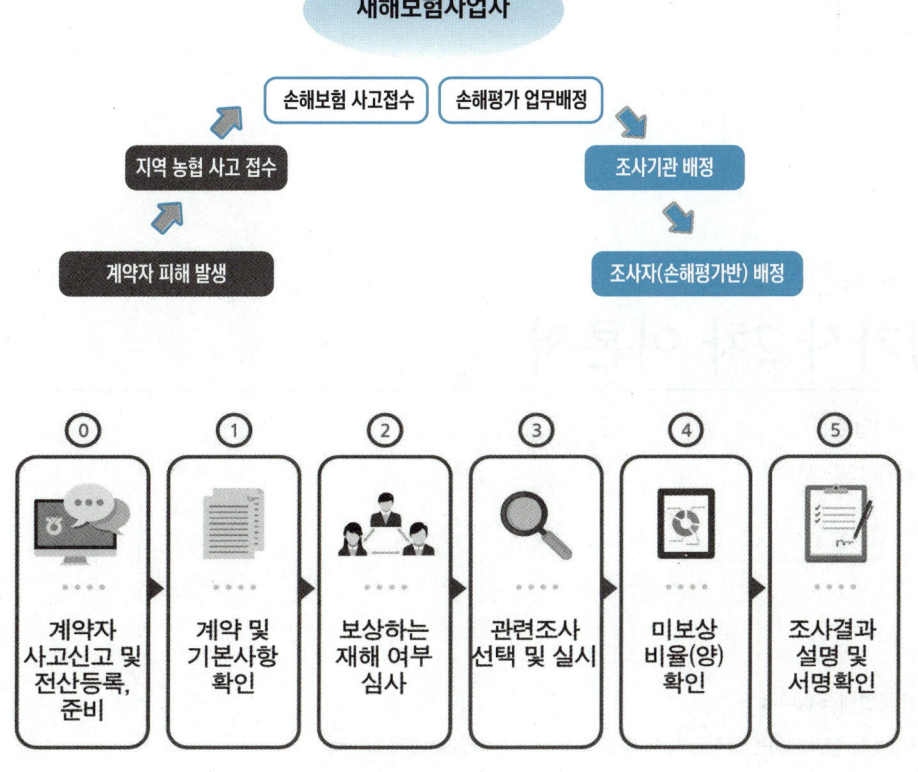

2025/26 똑똑한은경쌤
손해평가사 2차 이론서

발행일 2025년 1월 2일(초판)

2026년 1월 20일(3쇄)

발행처 직업상점

발행인 박유진

편저자 한은경

디자인 홍현애

정 가 43,000원   **ISBN** 979-11-94695-09-7